제3판

한국 무역론

박진성 | 박종찬 | 박상길

International Trade of Korea

박영사

현대자동차의 소나타, 오리온의 초코파이, 삼성전자의 스마트폰 및 TV, LG 전자의 냉장고 및 TV, 대우조선의 선박, 아모레퍼시픽의 화장품 등은 가격경쟁력 및 품질경쟁력이 높아서 외국으로 많이 수출되는 상품들이다. 반면에, 일본 도요타의 렉서스 자동차, 미국 애플의 아이폰, 중국의 각종 의류제품, 사우디아라비아의 원유, 스웨덴의 이케아 가구, 브라질의 커피 등 외국의 우수한 상품들은 우리나라 소비자가 수입하여 사용한다.

오늘날 선진국, 개도국을 막론하고 세계 각국의 경제체제는 일부 사회주의 국가를 제외하고는 폐쇄경제(closed economy) 체제가 아닌 개방경제(open economy) 체제를 근간으로 하고 있으며 상호간 물품교류가 활발하게 이루어지고 있다. 그리고 상호간 물품교류를 의미하는 무역은 국민경제의 중요한 축을 담당하고 있을 뿐만 아니라 우리 일상생활과 밀접하게 연관되어 있다.

본 한국무역론은 무역의 개념 등 한국무역에 관한 기초적인 내용, 한국경제 성장의 배경인 한국무역의 전반적인 현황 및 정책, 한국무역에 영향을 미치는 글로벌 무역환경, 그리고 우리나라의 해외시장인 주요국 경제 무역 및 시장특성 등에 대하여 체계적으로 설명하고 있다. 그리고 한국무역에 대하여 이론적인 관점보다는 일반인들도 어렵지 않게 접근할 수 있도록 실천적이고 실무적인 관점에서 서술하는데 초점을 두었다.

IMF, WTO, UNCTAD 등 국제기구에서 발표하는 경제·무역통계 데이터베이스 및 연차 리포트와 한국무역협회(KITA), 대한무역투자진흥공사(KOTRA), 한국은행(BOK) 등 국내 자료를 활용하여 무역실무자 입장에서 비교적 평이한 문체로 서술하였다. 이는 다른 한국무역론 교재와는 뚜렷하게 구별되는 부분으로 이 책의 특징이라 할 수 있다.

본 한국무역론은 한국무역과 관련하여 이론과 실무를 갖춘 저자들에 의해 작성되었다. 저자들은 대학에서 다년간 무역관련 과목을 강의해 왔으며, 관련

학회에서 임원 및 회장으로 활동한 경력을 갖고 있다. 또한 저자들은 한국은행, 무역위원회, 한국무역협회 등 우리나라의 핵심적인 무역관련 기관에서 다양한 실무 경력을 쌓았음을 밝힌다.

이 책은 2012년 초판 발행, 2015년 제2판 발행에 이어, 이번에 2019년 개정판인 제3판 발행으로 이어졌다. 지구촌의 변화무쌍한 경제 및 무역 환경, 해가 바뀌어 업데이트되는 무역관련 통계(Database) 및 해외시장정보를 새롭게 반영하였다. 개정판이 세 번째 이루어지고 있는바, 독자들에게 좀 더 유익하고 참신한 정보를 전달하기 위하여 노력하였다.

이 책은 PART 01 한국무역론 기초, PART 02 한국무역현황 및 정책, PART 03 글로벌 무역환경, PART 04 주요국경제 무역 및 시장특성 등 4개 PART로 구성되어 있다. 각 PART는 각각 5개의 CHAPTER로 구성되어 있으며 각 CHAPTER 말미에 Keyword와 Exercise를 두었다. 각 PART에 대하여 좀 더 상세하게 설명하면 다음과 같다.

PART 01은 한국무역론 기초 부문으로, 무역의 개념 및 트렌드, 경제성장과 무역, 한국무역 및 한국경제의 성장과정, 세계시장 분석, 세계무역 운송루트 등 5개 CHAPTER로 구성되어 있다. PART 02는 한국무역현황 및 정책 부문으로, 한국무역 동향분석, 한국무역의 트렌드 변화, 한국의 국제수지, 남북교역현황, 한국무역관리제도 등 5개의 CHAPTER로 구성되어 있다. PART 03은 글로벌 무역환경 부문으로, GATT/WTO, 지역무역협정, FDI, 글로벌기업, 국제환율 등 5개의 CHAPTER로 구성되어 있다. PART 04는 주요국경제 무역 및 시장특성 부문으로, 중국경제 무역 및 시장특성, 미국경제 무역 및 시장특성, 일본경제 무역 및 시장특성, EU경제 무역 및 시장특성, 아세안경제 무역 및 시장특성 등 5개의 CHAPTER로 구성되어 있다.

끝으로 본 "한국무역론" 제3판 간행 작업에서 기획부터 편집에 이르기까지 성심 성의껏 도와주신 박영사 임직원 여러분께 감사드리며 이 책이 한국무역을 공부하고 이해하고자 하는 분들에게 좋은 길잡이가 될 수 있기를 기대한다.

2019년 1월
저자들 씀

차 례

CONTENTS

PART 01
한국무역론 기초

CHAPTER 01 무역의 개념 및 트렌드

CHAPTER 04 세계시장 분석

CHAPTER 05 세계무역 운송루트

한국무역현황 및 정책

PART 03

글로벌 무역환경

CHAPTER **11**   GATT/WTO

CHAPTER **12** 지역무역협정

CHAPTER **13** FDI

PART 04
주요국 경제 무역 및 시장특성

CHAPTER **16** 중국경제 무역 및 시장특성

PART

01

한국무역론 기초

┌─ 01 무역의 개념

1. 무역의 정의

(1) 용어

무역(貿易)이라는 용어에서 무(貿)자와 역(易)자는 모두 "바꾸다", "교환하다"의 의미이다. 무역(貿易)이라는 용어는 중국 사기(史記)의 "이물상무역(以物相貿易)"과 십팔사략(十八史略)의 "무역의복회전수주(貿易衣服回轉數周)"에서 기원한다는 것이 정설이다. 수출(輸出)과 수입(輸入)의 수(輸)도 "나르다", "보내다"를 의미한다.

무역의 영어표현은 Trade이다. Trade는 Track과 Tread에서 유래되었는데 Track은 "지나간 자취"를 의미하며 Tread는 "발을 디디다", "걷다"를 의미한다. 다시 말하면 영어 Trade는 길을 따라 물건을 교환하는 행위라고 풀이할 수 있다.

(2) 무역의 정의

일반적으로 무역(trade)이란 한 나라의 거래주체(개인, 기업, 국가)와 외국의 거래주체(개인, 기업, 국가)간 물품 및 용역 거래를 의미한다. 대외무역법 2조에서 무역이란 물품, 대통령령으로 정하는 용역, 대통령령으로 정하는 전자적 형태의 무체물(無體物)의 수출과 수입이라고 규정하고 있다.

그리고 수출(export)은 자국에서 타국으로 물품 및 용역을 판매하는 것을 의미하며 수입(import)은 타국에서 자국으로 물품 및 용역을 사들이는 것을 의미한다. 수출과 수입을 좀 더 구체적으로 보면 대외무역법시행령 제2조에서 다음과 같이 규정하고 있다.

먼저 수출은 ① 매매, 교환, 임대차, 사용대차, 증여 등을 원인으로 국내에서 외국으로 물품이 이동하는 것, ② 보세판매장에서 외국인에게 국내에서 생산된 물품을 매도하는 것, ③ 유상으로 외국에서 외국으로 물품을 인도하는 것, ④ 거주자가 비거주자에게 산업통상자원부장관이 정하여 고시하는 방법으로 용역을 제공하는 것, ⑤ 거주자가 비거주자에게 정보통신망을 통한 전송과 그 밖에 산업통상자원부장관이 정하여 고시하는 방법으로 전자적 형태의 무체물(無體物)을 인도하는 것 등 5가지로 규정하고 있다.

다음으로 수입은 ① 매매, 교환, 임대차, 사용대차, 증여 등을 원인으로 외국으로부터 국내로 물품이 이동하는 것 ② 유상으로 외국에서 외국으로 물품을 인수하는 것으로서 산업통상자원부장관이 정하여 고시하는 기준에 해당하는 것 ③ 비거주자가 거주자에게 산업통상자원부장관이 정하여 고시하는 방법으로 용역을 제공하는 것 ④ 비거주자가 거주자에게 정보통신망을 통한 전송과 그 밖에 산업통상자원부장관이 정하여 고시하는 방법으로 전자적 형태의 무체물을 인도하는 것 등 4가지로 규정하고 있다.

여기서 전자적 무체물이란 소프트웨어산업 진흥법 제2조 제1호에 따른 소프트웨어와 부호·문자·음성·음향·이미지·영상 등을 디지털 방식으로 제작하거나 처리한 자료 또는 정보를 말한다(대외무역법 시행령 4조).

(3) 무역의 분류

무역은 크게 상품무역(visible trade/merchandise trade)과 서비스무역(invisible trade/commercial service trade)으로 분류된다. 상품무역은 실체가 있고 눈으로 보이는(visible) 상품의 수출과 수입을 의미한다. 서비스무역은 실체가 없고 눈으로 보이지 않는(invisible) 서비스(운임, 여행, 건설, 지식재산권사용료, 가공서비스, 가타사업서비스)를 지급하거나 지급받는 것을 의미한다.

"무역 1조 달러 달성"에서 보는 바와 같이 일반적으로 무역은 상품무역을 지칭한다. 본 한국무역론에서 다루는 분야도 특별한 명시가 없는 한 무역은 상품무역을 지칭한다. 그러나 엄밀히 말하면 서비스무역의 비중이 점차 높아지는 추세에 있고 국민경제에 대한 영향력도 높아지고 있으므로 이 두 가지 용어를 구분하는 것이 필요하다.

2. 물품의 국제교류

오늘날 세계 각국의 경제체제는 북한, 쿠바 등 일부 국가를 제외하고는 폐쇄경제(closed economy)체제가 아닌 개방경제(open economy)체제를 근간으로 하고 있다. 따라서 국토면적이 크거나 작거나, 국민소득이 높거나 낮거나, 인구가 많거나 적거나, 자본주의 국가이거나 사회주의 국가이거나, 천연자원이 풍부하거나 풍부하지 아니하거나 등에 관계없이 지구상의 대부분의 국가는 개방경제 체제하에서 상호간에 물품교류가 활발하게 이루어지고 있다.

(1) 외국상품의 수입

우리는 일상생활에서 많은 상품을 외국에서 수입하여 사용한다. 예를 들면 일본 도요타(Toyota)의 렉서스 자동차, 미국 애플(Apple)의 아이폰, 중국의 각종 의류제품, 사우디아라비아의 원유, 스웨덴의 이케아(Ikea) 가구, 브라질의 커피, 캐나다의 목재 등을 외국에서 수입하여 사용한다. 이들 상품은 한국에서 생산되지 않거나 생산되더라도 외국상품의 질이 좋거나 외국상품의 가격이 저렴하기 때문에 외국에서 수입한다.

(2) 우리상품의 수출

한편, 우리가 만든 상품 중에는 가격경쟁력 및 품질경쟁력이 높아서 외국 소비자가 선호하는 상품이 많다. 현대자동차의 소나타, 오리온의 초코파이, 삼성전자의 스마트폰 및 TV, LG전자의 냉장고 및 TV, 대우조선의 선박, 아모레퍼시픽의 화장품 등은 한국의 경쟁력 있는 상품들로서 한국 수출의 견인차 역할을 하고 있다. 특히 최근에는 한류의 영향을 받아 한국 수출상품의 인기가 더욱 높아지고 있다. 일부 국가에서는 한국 상품을 구입하는 것이 부의 상징인 것처럼 여겨지고 있다.

3. 현대무역의 특징

(1) 산업 연관성이 있다

수출은 특정 산업과 관련 산업의 발전을 가져오고 공업화의 기반을 조성한다. 또한 수출은 고용 및 소득증대를 유발한다. 한편 수입은 수입상품 국내산업과의 경쟁유발을 통하여 국내산업의 육성을 도모할 수 있다. 또한 국내에 존재하지 않는 상품 수입을 통하여 소비자에게 소비할 기회를 주고 소비자 후생을 증진한다.

우리나라의 경우 수출의존도가 높기 때문의 수출의 산업연관성은 어느 나라보다 높다고 할 수 있다. 한국의 대표 산업인 전자산업, 자동차산업, 조선산업 등은 수출을 통하여 성장하였다고 해도 과언이 아니다. 그러나 최근 생산성 향상과 자동화 진전 등으로 수출산업의 고용 기여도가 점차 하락하고 있는 것으로 나타나 우려를 낳고 있다.

(2) 리스크가 존재한다

무역은 국가간의 거래이기 때문에 수출자와 수입자간의 시간적·공간적 격차가 있다. 따라서 수출업자(seller)는 수출대금회수에 대한 불안감, 즉 대금회수 리스크(credit risk)가 있으며 반면에 수입업자(buyer)는 상품인수에 대한 불안감, 즉 상품인수 리스크(mercantile risk)가 존재한다. 이것은 무역의 특성상 어쩔 수 없는 현상이다. 이러한 리스크를 회피하기 위한 수단이 신용장(letter of credit)이다.

또한 무역은 가격변동 리스크가 있다. 수출입 가격의 변동은 무역업자의 가장 중요한 변수 중의 하나이다. 그러한 수출입 가격은 국제원자재 가격, 국제원유 가격, 국제환율, 생산 인건비 등 여러 가지 요인에 의해 영향을 받아 수시로 변동한다. 이러한 요인들은 언제든지 수출입 가격에 불리한 요인으로 작용할 수 있기 때문에 기업의 채산성에 직간접적으로 영향을 준다.

(3) 해상 의존성이 높다

무역운송(trade transport)은 해상운송(marine transport), 육상운송(land transport),

항공운송(air transport), 복합운송(multimodal transport) 등으로 분류할 수 있다. 그런데 육상운송은 바다를 사이를 둔 국가간에는 운송이 불가능하고 항공운송은 물동량이 적고 운송비가 비싼 단점이 있다. 따라서 세계무역 운송에서는 바다를 중심으로 한 해상운송과 해상운송이 중심이 되고 있는 복합운송이 주된 운송수단이다.

한국의 경우 최근 반도체, 휴대폰, LCD TV, 컴퓨터 등 경박단소형(輕薄短小形) IT제품의 수출증가로 인하여 항공운송이 가능해지고 있고 이에 따라 항공운송 비중이 증가하고 있는 것이 사실이다. 그러나 선박, 자동차, 철강 등 중후장대형(重厚長大形) 제품의 수출 비중이 여전히 높아 해상운송이 주된 운송수단이 되고 있다.

(4) 국제 상관습이 있다

무역은 국경을 넘어 국제적으로 발생하는 상행위이므로 당사자간 상사분쟁 가능성이 높다. 그리고 상사분쟁 발생시 국내법규 등으로 이를 해결할 수 없다. 따라서 이러한 상사분쟁을 해결하기 위한 국제간의 통일규칙이 필요하다. 무역 관련 국제 통일규칙을 국제 상관습이라 하며 무역관련 당사자는 국제상관습의 규칙을 준수하여야 한다.

무역관련 국제상관습에는 신용장통일규칙, 추심통일 규칙, Incoterms 등이 있다. 신용장통일규칙(UCP: Uniform Customs and Practice for Commercial Documentary Credits)은 신용장(letter of credit)관련 통일규칙이고, 추심통일규칙(URC: Uniform Rules for Collection of the Commercial Paper)은 D/A, D/P 관련 통일규칙이며, Incoterms(International Commercial Terms)는 상품의 수출입 가격(FOB, CIF, CFR 등)에 관한 통일규칙이다.

┌ 02 무역의 이익

1. 개요

아담 스미스(Adam Smith)의 절대생산비설(Theory of Absolute Cost), 데이비드 리카도(David Ricardo)의 비교생산비설(Theory of Comparative Cost), 헥셔-오린(Heckscher-Ohlin)의 요소부존이론(Factor Endowment Theory) 등은 국제분업을 통하여 물품을 생산하는 것이 유익하다(이익을 가져다 준다)는 것을 주장한 국제무역이론들이다.

이러한 이론들이 주장하는 핵심적인 내용은 생산비(production cost) 및 요소부존도(factor endowment) 측면에서 다른 경쟁국에 비해 유리한 상품을 수출하고 반대로 불리한 상품을 수입하게 되면 그 나라의 경제적 효율성이 커지고 교환의 이익, 즉 무역의 이익(gains from trade)이 발생한다는 것이다.

그러면 국제분업을 통하여 경제적 효율성이 있으면 무역의 이익이 어떻게 발생하는가를 예를 들어 설명하여 보자. 한국과 중국 두 나라가 있고 두 나라에서 생산하는 상품은 청바지와 면도기 두 가지가 있다고 가정한다. 또한 한국과 중국의 노동자 1명의 두 상품에 대한 노동생산성(1시간당 생산가능량)은 아래의 표와 같다고 가정한다. 그리고 한 달에 200시간 일하며 각 상품에 대해 각각 100시간씩 사용한다고 가정한다.

표 1-1 노동자 1명의 1시간당 생산가능량

	청바지	면도기
한국	1벌	2개
중국	3벌	1개

2. 폐쇄경제인 경우 생산량

한국과 중국이 각각 생산한 것만을 소비하고 무역이 이루어지지 않는 폐쇄경제(closed economy)인 경우를 보자. 한국과 중국에서는 각 상품생산에 사용할 수 있는 100시간을 각각 투입하여 〈표 1-2〉와 같은 생산이 가능하다. 즉 한국은 청바지 100벌, 면도기 200개를 생산하고 중국은 청바지 300벌, 면도기 100개를 생산한다. 그리고 한국과 중국은 생산한 것만큼만 소비하게 된다.

표 1-2   두 생산활동에 각각 100시간씩 사용하는 경우

	청바지	면도기
한국	100벌	200개
중국	300벌	100개

3. 개방경제인 경우 생산량

다음으로 한국과 중국이 생산한 것을 교환(무역)하는 개방경제(open economy)인 경우를 보자. 양국의 노동자는 상대적으로 더 잘할 수 있는(상대적으로 비교우위가 있는) 생산활동에 더 많은 시간을 투입(특화: specialization)하여 생산과 소비를 증가시킬 수 있다.

표 1-3   상대적으로 더 잘할 수 있는 생산활동에 모두(200시간) 투입하는 경우

	청바지	면도기
한국	0벌	400개
중국	600벌	0개

〈표 1-3〉에서 보는 바와 같이 한국의 노동자는 면도기를 중국보다 상대적으로 더 잘 생산하므로 한 달 동안(200시간) 면도기만 400개(200×2) 생산한다. 반면에 중국의 노동자는 청바지를 상대적으로 더 잘 생산하므로 한 달 동안(200시간) 청바지만 600벌(200×3) 생산한다. 이에 따라 폐쇄경제의 경우에 비해 청바지 총생산량이 400벌(100개＋300개)에서 600벌로 증가하였고 면도기 총생산량이 300개(200개＋100개)에서 400개로 증가하였다.

4. 교환의 이익

논의의 편의를 위해 한국과 중국이 청바지와 면도기를 각각 1:1 비율로 교환한다고 가정하자. 즉, 면도기 200개와 청바지 200벌을 무역을 통하여 1:1 비율로 교환하면 한국과 중국에서는 각각 〈표 1-4〉와 같이 소비할 수 있다.

결과적으로 양국의 노동자는 폐쇄경제(closed economy)가 아닌 개방경제(open economy)인 경우에 교환(무역)을 통하여 더 많은 청바지와 면도기를 소비할 수 있게 되었다. 〈표 1-2〉와 〈표 1-4〉를 비교하여 보면 쉽게 이해할 수 있다. 이것이 바로 국제무역이론에서 주장하는 교환의 이득(gains from trade)이다.

표 1-4   교환(무역)이 이루어진 이후의 소비량

	청바지	면도기
한국	200벌	200개
중국	400벌	200개

┌─ 03   무역의존도

1. 무역의존도의 의의

무역의존도(Ratio of Trade to GDP)는 무역(수출, 수입)이 GDP에서 차지하는 비중을 의미한다. 제1절에서 설명한 바와 같이 무역은 크게 상품무역(merchandise trade)과 서비스무역(commercial service trade)으로 분류되는데 무역의존도는 통상적으로 상품무역이 GDP(국내총생산)에서 차지하는 비중을 나타낸다.

FTA 증가 등 무역장벽의 축소, WTO 다자간 무역체제의 강화, 기업의 해외투자(FDI) 증가, 자본이동제한 철폐 등 세계화(globalization)의 영향으로 세계무역규모가 크게 증대되고 있다. 이에 따라 GDP에서 차지하는 무역의존도는 점차적으로 확대되는 추세를 보이고 있다. 무역의존도는 한 나라 경제에 있어서 무역이 얼마나 중요한지를 나타내는 척도이며, 일반적으로 경제의 발전과 더불

어 상승하는 경향이 있다. 따라서 경제발전의 지표로서도 사용된다.

한편으로 무역은 주요 교역상대국의 GDP 성장률, 국제환율 동향, 국제원자재 시세 등 국제무역환경 변화에 좌우되기 마련이다. 따라서 무역의존도가 높다는 것은 한 나라의 국민경제가 다른 나라의 경제 환경에 많이 의존하게 되어 그만큼 해당국가의 경제가 불안정하다는 것을 의미하기도 한다.

2. 주요국의 무역의존도

〈표 1−5〉는 WTO와 IMF 통계를 근거로 하여 2017년 기준 주요국의 무역의존도(상품수출입 합계가 GDP에서 차지하는 비중)를 계산한 것이다. 무역의존도가 높은 순으로 멕시코 73.1%, 독일 70.7%, 한국 68.3%, 프랑스 44.8%, 중국 34.2%, 일본 28.1%, 미국 20.3% 등으로 나타났다.

멕시코, 독일, 한국 등의 무역의존도가 높은 수준(60~70%대 수준)이며 프랑스, 영국, 중국 등이 중간정도 수준(30~40%대 수준), 그리고 미국, 일본 등의 무역의존도는 상대적으로 낮은 수준(20%대 수준)이다. 한국 경제의 경우 대외무역환경에 많이 영향을 받는다는 것을 나타내고 있으며, 반면에 미국과 일본의 경우 무역보다는 소비 등에 의존하는 경제체제라는 것을 반영하고 있다.

표 1-5	주요국의 무역의존도(2017년)				(단위: 10억 달러, %)
국 명	수 출	수 입	수출입계	GDP	무역의존도 (수출입계/GDP)
미 국	1,547	2,409	3,956	19,485	20.3%
중 국	2,263	1,842	4,105	12,015	34.2%
일 본	698	672	1,370	4,873	28.1%
한 국	574	478	1,052	1,540	68.3%
독 일	1,448	1,167	2,615	3,701	70.7%
영 국	445	644	1,089	2,628	41.4%
프랑스	535	625	1,160	2,588	44.8%
인 도	298	447	746	2,602	28.7%
브라질	218	157	375	2,055	18.3%
멕시코	409	432	842	1,151	73.1%

자료: WTO, World Economic Outlook Database, October 2018 / www.wto.org
　　　IMF, International Trade Statistics 2018 / www.imf.org

04 교역조건

1. 교역조건의 의의

교역조건(Terms of Trade)은 수출입상품의 교환비율을 의미한다. 순상품교역조건지수와 소득교역조건지수가 있다. 순상품교역조건지수는 수출상품 1단위 가격과 수입상품 1단위 가격간의 비율로 수출 1단위로 수입할 수 있는 상품의 양을 나타낸다. 동 지수는 수출입상품 가격변동이 수출입물량에 미치는 영향을 반영하지 못하는 한계가 있다. 한편 소득교역조건지수는 순상품교역조건지수가 가격변동만을 고려하는 단점을 보완해 주는 지표로 수출총액으로 수입할 수 있는 상품의 양을 의미한다. 순상품교역조건지수와 소득교역조건지수를 동시에 고려하면 수출입상품의 가격변동뿐만 아니라 수출입물량변동까지 반영할 수 있어 교역조건을 보다 정확히 파악할 수 있게 된다.

일반적으로 수출상품과 수입상품의 가격비율을 나타내는 순상품교역조건이 많이 사용된다. 상품 한 단위를 수출한 돈으로 수입할 수 있는 상품의 양을 나타낸 것으로, 지수 상승은 교역조건의 개선을 뜻하며 지수 하락은 교역조건의 악화를 뜻한다. 예를 들면 우리나라가 수출하는 자동차, 선박 등의 수출가격이 상승하면 교역조건이 개선되며 우리나라가 수입하는 원유 등의 수입가격이 상승하면 교역조건이 악화된다.

교역조건이 악화되면 실질소득은 감소한다. 즉, 수출재 산업에 특화하여 생산량이 증가하면 경제성장률이 높아지는데 수출재의 세계시장 공급이 증가하여 국제시장 가격이 하락하면 실질소득이 오히려 감소한다는 논리이다. 바그와티(Bhagwati)는 수출재 가격이 지나치게 하락하여 경제의 실질소득이 하락하는 현상을 궁핍화 성장(immiserizing growth)이라 하였다. 예를 들어 브라질이 커피에 과도하게 특화하여 세계시장에 수출하는 경우에 세계시장에서 커피 가격이 하락하면 브라질의 경제성장은 오히려 저해될 수도 있다.

2. 한국의 교역조건

한국의 수출입 단가추이를 보면 수입단가의 경우 최근 국제원유가 등 국제원자재 가격이 완만한 상승 추세를 보였으나 수출단가의 경우 한국의 주종 수출상품인 반도체, LCD, 스마트폰 등의 상승폭도 완만하여 최근 한국의 교역조건은 정체 상태를 보이고 있다.

〈표 1-6〉은 한국의 교역조건지수 추이를 나타내고 있다. 순상품교역조건지수는 2015년에서 2017년까지 미미한 변화 추세를 보이고 있음을 알 수 있다. 한편 수출입물량변동을 반영하는 소득교역조건지수는 2015년에서 2017년까지 계속해서 상승하는 추세를 나타내고 있다. 즉, 우리나라의 경우 최근 외국과의 무역에서 가격 측면에서 별다른 이익을 보이지 못하고 있으나 수출입물량까지 고려하면 어느 정도 이익을 보고 있다는 의미로 해석할 수 있다.

표 1-6	한국의 교역조건지수			(단위: 전년대비, %)
연도	순상품교역조건지수		소득교역조건지수	
	총지수	등락률	총지수	등락률
2014	90.0	0.4	118.2	4.7
2015	100.0	11.1	134.6	13.9
2016	102.1	2.1	138.9	3.1
2017	101.2	-0.8	145.0	4.5

자료: 한국은행, 교역조건지수, 2018

05 세계화와 무역

1. 세계화의 개념

"세계화(Globalization)"는 "국제화", "지구화", "글로벌화"라고도 한다. "Globalization"이란 용어는 1983년 미국 하버드 비즈니스스쿨의 데오도르 레빗(Theodore Levitt) 교수가 "하버드 비즈니스 리뷰(Harvard Business Review)"에 기고한 "Globalization of Markets(시장의 세계화)"에서 처음으로 등장하였다.

세계은행(World Bank)의 정의에 따르면 세계화는 "상품(Product), 서비스(Service), 자본(Capital), 정보(Information), 아이디어(Idea), 인적자원(People)의 세계적인 교류"를 의미한다. 다시 말하면 세계화란 국가간 상품, 서비스, 자본, 노동, 정보 이동의 장벽을 제거하여 "세계 단일시장(Great World Market)"으로 통합되어 나가는 추세 및 과정을 의미한다. 한마디로 요약하면 세계화는 "국경없는 세계(Borderless World)"를 창출해 나가는 과정이라고 할 수 있다.

2. 세계화의 역사

세계화의 전도사로 일컬어지는 뉴욕타임스 칼럼니스트 토머스 프리드먼(Thomas L. Friedman)은 세계화의 역사를 세 시기로 구분한다. 세계화 1(Globalization 1)은 1492년(컬럼버스의 신대륙 발견)에서 1800년까지, 세계화 2(Globalization 2)는 1800년에서 2000년까지, 그리고 세계화 3(Globalization 3)은 2000년 이후 등으로 구분하고 있다. 토머스 프리드먼은 세계화 1은 국가의 세계화, 세계화 2는 기업의 세계화, 세계화 3은 개인의 세계화라고 설명한다.

토머스 프리드먼과 같이 세계화의 역사에 대하여 학자들에 따라 여러 가지로 분류하고 있지만 일반적으로 세계화는 18세기 이전 세계화, 19세기 세계화, 20세기 이후 세계화 등으로 구분할 수 있다.

(1) 18세기 이전 세계화

18세기 이전 세계화는 18세기 이전에 나타났던 세계화 현상으로 초기형태의 세계화(Early Forms of Globalization)를 의미한다. 고대 동서양 교역로인 실크로드(Silk Road)는 초기형태 세계화의 대표적인 현상으로 일컬어진다. 13세기의 몽골제국(Mongol Empire)은 세계 최초로 유라시아대륙을 지배하는 대제국이었으며 광역교통망을 구축하여 Pax Mongolica를 건설하였다.

15~16세기의 발견의 시대(The Age of Discovery)에는 콜럼버스(Columbus), 마젤란(Magellan), 바스코다가마(Vasco da Gama) 등의 세계적 탐험 활동이 있었다. 신대륙 발견으로 인류 역사는 새로운 국면을 맞이하게 되었다. 17세기 이후에는 동인도 지역의 특산물(향신료, 커피, 설탕, 면화)을 확보하기 위해 영국, 네덜

란드, 프랑스 등이 동인도회사(East India Company)를 설립하였다.

(2) 19세기 세계화

19세기 세계화는 19세기에 일어났던 세계화 현상으로 제1세대 세계화(The First Era of Globalization)라 일컬어진다. 19세기에 유럽 제국의 아프리카, 아시아 지역 등에 대한 식민지 개척이 크게 증가하였다. 이에 따라 영국, 프랑스 등 서구열강과 아프리카, 아시아 지역 등 피식민지 지역간 경제교류가 본격화되었다. 좋은 의미이든 나쁜 의미이든 서구열강과 피식민지국간의 무역과 투자가 활발하게 이루어졌다.

19세기 선박, 기차 등 운송수단의 발달과 운송비용 절감이 당시 무역 및 투자의 활성화 등 세계화의 추진력이 되었다는 평가이다. 19세기 세계화는 영국, 프랑스, 독일, 미국 등이 세계 열강으로 성장하는 데 중요한 역할을 하였다. 19세기 세계화는 20세기 초에 발생한 제1차 세계대전에 의해 더 이상 진전되지 못하고 종언(終焉)을 고하였다.

(3) 20세기 이후 세계화

20세기 이후 세계화(Modern Globalization)는 제2차 세계대전 종전 이후 성립된 브레튼우즈 체제(Bretton Woods System)에 의해 시작되었다. 1944년 세계 주요국들은 미국의 브레튼우즈에서 만나 자유무역질서를 추구하는 브레튼우즈 체제를 성립시켰다. 브레튼우즈 체제는 국제경제기구 설립과 금환본위제 도입을 주요 내용으로 하고 있다.

자유무역체제라는 새로운 국제경제질서를 달성하기 위해 GATT(General Agreement on Tariffs and Trade), IMF(International Monetary Fund), IBRD(International Bank for Reconstruction and Development) 등 세 국제경제기구가 설립되었다.

이 국제경제기구 중에서 GATT(관세와 무역에 관한 일반협정)는 8차례의 다자간협상(Round)을 통하여 전후 자유무역중심의 세계경제질서, 즉 세계화를 이룩하는 데 결정적인 역할을 담당하였다. 이러한 제도적 뒷받침과 아울러 인터넷, 스마트폰 등 정보통신기술(Information & Communication Technology)의 발달과 비용절감이 20세기 이후 세계화의 추진력이 되고 있다. 그리고 20세기 이후 세계화는 규모나 참여도 측면에서 19세기보다 훨씬 광범위하게 추진되고 있다.

3. 세계화와 무역

세계화는 국제교류의 장벽을 제거하여 세계 단일시장(Great World Market)으로 통합되는 것을 의미하기 때문에 세계화의 진전은 무역을 확대하는 데 결정적인 영향을 미친다. 국제무역의 총괄기구인 GATT와 WTO는 다자간협상(Round)에 의한 무역장벽 완화를 통하여 이러한 역할을 지속적으로 수행하여 왔다.

GATT체제하 8차례의 다자간협상을 통하여 관세인하 등 무역장벽이 크게 완화되었고 이러한 무역장벽 완화로 말미암아 세계무역이 크게 증대되었다. 또한 1995년 WTO 출범 이후에도 2001년에 새로운 다자간 협상인 DDA(Doha Development Agenda) 협상이 시작되었다. DDA는 선진국과 개도국간의 대립 등으로 인해 아직까지 협상이 타결되지 못하고 있다. 그러나 무역장벽 완화를 통한 자유무역의 실현을 위해 세계 각국은 노력할 것이며 이에 따라 DDA 협상은 언젠가는 타결되어 무역증진에 기여할 것이다.

한국은 무역의존도가 높은 나라이고 수출에 의한 성장비중이 높은 나라이기 때문에 세계화의 향방이 대단히 중요하다. 2008년 글로벌금융위기(global financial crisis) 이후 신자유주의(Neo liberalism)의 부정적인 측면, 즉 세계화의 부정적인 측면이 부각되고 있는 것이 사실이지만 세계화의 역사적인 흐름은 멈춰지지 않을 것이다.

06 자유주의 무역의 성장과 보호주의 무역의 등장

1. 자유주의 무역의 성장

제2차 세계대전 직후, 자본주의 시장경제체제와 민주주의를 대표하는 국가인 미국은 브레튼우즈 체제를 통해 실물경제 부문에서는 GATT를 중심으로 각국의 관세를 인하시키려는 노력을 하여 상당한 성과를 거두고, 금융부문에서는 달러를 세계의 기축통화로 만들어 세계무역의 신장과 세계 각국의 경제성장을 견인하였다.

그러나 GATT는 다자기구로서 수많은 국가가 회원으로 가입되어 있었기 때문에 각국이 처해 있는 산업구조 및 경제상황은 국가 간에 유사하기도 하고 국제무역시장에서 경쟁상황에 놓이기도 하였다. 또한 나라에 따라서는 경제발전 단계가 상이하여 GATT 회원국들이 일률적으로 관세인하에 동참하고 일치된 합의에 도달하는 데에는 많은 어려움이 있었다.

이러한 상황에서 관세인하에 더하여 비관세장벽 제거 및 서비스 교역의 활성화까지 목표에 추가하여 1995년에 출범한 WTO는 100여 개의 국가가 동시에 일치된 합의를 이루는 것이 불가능하여 그 한계를 보였다. 또한 합의를 준수하지 않아도 제재수단이 없었던 GATT에서 진일보하여 WTO에서 합의된 국제무역 규범을 준수하지 않는 국가에 대해 WTO 상소기구에 제소할 수 있는 수단을 만들었지만 이 수단도 제재를 이행하지 않는 경우 강제하는 데에는 한계가 있었다.

따라서 모든 국가가 WTO라는 다자간 협의를 통해 관세인하, 비관세장벽 철폐 및 서비스교역의 활성화를 통한 자유무역의 신장에 일치된 합의에 도달하기는 매우 어려웠다. 그 대안으로 등장한 것이 산업구조와 경제발전 단계가 상이해서 교역을 통해 상호 이익을 신장시키는 것이 가능한 두 국가 사이에 관세의 완전한 철폐를 추구하는 FTA(Free Trade Agreement)의 출범이다. FTA를 체결하는 국가 사이에는 수출과 수입에 관련된 이해 당사국의 농업종사자, 제조업자 그리고 소비자 등 이해집단의 반대가 적다. 따라서 양국가 사이에 관세의 완전한 철폐를 통한 자유무역의 신장을 통해서 양국의 이익을 증대시키는 것이 가능하게 되었다. 무역의존도가 높은 대한민국은 FTA의 활성화를 통한 무역신장을 위해 산업구조가 상이한 칠레와 FTA에 최초로 합의하였고 이후 빠른 속도로 세계 여러 나라와 FTA를 체결하였다.

이후 여러 국가 간에 상호 FTA 체결이 증가하게 되면서, FTA를 상호 체결한 여러 국가들을 함께 묶어서 관세철폐에 동의하는 RTA(Regional Trade Agreement)로 발전하게 되었다. 미국, 캐나다 그리고 멕시코 사이의 NAFTA, 남미의 MERCOSUR, 동남아시아 국가들 사이의 ASEAN, 그리고 아시아태평양 지역 국가들의 다자간 자유무역 협정인 TPP(Trans Pacific Partnership) 등이 등장하였다.

결과적으로 제2차 세계대전 이후 미국이 주도한 자유무역체제는 GATT, WTO로 발전하면서 관세인하, 비관세장벽 철폐 그리고 서비스교역의 활성화까지 이끌어내면서 전세계적으로 무역의 신장과 경제성장을 확산시켰다.

2. 보호주의 무역의 등장

　　이렇게 미국이 제2차 세계대전 이후 구축한 자유무역체제를 통해 세계는 경제성장을 통해 삶의 질이 전반적으로 향상되었다. 제2차 세계대전 이후 구소련을 중심으로 한 사회주의에 맞서서 자유무역과 시장경제를 근간으로 하는 자본주의 시장경제체제는 압도적인 우위의 괄목할 만한 경제적 성과를 보여주었고, 급기야는 1987년에 구소련이 사회주의를 포기함으로써 전세계가 점진적으로 자유무역과 시장경제를 채택하고 경제적 번영을 누리게 되었다.

　　사회주의 국가에서 자본주의 시장경제로 전환한 국가 가운데 자유무역체제를 잘 활용하여 급속한 경제발전을 이룬 국가는 2001년에 자유무역체제의 상징인 WTO에 가입한 중국이다. 중국은 덩샤오핑(鄧小平)이 이끌었던 사회주의적 색채가 남아 있었던 수정자본주의를 거쳐 WTO에 가입한 이후에는, 자유무역체제의 비교우위론에 따른 저임금에 바탕을 둔 노동집약적 산업을 육성함으로써 높은 경제성장률을 달성하였다.

　　중국은 이러한 노동집약적 산업을 통해 생산한 제품을 국내 15억 인구의 국내소비뿐만 아니라 미국, 유럽 등으로 수출함으로써 무역에서 막대한 흑자를 거둘 수 있었고 높은 경제성장률을 지속할 수 있었다. 그리고 경제발전과 수출을 통해 축적한 자본, 15억 인구의 내수시장을 보고 중국에 투자한 애플, 폭스바겐 그리고 토요타를 비롯한 글로벌 기업의 기술이전 그리고 전통적 유교주의에 바탕을 둔 높은 교육열을 바탕으로 기술집약적이고 자본집약적인 산업으로 산업구조를 고도화시키면서 미국의 패권에 도전하는 국가로 성장하였다.

　　최근 중국은 경제성장을 바탕으로 군사 및 외교 분야에서도 제2차 세계대전 이후 미국이 주도해 왔던 세계패권에 도전하는 상황이 되었다. 대표적으로는 시진핑(習近平) 중국 국가주석이 등장한 이후 2013년 제안하여 2017년 현재 100여 개 국가 및 국제기구가 참여하고 있는 "일대일로(一帶一路, One belt, One road)"를 들 수 있다. 이 정책은 중국 주도의 "신실크로드" 구상으로 35년 간(2014~2049) 내륙 3개, 해상 2개 등 총 5개의 현대판 실크로드를 구축해, 중국과 주변국가의 경제 및 무역을 활성화하는 정책이다. 이 정책을 금융 면에서 지원하기 위해 중국정부는 2016년 아시아인프라투자은행(AIIB)을 출범시켰다.

　　이러한 중국의 부상과 정책은 제2차 세계대전 이후 정치경제 면에서 명실

상부하게 세계의 패권국가로 세계 경찰 역할을 자임해온 미국에게는 미국주도의 세계패권에 대한 위협으로 인식되고 있다. 미국의 정치경제학자들은 "미국이 패권국가로서 세계경찰 역할을 하며 세계의 안정과 무역로 등을 안전하게 유지할 때 세계 여러 나라는 자유롭게 교역하고 번성할 수 있다"는 헤게모니안정이론(Hegemonic Stability Theory)을 주장하고 있다. 이러한 이론에 비추어 볼 때, "일대일로"와 같은 중국의 경제적 성장과 이를 바탕으로 한 군사 및 정치 분야에서의 팽창은 구소련 이후 유일한 패권국가인 미국에게는 패권에 대한 도전으로 인식되고 있다.

한편, 자유무역체제 아래서 중국, 일본, 한국 그리고 독일 등 많은 나라는 막대한 대미무역수지흑자를 얻고 있다. 이러한 막대한 무역수지적자와 미국 내 전통산업의 몰락은 2017년에 등장한 미국의 45대 대통령 트럼프에게 국제경쟁력을 잃고 중국, 일본 및 한국 등에게 넘겨준 자동차, 철강 그리고 가전제품 등 제조업 분야의 일자리에서 밀려난 러스트벨트(Rust Belt: 미국 북동부 5대호 주변의 쇠락한 공장지대로 동부 뉴욕주, 펜실바니아, 웨스트버지니아, 오하이오, 인디애나, 미시간, 일리노이, 아이오와 및 위스콘신 등을 일컫는다) 유권자들을 자기편으로 끌어들일 좋은 구실이 되었다. 트럼프는 미국으로부터 막대한 무역수지 흑자를 얻고 있는 여러 국가는 환율조작 또는 불공정한 무역 관행으로 미국에서의 일자리를 빼앗아가고 있기 때문에 이들 국가의 대미 수입품에 관세를 부과하고 일자리를 찾아와야 한다고 주장하고 있다.

특히, 시간이 흐르면서 이러한 트럼프 정부의 보호무역주의는 미국의 패권에 도전하는 중국을 견제하는 데 집중되고 있다. 미국은 한국, 일본, 독일, 캐나다 및 멕시코 등과는 기존에 체결하였던 무역협정을 미국에 유리한 방향으로 수정하여 종결지으면서 대중국 보호무역을 강화하고 있다. 기존 정치경제학의 헤게모니안정이론에 따르면 미국의 중국에 대한 관세인상을 통한 압박 그리고 미국의 첨단기술 및 지식재산에 대한 대중국 이전 규제 등은 점증하는 중국의 미국패권에 대한 도전에 대한 견제로 볼 수 있다.

결과적으로 트럼프행정부의 보호무역정책은 제2차 세계대전 이후 미국이 구축하고 발전시켜온 자유무역체제에 스스로 역행하면서 미국의 일부 제조업을 부상시켜 일자리를 만들고, 중국의 패권부상을 견제하는 것을 목적으로 하고 있다. 그러나 역사적으로 경험했듯이 보호무역은 국가 간에 관세 및 비관세장벽을 만들어 궁극적으로 세계교역량을 감소시키고 많은 비효율을 낳게 되어 경제적 퇴보를 가져오게 된다.

일반적으로 보호무역 옹호론자가 주장하는 논리는 국내 일자리 보호, 국내 유치산업 보호, 교역상대국의 불공정 경쟁, 국가 안보적인 측면 그리고 무역협상의 수단 등이다. 그런데 이러한 보호무역 논리를 주장해서 장기적으로 국제 경쟁력이 상대적으로 올라간 국가는 역사적으로 찾아보기 어려운 것이 사실이다. 보호무역은 단기적으로는 어느 한 국가가 이익을 보는 것 같지만 장기적으로는 모든 국가가 손해를 보게 된다는 것을 역사가 증명하고 있다.

무역(trade)
상품무역(visible trade / merchandise trade)
서비스무역(invisible trade / commercial
  service trade)
전자적 형태의 무체물
폐쇄경제(closed economy)
개방경제(open economy)
대금회수 리스크(credit risk)
상품입수 리스크(mercantile risk)
해상운송(marine transport)
항공운송(air transport)
복합운송(multimodal transport)

신용장통일규칙
Incoterms
무역의 이익(Gains from Trade)
무역의존도(Ratio of Trade to GDP)
교역조건(Terms of Trade)
세계화(Globalization)
국경없는 세계(Borderless World)
일대일로(一帶一路, One belt, One road)
아시아인프라투자은행(AIIB)
헤게모니안정이론(Hegemonic Stability Theory)
자유주의무역(Free Trade)
보호주의무역(Trade Protectionism)

■ Exercise

01 상품무역과 서비스무역을 구분하여 설명하시오.
02 우리 주변에 수입물품이 어떠한 것이 있는지 열거해 보시오.
03 현대무역의 특징에 대하여 구체적으로 설명하시오.
04 무역을 하면 왜 이익이 발생하는가에 대하여 토론하여 보시오.
05 한국의 무역의존도와 주요국의 무역의존도를 비교하여 설명하시오.
06 최근 우리나라의 교역조건 추이와 원인에 대하여 분석하여 보시오.
07 세계화의 역사를 시대적으로 구분하여 설명하시오.
08 19세기 세계화와 20세기 세계화의 차이점은 무엇인가?
09 자유주의무역과 보호주의무역의 장점과 단점을 비교하시오.

01 GDP와 무역

1. GDP 개요

(1) GDP 정의

국내총생산(GDP: Gross Domestic Product)은 일정 기간 동안 한 나라 안에서 생산되어 최종적인 용도로 사용되는 재화와 서비스의 (화폐)가치를 모두 더한 것을 의미한다.

여기서 "일정 기간"이란 일반적으로 1년, 1반기 또는 1분기를 의미한다. "일정 기간 동안"이란 국내총생산 금액이 저량(stock)이 아닌 유량(flow)의 성격을 갖는 변수라는 의미이다. 저량은 어떤 특정시점을 기준으로 계산되는 경제통계를 의미하며 유량은 일정 기간 동안에 계산되는 경제통계를 의미한다.

"한 나라 안에서"라는 표현은 생산의 주체가 누구인지에 관계없이 한 나라의 국경 안에서 생산된 재화와 서비스의 가치를 모두 국내총생산에 포함시킨다는 의미이다. 우리나라 안에 존재하는 외국인투자기업체의 생산액은 외국기업체이지만 한국의 GDP에 포함한다는 의미이다.

"최종적인 용도로 사용되는 재화와 서비스"라는 것은 최종재(final goods and

services)만이 국내총생산에 포함된다는 의미이다. 중간재(intermediate goods and services)의 가치를 국내총생산의 계산에 포함시키면 어떤 상품의 가치가 중복 계산되는 문제가 발생한다.

(2) GDP와 GNP

국내총생산(GDP: Gross Domestic Product)은 한 나라의 "영토" 안에서 생산한 최종재의 가치를 뜻하는 데 비해, 국민총생산(GNP: Gross National Product)은 그 나라 "국민"이 생산한 최종재의 가치를 뜻한다. 다시 말하면 GDP는 생산영역인 국토에 착안한 통계인 데 비해 GNP는 생산주체인 국민에 착안한 통계이다.

결국 누가 어디에서 소득을 얻느냐가 GDP와 GNP를 구분하는 기준이 된다. GDP의 경우에는 어느 나라 사람 및 기업이든 그 나라 국내에서 발생된 소득이면 모두 포함된다. 반면에 GNP의 경우에는 그 나라 국민이 벌어들이는 소득은 그것이 국내외에 어디에서 발생하든 모두 포함된다.

최근에는 세계화의 진전으로 인해 GNP보다 GDP가 더 많이 사용된다. 국내로 진출하는 해외기업 증가로 인하여 이들 기업의 생산이 많아지고, 현지인을 고용하는 다국적기업 수도 급격히 증가하는 현실을 반영한 것이다. 다시 말하면 GDP 통계가 GNP 통계보다 그 나라 국민경제의 실상을 보다 현실적으로 설명한다는 의미이다.

(3) GNI

GDI는 국내총소득(Gross Domestic Income)이며 GNI는 국민총소득(Gross National Income)이다. 이들 지표는 실질소득측면에서 본 국민소득 개념이다. 세계화로 인하여 각국 경제의 대외의존도가 증가하고 교역조건(terms of trade)이 변화한다. 그리고 교역조건의 변화는 실질구매력 변화를 가져온다. 이에 따라 실질구매력의 변화를 반영한 국민소득 지표가 중요하게 되었고 이를 반영한 지표가 GDI 및 GNI의 개념이다.

일반적으로 자주 사용되는 GNI는 GDP(GNP)에 교역조건 변화에 따른 실질무역손익(trade profit and loss)을 반영하여 계산된다. 여기서 교역조건(terms of trade)은 제1장에서도 설명하였지만 수출품 가격과 수입품 가격 사이의 상대적 비율을 의미한다.

예를 들어 설명하면 자국 수출상품의 수출가격이 하락하거나 수입상품의 수입가격이 상승하면 교역조건의 악화를 초래하는데 이는 동일한 수출량으로 더 적은 수입품과 교환하는 것을 의미한다. 즉, 무역손실이 발생하여 그 나라의 실질구매력이 감소하는 것을 의미하며 이는 GNI 감소로 나타난다.

2. 국민소득 3면등가의 법칙

앞에서 일정 기간 동안 한 나라 안에서 생산된 최종재의 총가치라는 의미로 국내총생산을 정의하였는데 이것은 생산측면의 국민소득이다. 그리고 생산국민소득은 임금·급여 등의 노동소득과 이자·임대료·이윤 등의 자본소득으로 분배되는데 이렇게 분배 측면에서 본 국민소득을 분배국민소득(national income distributed)이라고 한다. 그런데 국민소득은 이와 같이 생산 및 분배 측면에서 측정할 수도 있지만 지출 측면에서도 측정할 수 있다.

생산된 최종재는 다음과 같은 여러 가지 용도 중 하나로 사용된다. 소비자들에 의해 직접 소비되기도 하고, 기업의 투자행위에 사용되기도 하며, 정부가 공공투자 지출로서 일부를 사용하기도 한다. 따라서 소비자의 소비지출, 기업의 투자지출, 그리고 정부의 지출을 모두 합친 것은 생산된 최종재의 총가치와 똑같게 된다. 이것은 지출 측면의 국민소득(national income expended)이다.

자본주의 경제에서 국민경제는 생산 → 분배 → 지출의 과정을 되풀이 한다. 그리고 생산·분배·지출의 세가지 측면에서 계측한 국민소득은 서로 다른 면에서 동일한 국민경제활동을 포착한 것이므로 결국은 서로 같은 값으로 나타난다. 이를 국민소득 3면등가(三面等價)의 법칙이라고 한다.

3. 해외부문의 도입

(1) 해외부문의 의의

국민경제에서 외국과의 교역관계가 없다고 가정한 상태에서는 가계의 소비지출, 기업의 투자지출, 그리고 정부의 지출을 더하기만 하면 국내총생산을 구할 수 있다. 즉 GDP = 소비지출 + 투자지출 + 정부지출이다.

그러나 우리는 폐쇄경제(closed economy)가 아닌 개방경제(open economy) 체제에 살고 있다. 따라서 국민경제의 움직임을 정확하게 파악하기 위해서는 세계의 거의 모든 나라가 다른 나라들과 물품의 교역 관계를 맺고 있다는 사실을 고려해야 한다. 이와 같은 사실을 반영하기 위해 해외부문(foreign sector)이라는 또 하나의 경제주체를 도입하여야 한다.

(2) 국민소득계정 항등식

국민소득계정 항등식이란 국민경제의 세가지 측면인 생산, 분배, 지출의 관계를 식(항등식)의 형태로 나타낸 것을 의미한다. 생산측면의 GDP는 지출측면의 소비지출+투자지출+정부지출의 합계와 같은 것으로 표시된다.

그런데 해외부문을 도입하는 경우 즉, 다른 나라와의 교역관계를 고려하는 경우에는 다음과 같이 해야 한다. 지출국민소득을 구할 때 해외로 수출한 상품의 가치를 더하고 수입한 상품의 가치를 빼야 한다. 수입품에 대한 지출은 국내에서 생산된 상품에 대한 지출이 아니므로 지출국민소득을 측정할 때에 제외되어야 한다. 반면에 국내에서 생산한 상품을 구입하기 위해 외국사람이 지출한 금액은 지출국민소득에 포함시켜야 하는 것이다.

이상에서 설명한 해외부문을 감안하여 국민소득계정 항등식을 정리하면 다음과 같다.

소비지출: C, 투자지출: I, 정부지출: G
상기의 지출항목에 포함된 수입품에 대한 지출을 각각 C_m, I_m, G_m
생산된 상품 중 수출된 것의 가치: X

생산국민소득, 즉 국내총생산(GDP)과 지출국민소득은 언제나 그 크기가 서로 같으므로,

$$GDP = (C - C_m) + (I - I_m) + (G - G_m) + X$$

C_m, I_m, G_m를 모두 더한 것, 즉 수입한 상품의 총가치를 M으로 나타내면,

$$GDP = C + I + G + (X - M)$$
$$= C + I + G + X_n$$

C: Consumption I : Investment G : Government

X : Export M : Import X_n : Net Export

이상의 내용을 요약하면 개방경제 체제하에서 생산측면의 GDP는 지출측면의 소비지출, 투자지출, 정부지출을 합한 것에 수출을 더하고 수입을 빼서 산출할 수 있다. 즉, 수출은 GDP에 플러스 요인이며 수입은 GDP에 마이너스 요인이다. 상기 식에서 순수출 X_n 은 수출액에서 수입액을 뺀 것이다.

02 무역의 경제성장 촉진경로

1. 수요창출

앞에서 설명한 바와 같이 GDP는 지출측면의 소비지출, 투자지출, 정부지출을 합한 것에 수출을 더하고 수입을 빼서 산출한다. 즉, 수출은 지출국민소득 산출시 지출항목 중의 하나이며 GDP의 플러스 요인이다. 즉, 수출은 국민경제의 수요를 창출하는 요소이다.

우리나라는 수출주도형 경제성장전략(Export-Led Growth Strategy)을 추진하여 1962~1991년 기간중 연평균 9.7%의 놀라운 성장률을 기록하였다. 우리나라의 경제개발전략이 성공적으로 이루어졌던 이유 중의 하나는 GATT 체제하의 자유무역환경에서 미국, 일본 등 주요선진국의 한국제품에 대한 수입이 꾸준히 증가하였기 때문이다.

최근 들어서는 중국의 한국제품 수입이 크게 증가하여 한국경제의 중요한 성장요인으로 작용하고 있다. 또한 한미 FTA, 한 EU FTA에 따른 무역창출효과 또는 무역전환효과로 인하여 새로운 해외수요가 창출되고 이것이 한국 경제뿐만 아니라 미국, EU의 경제성장을 촉진하는 요인으로 작용한다.

2. 자본축적

경제성장에는 양적 성장과 질적 성장 측면(요인)이 있다. 양적 성장 측면은 노동, 자본 등 생산요소 투입량의 증가에 의한 성장을 의미한다. 무역은 자본축적을 통하여 양적인 경제성장을 촉진한다.

아담 스미스(Adam Smith), 데이비드 리카도(David Ricardo) 등의 국제무역이론에 따르면 무역을 하면 무역의 이익(Gains from Trade)이 발생한다. 무역의 이익은 실질소득의 증가를 가져오며 실질소득이 증가하면 저축이 증가하고, 저축 증가는 곧 생산요소 투입량의 증가를 의미한다. 즉, 자본축적을 통하여 경제성장을 촉진한다.

폴 크루그만(Paul Krugman)은 1960년대 이후 아시아경제성장 분석에서 아시아 대부분의 국가는 노동, 자본 등 생산요소 투입량이 증가한 양적 성장이었다고 분석하였다. 그러면서 아시아의 경제성장에 대하여 "아시아의 기적(Asia Miracle)은 영감(inspiration)이 아니라 땀(perspiration)에 의해 이루어진 결과"라고 비판적인 입장을 나타내었다.

3. 생산성 증가

총요소생산성(TFP: Total Factor Productivity)이란 노동, 자본 등의 생산요소가 산출하는 생산 효율성을 측정하는 개념으로 한 경제의 기술수준을 나타내는 지표이다. 총요소생산성은 노동, 자본 및 중간재 투입 등 총요소 투입단위당 산출량으로 계산된다.

경제성장의 질적 측면은 기술수준 상승 및 노동의 질 상승 등 각 생산요소의 생산성 증가, 즉 총요소생산성 증가에 의한 성장을 나타낸다. 무역은 총요소생산성 증가를 통하여 질적인 경제성장을 촉진한다.

무역을 하게 되면 선진국으로부터 발전된 생산방식이나 경영방식을 도입할 수 있다. 특히 우리나라는 선진국인 미국 및 EU와 FTA를 체결함에 따라 선진국의 경영 및 기술 노하우의 도입이 가능하게 되었고 이를 통하여 한국경제의 질적인 성장을 도모할 수 있다.

4. 시장확대

규모의 경제(economies of scale)는 경제성장 촉진요인 중의 하나이다. 규모의 경제는 생산요소 투입량 증가율보다 생산량 증가율이 더 큰 경우를 의미한다. 다시 말하면 생산규모가 크고 생산량이 많아질수록 평균생산비용(average cost)이 작아지는 것을 의미하는데 이것은 경제성장을 촉진하는 요인으로 작용한다.

다른 나라와 무역을 하면 시장이 확대되는 것을 의미하고 이는 규모의 경제를 가져온다. 특히 FTA의 경제적 효과로서 시장확대효과(market expansion effect)를 들 수 있는데, 이는 무역장벽 철폐를 통하여 하나의 큰 시장이 형성되는 것을 의미한다.

┌ 03 무역정책과 경제성장

1. 개요

제2차 세계대전 종전 이후 제국주의 시대가 끝나면서 아시아, 아프리카, 라틴아메리카 지역에서 많은 국가들이 새롭게 탄생하였다. 이들 신생국, 즉 개발도상국들의 최우선 목표는 무엇이었을까? 그것은 먹고 사는 문제를 해결하는 것이었다. 바로 자국의 경제발전 전략을 어떻게 추진하는가 하는 것이었다.

이들 개도국들의 일반적인 특징은 경제발전에 필요한 투자재원, 인적자원 등이 절대적으로 부족한 것이었다. 여기에 더하여 정치적 혼란, 높은 인구증가율, 시장실패 등 경제발전의 장애요인이 많은 개도국에서 나타났다.

이러한 경제발전의 장애요인을 효과적으로 극복하고 먹고 사는 문제를 성공적으로 해결하기 위해서는 어떠한 경제발전전략을 채택해야 할 것인가? 두 가지의 경제발전전략이 있었다. 하나는 수출주도형 성장전략(Export-Led Growth Strategy)이고 다른 하나는 수입대체형 성장전략(Import Substitution Growth Strategy)이다.

2. 수출주도형 성장전략

(1) 의의

수출주도형 성장전략은 외향적 발전전략(Outward Looking Development Strategy)
이라고도 한다. 수출산업을 우선적으로 육성하고 이로부터의 파급효과를 통해
내수산업도 함께 발전할 수 있게 만든다는 구상을 기반으로 하고 있다.

수출주도형 성장전략은 자유무역론자들이 주장하는 이론이다. 자유무역론
자들은 비교우위의 원리에 따라 국제분업(무역)을 하게 되면 무역의 이익(gains
from trade)이 발생한다고 주장한다. 수출주도형 성장전략을 추진하면 비교우위
에 따른 자원배분, 생산설비 가동률의 제고, 해외시장에서 경쟁을 통한 기술개
발, 고용과 생산의 증대 등을 이룩할 수 있고 이는 수입대체전략보다 경제발전
기여도가 높다는 것이다.

(2) 경과

1960년대 이후 수출주도형 성장전략을 채택하였던 신흥공업국들은 급격한
경제발전을 이룩하였다. 특히 한국, 대만, 홍콩, 싱가포르, 브라질, 태국 등은 수
출주도형 성장전략을 성공적으로 추진하였다. 이들 국가들은 공업화와 산업구조
의 고도화를 이룩하였고 높은 경제성장을 나타내었다. B.Balassa, G.K.Helleiner
등의 정통파 경제학자들은 개발도상국들의 경제발전 전략으로 수입대체형 성장
전략보다는 수출주도 성장전략이 우월하다고 주장하였다.

수출주도형 성장전략은 국내시장의 규모가 협소해 규모의 경제를 제대로
활용하지 못하는 산업을 육성하는 데 큰 효과를 발휘한다는 평가이다. 그리고
수출진흥정책을 통하여 국내 기업들이 선진국 기업들과 치열한 경쟁을 함으로
써 더욱 효율적으로 될 수 있도록 만든다는 점에서 긍정적인 경제개발전략으로
평가되고 있다.

그러나 단기적인 수출 성과에 너무 큰 비중을 둠으로써 장기적인 성장가능
성을 경시하게 만들 가능성이 있다. 또한 수출산업의 집중 육성은 국내 산업 사
이의 불균형 발전을 초래할 수 있다. 특히 해외경제에 대한 의존도 심화로 인하
여 경제자립도를 한층 더 떨어뜨리는 부작용을 초래한다는 비판을 받는다.

3. 수입대체형 성장전략

(1) 의의

수입대체형 성장전략은 내향적 발전전략(Inward Looking Development Strategy)이라고도 한다. 수입대체전략은 경제의 자립도를 높이기 위해 수입을 대체할 산업을 집중적으로 육성하는 데 주안점을 두고 있다.

수입대체형 성장전략은 자유무역 비판론자들의 이론에 기초하고 있으며 개도국들은 자신들의 발전형태를 스스로 결정하여야 한다고 주장한다. 개도국들은 과거에 식민지 모국이었던 선진국들로부터 영향과 지배를 받지 않는 자립적 발전을 모색하여야 한다고 강조한다. 관세 및 비관세장벽을 통하여 유치산업(infant industry)을 보호하고, 선진국으로 부터 수입되던 재화를 국내생산으로 대체하여 국제수지개선과 국내생산 및 소득증대를 도모하여야 한다는 논리이다.

(2) 경과

아프리카, 라틴 아메리카, 아시아 일부 국가 등 많은 개도국들이 수입대체형 성장전략을 경제발전전략으로 채택하였다. 이들 국가들이 수입대체형 성장전략을 추진한 것은 1930년대와 1940년대의 시대적 상황과 밀접한 관련이 있다. 1930년대의 대공황으로 이들 개도국의 주요 수출상품인 1차상품의 가격이 폭락하였는데, 1929년을 기준으로 할 때 1932년의 1차상품 가격이 50% 가까이 폭락하였다. 교역조건(terms of trade)이 크게 악화되고 소위 궁핍화 성장(immiserizing growth)이 나타났다.

더구나 제2차 세계대전 기간에는 전쟁특수로 말미암아 개도국의 선진국 자본재와 공산품 수입이 어렵게 되었고 개도국들의 대외부채도 급격하게 증가하였다. 이를 계기로 개도국들은 선진국 경제에 대한 의존관계를 탈피하기 위해 노력하게 되고 경제발전전략으로서 수입대체형 성장전략을 채택하게 된다.

수입대체형 성장전략은 많은 장점에도 불구하고 보호비용의 과다와 환율의 인위적인 고평가 등으로 말미암아 대부분의 나라에서 실패한 것으로 나타났다. 제2차 세계대전 종전 이후 많은 개발도상국들이 수입대체를 통한 공업화를 추진하였으나 많은 부작용이 나타나면서 수출주도형 성장전략으로 전환하는 결과를 초래하였다.

4. 경제성장전략 평가

(1) 경제성장전략 논쟁

〈표 2-1〉은 1963~1973년 기간중과 1973~1985년 기간중에 각각 수출주도형 성장전략과 수입대체형 성장전략을 채택한 국가 현황을 나타내고 있다. 1950년대부터 외향적 성장전략을 주장하는 자유무역론자들과 내향적 성장전략을 옹호하는 보호무역론자들간의 논쟁이 있었다.

표 2-1   수출주도형 성장전략과 수입대체형 성장전략 채택국가 현황

구분	수출주도형 성장전략		수입대체형 성장전략	
	강력함	온건함	온건함	강력함
1963-1973년	홍콩 싱가포르 한국 대만	브라질 카메룬 콜롬비아 코스타리카 구아테말라 인도네시아 이스라엘 아이보리코스트 말레이시아 태국	볼리비아 엘살바도르 온두라스 케냐 마다가스카르 멕시코 니카라구아 필리핀 세네갈 탄자니아 터키 우루과이 유고 잠비아	아르헨티나 방글라데시 브룬디 칠레 도미니카 에티오피아 가나 인도 파키스탄 페루 스리랑카 수단
1973-1985년	홍콩 싱가포르 한국 대만	브라질 칠레 이스라엘 말레이시아 태국 튀니지 터키 우루과이	카메룬 콜롬비아 코스타리카 엘살바도르 온두라스 인도네시아 케냐 멕시코 니카라구아 파키스탄 필리핀 세네갈 스리랑카 유고	아르헨티나 방글라데쉬 볼리비아 부룬디 도미니카 에티오피아 가나 인도 마다가스카르 나이지리아 페루 수단 탄자니아 잠비아

자료: M.P.Todaro(1994), p.486.

1950년대와 1960년대에는 수입대체형 성장전략이 많은 지지를 얻었으나, 1970년대에 들어서면서 한국, 홍콩, 싱가포르, 대만 등 아시아 신흥공업국들의 성공사례를 배경으로 수출주도형 성장전략이 주목을 받게 되었다. 그리고 1960년대 중반부터 강력한 수출주도형 성장전략을 실시한 한국, 대만, 홍콩, 싱가포르 외에 칠레, 터키, 우루과이, 튀니지 등이 수입대체형 성장전략에서 수출주도형 성장전략으로 수정하였다.

(2) 경제성과 비교

〈표 2-2〉는 수출주도형 성장전략과 수입대체형 성장전략을 채택한 국가들의 1인당 GNP와 평균경제성장률을 비교한 것이다. 수출주도형 성장전략을 채택하였던 아시아의 NICs(Newly Industrializing Countries)의 한국, 홍콩, 싱가포르는 1965년에서 1990년까지 연평균 6~7%의 높은 성장률을 기록하였다.

반면에 수입대체형 성장전략을 추진하였던 아르헨티나, 방글라데시, 인도 등의 국가들은 1965년에서 1990년까지 연평균 마이너스 성장을 기록하거나 1~2%대의 매우 낮은 성장을 기록하는데 그쳤다.

표 2-2	수출주도형 성장전략과 수입대체형 성장전략의 성과비교				(단위: 달러, %)
수출주도형 성장전략 채택국가			수입대체형 성장전략 채택국가		
국 가	1인당 GNP (1991)	평균성장률 (1965-1990)	국 가	1인당 GNP (1991)	평균성장률 (1965-1990)
한 국	6,330	7.1	아르헨티나	2,790	-0.3
홍 콩	13,430	6.2	방글라데시	220	0.7
싱가포르	14,210	6.5	인 도	330	1.9

자료: IMF, World Economic Outlook Database, 2018 / www.imf.org

5. "아시아의 세기" 논쟁

(1) 배경

"아시아의 세기(Asian Century)"라는 용어는 1985년 미국 상원 외교청문회에서 처음 사용되었다. 그리고 1988년 중국 덩샤오핑과 인도 라지브 간디 총리의 회담에서 다시 등장하였다. 이후 아시아의 지도자 및 서구 학계와 언론에서 자주 사용되었다.

이 용어가 나타난 배경에는 무엇보다도 경제적인 측면에서 한국, 일본, 중국 등 아시아 국가들의 수출주도형 성장전략 추진으로 경제발전에 성공하여 세계경제를 주도하는 국가로 부상하고 있기 때문이다.

(2) 아시아의 위상

첫째, 경제적인 측면을 보면 먼저 2017년 명목 GDP 규모에서 중국 세계 2위, 일본 세계 3위, 인도 세계 6위, 한국 세계 12위를 기록하고 있으며 중국, 인도를 중심으로 그 경제규모가 점차적으로 커지고 있는 상황이다. 경제성장률 측면에서도 구미선진국이 따라오지 못하는 높은 성장률을 지속적으로 나타내고 있다.

둘째, 인구 측면에서 세계 1위 중국, 세계 2위 인도, 세계 10위 일본 등으로 아시아 인구가 압도적으로 많다. 세계전체 인구의 약 60%를 차지하고 있다. 더구나 UN 전망에 따르면 2050년에는 인도 15억 3,000만명, 중국 14억명으로 미국의 4억명을 월등하게 앞서는 것으로 예측되고 있다.

셋째, 면적 측면에서도 경쟁력을 갖추고 있다. 아시아 대륙은 세계전체 면적의 약 30%를 차지하고 있다. 국별로 보면 중국이 세계 4위, 인도가 세계 7위이다. 러시아, 캐나다, 미국보다는 작지만 유럽의 어느 선진국보다 넓은 영토이다.

(3) "아시아의 세기" 논쟁

미국 예일 대학교 폴 케네디(Paul Kennedy) 교수는 1987년 그의 저서 "강대국의 흥망(The rise and fall of the great powers)"에서 21세기는 일본의 세기가 될 것이라고 하였다. "로마 제국이 그랬던 것처럼 미국의 패권도 기울기 시작했다" 면서 미국 경제의 정체와 일본 및 중국경제의 부상을 전망하였다. 그러나 1990년대를 거치면서 케네디의 예상은 빗나갔다. 미국 경제는 IT산업을 중심으로 되살아난 반면 일본은 10년이 넘는 장기불황에 빠졌다.

독일의 도이치방크(Deutsche Bank)는 2005년 "21세기는 여전히 미국의 세기가 될 것"이라는 보고서를 발표하였다. 그 이유는 무엇일까? 도이치방크는 인구문제를 주요 요인으로 지적하였다. 중국은 1970년대부터 1가구 1자녀 정책을 추진하여 향후 노인국가가 될 것이지만, 미국은 세계 각국으로부터 유능하고 젊은 인력의 유입이 지속적으로 이루어지고 있다는 것이다.

미국의 미래예측가 조지 프리드만(George Friedman)은 2010년 그의 저서 100년 후(The Next 100 Years)에서 21세기에 중국은 종이호랑이(paper toger)가 될 것이지만 미국은 세계 슈퍼파워(super power)를 계속 유지할 것이며 EU는 통일된 힘(unified power)을 갖지 못할 것이라고 분석하였다.

❙ Keyword

GDP(Gross Domestic Product)
GNI(Gross National Income)
지출국민소득
국민소득 3면등가의 법칙
국민소득계정 항등식
해외부문(foreign sector)
폴 크루그만(Paul Krugman)
총요소생산성(TFP: Total Factor Productivity)
규모의 경제(economies of scale)
개도국
수출주도형 성장전략(Export-Led Growth Strategy)

수입대체형 성장전략(Import Substitution Growth Strategy)
외향적 발전전략(Outward Looking Development Strategy)
내향적 발전전략(Inward Looking Development Strategy)
NICs(Newly Industrializing Countries)
유치산업(infant industry)
아시아의 세기(Asian Century)
폴 케네디(Paul Kennedy)
조지 프리드만(George Friedman)

❙ Exercise

01 GDP의 의미에 대하여 생각해 보자.

02 지출국민소득 계산시 해외부문을 도입하여 설명하시오.

03 국민소득계정 항등식에 대하여 설명하시오.

04 경제성장에서의 무역의 역할을 설명하시오.

05 개도국의 경제발전 전략은 어떠한 것이 있는가?

06 우리나라는 어떠한 경제발전전략을 채택하였는가? 그리고 그 성공요인은 무엇인가?

07 수입대체형 성장전략을 채택한 국가들이 경제발전에 실패한 요인에 대하여 토론하시오.

08 "아시아의 세기(Asian Century)"에 대하여 논의하시오.

01 한국무역의 역사

1. 장보고 시대

(1) 개요

장보고(張保皐)는 9세기 통일신라시대(676~935)에 한반도 남해안 지역의 해상교통로를 장악하고 국제해상무역을 획기적으로 진흥시킨 한국무역의 선구자이다. 장보고의 해상무역 활동은 현재의 전라남도 완도지역에 해상경영의 전진기지인 청해진을 설치하면서 본격화되었다.

청해진은 군사조직이지만 현대적 의미의 종합무역상사 역할을 하였고 중국 산둥반도(山東半島)와 일본 규슈(九州)지역을 연결하는 삼각무역을 주도하였다. 장보고는 또한 당나라의 도자기 기술을 수입하여 전라남도 강진에서 도자기를 생산하게 하였는데 이러한 전통이 계승되어 고려시대 명품브랜드 고려자기가 탄생하는 계기가 되었다.

(2) 장보고의 성공요인과 교역품목

장보고의 성공요인은 첫째, 당나라(618~907)에서 습득한 언어 능력, 국제화

마인드, 둘째, 당나라의 군 생활에서 축적된 리더십과 조직 장악 능력, 셋째, 신라인의 조선술과 항해술, 서남해안의 해류 등 지리적 요건, 넷째, 당나라, 신라, 일본 등 당시 중앙정부 세력 약화에 따른 상대적 힘의 우위 등이다.

당시 당나라와의 무역에서는 공무역(公貿易)인 조공무역(朝貢貿易)이 주류를 이루었으나 장보고 전성시대에는 청해진을 중심으로 사무역(私貿易)이 활성화되었다. 주요교역품목을 보면 통일신라의 주요 수출품목은 인삼, 금·은 세공품 등이었고 주요 수입품목은 비단, 책, 약재, 향료, 보석 등이었다.

(3) 현재 상황과의 관계

통일신라시대의 3각무역 형태는 현재 한중일 무역관계에 계승되고 있다고 볼 수 있다. 중국 산둥반도(山東半島) 지역에는 장보고시대에 신라방(신라인의 집단 거류지), 신라원(신라인의 사찰), 법화원(신라원 중 장보고가 세운 대표적 사찰) 등이 있었듯이 현재 산둥반도의 칭다오(靑島), 웨이하이(威海), 옌타이(煙臺) 등에는 한국기업의 투자가 중국 내에서 가장 활발하게 이루어지고 있다.

또한 일본 규슈(九州)지역의 후쿠오카(福岡)에는 현재 도요타자동차, 닛산자동차, 도요타 계열사 다이하트의 생산기지가 소재하고 있고 소니의 반도체 생산기지가 규슈의 오이타(大分)에 위치하고 있다. 일본차는 한국에서 수입차 중 인기 있는 차종이며 그 원인 중의 하나는 부산과 가까운 규슈 자동차 생산공장에서 신속하게 대응할 수 있는 체제를 갖추었기 때문이다. 그리고 규슈의 온천과 골프산업은 한국인이 없으면 존립이 어려운 상황으로까지 발전하여 한일간의 경제관계 심화를 설명하고 있다.

2. 고려시대

(1) 개요

500년 가까이 지속되었던 고려시대(918~1392)에는 전반적으로 적극적인 대외통상정책을 표방하였다. 송, 서역(아라비아), 일본(왜), 거란, 여진, 동남아시아 등 외국과의 무역거래를 적극적으로 추진하였다. 한반도 역사상 가장 진취적이고 개방적이었으며 대외무역이 크게 발달하였다.

고려시대 수도 개경(開京)과 가까운 벽란도(碧瀾渡)는 당시 국제무역항이었다. 고려시대 적극적인 대외통상정책으로 말미암아 교류가 활발하였던 당시 아라비아인이 고려를 발음이 비슷한 코레라고 불렀고 이 이름이 발전하여 우리나라가 코리아(Korea)라는 이름으로 서방 세계에 알려지게 되었다.

(2) 무역형태

고려시대 무역형태에는 공무역(公貿易) 중심이었으며 사무역(私貿易)도 부분적으로 이루어졌다. 공무역은 송나라(960~1279), 원나라(1271~1368)와의 조공무역(朝貢貿易) 및 관무역(官貿易) 형태로 이루어졌으며 사무역은 상인간의 무역인 호시(互市) 형태로 이루어졌다. 호시는 외국과의 교역이 행해지는 장소를 의미하는데 일본의 상인과는 남쪽의 해안 포구에서 호시를 열고 교역을 하였으며, 여진(女眞)과의 무역거래는 압록강과 두만강 유역의 변경에 호시가 열려 교역이 이루어졌다.

고려시대 후기 원나라와의 조공무역이 이루어졌다. 그러나 그 이전에는 조공무역은 형식에 불과했으므로 고려시대 전체를 조공무역이라고 규정하는 것은 실상과 부합되지 않는다. 대신에 좀 더 포괄적으로 외교무역이라고 표현하는 것이 좋은 것 같다(최광식 외, 한국무역의 역사).

(3) 교역품목 및 국제무역항

주요 교역품목을 보면 고려시대의 최고 수출품은 고려 인삼, 고려청자라 할 수 있다. 그 외에 대장경, 철기, 금은, 화문석, 나전칠기, 종이, 붓, 먹 등이 주요 수출품이었다. 중국으로부터는 책, 비단, 장신구, 악기, 옥 등을 수입하였고 왜(일본)로부터는 칼, 금은, 후추 같은 남방산 물품 등을 수입하였다. 아라비아에서는 귀금속과 장신구, 대리석 등을 수입하였고 동남아는 향신료, 보석 등을 수입하였다. 북방 민족(여진, 거란)으로부터는 말과 화살, 가죽 등을 수입하였다.

고려시대에 예성강 하구에 위치한 벽란도(碧瀾渡)는 국제무역항이었다. 벽란도는 고려의 수도 개경(開京: 현재의 開城)으로 들어오는 관문이었다. 당시 국제무역에서 중국, 일본, 아라비아 상인들이 활동하는 국제무역항으로서의 역할을 수행하였다. 상행위뿐 아니라 중국의 사신이 왕래할 때에도 거쳐가는 관문이었으며, 벽란도에서 개경까지는 도로를 만들어 놓아 교통이 아주 편리하였다.

3. 조선시대

(1) 개요

조선왕조(1392~1910)는 국가 초기부터 사대교린(事大交隣)의 외교원칙을 일관되게 추진하였다. 사대는 明나라(1368~1644), 淸나라(1636~1912)에 대한 외교정책을 의미하며 교린은 왜국(倭國), 여진(女眞)에 대한 외교정책을 의미한다.

대외무역정책은 조공무역(朝貢貿易) 같은 공무역 형식의 정부간 거래만을 인정하였고, 민간에 의한 무역은 금지하거나 제한된 범위 내에서만 암묵적으로 허용하였다. 이와 같이 조선시대에는 쇄국주의적 대외통상정책을 취함으로써 무역은 고려시대보다 쇠퇴하였다.

(2) 조공무역

조공(朝貢)이란 역사적으로 강대국으로 군림하였던 중국에 대해 조선과 같은 주변국가가 충성의 표시로 물품을 제공하는 외교적 행위라고 할 수 있다. 이를 좀 더 실체적으로 들여다보면 조공은 착취나 약탈이 아닌 국가간 물품거래, 즉 무역형태로 이루어졌다고 볼 수 있다. 예를 들면 조선이 중국에 공물(貢物)을 제공하면 중국은 하사(下賜) 또는 상사(賞賜)라는 명목으로 답례물품을 조선에게 주는 무역형태이다.

이 과정에서 중국과 조선 양측은 서로가 제공할 수 있는 물품과 원하는 목록을 미리 제시한 뒤 이들을 얼마만큼 주고받을지에 대해 의논을 하였다. 이러한 과정은 오늘날 무역거래 진행 과정과 거의 유사하다. 조선입장에서는 선진문물을 수용하려는 적극적인 실리외교의 형태라고 볼 수 있다.

(3) 민간무역

조선왕조 시대 조공무역 이외의 사무역이 아주 제한적으로 이루어졌던 요인은 기본적으로 조선은 사농공상(士農工商)의 나라이기 때문이다. 조선왕조를 떠받치던 성리학적 세계관으로 사대부들은 자영농이 주축을 이루는 농업사회를 이상적인 사회로 보았고, 상업활동은 가능한 한 최소화해야 한다고 주장하였다.

결국 생활의 근본을 이루는 농업에 힘쓰고 말단인 상업을 억제한다는 "무본억말(務本抑末)"의 경제정책에 따라 조선왕조는 모든 상업활동을 경시하였다. 해상을 통한 모든 민간무역을 금지하고, 육로를 통한 교역에 있어서도 공무역만을 인정한 것은 이러한 상업억제 정책의 맥락에서 나온 것이다. 조선시대 후기에 들어와서 영조 30년(1654)에 민간의 국경무역인 책문후시(柵門後市)를 공인함으로써 사무역이 활성화되는 계기가 되었다. 책문후시는 조선과 청나라 상인 사이에 이루어졌던 만주 책문에서의 뒷장(後市: 私貿易)을 의미한다.

(4) 조선통신사

조선통신사(朝鮮通信使)는 조선시대에 조선에서 일본의 막부(幕府) 장군(將軍)에게 파견되었던 공식적인 외교사절이다. 파견시기는 1404년(태종 4년)에서 1811년(순조 11년)까지 기간으로 총 9회에 걸쳐 파견하였다. 파견기간은 대체적으로 6개월~1년 동안이었다.

그림 3-1　　조선통신사 경로

조선통신사의 파견목적은 조선과 일본의 양국간 우호관계를 발전시키고 조선의 선진문물을 전달하는 것이었다. 파견경로는 〈그림 3-1〉에서 보는 바와 같이 한성 → 부산 → 대마도 → 시모노세키 → 교토 → 나고야 → 에도(도쿄) 등으로 이어졌다. 에도(도쿄)까지의 파견은 17세기 초 에도막부가 탄생한 이후이며 16세기까지는 막부 장군이 있었던 교토까지 파견하였다.

조선통신사를 통한 교류대상은 학술·사상·기술·예술 등이었다. 300~500명 규모의 조선통신사 일행이 통과하는 일본 각 지역에서는 조선 선진문물에 대한 학술 교류가 성대하게 이루어졌다. 특히 조선통신사에 대한 화려한 접대는 일본의 재정을 압박하는 하나의 원인이 되었다고 알려지고 있다. 조선통신사는 조선·일본 양국간의 교류만이 아니라, 중국을 포함하는 동아시아 지역 국제관계에 긍정적인 영향을 끼쳤다고 볼 수 있다.

02 한국무역의 성장과정

1. 1960년대: 무역기반 조성기

(1) 개요

1960년대는 무역기반 조성기이다. 제2차 세계대전 이후 독립한 신생국들은 두 가지 경제발전전략을 채택하였다. 하나는 수출주도형 성장전략(Export-Led Growth Strategy)으로 수출진흥을 중심으로 한 외향적 발전전략이다. 다른 하나는 수입대체형 성장전략(Import Substitution Growth Strategy)으로 수입대체산업 육성을 통한 공업화 전략으로 내향적 발전전략이다.

한국·대만·싱가포르 등 아시아 주요국들은 전자인 수출주도형 성장전략을 채택하여 성공적인 경제발전을 이룩한 반면, 중남미·아프리카 국가들은 주로 후자인 수입대체형 성장전략을 채택하여 아시아 국가들만큼 경제발전에 성공하지 못하였다. 중남미국가들은 1970년대 이후 수출주도형 성장전략으로 정책전환을 하게 된다.

(2) 무역기반 조성정책의 주요내용

한국은 1960년대 이후 수출주도형 성장전략을 추진하였다. 그리고 이러한 경제정책의 효과적 수행을 위하여 1960년대에 무역기반 조성 정책 및 제도를 실시하였는데 그 주요 내용을 살펴보면 다음과 같다.

첫째, 대외무역의 기본법인 1967년 무역거래법(현재 대외무역법으로 변경)을 제정하여 무역진흥 및 무역활성화를 위한 기반을 마련하였다. 외환거래를 관리하는 외환거래법과 관세 및 통관 관련 법규인 관세법 체계도 갖추어졌다.

둘째, 1964년에 수출의 날을 제정하여 수출의 탑 포상과 유공자 표창을 실시하였다. 1964년 11월 30일은 우리나라가 처음으로 수출 1억 달러를 달성한 날이며 이 날을 기념하여 수출의 날을 제정하였다. 그런데 한국무역의 위상이 높아지면서 명칭을 "수출의 날"에서 "무역의 날"로 바꾸었다. 그리고 2011년 12월 5일 우리나라가 세계에서 아홉 번째로 무역규모 1조 달러를 달성한 것을 기념하기 위하여 무역의 날을 "12월 5일"로 변경하였다.

셋째, 무역기반 조성을 위한 시스템 구축이다. 그 중에서도 한국무역협회(KITA)와 대한무역투자진흥공사(KOTRA)를 설립하여 무역의 본격적인 진흥에 매진하였다. 한국무역협회(1946년 설립)는 경제4단체 중의 하나이며 무역회사를 회원상사로 하는 무역진흥을 위한 민간단체이다. 대한무역투자진흥공사(1962년 설립)는 무역진흥과 국내외 기업간의 투자 및 산업기술 협력을 지원하기 위한 공공기관이다. 해외 대부분의 지역에 해외무역관를 설치하여 운영한다. 두 기관은 한국무역진흥을 위해 많은 역할을 수행하였다. 특히 해외시장개척에 어려움을 겪고 있는 중소기업의 수출활성화에 많은 기여를 하였다.

넷째, 무역관리방식을 포지티브 시스템(Positive List System)에서 네거티브 시스템(Negative List System)으로 전환하였다. 네거티브 시스템은 점진적 자유화 추진방식의 하나로 개방이 불가능한 부문이나 사항만 열거하고 열거되지 않은 부문이나 사항은 자동적으로 개방되는 무역관리방식을 말한다.

이러한 무역기반조성 정책 및 제도 시행과 더불어 당시 박정희 대통령의 수출에 대한 강력한 의지가 있었다. 대통령 주재로 매월 수출진흥확대회의가 개최되었고 그 회의에 참석한 무역업계 대표들의 건의사항 및 애로사항이 즉각적이고 최우선적으로 반영되었다.

2. 1970년대: 무역진흥기

(1) 개요

1970년대는 무역진흥기이다. 1960년대 무역기반조성을 위한 정책 및 제도를 마련하였고 1970년대 들어서 우리나라는 본격적인 무역진흥기에 돌입한다. 장기적 수출목표를 수립하고 목표달성을 위한 각종 무역진흥정책을 추진하게 된다.

이러한 무역진흥정책에 힘입어 우리나라의 수출은 1977년에 100억 달러를 달성하였고 같은 해 1인당 국민소득 1,000달러를 달성하였다. 1970년대는 "한강의 기적"으로 일컬어지는 초압축성장을 일궈낸 시기이다. 국민적인 수출역량이 결집되고 중화학공업의 육성 및 중동 건설 붐에 힘입어 의류·신발·철강판·선박 등을 중심으로 수출 확대가 이루어졌다.

(2) 무역진흥정책의 주요 내용

첫째, 무역금융제도 시행이다. 무역금융제도는 일반 외국환은행의 단기무역금융과 수출입은행의 중장기무역금융(연불수출금융)으로 나누어진다. 전자는 물품의 수출 및 용역의 제공을 통한 외화획득을 촉진하기 위하여 수출업체 등에 대하여 수출물품의 생산, 원자재 및 완제품 구매에 필요한 자금을 지원하는 원화대출 및 관련 지급보증제도를 말한다. 후자는 산업설비, 기계류, 선박 등 제작기간이 긴 고가의 제품 수출에 따른 업체의 자금 부담을 덜어주기 위해 수출입은행이 지원하는 중장기 연불수출금융이다.

둘째, 관세환급제도 시행이다. 관세환급이란 수출물품 제조에 소요된 원재료의 수입시 납부한 관세 등을 수출 등에 제공한 때에 수출자에게 되돌려 주는 것을 의미한다. 관세환급은 세관에 이미 납부한 관세 등을 일정한 사유로 인하여 다시 돌려주는 관세법상의 환급(과오납 환급과 위약물품환급)과 구분된다.

셋째, 수출자유지역 설치이다. 수출자유지역은 외국인의 투자를 유치하고 외국에서 원료를 수입하여 제품을 만들어 전량을 해외에 수출하기 위해서 정한 지역이다. 세관 절차 없이 상품을 특정지역 내에 반입할 수 있으며, 그 지역 내에서 자유롭게 상품처리·가공·제조 등을 할 수 있다. 경상남도 마산수출자유지역과 전라북도 익산수출자유지역 두 곳이 설치되었으며 공업화 초기단계에서 외국인 투자와 양질의 저렴한 국내노동력을 결합시켜 한국수출산업의 경쟁력을 높이는데 크게 기여하였다.

넷째, 종합무역상사 지정이다. 종합상사는 일본의 총합상사(總合商社, Sogo Shosha)를 벤치마킹한 제도이다. 박정희 대통령은 일본 종합상사의 방대한 정보력 및 조직이 일본무역 발전의 원동력으로 보았고 한국에도 도입할 것을 지시하였다. 당시 이토추(伊藤忠) 상사의 세지마 류조 회장은 한국에 일본식 종합상사의 아이디어를 제공한 당사자로 회자된다. 삼성물산, LG상사 등 한국의 종합상사는 1970~1990년대 기간 동안 한국무역의 발전에 절대적인 기여를 하였다. 그러나 최근 들어 종합상사 가능이 약화되어 전문무역상사로 대체되었다.

그 밖에 수출 리스크를 커버하기 위한 수출보험제도 시행(한국수출보험공사 → 한국무역보험공사), 복잡한 수출입 절차를 간소화하기 위한 전자무역(EDI) 도입(한국무역정보통신) 등의 무역진흥정책이 추진되었다.

3. 1980년대: 국제화 지향기

(1) 개요

1980년대 들어 한국무역은 비약적인 발전을 지속하였다. 1980년대 중반이후 한국은 그동안의 적극적인 수출진흥 정책에 힘입어 수출산업이 본격적인 성장궤도에 진입하였고 세계무역에서도 세계 20위권 수출국으로 발돋움하였다. 1988년에 수출 500억 달러를 돌파하였고 의류·신발·철강판 외에 반도체·자동차·컴퓨터 등이 주요 수출품목으로 부상하여 수출품목의 다각화가 이루어졌다.

그리고 1986~1989년 기간중 사상 처음으로 한국의 무역수지가 흑자를 시현하였다. 소위 3저현상에 따른 것이었다. 3저현상은 첫째, 유가하락(100% 수입에 의존하는 원유의 수입부담 감소), 둘째, 국제금리 하락(외채이자 부담 절감), 셋째, 달러화의 하락, 즉 엔화의 강세(수출경쟁력 향상) 등을 말한다. 3저현상으로 한국제품의 수출가격경쟁력이 향상되어 수출이 크게 증가하였다.

(2) 국제화 정책

1980년대 중반이후 무역환경변화, 즉 세계 20위권 수출국 부상, 무역흑자 확대 등으로 말미암아 한국은 미국 등 선진국으로부터 수입개방 압력을 거세게 받게 되는 한편 선진국은 우리나라 수출제품에 대하여 수입규제를 강화하였다.

이러한 국내외 무역환경 변화에 대응하고 한국경제 레벨에 걸맞은 국제화 수준에 맞추기 위하여 한국은 수입개방조치 등 국제화 조치를 단행하였다. 그래서 1980년대는 국제화 지향기라고 할 수 있다. 수입개방조치로 인하여 한국의 수입자유화율(전체 수입품목중에서 수입자유화품목의 비중)은 1984년 84.8%에서 1991년에는 97.2%까지 급격하게 상승하였다. 또한 개도국 수준에 맞추어져 있던 금융 및 세제측면의 여러 가지 수출지원제도는 대폭적으로 축소되는 방향으로 개선되었다.

한편 한국은 OECD(Organization for Economic Cooperation and Development) 가입을 위한 준비를 갖추게 된다. 1988년에 IMF(International Monetary Fund) 8조국으로, 1989년에 GATT(General Agreement on Tariffs and Trade) 11조국으로 이행하였다. 이러한 조치는 각각 우리나라의 외환자유화와 무역자유화를 의미하며 이는 또한 OECD 가입을 위한 전제조건이기도 하다. 그리고 우리나라는 1996년에 OECD에 가입하였고 국제사회에서 선진국으로 발돋움하게 되었다.

4. 1990년대: 구조조정기와 극복

(1) 개요

1990대 한국무역은 구조조정기를 맞이한다. 1990년부터 한국의 무역수지가 적자로 반전하였다. 무역수지가 적자로 반전된 이유는 첫째, 시장개방 확대에 따른 수입증대, 둘째, 1980년대 말에 나타났던 3저현상의 퇴조에 따른 수출경쟁력 약화, 셋째, 중국·아세안 등 후발 개도국의 추격에 따른 해외시장 잠식 등이다.

특히 1986~1989년 4년간의 무역흑자를 제대로 관리하지 못한 이유 중의 하나로서 정책실패를 지적할 수 있다. 미국 등 선진국의 시장개방압력에 너무 쉽게 굴복한 것이 화근이라는 평가이다. 일본과 중국이 수십년간 지속적으로 무역흑자를 기록할 수 있는 것은 흑자기조 정착을 위한 정부의 노력이 계속적으로 유지되었기 때문이다.

(2) 외환위기의 발생과 극복

1990년대에 무역수지적자가 누적되어 급기야 외환위기가 발생하였다. 1990년부터 시작된 무역수지 및 경상수지 적자는 1997년까지 지속되었고 이는 외채증가, 외환보유고 감소를 초래하였다. 한국의 대외신인도가 급속히 하락하여 1997년 12월 3일, IMF 구제금융 양해각서를 체결하였다.

한국의 외환위기 원인은 세 가지로 요약할 수 있다. 첫째, 펀더멘털(fundamental: 기본적 경제여건)의 악화이다. 90년대 이후 시장개방 확대, OECD 가입 추진에 따른 자본자유화 확대로 경상수지 적자, 외채누적 결과를 초래하였다. 둘째, 헤지펀드의 투기적 공격(speculative attack)이다. 1997년 후반 동남아시아의 외환위기 발생 이후 한국에서도 달러 매입, 원화 매도의 투기적 공격이 발생하였다. 셋째, 외국금융기관들의 대출상환요구 및 뱅크런(bank run: 대규모 예금 인출 사태)이 발생하였다.

한국은 IMF 구제금융 조건을 받아들이고 IMF 금융을 지원받아 외환위기를 단기간 내에 효과적으로 극복하였다. 기업도산, 인력삭감 등 혹독한 구조조정을 거친 후 한국의 기업은 경쟁력을 갖추게 되었다는 평가이다. 기업재무구조의 건실화, 기업지배구조의 개선, 경영의 투명화 등 한국경제의 구조개선을 추진할 수 있는 계기가 되었다.

그리고 1990년대 우리나라는 대외적으로는 WTO 출범, EU 체제 출범 등 대형 국제무역환경 변화 속에서 첨단기술산업 육성 지원과 경제시스템의 선진화 등을 통해 수출 확대를 이룩하였다. 반도체 · 자동차 · 컴퓨터 · 무선통신기기 등 현재 주력 수출품목들이 확실하게 자리를 잡았다.

5. 2000년대 이후: 세계무역의 강자로 등장

(1) 개요

IMF 외환위기를 극복하고 2000년대 이후 한국무역은 다시 한 번 도약의 기틀을 마련하였다. 2009년에 세계 수출순위 9위를 기록하여 사상 처음으로 10위권 이내로 진입하였으며 마의 3%대로 여겨지던 한국수출제품의 세계시장점유율도 3%를 돌파하였다. 2011년에 무역(수출입합계) 규모 1조 달러를 달성하였다.

2017년 한국은 세계 수출순위 7위로 도약하였으며 한국의 앞에 있는 나라는 중국, 미국, 일본 등 경제대국과 유럽의 독일, 네덜란드, 프랑스가 있을 뿐이다. 한국무역은 세계무역 5강을 목표로 하고 있는데 이제 세계무역 5강 달성은 그리 어렵지 않은 목표로 여겨지고 있다.

수출에 근거한 경상수지 흑자를 통해 경제의 기초체력을 확립하고 반도체와 휴대폰 등 첨단 IT 제품과 자동차 수출 호조세 지속, 한류를 중심으로 한 문화 컨텐츠·서비스 수출 확대, 신흥시장 중심으로의 해외시장 다변화 등 내실 있는 무역기반을 마련하였다. 또한 G20 진입을 통한 글로벌 중심국가로 성장, 미국과 EU 등과의 FTA 체결을 통해 우호적 무역환경 조성에도 노력하였다.

(2) 품목별, 국별 무역의 특징

2000년대 이후 한국무역의 모습을 품목별, 국별로 개괄적으로 살펴보면 다음과 같다. 품목별로는 한국의 주종 수출상품이 반도체, 휴대폰 등 경박단소형(輕薄短小形) IT제품으로 전환추세에 있으나 선박, 자동차 등 중후장대형(重厚長大形) 제품도 여전히 높은 비중을 나타내고 있다. 수입의 경우 원유 수입이 높은 비중을 차지하고 있는 가운데 천연가스, 석탄 등 자원의 수입도 증가하는 추세이다.

국별로는 수출의 경우 대 중국수출이 비약적으로 증가하였으며 상대적으로 대 미국수출이 주춤한 양상을 보이고 있다. 수입도 중국으로부터의 수입이 제1위로 부상하여 일본을 대체하였으며 일본은 제2위 수입국가로 떨어졌다. 무역수지는 양극화 현상을 나타내고 있다. 대 중국 무역수지는 여전히 확대기조인 반면 대일본 무역수지는 여전히 적자기조이다(자세한 내용은 "제6장 한국무역동향 분석" 참조).

무역확대를 통한 글로벌기업의 성장도 뚜렷하게 나타났다. 미국의 포춘 500대 기업(Fortune Global 500)에 한국기업이 16개 포함(2018)되었으며 인터브랜드(Interbrand)의 세계 100대 브랜드(Best Global Brand 100)에 삼성, 현대, 기아 등 3개 브랜드가 당당히 포함(2018)되었다. 이러한 성과는 수출을 통한 세계시장 점유율 확대에 기인하는 바가 크다(자세한 내용은 "제14장 글로벌 기업" 참조).

03 한국경제의 성장과정

1. 한국경제의 고도성장

(1) 개요

세계은행(World Bank)은 한국에 대하여 제2차 세계대전 이후 세계에서 가장 가난한 나라(one of the poorest countries)에서 세계에서 가장 성공한 나라(one of the most successful countries)로 발전하였다고 평가하였다. 한국경제 성공을 설명하는 가장 대표적인 평가이다.

서구 선진국을 제외하고는 세계에서 고도성장을 이룩하고 성공적으로 부자나라의 길을 걷고 있는 나라는 대부분 동아시아에 위치하고 있다. 가장 먼저 선진국 진입에 성공한 일본이 선두주자이며, 한국·대만·홍콩·싱가포르 등 아시아 NICs(Newly Industrializing Countries), 21세기 경제대국 중국 등이 동아시아에 위치하고 있다.

(2) 과거 30년간 경제성장률 비교

이들 동아시아 나라들이 고도성장을 이루었던 과거 30년의 경제성장 기록을 살펴보면 다음과 같다. 우선 한국경제의 성장률은 1962~1991년 기간중 연평균 9.7%를 기록하였고, 일본은 1946~1975년 기간중 연평균 8.3%를 기록하였으며, 대만은 1957~1986년 기간중 연평균 8.8%를 기록하였다. 중국은 최근에는 주춤하고 있으나 1978년 개혁개방 이후 연평균 10% 내외의 놀라운 경제성장률을 30년 이상 지속하여 왔다.

이들 동아시아국가들의 일반적인 특징은 수출주도형 경제성장이라는 점이다. 수출 진흥을 통하여 경제성장에 성공하였다는 의미이다. 이에 따라 일본을 제외하고는 무역의존도가 대단히 높다. 제1장 제3절에서 분석한 바와 같이 2017년 한국의 무역의존도는 68.3%로 높은 편이고, 대만·홍콩·싱가포르 등의 무역의존도는 더 높아서 100%에 가까운 수치를 보이고 있다.

2. 경제개발계획

(1) 개요

경제개발계획이란 국민경제의 발전을 위해 국가(정부)가 일정기간 단위(대체적으로 5년 단위)로 목표를 수립하여 추진하는 경제계획을 말한다. 일반적으로 개발도상국 및 사회주의 국가에서 추진하는 경제정책이다.

우리나라는 1962년 이후 추진한 경제개발 5개년 계획을 통해 국내의 저렴하고 풍부한 노동력을 바탕으로 높은 경제성장률을 이룩하였다. 우리나라 경제개발계획의 주요내용은 경제발전을 위한 자원과 자본이 부족한 1960년대 경제적 상황을 반영하여 수출주도적 및 외자의존적 성격을 가지고 있다. 다시 말하면 수출진흥정책이 중점적으로 추진되었으며 이에 필요한 자본은 미국 등 선진국, 세계은행 등 국제경제기구로부터 조달하였다.

(2) 5개년계획의 추진경과

대한민국 수립 이후 1950년대 우리나라 정부는 경제개발 계획을 수립한 바 있으나 공식적으로 채택되지 않았다. 그리고 처음으로 경제개발 계획을 실천에 옮긴 것은 1960년대, 1970년대에 가장 성공적인 경제정책을 수행한 것으로 평가받고 있는 박정희 정부의 일이다.

우리나라 경제개발계획은 1962부터 시작되어 1997년까지 7차례에 걸쳐 5년 기간 단위로 추진되었다. 제1차 계획(1962~1966)에서 제4차 계획(1977~1981)까지는 "경제개발 5개년 계획"이라는 명칭으로 추진되었다. 그리고 제5차(1982~1986) 이후에는 "경제개발 5개년 계획"이 "경제사회발전 5개년 계획"으로 명칭이 바뀌어 추진되었다. 그리고 김영삼 정부에 와서 제7차 5개년계획은 신경제 5개년 계획(1993~1997)으로 변경되어 추진되었다.

경제개발계획 추진 결과, 우리나라는 외국으로부터 "한강의 기적(Miracle on the Han River)"이라 불리는 경제적 신화를 이룩하였다. 그러나 경제의 대외의존도 심화 및 빈부격차 확대 등 사회적 모순이 발생하는 부작용을 낳기도 하였다.

표 3-1	한국의 경제개발 5개년계획
구분	주요내용
제1차 경제개발 5개년 계획(1962~1966)	• 공업화의 기반 구축 • 소비재 경공업 육성
제2차 경제개발 5개년 계획(1967~1971)	• 사회간접자본 확충 • 자립 경제기반 구축
제3차 경제개발 5개년 계획(1972~1976)	• 중화학 공업 육성 • 수출주도형 공업화 추진
제4차 경제개발 5개년 계획(1977~1981)	• 자동차, 선박 등 중화학 공업 육성 • 기술 혁신과 산업 구조의 고도화 추진
제5차 경제사회개발 5개년 계획(1982~1986)	• 지속적인 발전 기반 조성 • 기술 개발 지원, 중화학공업 투자 확충
제6차 경제사회개발 5개년 계획(1987~1991)	• 능률과 형평을 토대로 한 경제 선진화 • 국민 복지의 증진
신경제 5개년 계획(1993~1997)	• 기업 경쟁력 강화 • 균형 발전, 개방화, 국제화 추진

자료: 한국은행

3. 한국경제의 위상

(1) 경제규모 및 1인당 GDP

한국의 경제규모는 높은 경제성장에 힘입어 지속적으로 확대되었다. IMF의 세계경제데이터베이스(World Economic Outlook Database)에 따르면 한국의 명목 GDP(Nominal GDP)규모는 2017년에 1조 5천억 달러를 기록하여 세계 12위이다. 한국경제 규모가 커지고 국제사회에서 차지하는 비중이 높아지면서 한국은 2010년에 세계경제의 향방을 좌우하는 G-20 정상회담을 서울에서 개최한 바 있으며 그 주요 회원으로 활동하고 있다.

한편 한국의 1인당 GDP(per capita GDP)는 2017년 29,938달러를 기록하였다. 세계 30위로 낮은 편이다. 한국의 1인당 GDP는 최근의 경제성장이 주춤하여 수년 동안 20,000달러 대 수준에서 벗어나지 못하고 있는 상황이다. 그러나 인구 천만명 이상 국가 중 세계 13위, 인구 2천만명 이상 국가 중 세계 10위, 인구 5천만명 이상 국가 중 세계 7위를 기록하고 있다.

(2) 무역 및 외환보유고

2017년 한국의 상품수출(Merchandise Export)은 5,737억 달러를 기록하여 세계 6위, 상품수입(Merchandise Import)은 4,785억 달러를 기록하여 세계 9위의 위치를 점하고 있다. 2017년에 한국의 수출은 사상 최고 수준인 세계 6위를 기록하였으며 한국의 앞에 있는 나라는 중국, 미국, 독일, 일본, 네덜란드 등 5개 나라 뿐이다.

2017년 한국의 서비스수출(Commercial Service Export)은 860억 달러를 기록하여 세계 17위, 서비스수입(Commercial Service Import)은 1,200억 달러를 기록하여 세계 11위의 위치를 점하고 있다. 서비스부문에서는 우리나라의 국제경쟁력이 취약한 것을 반영하여 상품부문과는 달리 적자를 나타내고 있다.

한편 한국의 외환보유고(Foreign Exchange Reserve)는 상품수지 흑자 확대 등을 배경으로 4,000억 달러 내외를 기록하고 있다. 한국과 함께 중국, 일본, 스위스, 러시아, 대만, 사우디아라비아, 러시아 등이 세계 상위권에 위치하고 있다.

(3) FDI 및 글로벌기업

우리나라의 해외직접투자(Foreign Direct Investment) 유출액(Outflow)은 2017년 320억 달러로 세계 12위를 기록하였다. 반면에 우리나라는 외국인투자 유치를 적극적으로 추진하고 있지만 해외직접투자 유입액(Inflow)은 2017년 170억 달러에 머물렀다.

2017년 포춘 500대 기업(Fortune Global 500)에 한국기업이 16개가 포함되어 한국은 세계에서 일곱 번째로 많은 글로벌기업(Global Company)을 가지고 있다. 한국보다 많은 글로벌기업을 가지고 있는 나라는 미국, 중국, 일본, 프랑스, 독일, 영국 등이다. 또한 세계 100대브랜드(Best Global Brand 100)에 한국기업이 세 개(Samsung, Hyundai, Kia)가 포함되어 미국, 독일, 프랑스, 일본, 영국 등에 이어 세계에서 여섯 번째로 많은 글로벌 브랜드를 가지고 있다.

표 3-2 한국의 주요경제지표(2017년)

구 분	단 위	금 액	비 고
명목 GDP(Nomial GDP)	10억 달러	1,540	세계 12위
실질GDP 성장률	%	3.1	-
1인당 GDP(per capita GDP)	달러	29,938	세계 30위
상품수출(Merchandise Export)	10억 달러	574	세계 6위
상품수입(Merchandise Import)	10억 달러	478	세계 9위
서비스수출(Commercial Service Export)	10억 달러	86	세계 17위
서비스수입(Commercial Service Import)	10억 달러	120	세계 11위
외환보유고(Foreign Exchange Reserve)	10억 달러	389	세계 7위
FDI(Inflow)	10억 달러	17	세계 19위
FDI(Outflow)	10억 달러	32	세계 12위
Fortune Global 500	개	16개	세계 7위
Best Global Brand 100	개	3개	세계 6위

자료: IMF, World Economic Outlook Database, 2018 / www.imf.org
    WTO, International Trade Statistics 2018 / www.wto.org
    UNCTAD, World Investment Report 2018 / www.unctad.org
    Fortune, 2018 Fortune Global 500 / www.fortune.com
    Interbrand, 2018 Best Global Brand 100 / www.interbrand.com

04 수출의 한국경제에 대한 영향

1. 주요 수출산업의 변화

우리나라 경제에서 수출은 산업구조 변화에 커다란 영향을 미쳤다. 한국의 주요 수출산업은 〈표 3-3〉에서 보는 바와 같이 연대별로 변화되어 왔다. 우리나라 정부는 수출주도형 성장전략을 추진하면서 중화학공업을 중점적으로 육성하는 정책을 집중적으로 수행하였다.

1960년대 한국의 주력 수출산업은 1차산업(primary industry)과 경공업(light industry)이었으나 1970년대 이후 주력 수출산업은 중화학공업(heavy and chemical industry)으로 바뀌기 시작하였다. 1980~1990년대에는 자동차산업, 조선산업, 조립 가공산업 등이 한국의 수출주력산업으로 등장하였다. 2000년대 이후에는 ICT

산업(반도체, 무선통신기기, 평판디스플레이), 석유제품, 자동차부품, 뷰티산업(화장품) 등이 한국수출을 세계에 알리는 첨병 역할을 하고 있다.

표 3-3 한국의 연대별 수출산업

년대별	주요산업
1960년대	• 1차산업(primary industry) • 경공업(light industry)
1970년대	• 경공업(light industry) • 중화학공업(heavy and chemical industry)
1980~1990년대	• 자동차산업, 조선산업, • 조립가공산업(assembly and processing industry)
2000년대 이후	• ICT산업(반도체, 무선통신기기, 평판디스플레이) • 석유제품, 자동차부품, 화장품

2. 수출의 국민경제에 대한 기여

(1) 외환위기 이전과 이후 비교

우리나라 경제에서 수출은 경제성장의 절대적 동인이다. 〈표 3−4〉는 IMF 외환위기 이전과 이후의 경제성장률, 수출비중, 수출의 성장기여도를 제시하고 있다. 우리나라의 경우 IMF 외환위기 이후 수출의 성장기여도가 높아지는 추세를 보이고 있다.

IMF 외환위기 이전 1987~1996년 기간중 연평균 경제성장률은 8.1%, 수출의 성장기여도는 2.4%에 달하였으나 IMF 외환위기 이후 1997~2005년 기간중 연평균 경제성장률은 4.1%, 수출의 성장기여도는 그보다 높은 5.0%에 달하였다. 2000~2005년 기간중에도 연평균 경제성장률은 4.5%, 수출의 성장기여도는 5.1%

표 3-4 한국의 경제성장률과 수출의 경제성장기여도 추이   (단위: %)

	1987-1996	1997-2005	2000-2005
경제성장률(%)	8.1	4.1	4.5
수출비중(%)	20.2	41.4	45.1
수출의 성장기여도(%p)	2.4	5.0	5.1

자료: 한국은행 국민계정

에 달하였다. 외환위기 이후 개방정책의 추진으로 대외경제에 대한 의존도가 높아진 것을 반영하고 있다.

(2) 2017년 수출의 국민경제에 대한 기여

한국무역협회의 분석(수출의 우리 경제에 대한 기여와 시사점)에 따르면 산업연관분석 결과 2017년 수출의 국민경제 성장에 대한 기여율은 64.5%, 수출의 경제성장 기여도는 전체성장률 3.1% 중에서 2.0% 기여한 것으로 나타났다. 2017년 총 수출액이 2014년 이후 3년 만에 플러스 증가율을 기록한 것을 반영하여 수출의 경제성장 기여율은 2012년 이후 최고치를 기록하였다.

표 3-5 수출의 경제성장 기여

구 분	2014	2015	2016	2017
경제성장률(%)	3.3	2.8	2.8	3.1
총수출증가율(%)	2.3	-8.0	-5.9	15.8
수출의 경제성장 기여율(%)	35.1	36.8	12.1	64.5
수출의 경제성장 기여도(%p)	1.2	1.0	0.3	2.0

자료: 한국무역협회, 수출의 우리 경제에 대한 기여와 시사점(2018)

2017년 총 수출로 인해 직·간접적으로 유발된 일자리 규모는 450만명으로 사상 최고치를 기록하였다. 그리고 전체 취업자 중 수출의 취업유발인원 비중은 16.8%를 기록하여 지난 3년에 비해 상승한 것으로 나타났다. 한편 수출 1백만 달러당 취업유발인원은 7.8명으로 전년대비 소폭 감소하였다. 이는 취업유발효과가 낮은 반도체, 석유화학 등의 수출이 증가한 반면 취업유발효과가 큰 섬유 등의 수출이 부진하였기 때문이다.

표 3-6 수출의 일자리 창출 효과

구 분	2014	2015	2016	2017
총취업자수(백만명)	25.6	25.9	26.2	26.6
수출의 취업유발인원(백만명)	4.1	4.2	4.1	4.5
수출 1백만 달러 당취업유발인원(명)	7.2	7.9	8.2	7.8
전체 취업자 중 수출의 취업유발인원 비중(명)	16.0	16.1	15.5	16.8

자료: 한국무역협회, 수출의 우리 경제에 대한 기여와 시사점(2018)

최근 잠재성장률을 제고하기 위하여 경제성장 동력을 어떻게 확충하여야 하는가에 대한 논의가 활발하게 이루어지고 있다. 이를 위해 내수부문의 성장기여도 확대, 서비스부분의 경쟁력 강화 등이 대응방안으로 논의되고 있다. 그러나 한국경제에 있어 무엇보다도 중요한 과제는 수출을 통한 경제성장이라는 점이다. 이러한 측면에서 수출진흥을 위한 세계화 추진, FTA 확대 등이 지속적으로 요구된다.

▌Keyword

장보고(張保皐)   무역금융제도
청해진   관세환급제도
벽란도(碧瀾渡)   종합무역상사
고려시대 무역   총합상사
조선시대 무역   국제화 지향기
조공무역(朝貢貿易)   외환위기
책문후시(柵門後市)   세계수출순위
조선통신사(朝鮮通信使)   무역규모 1조달러
무역기반 조성기   경제사회개발 5개년계획
무역의 날   수출의 경제성장기여도
무역진흥기

▌Exercise

01 장보고의 해상경영과 청해진에 대하여 설명하시오.

02 고려시대의 대외무역 정책에 대하여 설명하시오.

03 조선시대의 대외무역 정책에 대하여 설명하시오.

04 1960년대, 1970년대, 1980년대, 1990년대 한국무역의 특징에 대하여 토론하시오.

05 2000년대 이후 한국무역은 세계에서 어떠한 위상을 나타내고 있는가?

06 동아시아 국가들의 고도성장과 원인에 대하여 설명하시오.

07 한국의 경제사회개발 5개년 계획에 대하여 구체적으로 설명하시오.

08 한국의 경제성장률과 수출의 경제성장기여도는 어떠한 관계에 있는가?

01 세계시장 개요

1. 해외시장 조사

해외시장조사는 세계시장, 즉 세계 각국을 조사하여 수출국 기업의 상품과 가장 적합한 시장을 골라내는 것을 말한다. 전 세계 국가들은 얼마나 될까? UN 회원국은 193개국이며, WTO 회원국은 164개국, 세계은행(World Bank) 회원국은 189개국이다. 이 많은 나라 중에서 수출국 기업의 상품이 통할 수 있는 국가를 선정하는 것이 쉬운 일은 아니다.

해외시장조사 기법 중 하나인 시장 세분화(market segmentation) 이론에 따르면 수요자층을 다음 네 가지 방법으로 구분하여 세계시장을 조사한다. 첫째, 지역적 세분화(Geographic Segmentation)로 지역을 국가, 대도시, 농촌 등으로 구분하여 조사한다. 둘째, 인구학적 세분화(Demographic Segmentation)로 소비자를 나이, 성별, 직업 등으로 구분하여 조사한다. 셋째, 행동패턴 세분화(Behavioral Segmentation)로 구매자의 상품에 대한 행동 및 지식 등을 조사한다. 넷째, 심리학적 세분화(Psychographic Segmentation)로 소비자의 개성, 태도, 라이프스타일 등을 조사한다.

2. 세계시장의 구분

효과적인 해외시장조사를 위해서 세계시장을 구분하고 개념화하는 것이 대단히 중요하다. 수출기업 상품의 목표시장을 선진국으로 해야 하는가? 아니면 개도국으로 해야 하는가? 세계시장을 경제그룹별로 분류하면 크게 선진국(advanced economies)과 개도국(developing economies)으로 구분할 수 있다.

선진국은 주로 지구의 북쪽에 위치하며 유럽과 북미지역에 속하는 나라들이다. OECD(경제협력개발기구)는 선진국 그룹을 의미하며 현재 회원국은 36개국이다. 세계경제에 대한 영향력이 막강한 G7은 미국, 일본, 영국, 프랑스, 독일, 이탈리아, 캐나다 등 선진 7개 국가를 지칭한다.

개도국은 주로 지구의 남쪽에 위치하며 아프리카, 아시아, 남미지역 국가들이다. OECD 분류에 따르면 개도국(developing economies)은 최빈국(LDC: Least Developed Country), 저소득국(LIC: Low Income Country), 저중소득국(LMIC: Low Middle Income Country), 고중소득국(UMIC: Upper Middle Income Country)으로 구분된다.

한편 이머징 마켓(emerging market) 또는 신흥시장이라는 개념이 많이 사용되는데 이는 개도국 중에서도 성장속도가 빠른 나라로서 세계경제에 대한 영향력이 높아지고 있는 국가를 의미한다.

BRICs는 골드만삭스(Goldman Sachs)가 2001년에 처음으로 명명하였으며 브라질(Brazil) · 러시아(Russia) · 인도(India) · 중국(China) 등 경제규모, 인구, 면적 등이 큰 국가로서 경제성장이 활발한 국가를 지칭한다. BRICs의 등장은 세계경제의 파워가 G7에서 BRICS로 이동하고 있음을 의미한다. 2011년에 이들 4개국에 아프리카를 대표하는 남아프리카(South Africa)가 포함되어 5개국 BRICS가 탄생하였다. 기존 브릭스 영문 약자의 소문자 에스(s)가 대문자 에스(S)로 바뀌었다. 이에 따라 BRICS는 아시아 · 유럽 · 미주 · 아프리카의 네 대륙에 각각 위치하게 되었다.

그 외 이머징 마켓을 보면 Next 11(한국, 멕시코, 베트남, 이란, 이집트, 터키, 인도네시아, 필리핀, 파키스탄, 방글라데시, 나이지리아), MIKT(Mexico, Indonesia, Korea, Turkey), MAVINS(Mexico, Australia, Vietnam, Indonesia, Nigeria, South Africa), VISTA(Vietnam, Indonesia, South Africa, Turkey, Australia) 등이 있다.

02 세계경제 분석

1. 경제그룹별 GDP

(1) 현재

달러기준 명목 GDP(Nominal GDP)는 각국의 자국통화기준 명목 GDP 금액을 단순히 각국의 달러환율로 환산한 GDP를 의미한다. IMF의 세계경제 데이터베이스(World Economic Outlook Database)에 따르면 2017년 선진국(Advanced economies)의 명목 GDP 규모는 48조 3천억 달러로 세계전체의 60.4%를 차지하고 있으며 개도국의 GDP 규모는 31조 7천억 달러로 세계전체의 39.6%를 차지하고 있다.

선진국 중에서도 G7(서방 선진 7개국: 미국, 캐나다, 일본, 독일, 영국, 프랑스, 이탈리아)의 GDP 비중이 세계전체의 46.1%를 차지하고 있으며, 개도국 중에서는 아시아개도국(Developing Asia)의 비중이 세계전체의 21.8%를 차지하여 상대적으로 높다. 반면에 세계최빈국가 지역인 사하라이남 아프리카(Sub-Saharan Africa) 지역은 세계전체 GDP의 4.0%에 불과하다.

(2) 2020년 전망

IMF의 전망에 따르면 2020년에 선진국의 명목 GDP 비중은 다소 감소(60.4% ➡ 59.4%)하고, 대신에 개도국의 비중이 다소 증가(39.6% ➡ 40.6%)하는 것으로 나타났다. 이는 BRICs 국가 등 주요 개도국의 경제규모 및 세계경제에 대한 영향력이 커지고 있음을 의미한다.

특히 선진 7개국의 명목 GDP 비중은 2010년 세계전체의 절반수준에서 2017년 46.1%, 2020년 45.1% 등으로 점차적으로 감소하는 것으로 예측되었다. 반면에 아시아 개도국의 명목 GDP 비중은 2017년 21.8%에서 2020년 23.9%로 확대되는 것으로 예측되었다.

표 4-1 경제그룹별 GDP   (단위: 10억 달러, %)

경제그룹별	2017		2020 전망	
	금액	비중	금액	비중
세계전체	80,051	100	93,085	100
선진국	48,318	60.4%	55,300	59.4%
EURO 지역	12,633	15.8%	14,715	15.8%
G7	36,867	46.1%	42,014	45.1%
기타 선진국(G7, EURO 제외)	7,046	8.8%	8,072	8.7%
European Union	17,325	21.6%	20,091	21.6%
개도국	31,733	39.6%	37,785	40.6%
CIS(독립국가연합)	2,082	2.6%	2,317	2.5%
아시아 개도국	17,476	21.8%	22,220	23.9%
ASEAN-5	1,935	2.4%	2,075	2.2%
라틴 아메리카	2,317	2.9%	2,809	3.0%
중동 및 북아프리카	5,515	6.9%	5,563	6.0%
사하라이남 아프리카	3,181	4.0%	3,718	4.0%

주: 1) CIS는 Commonwealth of Independent States의 약자
     2) ASEAN-5는 태국, 말레이시아, 인도네시아, 필리핀, 베트남
자료: IMF, World Economic Outlook Database, October 2018 / www.imf.org

2. 주요국별 GDP

(1) 현재

명목 GDP 규모를 국별로 보면 2017년 미국 1위, 중국 2위, 일본 3위 순이다. 미국은 2017년 세계 GDP 전체의 24.3%를 차지하여 독보적인 1위를 고수하고 있지만 그 비중은 점차적으로 감소추세를 보이고 있다.

중국과 일본은 2010년부터 순위가 바뀌어 중국이 세계 제2위 경제대국이되었다. 이후 중국 GDP규모는 급속도로 증가하고 있으며 2017년 세계전체의 15.0%를 차지하고 있다. 이어서 4위 독일, 5위 영국, 6위 인도 순으로 나타났다. 한국의 명목 GDP 규모는 2017년 1조 5천억 달러 수준으로 세계 12위(세계 GDP 전체의 1.9%)를 기록하였다.

(2) 2020년 전망

　　IMF의 세계 경제 전망(WEO: World Economic Outlook)에 따르면 2020년 미국, 일본, 영국의 명목 GDP 비중이 각각 감소하는 반면 중국, 독일, 인도 등의 명목 GDP 비중은 각각 확대되는 것으로 예측되었다.

　　미국과 중국간의 경제력 격차 및 세계경제 영향력이 좁혀지고 있는 가운데 일본의 경제규모 및 위상은 상대적으로 축소되는 것으로 나타났다. 2020년 한국의 명목 GDP 규모는 1조 8천억 달러 수준으로 확대되고, 세계 순위도 2017년 12위에서 2020년에는 러시아를 제치고 11위를 기록하는 것으로 예측되었다.

표 4-2　　주요국별 GDP 현황　　　　　　　　(단위: 10억 달러, %)

2017 순위	국명	2017		2020 전망	
		금액	비중	금액	비중
	세계전체	80,051	100	93,085	100
1	미 국	19,485	24.3%	22,289	23.9%
2	중 국	12,015	15.0%	15,462	16.6%
3	일 본	4,873	6.1%	5,372	5.8%
4	독 일	3,701	4.6%	4,332	4.7%
5	영 국	2,628	3.3%	2,913	3.1%
6	인 도	2,602	3.3%	3,259	3.5%
7	프랑스	2,588	3.2%	2,979	3.2%
8	브라질	2,055	2.6%	2,028	2.2%
9	이탈리아	1,939	2.4%	2,192	2.4%
10	캐나다	1,653	2.1%	1,937	2.1%
11	러시아	1,578	2.0%	1,684	1.8%
12	한 국	1,540	1.9%	1,782	1.9%
13	호 주	1,380	1.7%	1,541	1.7%
14	스페인	1,314	1.6%	1,551	1.7%
15	멕시코	1,151	1.4%	1,307	1.4%

자료: IMF, World Economic Outlook Database, October 2018 / www.imf.org

3. 주요국별 1인당 GDP

(1) 달러기준 명목 GDP

달러기준 1인당 GDP(per capita GDP)를 국별로 보면 2013년 미국이 59,792 달러를 기록하여 주요 국가 중 1위를 나타내고 있다. 독일이 4만 달러를 상회하고 있고, 영국, 프랑스, 일본은 4만 달러 수준에 근접하고 있다.

한국의 1인당 GDP는 2017년 29,938달러로서 3만 달러수준에 근접하고 있지만 수년 동안 2만 달러대 수준을 벗어나지 못하고 있다. BRICs 국가 중 러시아, 중국, 브라질이 1만 달러 수준 내외를 기록하고 있으며, 인도는 2천 달러 정도를 나타내고 있다.

(2) 구매력평가 환율 기준 1인당 GDP

구매력평가(PPP: Purchasing Power Parity)환율 기준 GDP는 각국의 자국통화기준 명목 GDP를 각국의 구매력평가 환율로 환산한 GDP를 의미한다. 다시 말하면 국제외환시장의 공식환율이 아닌 구매력평가 환율에 의해 환산한 GDP이다. 구매력평가 환율은 각국 통화의 실질 구매력을 비교해 결정하는 환율이며 IMF, OECD, UN, World Bank, 영국 Economist지 등에서 산출한다.

표 4-3 주요국별 1인당 GDP 현황 (단위: 달러)

국 별	2017	2020 전망
미 국	59,792	67,082
중 국	8,643	10,971
일 본	38,449	42,764
한 국	29,938	34,209
독 일	44,769	52,278
영 국	39,800	43,358
프랑스	39,933	45,353
인 도	1,976	2,380
러시아	10,956	11,711
브라질	9,896	9,560

자료: IMF, World Economic Outlook Database, October 2018 / www.imf.org

IMF에 따르면 2013년 구매력평가(PPP) 기준 1인당 GDP는 공식환율에 의한 1인당 GDP와 비교할 때 확연하게 다른 모습을 보이고 있다. 일본, 독일, 영국, 프랑스 등 주요 선진국에 비하여 한국과 BRICs 국가들의 구매력평가 기준 1인당 GDP 규모가 크게 확대되는 것으로 나타났다. 특히 2020년 예측에서는 한국의 구매력평가 기준 1인당 GDP가 일본, 영국, 프랑스와 비슷해지는 것으로 나타났다.

표 4-4 주요국별 1인당 GDP 현황(PPP 기준)		(단위: 달러)
국 별	2017	2020 전망
미 국	59,792	67,082
중 국	16,696	21,084
일 본	42,942	47,249
한 국	39,548	45,087
독 일	50,804	56,915
영 국	44,292	48,422
프랑스	44,081	48,549
인 도	7,194	9,150
러시아	27,893	31,351
브라질	15,637	17,316

자료: IMF, World Economic Outlook Database, October 2018 / www.imf.org

4. 주요국의 경제성장률

(1) 현재

　　주요국의 실질 GDP 성장률 동향을 보면 2017년에 OECD 국가 중 미국(2.2%), 프랑스(2.3%), 한국(3.1%) 등은 비교적 성장률이 높았다. 반면에 일본(1.7%), 영국(1.7%) 등은 상대적으로 낮은 성장세를 나타내었다.

　　중국은 1980년대 개혁개방 이후 지속적으로 유지하였던 두 자릿수 성장에서 2011년 이후 한 자릿수 성장으로 떨어졌으며 2017년에도 6.9% 성장으로 성장세가 둔화되었다. 그러나 여전히 높은 성장률이다. 인도는 2017년 6.7% 성장하여 높은 성장률을 지속적으로 유지하였다.

(2) 2020년 전망

IMF 세계경제 전망(WEO: World Economic Outlook)의 2020년 GDP 성장률 전망을 보면 세계경제를 리드하는 미국과 유럽의 독일, 영국, 프랑스, 그리고 일본의 성장세는 둔화될 것으로 예측된다.

BRICs 국가 중 중국의 성장세는 다소 둔화되는 것으로 나타났으며, 인도, 러시아, 브라질 의 성장세는 높아질 것으로 예상된다. 한국의 성장률은 2017년 3.1%에서 2020년 2.8%로 다소 둔화될 것으로 예상된다.

표 4-5 주요국 실질 GDP 성장률 (단위: %)

국 별	2017	2020 전망
미 국	2.2	1.8
중 국	6.9	6.2
일 본	1.7	0.3
한 국	3.1	2.8
독 일	2.5	1.6
영 국	1.7	1.5
프랑스	2.3	1.6
인 도	6.7	7.7
러시아	1.5	1.8
브라질	1.0	2.3

자료: IMF, World Economic Outlook Database, October 2018 / www.imf.org

5. G7과 new G7

1절에서 설명한 것처럼 세계경제에 대한 영향력이 막강한 G7은 미국, 일본, 영국, 프랑스, 독일, 이탈리아, 캐나다 등 선진 7개 국가를 지칭한다. 영국의 파이낸셜타임스(FT)는 기존 G7에 착안하여 브라질, 러시아, 인도, 중국 등 BRICs 4개국에 멕시코, 인도네시아, 터키를 포함하여 이를 "신G7(New G7)"이라고 명명하였다.

그런데 new G7의 경제 규모가 기존 G7보다 앞서는 것으로 나타났다. IMF

의 세계 경제 전망(WEO: World Economic Outlook) 통계에 따르면, BRICs를 포함한 new GDP의 PPP 기준 명목 GDP가 기존 G7의 그것을 상회하는 것으로 나타났다.

왜 이렇게 역전되었을까? 중국, 인도 등 BRICs의 PPP 기준 명목 GDP 약진이 두드러졌기 때문이다. 특히 중국의 명목 GDP는 세계 제2위이지만 이를 PPP 기준으로 환산하면 미국보다 오히려 높다. 인도, 브라질, 러시아 등의 PPP 기준 GDP도 역시 마찬가지로 높게 나타나고 있는 것이다.

PPP 기준 GDP는 각국의 통화단위로 산출된 GDP를 단순히 달러로 환산하는 방식이 아닌 각국의 물가 수준을 반영하는 수치다. 이는 세계 여러 나라에서 판매하는 맥도널드 햄버거를 구입하는 데 드는 비용을 근거로 환율을 계산하는 "빅맥지수(Big Mac index)"와 유사한 개념이다. 즉, PPP 기준 GDP는 각국의 실질 구매력을 평가하는 데 유용한 계산방식으로, 주로 물가가 낮은 후진국의 GDP가 명목기준으로 계산했을 때보다 크게 높아지는 경향이 있다.

03 세계무역 분석

1. 개요

무역의 유형은 상품무역과 서비스 무역으로 분류된다. 우리가 일반적으로 "무역"이라고 하면 상품무역을 지칭하고 그 상품무역의 국민경제에 대한 영향력도 크다. WTO의 세계무역 데이터베이스(International Trade Statistics 2018)에 따르면, 2017년 세계 상품수출(Merchandise Export)은 17조 2천억 달러, 세계 상품수입은 17조 6천억 달러를 기록하였다. 세계 상품수출 규모는 1963년에 비해

표 4-6	세계 상품무역 동향					(단위: 10억 달러, %)
구 분	1963	1973	1983	1993	2003	2017
세계수출	157	579	1,838	3,688	7,379	17,198
세계수입	164	594	1,883	3,805	7,694	17,572

자료: WTO, International Trade Statistics 2018 / www.wto.org

110배, 2003년에 비해 2.3배 각각 증가하였다.

한편 서비스수출(Commercial Services Export)은 크게 상품관련서비스(Goods-related services), 운송(Transport), 여행(Travel), 기타서비스(Other Commercial Services)로 분류되며 이 중 기타서비스는 통신(Communication), 건설(Construction), 보험(Insurance), 금융(Finance) 등으로 구성되어 있다.

2017년 세계 서비스수출은 약 5조 3천억 달러, 세계 서비스수입은 약 5조 1천억 달러를 각각 기록하였다. 서비스수출을 유형별로 보면 상품관련서비스는 전체의 3.5%, 운송은 17.6%, 여행은 24.8%, 기타서비스는 54.1%의 비중을 각각 나타내었다.

표 4-7   세계 서비스무역 동향(2017)   (단위: 10억 달러, %)

구분	금액	비중
서비스수출 합계(Commercial Services Export Total)	5,279	100
상품관련서비스(Goods-related services)	184	3.5%
운송(Transport)	931	17.6%
여행(Travel)	1,310	24.8%
기타 서비스(Other Commercial Services)	2,855	54.1%
서비스수입 합계(Commercial services Import Total)	5,074	100
상품관련서비스(Goods-related services)	122	2.4%
운송(Transport)	1,103	21.7%
여행(Travel)	1,288	25.4%
기타서비스(Other Commercial Services)	2,561	50.5%

자료: WTO, International Trade Statistics 2018 / www.wto.org

2. 상품그룹별 세계수출

세계수출은 상품 그룹별로 어떻게 구성되어 있을까? 우리나라 수출은 거의 대부분 공산품이므로 상품그룹별 세계수출(세계수요를 의미) 구성을 파악하는 것이 중요하다. WTO의 세계무역 데이터베이스(International Trade Statistics 2018)는 상품그룹별(Product Groups) 수출동향을 집계하고 있다.

대분류로 보면 공산품(Manufactures)이 전체 세계수출에서 차지하는 비중이

2017년 69.8 %로 가장 많다. 이어서 연료 및 광산물(Fuels and Mining Products)
이 15.3% 비중, 농산품(Agricultural Products)이 10.1% 비중을 차지하고 있다. 공
산품 중에서 수출비중이 가장 높은 품목은 화학(Chemicals) 제품이다. 이어서 사무
용 및 통신기기(Office and Telecom equipment), 자동차(Automotives), 의류(Clothing
and Textiles), 철강(Iron and Steel), 섬유(Textiles) 순으로 나타났다.

표 4-8 상품그룹별 세계수출(2017) (단위: 10억 달러, %)

상품 그룹별(Product Groups)	금액	비중
합 계	17,198	100
농산품(Agricultural Products)	1,733	10.1%
연료 및 광산물(Fuels and Mining products)	2,630	15.3%
공산품(Manufactures)	12,011	69.8%
화학(Chemicals)	1,983	11.5%
사무용 및 통신기기(Office and Telecom)	1,841	10.7%
자동차(Automotives)	1,458	8.5%
의류(Clothing and Textiles)	751	4.4%
철강(Iron and Steel)	412	2.4%
기타공산품(Other Manufactures / Other Semi-Manuf.)	5,567	32.4%
기타(Other / nes)	824	4.8%

자료: WTO, International Trade Statistics 2018 / www.wto.org

3. 세계 주요지역별 상품수출입

(1) 세계 주요지역별 상품수출

〈표 4-9〉는 1948년 GATT 성립 이후 세계 주요지역의 상품수출비중 추이
(IMF, International Trade Statistics 2018)를 보여주고 있다. 유럽지역, 북미지역, 중
남미지역, 아프리카 지역의 세계수출비중이 하락추세인 반면 아시아지역, CIS
(Commonwealth of Independent States), 중동지역은 상승추세인 것으로 나타났다.
유럽지역의 세계수출 비중은 1970년대 50% 전후의 비중에서 2017년에는
37.8%로 하락하였다. 북미지역의 세계수출 비중도 1950~1960년대 20%대 비중
에서 2017년에는 13.8%로 하락하였다. 반면에 아시아지역의 세계수출 비중은

1950~1980년대 기간중 10% 대 비중에 머물렀으나 1990년대 이후 중국, 한국 등을 중심으로 수출이 크게 증가하여 2017년에는 세계수출 비중이 34.0%에 달하였다. 이에 따라 지역별로 보면 아시아지역이 유럽지역에 이어서 두 번째로 수출을 많이 하는 지역이 되었다.

표 4-9 세계 주요지역별 수출비중 추이 (단위: 10억 달러, 비중 %)

	1948	1953	1963	1973	1983	1993	2003	2017
세계수출합계	59	84	157	579	1,838	3,688	7,379	17,198
세계수출비중	100.0	100.0	100.0	100.0	100.0	100.0	100.0	100.0
아시아	14.0	13.4	12.5	14.9	19.1	26.0	26.1	34.0
중국	0.9	1.2	1.3	1.0	1.2	2.5	5.9	13.2
일본	0.4	1.5	3.5	6.4	8.0	9.8	6.4	4.1
인도	2.2	1.3	1.0	0.5	0.5	0.6	0.8	1.7
유럽	35.1	39.4	47.8	50.9	43.5	45.3	45.9	37.8
독일	1.4	5.3	9.3	11.7	9.2	10.3	10.2	8.4
프랑스	3.4	4.8	5.2	6.3	5.2	6.0	5.3	3.1
영국	11.3	9.0	7.8	5.1	5.0	4.9	4.1	2.6
북미	28.1	24.8	19.9	17.3	16.8	17.9	15.8	13.8
미국	21.6	14.6	14.3	12.2	11.2	12.6	9.8	9.0
캐나다	5.5	5.2	4.3	4.6	4.2	3.9	3.7	2.4
멕시코	0.9	0.7	0.6	0.4	1.4	1.4	2.2	2.4
중남미	11.3	9.7	6.4	4.3	4.5	3.0	3.1	3.4
브라질	2.0	1.8	0.9	1.1	1.2	1.0	1.0	1.3
CIS	-	-	-	-	-	1.7	2.6	3.0
아프리카	7.3	6.5	5.7	4.8	4.5	2.5	2.4	2.4
중동	2.0	2.7	3.2	4.1	6.7	3.5	4.1	5.6
WTO 회원국	63.4	69.6	75.0	84.1	77.0	89.0	94.3	98.3

주: CIS는 독립국가연합(Commonwealth of Independent States)
자료: WTO, International Trade Statistics 2018 / www.wto.org

(2) 세계 주요지역별 상품수입

〈표 4-10〉는 1948년 GATT 성립 이후 세계 주요지역 수입비중 추이를 보여주고 있다. 수입동향은 주요지역별 세계경제동향과 비슷한 방향으로 움직이는데, 역시 유럽지역, 북미지역, 중남미지역, 아프리카 지역 등의 수입비중이 하락

추세인 반면에 아시아지역, CIS, 중동지역은 상승추세인 것으로 나타났다.

유럽지역의 세계수입 비중은 1960~1970년대 50% 전후의 비중에서 2017년에는 37.1%로 하락하였다. 북미지역의 세계수입 비중도 1993년 21.3%, 2003년 22.4%에서 2017년 18.7%로 하락하였다. 반면에 아시아 지역의 세계수입비중은 1950~1980년대 기간중 10%대 비중에 머물렀으나 1990년대 이후 중국, 일본, 한국 등을 중심으로 수입이 크게 증가하여 2017년에는 세계수입비중이 31.5%에 달하였다. 이에 따라 지역별로 보면 수출과 마찬가지로 수입도 아시아지역이 유럽지역에 이어서 두 번째로 수입을 많이 하는 지역이 되었다.

표 4-10 세계 주요지역별 수입비중 추이   (단위: 10억 달러, 비중 %)

	1948	1953	1963	1973	1983	1993	2003	2017
세계수입합계	62	85	164	594	1,883	3,805	7,694	17,572
세계수입비중	100.0	100.0	100.0	100.0	100.0	100.0	100.0	100.0
아시아	13.9	15.1	14.1	14.9	18.5	23.5	23.5	31.5
중국	0.6	1.6	0.9	0.9	1.1	2.7	5.4	10.5
일본	1.1	2.8	4.1	6.5	6.7	6.4	5.0	3.8
인도	2.3	1.4	1.5	0.5	0.7	0.6	0.9	2.5
유럽	45.3	43.7	52.0	53.3	44.1	44.5	45.0	37.1
독일	2.2	4.5	8.0	9.2	8.1	9.0	7.9	6.6
프랑스	13.4	11.0	8.5	6.5	5.3	5.5	5.2	3.7
영국	5.5	4.9	5.3	6.4	5.6	5.7	5.2	3.6
북미	18.5	20.5	16.1	17.2	18.5	21.3	22.4	18.7
미국	13.0	13.9	11.4	12.4	14.3	15.9	16.9	13.7
캐나다	4.4	5.5	3.9	4.2	3.4	3.7	3.2	2.5
멕시코	1.0	0.9	0.8	0.6	0.7	1.8	2.3	2.5
중남미	10.4	8.3	6.0	4.4	3.9	3.3	2.5	3.3
브라질	1.8	1.6	0.9	1.2	0.9	0.7	0.7	0.9
CIS	-	-	-	-	-	1.5	1.7	2.3
아프리카	8.1	7.0	5.2	3.9	4.6	2.6	2.2	3.0
중동	1.7	2.2	2.3	2.7	6.2	3.3	2.8	4.1
WTO 회원국	58.6	66.9	75.3	85.5	79.7	89.3	96.0	98.2

주: CIS는 독립국가연합(Commonwealth of Independent States)
자료: WTO, International Trade Statistics 2018 / www.wto.org

4. 세계 10대 상품수출입 국가

(1) 상품수출 세계 10대 국가

2017년 상품수출(Merchandise Export) 1위는 중국이며 세계전체 상품수출의 12.8%를 차지하고 있다. 2위는 미국, 3위는 독일, 4위는 일본이다. 전통적으로 세계수출 1위와 2위를 번갈아가며 기록하였던 미국과 독일은 2009년부터 중국에 밀려나기 시작했고 해가 거듭할수록 그 수출규모 격차가 점차적으로 벌어지고 있다. 한국의 상품수출 규모는 2017년 세계 6위를 기록하였으며 세계시장점유율 3%대를 계속해서 유지하고 있다.

표 4-11	상품수출 세계 10대 국가(2017)		(단위: 10억 달러, %)
순위	국가	금액	비중
	세계전체	17,730	100
1	중　국	2,263	12.8
2	미　국	1,547	8.7
3	독　일	1,448	8.2
4	일　본	698	3.9
5	네덜란드	652	3.7
6	한　국	574	3.2
7	홍　콩	550	3.1
8	프 랑 스	535	3.0
9	이탈리아	506	2.9
10	영　국	445	2.5

자료: WTO, International Trade Statistics 2018 / www.wto.org

(2) 상품수입 세계 10대 국가

2017년 상품수입(Merchandise Import) 1위는 미국이며 세계전체 수입의 13.4%를 차지하고 있다. 2위는 중국, 3위는 독일, 4위는 일본이다. 미국의 수입규모는 전통적으로 세계 1위를 고수하고 있으나 새로운 세계시장(World Market)으로 부상한 중국의 수입이 크게 증가하여 미국의 수입규모를 추격하고 있다. 2017년 한국의 수입규모는 세계 9위이며 세계전체수입에서 차지하는 비중은 3%대에 미치지 못하고 있다.

표 4-12	상품수입 세계 10대 국가(2017)		(단위: 10억 달러, %)
순위	국가	금액	비중
	세계전체	18,024	100
1	미 국	2,410	13.4
2	중 국	1,842	10.2
3	독 일	1,167	6.5
4	일 본	672	3.7
5	영 국	644	3.6
6	프 랑 스	625	3.5
7	홍 콩	590	3.3
8	네덜란드	574	3.2
9	한 국	478	2.7
10	이탈리아	453	2.5

자료: WTO, International Trade Statistics 2018 / www.wto.org

5. 세계 10대 서비스수출입 국가

(1) 서비스수출 세계 10대 국가

2017년 서비스수출(Commercial Services Export) 1위는 미국이며 세계전체 수출의 14.4%로 압도적인 비중을 차지하고 있다. 2위는 영국, 3위는 독일, 4위는 프랑스이다. 서비스수출은 전통적으로 미국 및 유럽 선진국 국가들이 비교우위를 나타내고 있다. 제조업이 강한 중국, 일본, 한국 등의 서비스수출은 상대적으로 취약하다. 2017년 한국의 서비스수출규모는 세계 17위이며 세계시장점유율은 1.6%를 기록하였다.

표 4-13	서비스수출 세계 10대 국가(2017)		(단위: 10억 달러, %)
순위	국가	금액	비중
	세계전체	5,279	100
1	미 국	762	14.4
2	영 국	347	6.6
3	독 일	300	5.7
4	프 랑 스	248	4.7
5	중 국	226	4.3
6	네덜란드	216	4.1
7	아일랜드	186	3.5
8	인 도	183	3.5
9	일 본	180	3.4
10	싱가포르	164	3.1
17	한 국	86	1.6

자료: WTO, International Trade Statistics 2018 / www.wto.org

(2) 서비스수입 세계 10대 국가

2017년 서비스수입(Commercial Services Import) 1위는 역시 미국이며 세계 전체 수입의 10.2%를 차지하고 있다. 2위는 중국, 3위는 독일, 4위는 프랑스이다. 상품무역과는 달리 서비스무역에서 미국, 영국 등은 흑자를 기록하고 있는 반면 제조업 강국인 중국, 독일, 일본 등은 서비스무역에서 적자를 나타내고 있다. 2017년 한국의 서비스수입규모는 세계 11위이며 세계시장점유율은 2.4%를 기록하였다.

표 4-14	서비스수입 세계 10대 국가(2017)		(단위: 10억 달러, %)
순위	국가	금액	비중
	세계전체	5,074	100
1	미 국	516	10.2
2	중 국	464	9.1
3	독 일	322	6.3
4	프 랑 스	240	4.7

순위	국가	금액	비중
	세계전체	5,074	100
5	네덜란드	211	4.2
6	영 국	210	4.1
7	아일랜드	199	3.9
8	일 본	189	3.7
9	싱가포르	171	3.4
10	인 도	153	3.0
11	한 국	120	2.4

자료: WTO, International Trade Statistics 2018 / www.wto.org

▎ Keyword

해외시장조사(market research)
시장세분화(market segmentation)
세계시장(World Market)
선진국(advanced economies)
개도국(developing economies)
최빈국(LDC: least developed country)
이머징 마켓(emerging market)
골드만삭스(Goldman Sachs)
BRICs / BRICS
IMF 세계경제 데이터베이스(World Economic
  Outlook Database)

명목 GDP
1인당 GDP
구매력평가(PPP: Purchasing Power Parity)
PPP기준 1인당 GDP
G7 / new G7
빅맥지수(Big Mac Index)
세계무역(World Trade)
상품수출(Merchandise Export)
서비스수출(Commercial Service Export)

▎ Exercise

01 우리나라의 수출시장이라는 관점에서 세계경제를 생각하여 보자.
02 이머징 마켓의 의미와 어떤 나라가 해당되는지 토론하시오.
03 세계각국의 1인당 GDP와 PPP기준 1인당 GDP에 대하여 음미하여 보시오.
04 G7과 new G7을 구분하여 설명하시오.
05 세계무역을 상품무역과 서비스무역으로 나누어 분석하여 보시오.
06 상품무역의 강국에 대하여 토론하시오.
07 서비스무역의 종류를 나열하시오.
08 서비스무역의 강국에 대하여 토론하시오.

┌─ 01   차마고도

1. 개요

차마고도(茶馬古道: Ancient Tea Route 또는 Southern Silk Road)는 중국 서남부의 차(茶)와 티베트의 말(馬)을 교환하기 위해 개통된 육상교역로이다. 티베트는 땅이 척박하기 때문에 야채가 없어 차를 통해 비타민을 섭취하였고 이에 따라 티베트인들의 차선호 습성이 생겨났다.

중국 서남부 윈난성(雲南省) · 쓰촨성(四川省)의 푸얼차(普洱茶)는 발효차의 일종으로 독특한 향과 색을 가지고 있으며 약용으로도 널리 쓰이는 것으로 알려져 있다. 푸얼차는 티베트인들의 차선호 습성을 충족시킬 수 있어 티베트의 말과 교환되었던 것이다.

그림 5-1　차마고도

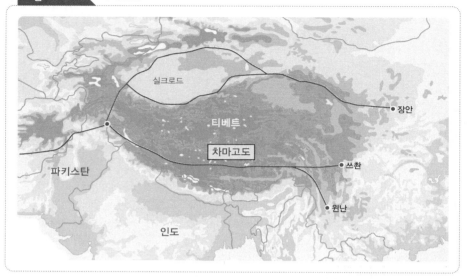

2. 교역루트 및 교역품목

차마고도는 실크로드(Silk Road)보다 200여년 앞서 기원전 2세기 이전부터 존재하였던 인류 최고(最古)의 교역로로 일컬어진다. 총길이 약 5000km이며 중국의 당나라 및 송나라 시대 번성하였다. 평균 해발고도가 4,000m 이상의 고산지대에 위치하고 있으며 험준한 설산(雪山)과 수천 km의 아찔한 협곡을 통과하는 길이다. 차마고도의 협곡은 2003년 유네스코(UNESCO) 세계자연문화유산으로 등재되었다.

차마고도를 통한 교역 대상물품은 차와 말외에 소금, 약재, 금은, 버섯류 등으로 다양했다. 또한 문화와 종교와 지식이 교류되었다. 한편, 차마고도를 통하여 티베트 불교가 중국의 윈난성·쓰촨성 지역으로 전래되었다. 이러한 티베트 불교의 영향으로 오늘날에도 중국에서 티베트 불교의 성지인 라싸(拉薩)까지 수천 km를 마다하지 않고 오체투지(五體投地: 티베트 불교에서 행하는 큰절의 형태)를 하면서 가는 티베트 불교 신자들을 볼 수 있다.

02 실크로드

1. 개요

    비단길이라고도 불리는 실크로드(Silk Road, Silk Route)는 기원전 2~3세기경 이후 중국과 서역 각국의 정치·경제·문화를 이어준 육지와 바다의 무역교통 루트이다. "Silk Road"라는 용어는 독일의 지리학자 리히트호펜(Richthofen)이 1877년에 처음 사용하였다.

    실크로드는 중국 한(漢)나라 시대 장건(張騫)의 중앙아시아 두 차례 원정(기원전 2세기경)을 통해 동서교역로가 세상에 본격적으로 알려지게 되었다. 그리고 이러한 장건의 원정을 계기로 동서양 문물교류가 더욱 활발하게 이루어졌다. 또한 동 원정 이후 처음으로 아라비아를 중심으로 한 서방의 사정이 중국 및 서방의 공식 기록에 나타나게 되었다.

2. 교역루트 및 교역품목

    실크로드는 총길이가 짧게는 6,400km 길게는 20,000km로 추정된다. 실크로드는 중국 중원지방에서 시작하여 타클라마칸 사막(Takla Makan Dessert), 파미르 고원(Pamir Plateau)을 거쳐, 중앙아시아 초원, 이란 고원을 지나 지중해(Mediterranean Sea)로 연결된다.

    좀 더 구체적으로 실크로드의 여정을 살펴보면 동쪽은 시발점인 장안(長安: 현재의 西安)에서 시작하여 둔황(敦煌)까지 이어진다. 중앙은 둔황에서 타클라마칸 사막을 거쳐 파미르 고원 동쪽에 이르는 길인데 타클라마칸 사막 북쪽길(西域北道)과 사막 남쪽길(西域南道)로 구분된다. 서쪽은 북쪽길의 경우 파미르고원 → 이란 → 지중해 → 로마로 이어지는 길이며 남쪽길의 경우 파미르 고원 → 인도 → 아라비아해/홍해 → 이집트 → 지중해 → 로마로 이어지는 길이다.

    실크로드를 통한 교역 대상물품은 중국의 비단(silk)·종이·화약·도자기·양잠, 동남아시아 및 인도의 향신료(spices), 그리고 서방의 보석·유리·융단·玉 등이다. 이러한 교역 대상물품 외에 인도의 불교, 페르시아의 조로아스터교, 아

그림 5-2   실크로드

라비아의 이슬람교 등 종교가 실크로드를 따라 중국에 전래되었다.

3. 실크로드의 영향

실크로드는 중국에 많은 영향을 주었다. 당시 당나라 수도 장안(長安)에는 페르시아인을 비롯해 적지 않은 수의 서역인(西域人)들이 거주하였으며 아라비아식 문화를 의미하는 호복(胡服), 호악(胡樂), 호무(胡舞) 등 각종 호풍(胡風)이 유행하였다. 진시황 병마총(兵馬塚: 흙을 구워 만든 병사, 말의 모형)을 보면 서양인의 모습을 한 병사 모형들을 많이 볼 수 있는 이것도 실크로드의 영향으로 보인다.

실크로드는 고대 한국에도 역시 많은 영향을 주었다. 우선 불교의 전래가 있었다. 인도의 고승 마라난타(摩羅難陀)에 의해 실크로드를 따라 백제불교가 전래되었으며 신라의 승려 혜초(慧超)는 고대 인도의 답사 여행기로서 왕오천축국전(往五天竺國傳)을 남겼다. 서역(西域)의 가무와 음악이 고구려에 전래되어 고구려 음악의 발달에 크게 기여하였으며 중세 아랍문헌에는 신라의 수출품목들이 기록되어 있다. 이러한 사례들은 모두 실크로드를 따라 이루어진 역사적 흔적들이다.

고대 중국과 서역(西域) 각국이 무역을 통해 교류한 동양과 서양의 연결통로가 실크로드이다. 중국의 비단이 이 길을 통해 유럽에까지 전해져 비단길(Silk Road)이라는 이름이 생겨났다. 6,400km가 넘는 교역로를 통해 오간 것은 비단 외에 종이, 화약, 후추는 물론이고 기린, 사자 같은 동식물, 종교 문화 생활양식 등 다양했다. 기원전부터 사막과 오아시스로 연결된 이 내륙의 길은 고대의 "슈퍼 하이웨이"였던 것이다.

실크로드의 황금기는 당나라 시절이었다. 당시 한반도 역시 실크로드를 통해 긴밀히 연결되어 있었다. 당의 수도 장안(西安)과 신라 수도 서라벌(경주)을 포함한 양국 간 교류는 300편 이상의 항공편이 오가는 현재의 한중간 교류에 비교해도 전혀 손색이 없을 정도로 활발하였다. 신라 미추왕릉(味鄒王陵)에서 발견된 은그릇에 조각된 여인은 고대 페르시아 신화에 나오는 아나히타(Anahita) 여신이라는 것이 정설이다. 실크로드는 중국의 장안에서 끝난 것이 아니라 한반도 서라벌(경주)까지 이어졌던 것이다.

중국 역사학자 리 레이는 "아라비아어로 된 고대문서는 신라를 세계의 끝으로 간주했다. 유럽에서 중국을 통해 신라로 이어지는 실크로드는 모두 경주로 이어졌다"고 말했다. 경주 계림로 14호분에서 발견된 신라시대 금실로 짠 황금보검은 사산조 페르시아 문화가 신라에 들어왔다는 유력한 증거다. 8세기경 세계를 리드하였던 4대 도시인 이스탄불, 바그다드, 장안, 서라벌은 이렇게 실크로드를 통하여 가깝게 연결되어 있었다.

(조선일보 칼럼에서)

03 운하통과 운송루트

1. 개요

운하(運河, Canal)는 바다와 바다 사이의 해상운송을 위해 육지에 파 놓은 물길을 의미한다. 국제무역에서 대표적인 운하로는 아프리카 대륙에 위치한 이집트의 수에즈 운하(Suez Canal)와 중남미에 위치한 파나마 운하(Panama Canal)가 있다.

수에즈 운하는 지중해(Mediterranean Sea)와 홍해(Red Sea)를 연결하는 세계 최대의 운하이다. 지중해의 포트사이드(Port Said) 항구와 홍해의 수에즈(Suez)

항구를 연결한다. 이곳에 운하를 건설하려는 시도가 고대 이집트 파라오 왕조 시대에 흔적이 남아 있으며 18세기 나폴레옹(Napoleon)이 이집트를 정복한 뒤 지중해와 홍해를 연결하는 운하를 시도했으나 운하 중간에 거대한 바위들이 많다는 사전조사 결과를 보고 계획을 포기했다. 그리고 1859년에 프랑스인 페르디낭 드 레셉스(Ferdinand de Lesseps)가 이집트로부터 운하건설 권리를 부여받아 공사를 시작한지 10년만인 1869년에 수에즈 운하가 개통되었다. 아프리카 대륙을 우회하지 않고 곧바로 아시아와 유럽이 연결되는 통로가 열리게 되었다.

그림 5-3 수에즈 운하 및 파나마 운하

그러나 수에즈운하 개통 이후 유럽열강의 식민지 정책, 중동전쟁 등으로 인하여 수에즈 운하를 둘러싼 많은 분쟁이 있었다. 1952년 이집트 나세르(Naser) 대통령은 1956년에 수에즈운하 회사를 국유화하였다. 기득권을 상실한 영국과 프랑스는 군대를 동원하여 강점하는 등 분쟁이 그치지 않았다. 1967년 중동전쟁으로 수에즈운하가 폐쇄되었다가, 1973년 이집트 사다트(Sadat) 대통령 재임시 시나이 반도를 탈환하면서 수에즈운하는 이집트 정부의 관리하에 들어갔다.

2. 운송루트

수에즈 운하의 폭은 160~200m이고 길이는 162.5km로 서울에서 대전까지 거리와 비슷하다. 선박의 운하통과시간은 약 11시간이다. 수에즈 운하의 개통으로 개통 이전에 아프리카 최남단 희망봉을 돌아가던 운송루트가 획기적으로 단축되었다. 이에 따라 아시아 유럽간 화물 운송에서 가장 대표적인 운송루트가 되었다. 우리나라에서 수에즈운하를 통한 유럽으로의 운송루트는 부산/광양 → 중국 상하이(중국화물 선적) → 싱가포르 → 인도양 → 홍해 → 수에즈 운하 → 지중해 → 유럽이다. 현대상선 등 우리나라 운항선사가 이 운송루트를 이용하고 있다.

한편, 파나마 운하의 폭은 152~304m, 길이는 77km(서울 천안 거리)이며 선박 운하통과시간은 약 8시간이다. 태평양(Pacific Ocean) 발보아(Balboa) 항구에서 대서양(Atlantic Ocean) 크리스토발(Cristubal) 항구까지이며 태평양과 대서양(카리브해)을 연결한다. 한편 2016년에 기존 운하 바로 옆에 파나마 신운하가 개통되었다. 신운하 개통으로 미국 동아시아(한중일) 간 대형 유조선, 셰일가스운반선, 대형 벌크선 운송이 가능하게 되었다.

┌ 04 랜드브리지

1. 개요

랜드브리지(Landbridge)는 바다와 육지를 연결하는 복합운송방식을 말한다. 즉 바다(Sea) & 육지(Land) & 바다(Sea)의 복합운송(multimodal transportation)방식으로 육지(철도 및 도로)가 해상과 해상을 연결하는 교량(bridge) 역할을 한다는 의미이다.

선박으로 운하(파나마운하, 수에즈운하)를 통하여 우회하지 않고 해상운송과 육상운송을 조합시켜 운항시간을 단축하고 경비를 절감하고자 하는 운송방식이다. 1967년 아랍국가와 이스라엘간의 전쟁으로 수에즈 운하가 봉쇄되면서 기존의 아시아/유럽 운송루트와 경쟁하는 운송방법으로 등장하였다.

우리나라 등 동아시아 국가에서 많이 이용하는 랜드브리지는 아메리카 랜드브리지(ALB: American Land Bridge), 캐나다 랜드브리지(CLB: Canadian Land Bridge), 미니 랜드브리지(MLB: Mini Land Bridge), 시베리아 랜드브리지(SLB: Siberian Land Bridge) 등이 있다.

2. 운송루트

아메리카 랜드브리지(ALB), 캐나다 랜드브리지(CLB) 등 북미랜드브리지는 동아시아 지역에서 미주 및 유럽으로 수출화물을 운송할 때 이용되는데, 태평양(해상운송), 미주대륙(육상운송), 대서양(해상운송), 유럽대륙(육상운송) 등으로 연결하는 복합운송방식이다. ALB의 운송경로(소요일수: 35~40일)는 한국 → (해상운송, 12일) → 북미서해안 1일(오클랜드, LA) → (철도운송, 7~8일) → 미국동해안 2일(뉴욕, 뉴올리안즈) → (해상운송, 8일) → 유럽(앤트워프, 함부르크, 로테르담, 브레멘 등)이다. 그리고 CLB의 운송경로(소요일수: 35~40일)는 한국 → (해상운송, 12일) → 북미서해안 1일(시애틀, 밴쿠버) → (철도운송, 7~8일) → 미국동해안 2일(세인트 존스, 몬트리올) → (해상운송, 8일) → 유럽(앤트워프, 함부르크, 로테르담, 브레멘 등)이다.

미니 랜드브리지(MLB)는 동아시아에서 태평양 연안까지 해상운송한 후 미국 대서양 연안 및 멕시코만의 항구까지 철도로 운송하는 복합운송경로를 말한다. MLB의 운송경로(소요일수: 15~18일)는 한국 → (해상운송, 12일) → 미국서해안(시애틀, LA) → (철도운송, 7~8일) → 미국동해안이다. 파나마운하의 통행료 인상과 운하갑문이 좁아 초대형 컨테이너선이 통과하는 데 어려움이 있기 때문에 그 대안으로 MLB가 이용된다.

시베리아 랜드브리지(SLB)는 시베리아를 다리(브리지)로 활용하는 복합운송방법이다. 동아시아에서 러시아의 나호트카 및 보스토치니까지 선박으로 운송한 뒤, 시베리아 횡단철도(TSR: Trans Siberian Railway)를 이용하여 유럽 또는 서아시아의 목적지로 운송하는 방식이다. 짧은 운송경로이기 때문에 운송비를 절감하고 운송시간을 단축시키는 랜드브리지이다. 원래는 일본에서 수출화물을 선박으로 러시아의 보스토치니항으로 이동하고, 이를 시베리아 횡단철도를 활용하여 유럽으로 운송하던 방식이 발전된 것이다.

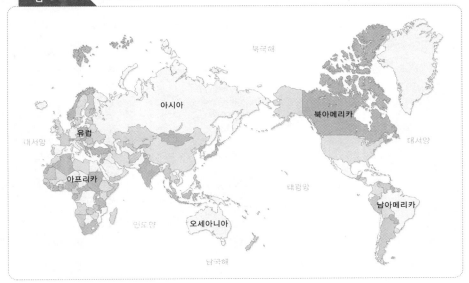

그림 5-4	세계지도

아시아
북극해
북아메리카
유럽
대서양
대서양
아프리카
태평양
남아메리카
인도양
오세아니아
남극해

05 시베리아횡단철도

1. 개요

　　시베리아 횡단철도(TSR: Trans Siberian Railway)는 러시아 극동지역(블라디보스톡)과 유럽간의 철도운송 경로이다. 이 철도는 극동지방의 군사적 활용 및 러시아의 중국무역 활성화 등을 목적으로 개발되었다. 1916년에 전구간이 개통되었고 1971년부터 본격적인 운송 서비스가 시작되었다.

　　TSR은 타 경로에 비해 운송거리가 짧고, 운송소요일수가 빠르며, 운임이 저렴한 것이 특징이다. 1984년에 TSR과 평행으로 북쪽에 제2시베리아철도인 바이칼아무르철도(BAM: Baikal Amur Mainline)가 개통되어 TSR의 운송능력이 크게 증대되었다. 유럽 내륙지역에 대한 양호한 근접성으로 인하여 수에즈운하 루트의 대체경로로 활용되고 있다.

그림 5-5   시베리아 횡단철도

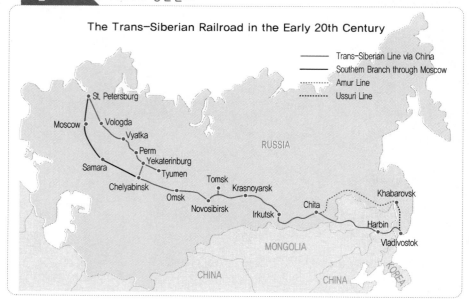

The Trans-Siberian Railroad in the Early 20th Century

---- Trans-Siberian Line via China
—— Southern Branch through Moscow
········ Amur Line
········ Ussuri Line

2. 운송루트

　　TSR은 동아시아 국가들(한국, 중국, 일본, 대만, 홍콩, ASEAN국가)이 유럽과의 수출입 거래시 활용 가능한 운송루트이다. 운송경로는 동아시아 → (해상운송) → Vostochny(블라디보스톡) → (철도운송) → 러시아 거점도시(하바로브스크, 노보르시스크, 이르쿠츠크, 모스크바) → (철도운송) → 유럽 각 지역이다.

　　TSR은 수출입불균형(극동지역의 대유럽수출 70%, 수입 30%)에 따른 공콘테이너(vacant container) 발생 문제, 추위로 인해 결빙성있는 액체화물의 운송 불가능, 구 소련 철도시설의 노후화, TSR 운영관리의 비효율성 등이 문제점으로 지적되고 있다.

　　시베리아 횡단철도를 타고 대륙을 횡단하는 동안 비즈니스맨들은 러시아의 낭만을 즐길 수 있다. 겨울의 추위 속에서도 가도 가도 끝이 없는 광활한 대지와 은빛 자작나무 숲의 황량하면서도 아름다운 풍경을 감상할 수 있다.

　　그리고 열차안의 훈제 생선, 러시아의 상징 보드카, 각 역에서 타고 내리는 러시아인들의 우직한 모습, 서투른 영어와 러시아어로의 대화 등을 즐길 수 있다. 책을 읽고, 잠을 자고, 러시아인들과 대화를 나누다 보면 하바로브스크, 노보르시스크, 이르쿠츠크 등을 거쳐 모스크바에 도착하게 된다.

─ 06 아시아횡단철도

1. 개요

아시아횡단철도(TAR: Trans Asian Railway)는 유럽과 아시아를 연결하는 철도운송루트이다. TAR 구상은 1960년대부터 시작되었으며, 유럽과 아시아 간 물류 활성화 및 비용 절감을 목적으로 하고 있다. 1992년 제48차 ESCAP 회의에서 아시아육상교통 기반시설 개발계획(ALTID Project: Asian Land Transport Infrastructure Development Project)이 수립되면서 본격적으로 추진되었다.

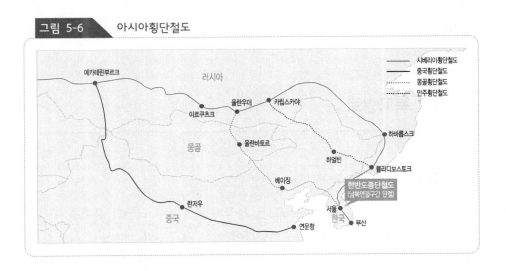

그림 5-6   아시아횡단철도

TAR은 크게 북부노선과 남부노선으로 나누어진다. 북부노선 5개노선이 건설 추진되고 있는데 기존의 TSR외에 중국횡단철도(TCR), 몽골횡단철도(TMGR), 만주횡단철도(TMR), 코리아횡단철도(TKR) 등이다. 남부노선은 동남아시아 → 방글라데시 → 인디아 → 파키스탄 → 이란 → 터키를 연결하는 노선이다.

2. 운송루트

우리나라 화물 운송과 관련이 깊은 TAR 북부노선 운송루트를 살펴보면 다음과 같다. 첫째, 중국횡단철도 TCR(Trans Chinese Railway)의 경로는 중국 연운항 (連雲港) → 란저우(蘭州) → 우루무치 → 카자흐스탄 → 러시아 예카테린부르크(TSR)로 이어진다. 둘째, 몽골횡단철도 TMGR(Trans Mogolian Railway)의 경로는 중국 단둥 → 베이징 → 몽골 울란바토르 → 러시아 울란우데(TSR)로 이어진다. 셋째, 만주횡단철도 TMR(Trans Manchurian Railway)의 경로는 블라디보스톡 → 하얼빈 → 러시아 카림스카야(TSR)로 이어진다. 넷째, TKR(Trans Korean Railway)은 한반도를 통과하는 운송루트로서 부산, 광양 → 신의주, 나진 등 경유 → TSR 또는 TCR로 이어진다. 다섯째, TSR(Trans Siberian Railway)은 앞 절에서 설명한 바와 같다.

ESCAP(아시아 태평양 경제 사회 위원회)은 아시아육상교통 기반시설 개발계획 (ALTID Project)을 지속적으로 추진하고 있는데, 프로젝트 시작 후 40년이 지났지만 성공적이라고는 할 수 없는 상태이다. 우리나라 입장으로서는 향후 남북 화해와 함께 코리아횡단철도(TKR)를 건설하는 것이 과제로 남아있다.

┌─ 07 북극항로

1. 개요

북극항로(NPR: North Pole Route)는 북극해를 통하여 극동과 유럽을 연결하는 운송경로이다. 최근 들어 지구 온난화에 따른 북극해의 해빙으로 상업적 운항이 가능하게 되었다. 독일, 러시아, 노르웨이 등이 북극항로를 성공적으로 운영하고 있다. 현재 매년 20~30척이 북극항로를 이용하고 있는 것으로 파악되고 있다.

2014년 아이슬란드 수도 레이캬비크에서 열린 "북극서클(Arctic Circle) 2014" 행사에서 "2035년엔 그린란드가 농산물 재배와 수출이 가능해질 정도로 따뜻해

지면 북극항로가 북반구 해상 물동량의 50%를 점유할 것이다"라는 주제발표가 있었다.

2. 운송루트

북극항로는 운송경로 거리가 짧다는 것이 장점이다. 유럽/극동간 운송경로 거리(부산－로테르담 경로의 경우)를 보면 NPR(북극항로) 12,700km, TSR(시베리아 횡단철도) 13,000km, ALB(아메리카 랜드브리지) 20,000km, 수에즈운하 경유 전구간 해상운송 21,000km, 파나마운하경유 전구간 해상운송 23,000km, 케이프타운경유 전구간해상운송 27,000km 등으로 NPR이 가장 짧은 것으로 나타났다.

극동 유럽간 북극항로의 운송경로는 부산 → 베링해(Bering Sea) → 러시아 무르만스크(Murmansk) → 네덜란드 로테르담(Rotterdam)이다. 그러나 북극해를 항해하려면 여름에도 선박에 쇄빙(碎氷) 장치를 해야 하는 점과 항로·기상 등에 관해서 아직 정확하게 알려지지 않았다는 점 등이 단점으로 지적되고 있다.

그림 5-7　　북극항로

해양전문가들은 위치상으로 보아 극동지역의 물류중심지인 부산항이 북극항로의 최대 수혜자가 될 가능성이 높다고 분석하고 있다. 거리와 시간을 획기적으로 단축시킬 수 있는 지리적 이점이 탁월하다는 것이다. 상하이, 싱가포르, 홍콩 등과 세계물류거점 경쟁을 벌이고 있는 부산항으로서는 좋은 기회가 될 것으로 보인다.

┌ 08 항공운송활용루트

1. 개요

해공복합운송시스템(Sea&Air운송 시스템)은 해상운송과 항공운송이 결합된 운송 시스템이다. 해공복합운송시스템의 장점은 전체 해상운송에 비해 운송일수가 단축된다는 점, 전체 항공운송에 비해 운송요금이 절감된다는 점, 항공화물이기 때문에 신속한 통관이 가능하다는 점 등이다.

해공복합운송시스템의 주요 환적항(port of transshipment)은 동아시아지역의 인천, 싱가포르와 블라디보스톡, 미주지역의 시애틀과 LA, 중동지역의 두바이 등이다. 이들 환적항은 자국의 수출물동량을 충분히 확보되고 있는 가운데 항공운송 및 해상운송의 세계적인 물류중심지 역할을 수행하고 있다.

2. 운송루트

주요 경로를 보면 다음과 다음과 같다. 첫째, 한국 경유 Sea&Air는 중국항만, 일본항만 → (선박) → 인천항, 부산항, 광양항 → 인천공항 → (항공) → 미국, 유럽이다. 둘째, 북미서해안 경유 Sea&Air는 부산 → (선박) → 시애틀, 밴쿠버, LA → (항공) → 북미동안공항 → (항공) → 유럽, 중남미이다. 셋째, 러시아 경유 Sea&Air는 부산 → (선박) → Vostochny(블라디보스톡) → (항공) → 모스크바, 룩셈부르크, 베를린 → (항공) → 유럽, 중동, 아프리카이다. 넷째, 동남아시아 경유 Sea&Air는 부산 → (선박) → 홍콩, 방콕, 싱가포르 → (항공) → 유럽 각 지역이다.

한국의 Sea&Air 운송은 1980년대 후반 이후 활성화되었다. 이 중 한국의 북미 및 유럽에 대한 Sea&Air 운송화물은 대부분 시애틀, 밴쿠버로 해상 운송된

후 유럽으로 항공 운송된다. 한편 한국의 인천항은 중국 및 일본화물의 Sea & Air 환적항으로서 장점을 가지고 있는데 그 이유는 중국의 경우 화물의 주목적지인 북미와 유럽지역으로 향하는 중국발 항공편이 부족하기 때문이고 일본은 한국보다 화물 운송료가 비싸기 때문이다.

▌ Keyword

차마고도(茶馬古道: Ancient Tea Route)
푸얼차(普洱茶)
실크로드(Silk Road)
장안(西安) / 경주(서라벌)
운하통과 운송루트
수에즈 운하(Suez Canal)
파나마 운하(Panama Canal)
지중해(Mediterranean Sea)
ALB(American Land Bridge)

CLB(Canadian Land Bridge)
시베리아 횡단철도(Trans Siberian Railway)
아시아횡단철도(Trans Asian Railway)
중국횡단철도(Trans Chinese Railway)
만주횡단철도(Trans Manchurian Railway)
몽골횡단철도(Trans Mogolian Railway)
코리아횡단철도(Trans Korean Railway)
북극항로(North Pole Route)
항공운송활용루트

▌ Exercise

01 차마고도의 운송루트에 대하여 설명하시오.

02 실크로드의 운송루트와 교역품목에 대하여 설명하시오.

03 실크로드의 끝은 어디인지에 대하여 토론하시오.

04 우리나라 수출상품의 운송루트에 대하여 생각하여 보시오.

05 유럽으로의 수출운송루트는 몇 가지 방법이 있는가? 각각의 장단점을 제시하시오.

06 시베리아 횡단철도의 장단점을 제시하시오.

07 최근 새로운 운송방법으로 떠오르고 있는 북극항로에 대하여 설명하시오.

08 아시아횡단철도의 종류에 대하여 설명하시오.

09 항공운송활용루트는 어떠한 경로가 있는가?

PART

02

한국무역현황 및 정책

CHAPTER 06 한국무역동향 분석

01 수출입 총괄

1. 수출추이

한국경제의 견인차 역할을 수행하고 있는 한국의 수출은 비약적인 신장세를 지속하여 왔다. 주요 수출실적 달성시점을 보면 1964년 1억 달러를 달성한 이후 1971년 10억 달러, 1977년 100억 달러, 1995년 1,000억 달러, 2011년 5,000억 달러, 2018년 6,000억 달러를 각각 달성하였다.

주요 수출실적 달성시점	
1964년	1억 달러 수출달성
1971년	10억 달러 수출달성
1977년	100억 달러 수출달성
1995년	1,000억 달러 수출달성
2004년	2,000억 달러 수출달성
2006년	3,000억 달러 수출달성
2008년	4,000억 달러 수출달성
2011년	5,000억 달러 수출달성
2018년	6,000억 달러 수출달성

정부는 우리나라가 처음으로 수출 1억 달러를 달성한 1964년 11월 30일을 "수출의 날"로 지정(1987년부터 "무역의 날"로 명칭 변경)해 무역진흥을 위한 정부의 강력한 의지를 나타내었다. 그리고 2011년 12월 5일 우리나라가 세계에서 아홉 번째로 무역규모 1조 달러를 달성한 것을 기념하여 "무역의 날"을 12월 5일로 변경하였다.

이날 기념식에서는 해외 신시장 개척과 경제 발전에 공이 큰 순서에 따라 금탑·은탑·동탑산업훈장과 산업포장, 대통령·국무총리·산업자원부장관·한국무역협회장 표창 등이 수여되고, 무역상사에게는 수출 실적에 따라 "수출의 탑"이 수여된다. 2018년 "무역의 날"에는 삼성전자가 900억 달러 수출탑을 받았다.

2. 수입추이

한국의 수입도 비약적인 신장세를 지속하여 왔다. 주요 수입실적 달성시점을 보면 1957년 4억 달러를 달성한 이후 1968년 10억 달러, 1977년 100억 달러, 1994년 1,000억 달러, 2011년 5,000억 달러를 각각 달성하였다.

주요 수입실적 달성시점	
1957년	1억 달러 수입달성
1968년	10억 달러 수입달성
1977년	100억 달러 수입달성
1994년	1,000억 달러 수입달성
2004년	2,000억 달러 수입달성
2006년	3,000억 달러 수입달성
2008년	4,000억 달러 수입달성
2011년	5,000억 달러 수입달성

한국의 수입은 한국경제의 성장 그리고 수출 확대와 더불어 큰 폭의 성장세를 지속하고 있다. 경제성장에 따른 수입수요 증가 측면에서 보면 한국의 1인당 GDP가 1만 달러, 2만 달러, 3만 달러 등으로 점차적으로 증가됨에 따라 이에 따른 해외 소비재, 자본재 등의 수입이 크게 확대되고 있다.

한편으로 한국은 가공무역 수출입구조와 천연자원 부족의 영향으로 원유,

수출용원자재 등의 수입의존도가 높다. 특히 가공무역 수출입구조 특성을 반영하여 수출이 증가하면 수입도 덩달아 증가하는 구조적인 특징을 가지고 있다. 국별로는 중국, 일본 및 미국으로 부터의 수입의존도가 높은 가운데 사우디아라비아 등 원유수출국으로부터의 수입도 높은 비중을 차지하고 있다.

3. 무역수지추이

한국의 무역수지는 그동안 적자와 흑자를 반복하여 왔으나 현재는 흑자기조가 정착 단계에 접어든 것으로 평가된다. 1985년까지 수출산업 육성을 위한 자본재 수입 확대로 적자를 나타내었으나 1986~1989년 기간중에 3저현상(원유가하락, 금리하락, 달러 약세)에 따른 수출경쟁력 강화로 사상 처음으로 무역수지 흑자를 달성하였다.

그러나 1990~1997년 기간중에는 시장개방 확대와 수출경쟁력 약화 등으로 다시 무역수지가 적자로 반전되었고 또한 그 적자폭이 지속적으로 확대되어 급기야 1997년에 IMF 외환위기를 맞이하는 원인이 되었다. 그러나 1998년 이후 환율 상승, IT 제품 및 자동차 등의 수출호조에 힘입어 무역수지가 다시 흑자로 전환되어 2008년을 제외하고는 지속적으로 무역수지 흑자기조를 유지하고 있다.

한국의 무역수지 패턴	
1985년까지	무역수지 적자
1986-1989	무역수지 흑자
1990-1997	무역수지 적자
1998-2007	무역수지 흑자
2008년	무역수지 적자
2009년 이후	무역수지 흑자

4. 최근의 수출입동향

최근의 수출입동향을 보면 수출의 경우 2011년에 5,000억 달러 달성, 세계시장 점유율 3%를 돌파하였다. 반도체·석유제품·자동차·선박·평판디스플레이 등 주력품목 수출 호조에 힘입어 세계수출강국의 위치를 유지하고 있다. 5,000

억 달러 달성 이후 중국 수출제품의 기술력 향상, 일본엔화 약세 등의 영향으로 2015~2016년 기간중 수출이 감소하였으나 2017~2018년 기간중 다시 회복되는 추세를 보였다.

수입도 2011년에 5,000억 달러를 달성하였다. ·원유 등 국제원자재수입 증가, 국민소득 증가에 따른 소비재수입 증가 등의 영향으로 세계수입강국의 위치를 유지하고 있다. 최근의 수입도 수출과 마찬가지로 2015~2016년 기간중 감소, 2017~2018년 기간중 회복추세를 보였다.

표 6-1   한국의 수출입추이   (단위: 백만 달러, %)

연도	수출		수입		무역수지
	금액	증가율	금액	증가율	금액
2000	172,268	19.9	160,481	34	11,786
2001	150,439	-12.7	141,098	-12.1	9,341
2002	162,471	8	152,126	7.8	10,344
2003	193,817	19.3	178,827	17.6	14,991
2004	253,845	31	224,463	25.5	29,382
2005	284,419	12	261,238	16.4	23,180
2006	325,465	14.4	309,383	18.4	16,082
2007	371,489	14.1	356,846	15.3	14,643
2008	422,007	13.6	435,275	22.0	-13.267
2009	363,534	-13.9	323,085	-25.8	40,449
2010	466,384	28.3	425,212	31.6	41,172
2011	555,214	19.0	524,413	23.3	30,801
2012	547,870	-1.3	519,584	-0.9	28,285
2013	559,632	2.1	515,586	-0.8	44,047
2014	572,665	2.3	525,515	1.9	47,150
2015	526,757	-8.0	436,499	-16.9	90,258
2016	495,426	-5.9	406,193	-6.9	89,233
2017	573,694	15.8	478,478	17.8	95,216

자료: 한국무역협회 무역통계 / www.kita.net

02 가공단계별 및 품목별 수출입

1. 가공단계별 수출입

(1) 가공단계별 수출

가공단계별 상품구조는 1차산품(농림수산식품), 중간재(반도체, 석유제품, 평판디스플레이, 자동차부품, 합성수지, 철강판 등), 최종재인 소비재(화장품, 맥주, 플라스틱제품, 의류, 신발, 냉장고 등)와 자본재(선박, 자동차, 무선통신기기, 컴퓨터 등) 등으로 분류할 수 있다.

2017년 가공단계별 수출 비중을 보면 1차산품 0.4%, 중간재 66.2%, 소비재 11.4%, 자본재 21.7%의 비중을 나타내었다. 우리나라의 가공단계별 수출구조는 최종재인 소비재 및 자본재 수출보다 중간재인 부품 및 반제품의 수출비중이 높게 나타나고 있는 것이다. 2010년에 비하여 중간재 수출비중이 증가하였으나 자본재 수출비중은 감소한 것으로 나타났다.

표 6-2	한국의 가공단계별 수출 변화			(단위: 백만 달러, %)	
구분	2010		2017		
	금액	비중	금액	비중	
총계	466,384	100	573,694	100	
1차산품	2,075	0.4%	2,250	0.4%	
중간재	275,896	59.2%	379,838	66.2%	
소비재	52,039	11.2%	65,202	11.4%	
자본재	136,052	29.2%	124,615	21.7%	
기타	321	0.1%	1,790	0.3%	

자료: 한국무역협회 무역통계 / www.kita.net

(2) 가공단계별 수입

2017년 가공단계별 수입 비중을 보면 1차산품 21.9%, 중간재 48.5%, 소비재 12.5%, 자본재 16.5%의 비중을 나타내었다. 우리나라의 가공단계별 수입구조는 우선 1차산품 수입비중이 높은 가운데 수출과 마찬가지로 최종재인 소비재 및 자본재 수입보다 중간재인 부품 및 반제품의 수입비중이 높게 나타나고 있다. 2010년에 비하여 1차산품 및 중간재 수입비중이 감소하였으나 최종재인 소비재 및 자본재 수입비중은 증가한 것으로 나타났다.

표 6-3 한국의 가공단계별 수입 변화 (단위: 백만 달러, %)

구분	2010		2017	
	금액	비중	금액	비중
총계	425,212	100	478,478	100
1차산품	112,875	26.5%	105,020	21.9%
중간재	218,751	51.4%	232,289	48.5%
소비재	34,302	8.1%	59,694	12.5%
자본재	58,782	13.8%	79,180	16.5%
기타	502	0.1%	2,295	0.5%

자료: 한국무역협회 무역통계 / www.kita.net

2. 품목별 수출입

(1) 품목별 수출

MTI(Ministry of Trade and Industry) 3단위 기준으로 2010년 7대 수출품목은 반도체(메모리)·선박·자동차·평판디스플레이·석유제품·무선통신기기·자동차부품 등이고, 7년 후 2017년 7대 수출품목은 반도체(메모리)·선박·자동차·석유제품·평판디스플레이·자동차부품·무선통신기기 등으로 나타났다. 7대 수출품목의 구성에 별다른 변화가 없는 가운데 반도체(메모리)가 계속하여 수출 1위 품목을 고수하고 있다.

경쟁국인 중국의 기술력 향상과 일본의 높은 품질 경쟁력에도 불구하고 한국의 전자제품·자동차 등은 세계시장에서 지속적으로 높은 시장점유율을 유지하고 있다. 선박의 경우도 대형유조선, LNG선, 드릴십(drill ship) 등의 경쟁력을 배경으로 수출 및 수주면에서 중국과 경합관계를 보이고 있는 가운데 세계 1위 또는 2위를 지속적으로 유지하고 있다. 그러나 최근 들어 중국의 세계 스마트폰 수출 약진과 선박의 추격으로 삼성전자, 현대중공업 등 글로벌 기업의 수출과 매출 및 영업이익이 부진한 것도 사실이다.

표 6-4	한국의 10대 수출품목 변화					(단위: 백만 달러, %)
순위	2010			2017		
	품목명*	금액	비중	품목명*	금액	비중
	총계	466,384	100	총계	573,694	100
1	반도체	50,707	10.9	반도체	97,937	17.1%
2	선박	49,112	10.5	선박	42,182	7.4%
3	자동차	35,411	7.6	자동차	41,690	7.3%
4	평판디스플레이	32,589	7.0	석유제품	35,037	6.1%
5	석유제품	31,531	6.8	평판디스플레이	27,543	4.8%
6	무선통신기기	27,621	5.9	자동차부품	23,134	4.0%
7	자동차부품	18,963	4.1	무선통신기기	22,099	3.9%
8	합성수지	17,051	3.7	합성수지	20,436	3.6%
9	철강판	16,589	3.6	철강판	18,111	3.2%
10	컴퓨터	9,116	2.0	컴퓨터	9,177	1.6%

주: * MTI 3단위 기준
자료: 한국무역협회 무역통계 / www.kita.net

(2) 품목별 수입

MTI 3단위 기준으로 2010년 7대 수입품목은 원유·반도체(비메모리)·석유제품·천연가스·석탄·철강판·컴퓨터 등이고, 7년 후 2017년 7대 수입품목은 원유·반도체(비메모리)·반도체제조용장비·천연가스·석탄·석유제품·무선통신기기 등으로 나타났다. 원유가 압도적인 비중으로 계속하여 수입 1위 품목을 고수하고 있다.

원유의 경우 한국 전체수입에서 차지하는 비중이 2010년 16.1%에서 2017년 12.5%로 감소하였다. 원유 외 천연가스·석탄 등 천연자원의 수입비중도 중요한 위치를 점하고 있다. 반도체의 경우 수출은 정보를 저장하는 용도로 사용되는 메모리반도체에 집중되어 있으나, 연산·논리 작업 등과 같은 정보처리를 목적으로 이용되는 비메모리 반도체의 경우는 대부분 수입에 의존하고 있다.

표 6-5	한국의 10대 수입품목 변화				(단위: 백만 달러, %)	
순위	2010			2017		
	품목명*	금액	비중	품목명*	금액	비중
	총계	425,212	100	총계	478,478	100
1	원유	68,662	16.1	원유	59,603	12.5%
2	반도체	31,137	7.3	반도체	41,177	8.6%
3	석유제품	17,928	4.2	반도체제조용장비	19,316	4.0%
4	천연가스	17,006	4.0	천연가스	15,616	3.3%
5	석탄	13,131	3.1	석탄	15,179	3.2%
6	철강판	10,988	2.6	석유제품	15,118	3.2%
7	컴퓨터	10,823	2.5	무선통신기기	13,282	2.8%
8	반도체제조장비	10,183	2.4	컴퓨터	11,699	2.4%
9	정밀화학원료	7,041	1.7	자동차	10,902	2.3%
10	철광	6,647	1.6	정밀화학원료	9,875	2.1%

주: * MTI 3단위 기준
자료: 한국무역협회 무역통계 / www.kita.net

03 대륙별 및 국별 수출입

1. 대륙별 수출입

(1) 대륙별 수출

한국의 대륙별 수출은 아시아지역 수출비중이 가장 크며 이어서 유럽지역, 북미지역 순이다. 특히 아시아지역에 대한 수출의존도가 2010년 54.7%, 2017년 59.0% 등으로 추세적으로 상승하고 있다. 이러한 추세는 한중일 상호간 무역의 존도가 높아지면서 향후에도 더욱 심화될 것으로 보인다.

한편 유럽통합 진전과 유럽시장에서의 한국제품의 약진 등으로 유럽에 대한 수출비중이 2017년 12.8%를 기록하였고, 전통적인 수출시장인 북미지역에 대한 수출비중도 2017년 12.8%를 기록하였다. 2010년에 비하여 유럽시장에 대한 수출비중이 감소한 반면, 북미시장에 대한 수출비중은 증가하였다.

한국의 대륙별 수출 변화 　　　　　　　　　　　　　(단위: 백만 달러, %)

순위	2010			2017		
	대륙	금액	비중	대륙	금액	비중
	총 계	466,384	100	총 계	573,694	100
1	아시아	255,178	54.7	아시아	338,231	59.0%
2	유 럽	69,625	14.9	유 럽	73,338	12.8%
3	북 미	53,918	11.6	북 미	73,327	12.8%
4	중남미	36,187	7.8	대양주	28,709	5.0%
5	중 동	28,369	6.1	중남미	28,095	4.9%
6	대양주	13,396	2.9	중 동	24,380	4.2%
7	아프리카	9,618	2.1	아프리카	7,530	1.3%

자료: 한국무역협회 무역통계 / www.kita.net

(2) 대륙별 수입

한국의 대륙별 수입도 아시아지역으로부터의 수입이 높은 비중을 차지하고 있다. 아시아지역 수입비중이 2017년 48.8%를 기록하고 있는 가운데, 이어서 유럽지역·중동지역·북미지역 순으로 나타났다. 아시아지역으로부터의 수입의 존도는 2010년에 비하여 다소 증가하였다.

한편 중동지역으로부터의 수입비중은 원유수입 감소를 번영하여 2010년에 비하여 감소하였다. 한EU FTA의 영향 등으로 유럽지역으로부터의 수입비중이 상대적으로 높아지는 추세이고 북미로부터의 수입비중도 다소 높아졌다.

한국의 대륙별 수입 변화 　　　　　　　　　　　　　(단위: 백만 달러, %)

순위	2010			2017		
	대륙	금액	비중	대륙	금액	비중
	총 계	425,212	100	총 계	478,478	100
1	아시아	202,341	47.6	아시아	233,449	48.8%
2	유 럽	55,760	13.1	유 럽	74,893	15.7%
3	중 동	80,815	19.0	중 동	70,153	14.7%
4	북 미	44,754	10.5	북 미	55,792	11.7%
5	대양주	22,140	5.2	대양주	20,931	4.4%
6	중남미	14,645	3.4	중남미	17,081	3.6%
7	아프리카	4,684	1.1	아프리카	5,352	1.1%

자료: 한국무역협회 무역통계 / www.kita.net

2. 국별 수출입

(1) 국별 수출

한국의 국별 수출순위는 2010년 중국 1위, 미국 2위, 일본 3위 순에서 2017년에 중국 1위, 미국 2위, 베트남 3위, 일본 5위 순으로 변화되었다. 전통적으로 한국의 제1수출시장이었던 미국시장이 퇴조하고 중국시장이 한국의 제1수출시장으로 확고하게 자리를 굳히고 있다. 그 밖에 홍콩, 인도, 대만, 싱가포르 등이 아시아 국가들이 수출순위 상위를 차지하고 있다.

중국시장에 대한 수출비중은 2010년 25.1%, 2017년 24.8%로 전체 수출의 1/4 수준을 계속하여 유지하고 있다. 미국시장에 대한 수출비중은 전체 수출의 1/10 수준(2010년 10.7%, 2017년 12.0%)으로 떨어졌으며, 일본시장에 대한 수출비중도 감소추세(2010년 6.0%, 2017년 4.7%)를 보이고 있다.

표 6-8 한국의 국별수출 변화(10대 수출국) (단위: 백만 달러, %)

순위	2010			2017		
	국명	금액	비중	국명	금액	비중
	총 계	466,384	100	총 계	573,694	100
1	중 국	116,838	25.1	중 국	142,120	24.8%
2	미 국	49,816	10.7	미 국	68,610	12.0%
3	일 본	28,176	6.0	베트남	47,754	8.3%
4	홍 콩	25,294	5.4	홍 콩	39,112	6.8%
5	싱가포르	15,244	3.3	일 본	26,816	4.7%
6	대 만	14,830	3.2	호 주	19,862	3.5%
7	인 도	11,435	2.5	인 도	15,056	2.6%
8	독 일	10,702	2.3	대 만	14,898	2.6%
9	베트남	9,652	2.1	싱가포르	11,652	2.0%
10	인도네시아	8,897	1.9	멕시코	10,933	1.9%

자료: 한국무역협회 무역통계 / www.kita.net

(2) 국별 수입

한국의 국별 수입순위는 2010년과 2017년에 중국 1위, 일본 2위, 미국 3위 순으로 변화가 없었다. 중국으로부터 원자재 및 소비재 등의 수입증가로 인하여 중국이 제1수입국가로 부상하였고 전통적으로 일본으로부터의 수입은 한국의 가공무역형태의 수출입구조로 말미암아 수출용원자재 및 자본재 수입비중이 여전이 높게 나타나고 있다. 원유수입으로 인하여 사우디아라비아로부터의 수입 순위는 5위이다.

중국으로부터의 수입 비중은 2010년 16.8%에서 2017년대 전체 수입의 1/5 수준(20.5%)으로 증가되었다. 일본으로부터의 수입비중은 2010년 15.1%에서 2017년 11.5%로 감소하였으며 미국으로부터의 수입비중은 전체 수입의 1/10 수준(2010년 9.5%, 2017년 10.6%)을 보이고 있다.

표 6-9 한국의 국별수입 변화(10대 수입국) (단위: 백만 달러, %)

순위	2010			2017		
	국명	금액	비중	국명	금액	비중
	총 계	425,212	100	총 계	478,478	100
1	중 국	71,574	16.8	중 국	97,860	20.5%
2	일 본	64,296	15.1	일 본	55,125	11.5%
3	미 국	40,403	9.5	미 국	50,749	10.6%
4	사우디	26,820	6.3	독 일	19,749	4.1%
5	호 주	20,456	4.8	사우디	19,590	4.1%
6	독 일	14,305	3.4	호 주	19,160	4.0%
7	인도네시아	13,986	3.3	대 만	18,073	3.8%
8	대 만	13,647	3.2	베트남	16,177	3.4%
9	UAE	12,170	2.9	러시아	12,040	2.5%
10	카타르	11,915	2.8	카타르	11,267	2.4%

자료: 한국무역협회 무역통계 / www.kita.net

(3) 국별 무역수지

한국의 국별 무역수지는 양극화 현상을 보이고 있다. 중국과의 무역에서는 지속적으로 무역수지 흑자기조를 나타내고 있는 반면, 일본과의 무역에서는 반대로 지속적으로 적자기조를 나타내고 있다. 중국과의 무역에서 큰 폭의 흑자를 내고 일본과의 무역에서 큰 폭의 적자를 내어 이를 상쇄하고 있는 모습이다.

2017년에는 전체 무역수지 흑자 952억 달러, 대중국 무역수지 흑자 443억 달러, 대일본 무역수지 적자 283억 달러를 각각 기록하였다. 한국의 전통적인 무역흑자국인 미국에 대해서는 2017년 179억 달러의 흑자를 기록하였다.

향후 한국의 경제규모가 커지고 수입수요가 증가하면 중국 및 미국과의 교역에서 나타나고 있는 흑자 규모는 축소될 것으로 보인다. 그리고 일본과의 무역에서도 한국의 부품 소재산업의 경쟁력이 확보되어 동 품목의 대일 수입이 감소하고, 반면 한국산 전자제품 등의 일본시장 개척이 활성화되면 대일적자규모가 축소될 여지가 있는 것으로 판단된다.

표 6-10 한국의 국별 무역수지 변화 (단위: 백만 달러)

국명	2010			2017		
	수출	수입	무역수지	수출	수입	무역수지
총 계	466,384	425,212	41,172	573,694	478,478	95,216
대중국	116,838	71,574	45,264	142,120	97,860	44,260
대미국	49,816	40,403	9,413	68,610	50,749	17,861
대일본	28,176	64,296	-36,120	26,816	55,125	-28,309

자료: 한국무역협회 무역통계 / www.kita.net

04 국별 품목별 수출입

1. 對중국 품목별 수출입

〈표 6-11〉은 MTI(Ministry of Trade and Industry) 3단위 기준으로 2017년 우리나라의 對중국 10대 수출품목, 10대 수입품목을 제시하고 있다. 對중국 10대 수출품목에는 금액 순서대로 반도체, 평판디스플레이, 합성수지, 석유화학중간원료, 석유제품, 무선통신기기 등이 포함되어 있으며 對중국 10대 수입품목에는 금액 순서대로 반도체, 컴퓨터, 무선통신기기, 철강판, 정밀화학원료, 산업용 전

기기기, 의류 등이 포함되어 있다.

한중간에는 동일 산업(품목)간의 무역을 나타내는 산업내무역(Intra Industry Trade) 비중이 높은 것으로 나타났다. 10대 수출입품목중 반도체, 평판디스플레이, 무선통신기기, 자동차부품, 철강판 등 주요 5개 품목이 산업내무역 품목이다. 동일한 산업(품목)에서 양국간에 제품차별화(product differentiation) 현상이 나타나고 있고 이것이 양국간의 무역을 증진시키는 방향으로 나타나고 있음을 의미한다.

특이한 점은 우리나라 주종수출품목인 자동차가 對중국 10대 수출품목에 포함되어 있지 않고 자동차 부품이 포함되어 있다는 점이다. 이는 중국 내 현대자동차 현지공장(북경)에서의 생산에 기인하는 것으로 분석된다. 현지공장에서 완성차가 생산되고 그 완성차 생산을 위한 자동차 부품 수출이 증가하고 있음을 의미한다.

표 6-11 한국의 對중국 품목별 수출입(2017)   (단위: 백만 달러, %)

순위	對중국 10대 수출품목			對중국 10대 수입품목		
	품목명(MTI 3단위)	금액	비중	품목명(MTI 3단위)	금액	비중
	총계	142,120	100	총계	97,860	100
1	반도체	39,346	27.7%	반도체	13,247	13.5%
2	평판디스플레이	14,873	10.5%	컴퓨터	7,419	7.6%
3	합성수지	7,034	4.9%	무선통신기기	6,516	6.7%
4	석유화학중간원료	6,981	4.9%	철강판	4,613	4.7%
5	석유제품	6,446	4.5%	정밀화학원료	4,282	4.4%
6	무선통신기기	6,281	4.4%	산업용 전기기기	3,818	3.9%
7	기초유분	4,006	2.8%	의류	3,446	3.5%
8	자동차부품	3,471	2.4%	평판디스플레이	3,247	3.3%
9	철강판	2,997	2.1%	선재봉강 및 철근	1,532	1.6%
10	광학기기	2,909	2.0%	자동차부품	1,413	1.4%

자료: 한국무역협회 무역통계 / www.kita.net

2. 對미국 품목별 수출입

〈표 6-12〉는 MTI 3단위 기준으로 2017년 우리나라의 對미국 10대 수출

품목, 10대 수입품목을 제시하고 있다. 對미국 10대 수출품목에는 금액 순서대로 자동차, 무선통신기기, 자동차부품, 반도체, 석유제품, 컴퓨터 등이 포함되어 있으며 對미국 10대 수입품목에는 금액 순서대로 반도체제조용장비, 반도체, 항공기 및 부품, LPG, 육류, 자동차 등이 포함되어 있다.

　　미국시장은 우리나라 주종 수출품목인 자동차, 무선통신기기, 자동차부품, 반도체, 석유제품 등의 중요한 시장이다. 그리고 對미국 10대 수입품목 중에는 육류, 식물성물질, 곡실류 등 1차산품이 많이 포함되어 있다. 한편 對미국 무역에서는 동일 산업(품목)간의 무역을 나타내는 산업내무역(Intra Industry Trade) 비중은 對중국 무역과는 달리 높지 않은 것으로 나타났다. 한국과 미국간의 수출 산업구조에서 상호 차이가 있음을 나타내고 있다.

표 6-12	한국의 對미국 품목별 수출입(2017)				(단위: 백만 달러, %)	
순위	對미국 10대 수출품목			對미국 10대 수입품목		
	품목명(MTI 3단위)	금액	비중	품목명(MTI 3단위)	금액	비중
	총계	68,610	100	총계	50,749	100
1	자동차	14,651	21.4%	반도체제조용장비	5,987	11.8%
2	무선통신기기	6,192	9.0%	반도체	3,955	7.8%
3	자동차부품	5,665	8.3%	항공기 및 부품	2,750	5.4%
4	반도체	3,377	4.9%	LPG	1,903	3.7%
5	석유제품	3,114	4.5%	육류	1,764	3.5%
6	컴퓨터	2,381	3.5%	자동차	1,685	3.3%
7	철강관 및 철강선	1,918	2.8%	계측제어분석기	1,655	3.3%
8	고무제품	1,555	2.3%	식물성물질	1,581	3.1%
9	전력용기기	1,528	2.2%	곡실류	1,537	3.0%
10	원동기 및 펌프	1,343	2.0%	농약 및 의약품	1,177	2.3%

자료: 한국무역협회 무역통계 / www.kita.net

3. 對일본 품목별 수출입

　　〈표 6-13〉은 MTI 3단위 기준으로 2017년 우리나라의 對일본 10대 수출품목, 10대 수입품목을 제시하고 있다. 對일본 10대 수출품목에는 금액 순서대

로 석유제품, 철강판, 반도체, 자동차부품, 정밀화학원료, 금은 및 백금 등이 포함되어 있으며 對일본 10대 수입품목에는 금액 순서대로 반도체제조용장비, 반도체, 플라스틱제품, 철강판, 평판디스플레이, 기초유분 등이 포함되어 있다.

對일본 수출에서 두드러진 특징은 최근 들어 석유제품 수출비중이 크게 높아지고 있다는 사실이다. 석유제품이 전체 대일 수출에서 11.4%을 차지하고 있다. 한편 2017년에도 對일본 무역적자는 283억 달러에 달하였는데, 이 무역적자를 극복하는 길은 무엇일까? 일본으로부터의 수입억제라는 소극적인 전략보다는 일본에 대한 수출 증대라는 적극적인 전략이 필요한 시점이다. 對일본 10대 수출품목에는 우리의 주종수출품목인 자동차, 선박, 평판디스플레이 등이 포함되어 있지 않으므로 이들 품목의 대일본 수출증대를 도모하는 것이 중요하다.

표 6-13 한국의 對일본 품목별 수출입(2017) (단위: 백만 달러, %)

순위	對일본 10대 수출품목			對일본 10대 수입품목		
	품목명(MTI 3단위)	금액	비중	품목명(MTI 3단위)	금액	비중
	총계	26,816	100	총계	55,125	100
1	석유제품	3,052	11.4%	반도체제조용장비	5,742	10.4%
2	철강판	2,113	7.9%	반도체	4,672	8.5%
3	반도체	1,180	4.4%	플라스틱 제품	2,372	4.3%
4	자동차부품	937	3.5%	철강판	2,332	4.2%
5	정밀화학원료	841	3.1%	평판디스플레이	2,064	3.7%
6	금은 및 백금	779	2.9%	기초유분	1,793	3.3%
7	플라스틱 제품	776	2.9%	정밀화학원료	1,471	2.7%
8	합성수지	723	2.7%	광학기기	1,429	2.6%
9	주단조품	610	2.3%	원동기 및 펌프	1,422	2.6%
10	기호식품	597	2.2%	계측제어분석기	1,403	2.5%

자료: 한국무역협회 무역통계 / www.kita.net

4. 對EU 품목별 수출입

〈표 6-14〉는 MTI 3단위 기준으로 2017년 우리나라의 對EU(28개국) 10대 수출품목, 10대 수입품목을 제시하고 있다. 對EU 10대 수출품목에는 금액 순서

대로 선박, 자동차, 자동차부품, 합성수지, 철강판, 건전지 및 축전지, 반도체, 무선통신기기 등이 포함되어 있으며 對EU 10대 수입품목에는 금액 순서대로 자동차, 반도체제조용장비, 농약 및 의약품, 원동기 및 펌프, 원유, 계측제어분석기 등이 포함되어 있다.

　　EU와의 무역에서 우리나라는 2011년까지 무역흑자를 기록하였으나 2012년 이후 대EU 수출부진과 대EU 수입증가의 영향으로 EU와의 무역에서 우리나라가 무역적자로 반전되었다. 유럽 재정위기에 따른 경기 침체와 소비심리 위축으로 우리나라의 對EU 수출이 부진하다. 반면에 우리나라가 EU와 자유무역협정(FTA)을 맺은 이후 EU로부터의 수입이 증가하고 있는 것으로 나타났다.

표 6-14 한국의 對EU 품목별 수출입(2017)　　　　　　　　　　(단위: 백만 달러, %)

순위	對EU 10대 수출품목			對EU 10대 수입품목		
	품목명(MTI 3단위)	금액	비중	품목명(MTI 3단위)	금액	비중
	총계	54,038	100	총계	57,279	100
1	선박	8,179	15.1%	자동차	7,703	13.4%
2	자동차	7,554	14.0%	반도체제조용장비	4,129	7.2%
3	자동차부품	4,223	7.8%	농약 및 의약품	3,057	5.3%
4	합성수지	2,499	4.6%	원동기 및 펌프	2,165	3.8%
5	철강판	2,284	4.2%	원유	2,011	3.5%
6	건전지 및 축전지	1,714	3.2%	계측제어분석기	1,920	3.4%
7	반도체	1,704	3.2%	자동차부품	1,770	3.1%
8	무선통신기기	1,458	2.7%	기계요소	1,571	2.7%
9	건설광산기계	1,259	2.3%	신변잡화	1,337	2.3%
10	석유제품	1,223	2.3%	정밀화학원료	1,286	2.2%

자료: 한국무역협회 무역통계 / www.kita.net

▌ Keyword

무역의 날   대륙별 수입
무역수지   국별 수출
가공단계별 수출   국별 수입
가공단계별 수입   對중국 품목별 수출입
품목별 수출   對미국 품목별 수출입
품목별 수입   對일본 품목별 수출입
대륙별 수출   對EU 품목별 수출입

▌ Exercise

01 한국의 수출규모 변화추세에 대하여 생각하여 보자.
02 한국의 수입규모 변화추세에 대하여 생각하여 보자.
03 한국의 무역수지가 어떻게 변화되었는가에 대하여 토론하시오.
04 한국의 가공단계별 수출입 구조의 특징에 대하여 설명하시오.
05 한국의 품목별 수출입 구조의 특징에 대하여 설명하시오.
06 한국의 대륙별 수출입 구조의 특징에 대하여 설명하시오.
07 한국의 국별 수출입 구조의 특징에 대하여 설명하시오.

─ 01 결제형태별 수출입의 변화

1. 개요

(1) 수출입결제형태의 분류

수출입결제형태는 다음과 같이 크게 세 가지로 분류할 수 있다. 첫째는 신용장(Letter of Credit, L/C) 방식이다. 이는 수출자의 대금회수 리스크(credit risk)와 수입자의 물품회수 리스크(mercantile risk)를 없애기 위한 수단으로서 수입자의 요청으로 은행이 대금지급보증을 약속한 증서이다. 일람불 신용장(at sight L/C)과 기한부 신용장(Usance L/C)이 있다.

둘째는 송금방식이다. 어떠한 조건 없이 물품선적 전후에 수입자가 수출자에게 수입대금을 송금하는 방식이다. 사전 송금방식으로서 전신환(T/T: Telegraphic Transfer)과 우편환(M/T: Mail Transfer)방식이 있고, 사후 송금방식으로서 현물상환지급(COD: Cash on Delivery) 방식과 서류상환지급(CAD: Cash against Document) 방식이 있다.

셋째는 추심결제(Collection) 방식이다. 수출자가 물품을 선적한 후 추심의뢰은행을 통해 수입자에게 대금을 청구하고 추심은행을 통해 대금을 회수하는 방식이다. 수입자 거래은행의 지급보증이 없다는 점이 신용장 방식과 다르다. 인수인도조건(D/A: Document against Acceptance), 지급인도조건(D/P: Documents aganist Payment)이 있다.

(2) 결제형태별 수출의 변화

우리나라의 수출 결제형태가 변화되고 있다. 송금방식(T/T, M/T, COD, CAD) 비중이 2000년 43.0%에서 2010년 60.2%, 2017년 69.1%로 점차적으로 증가한 반면, L/C방식(일람출급 L/C, 기한부 L/C) 비중은 2000년 27.6%에서 2010년 15.6%, 2017년 9.1%로 크게 감소하였다. 추심결제 방식(D/A, D/P) 비중도 동기간중 2000년 22.7%에서 2010년 7.3%, 2017년 8.2%로 감소 추세를 보였다.

신용장 수출비중이 높았던 1970년대, 1980년대에 한국은행은 신용장래도액을 근거로 하여 향후 우리나라의 수출전망을 발표하였다. 신용장래도액이란 외국 수입업자가 우리나라 은행에 통지(advice)한 신용장 금액을 의미한다. 그러나 상기와 같이 신용장 수출 비중이 낮아졌기 때문에 이러한 수출전망은 실효성이 떨어지게 되었다.

표 7-1 결제형태별 수출의 변화

(단위: 백만 달러, %)

구분	2000		2010		2017	
	금액	비중	금액	비중	금액	비중
총계	172,268	100	466,384	100	573,694	100
송금방식(T/T, M/T)	48,330	28.1	218,967	46.9	334,885	58.4
COD, CAD	25,605	14.9	61,815	13.3	60,430	10.5
일람출급 L/C(at sight L/C)	39,600	23.0	55,339	11.9	33,946	5.9
기한부 L/C(Usance L/C)	7,908	4.6	17,270	3.7	18,628	3.2
D/A	33,731	19.6	29,270	6.3	41,750	7.3
D/P	5,278	3.1	4,816	1.0	4,972	0.9
위탁(수탁)가공무역	5,455	3.2	35,641	7.6	42,733	7.4
기타 유상	2,455	1.4	35,168	7.5	27,949	4.9
기타 무상	1,711	1.0	6,265	1.3	6,552	1.1
분할영수(지급)방식	41	0.0	1,319	0.3	189	0.0
계좌이체	2,154	1.3	514	0.1	1,662	0.3

자료: 한국무역협회 무역통계 / www.kita.net

(3) 결제형태별 수입의 변화

결제형태별 수입의 변화도 수출의 경우와 유사한 양상을 보이고 있다. 송금방식(T/T, M/T, COD, CAD) 비중이 2000년 28.5%에서 2010년 66.2%, 2017년 72.8%로 가파르게 증가한 반면, L/C방식(일람출급 L/C, 기한부 L/C) 비중은 2000년 54.3%에서 2010년 23.6%, 2017년 15.8%로 크게 감소하였다. 추심결제 방식(D/A, D/P) 비중도 동기간중 2000년 10.1%에서 2010년 3.5%, 2017년 2.8%로 크게 감소하였다.

표 7-2 결제형태별 수입의 변화 (단위: 백만 달러, %)

구분	2000		2010		2017	
	금액	비중	금액	비중	금액	비중
총계	160,481	100	425,212	100	478,478	100
단순송금방식(T/T, M/T)	38,224	23.8	232,771	54.7	309,720	64.7
COD, CAD	7,543	4.7	48,824	11.5	38,962	8.1
일람출급 L/C	38,526	24.0	36,920	8.7	28,682	6.0
기한부 L/C	48,573	30.3	63,196	14.9	46,927	9.8
D/A	11,126	6.9	9,196	2.2	11,280	2.4
D/P	5,171	3.2	5,589	1.3	1,877	0.4
위탁(수탁)가공무역	3,117	1.9	9,948	2.3	18,486	3.9
기타 유상	192	0.1	825	0.2	912	0.2
기타 무상	7,583	4.7	17,630	4.1	20,840	4.4
분할영수(지급)방식	34	0.0	117	0.0	103	0.0
계좌이체(상호계산방식)	386	0.2	196	0.0	689	0.1

자료: 한국무역협회 무역통계 / www.kita.net

2. 변화요인

(1) L/C 이용상의 한계

L/C 방식은 은행의 지급보증이 있어 수출자 입장에서 안전한 거래이지만, 수입자 입장에서는 소요비용이 만만치 않고 여러 가지 절차가 필요한 다소 불편한 거래이다. 그러나 송금방식은 은행의 지급보증이 없어 수출자의 대금회수 리스크가 있으나, 일단 신용도가 확보되면 단순송금거래이기 때문에 편리한 거래

이다. 따라서 송금방식이 증가하고 있다.

수수료의 경우 10만 달러 수출시, 일람불 L/C(at sight L/C) 거래 수수료는 전체 수출대금의 약 0.1%를 차지하고 있다. 이는 송금방식 거래에서 송금수수료의 10배에 달하는 금액이다. 또한 신용장거래시 수출자의 신용장 매입(negotiation) 과정에서 하자가 발생하거나, 외국환은행간 수수료 담합 인상시 거래비용 부담이 가중된다.

(2) 기업내 수출입의 증가

대기업의 경우 과거에는 해외바이어와의 직거래가 많았으나 최근 들어서 기업내 수출입(intra firm trade)이 증가하고 있다는 점이다. 기업내 수출입은 본사와 해외법인간의 STOCK 거래를 의미한다. WTO에 따르면 세계전체 기업내 수출입규모는 세계전체 수출입의 1/3에 달하는 것으로 추정된다.

즉, 현지법인과의 기업내 거래이기 때문에 굳이 비용이 들어가고 불편한 L/C 방식을 선택할 필요성이 없어지게 되었고 대신에 송금방식을 선호하게 된 것이다. 2010년 US Census Bureau에 따르면 한국의 對 미국수출에서 기업내 수출이 차지하는 비중은 2000년 55.4%에서 2009년 63.9%로 증가한 것으로 나타났다. 다른 나라와 비교하여 보면, 미국시장에서 한국의 기업내 수출비중은 일본, 독일보다는 낮은 수준이지만 영국, 프랑스, 중국보다는 높은 수준인 것으로 나타났다.

표 7-3	주요수출국의 대미국 기업내 수출비중 추이					(단위: %)
구 분	2000	2005	2006	2007	2008	2009
한 국	55.4	57.7	58.5	62.1	57.5	63.9
중 국	18.1	25.8	24.6	25.5	26.5	28.7
일 본	74.3	78.6	78.8	80.2	80.4	76.9
캐나다	44.0	44.4	46.0	47.0	46.8	47.8
멕시코	66.1	58.9	58.1	57.4	51.8	57.2
독 일	64.7	61.5	62.6	64.9	66.8	64.5
영 국	48.8	58.4	59.5	58.0	56.2	59.4
프랑스	41.0	48.7	48.7	49.0	51.1	55.9
전 체	46.7	46.7	46.8	47.4	46.6	47.8

자료: 미국 통계국(US Census Bureau), 2010

(3) 국제상품시장의 변화

현재 세계시장은 BRICs 등 이머징 마켓에서 생산되는 상품의 공급이 넘치고 있는 상황이다. 즉, 국제상품시장의 수급 상황은 공급자 시장(seller's market)이 아니라 구매자 시장(buyer's market)인 것이다. 이는 구매자의 파워(buyer's power)가 공급자의 파워(seller's power)보다 강력함을 의미한다. 따라서 구매자 입장에서는 소요비용이 만만치 않고 절차가 복잡한 L/C 방식을 회피하고 단순한 송금방식을 선호하고 있는 것이다. 이러한 상황이 반영되어 송금방식의 비중이 높아졌다.

02 항만·공항별 수출의 변화

1. 개요

한국의 수출상품구조 변화에 따라 우리 상품의 해외수출시 항만·공항별 수출비중이 변화되고 있다. 장기적 추세로 볼 때 한국의 항만수출 비중은 2010년 74.9%에서 2017년 69.0%로 감소하였다. 반면에 항공수출 비중은 동기간중 2010년 24.6%에서 2017년 30.5%로 증가하였다.

한국의 주종 수출상품인 반도체, 평판디스플레이, 무선통신기기, 컴퓨터 등 경박단소형(輕薄短小形) IT제품 수출이 선박, 자동차 등 중후장대형(重厚長大形)

표 7-4	항만·공항별 수출의 변화			(단위: 백만 달러, %)

구분	2010		2017	
	금액	비중	금액	비중
총 계	466,384	100	573,694	100
항 만	349,190	74.9	395,722	69.0
공 항	114,782	24.6	174,986	30.5
기 타	2,412	0.5	1,296	0.2

자료: 한국무역협회 무역통계 / www.kita.net

제품보다 높은 증가율을 보이게 됨에 따라 이들 경박단소형 IT제품 운송을 위해 항공운송을 더 많이 활용하는 추세를 반영한다.

2. 항만·공항별 동향

(1) 항만별 동향

국내 항만별로 보면 부산항을 통한 수출실적 비중이 2010년 38.3%, 2017년 41.3%로 높은 비중을 나타내어 지속적으로 부산항이 우리나라 최대 항만으로서의 위치를 확고하게 지키고 있다. 그 외 인천항, 울산항, 광양항, 평택항 순으로 수출실적 비중이 높은 것으로 나타났다.

국제적으로 보면 부산항은 컨테이너(Container) 물동량 처리 실적에서 상하이(上海), 싱가포르, 닝보·저우산, 선전(深圳)에 이어 세계 5위를 기록하고 있다. 이들 항만은 컨테이너 물동량 연간 처리량이 1,000만개 이상에 달하여 세계 5대 슈퍼항만(Global Super Port)이라 부른다. 특히 과거 부산항보다 하위에 있던 중국 상하이가 양산항(洋山港)을 대대적으로 확장하였고 선전 역시 주장(珠江) 삼각주지역의 중심 무역항으로 성장하고 있다.

표 7-5	주요항만별 수출의 변화					(단위: 백만 달러, %)	
순위	2010			2017			
	항만명	금액	비중	항만명	금액	비중	
	총계	349,190	100	총계	395,722	100	
1	부산항	133,575	38.3	부산항	163,610	41.3	
2	울산항	40,557	11.6	인천항	46,598	11.8	
3	인천항	40,158	11.5	울산항	38,450	9.7	
4	광양항	24,685	7.1	광양항	24,539	6.2	
5	평택항	16,816	4.8	평택항	22,616	5.7	

자료: 한국무역협회 무역통계 / www.kita.net

그림 7-1　세계의 주요항만

그리고 그동안 중화권의 항만에 비해 상대적이 성장세가 주춤하였던 부산항 물동향이 최근 들어 회복추세를 보이고 있다. 이는 부산항의 최대 고객인 중국과 미국의 물동량이 꾸준한 증가세를 보이고 있고 러시아·인도·동남아시아 등 신흥시장의 수출입화물이 회복세를 보이고 있기 때문이다.

(2) 공항별 동향

국내 공항별로 보면 인천공항 수출비중이 99%로 압도적인 비중을 차지하고 있다. 김해공항, 김포공항 등에서 아주 미미한 수준의 물량을 수출하고 있다. 인천공항 수출비중이 높은 이유는 인천공항이 국내외에서 독보적인 경쟁력을 갖추고 있을 뿐만 아니라 항공운송으로 수출할 수 있는 IT 제품(반도체, 무선통신기기, LCD 등)을 생산하는 수출기업이 주로 수도권에 집중되어 있기 때문이다.

국제적으로 보면 인천공항 및 인천항은 해상운송과 항공운송이 결합된 해공복합운송시스템(SEA&AIR운송 시스템)의 주요 환적항 중의 하나이다. 제5장 제8절에서도 설명한 바와 같이 한국의 인천공항은 중국 및 일본화물의 SEA & AIR 환적항으로서 장점을 가지고 있다. 그 이유는 중국의 경우 수출화물의 주목적지인 북미와 유럽지역으로 향하는 중국발 항공편이 부족하기 때문이고 일본은 한국보다 화물 운송료가 비싸기 때문이다. 통계적으로 보아도 한국 인천공항의 화물처리량은 홍콩, 멤피스(미국), 상하이에 이어 세계 4위를 기록하고 있다.

표 7-6	주요공항별 수출의 변화					(단위: 백만 달러, %)
순위	2010			2017		
	공항명	금액	비중	공항명	금액	비중
	총계	114,782	100	총계	174,986	100
1	인천공항	113,824	99.2	인천공항	173,700	99.3
2	김해공항	866	0.8	김해공항	540	0.3
3	김포공항	74	0.1	김포공항	436	0.2

자료: 한국무역협회 무역통계 / www.kita.net

03 무역거래 주체의 변화

1. 무역업 제도의 변화

(1) 무역업 고유번호

한국의 무역업 제도는 2000년부터 완전 자유화되었다. 종전에는 효과적인 무역관리를 위해 일정한 조건이 갖추어진 업체에 대해서만 무역업을 할 수 있도록 하는 무역업 등록 및 신고제도를 운영하였다. 그러나 규제철폐 및 완화를 목적으로 2000년부터 무역업 제도를 완전 자유화하여 세무서 발행 사업자등록증만 있으면 누구든지 무역업을 할 수 있도록 무역업제도를 변경하였다.

다만, 수출입질서유지 및 효율적인 수출진흥을 위해 무역거래자에 대한 최소한의 규제를 유지하고 있다. 대외무역법 시행령(제21조)에 의거, 산업통상자원부 장관은 무역거래자별 무역업고유번호를 부여할 수 있도록 규정하고 있고, 대외무역관리규정(제24조)에서 한국무역협회장은 무역업고유번호의 부여 및 변경사항을 확인하고 무역업고유번호 관리대장 또는 무역업 데이타베이스에 이를 기록 및 관리하여야 한다고 규정하고 있다. 따라서 무역거래자는 한국무역협회에서 무역업고유번호를 부여받고 무역업 업무를 체계적, 효과적으로 수행할 수 있다.

(2) 무역거래자의 수

무역거래자 유사용어는 무역업자, 무역업체, 무역기업, 무역상사(Trade Company), 무역거래 알선업자(Trade Agent) 등 여러 가지가 있다. 어떻게 구분하여야 할까? 대외무역법에 따르면 무역거래자는 수출 또는 수입을 하는 자, 외국의 수입자 또는 수출자에게서 위임을 받은 자 및 수출과 수입을 위임하는 자 등 물품 등의 수출행위와 수입행위의 전부 또는 일부를 위임하거나 행하는 자를 말한다(구체적인 내용에 대해서는 제10장 제2절 무역거래자 관리 참조).

그러면 수출입 거래를 직접적으로 수행하는 무역거래자 수는 얼마나 될까? 우리나라의 무역업자는 삼성, LG 등 대기업보다는 중소기업이 훨씬 더 많다. 2000년 이후 한국무역협회 가입이 임의사항으로 바뀌면서 무역거래자 전체를 정확하게 파악하는 것이 어렵게 되었지만 2018년 현재 약 20만개 상사로 파악되고 있다. 그리고 무역업고유번호를 부여받은 무역거래자 수는 한국무역협회에서 파악이 가능한데 2018년 현재 약 12만개 상사 정도이다. 국내외 무역환경의 변화에 따라 수출입 거래를 직접적으로 수행하는 무역거래자 수는 매년 증가와 감소를 반복하고 있다.

2. 종합무역상사 및 전문무역상사

(1) 종합무역상사의 퇴장

종합무역상사 수출이 우리나라 전체수출에서 차지하는 비중이 1995년에 50%에 육박하는 등 한국무역의 중추적 역할을 수행하였으나 그 기능 및 역할이 축소되어 2009년 수출비중은 5% 이하로 축소되었다. 이와 같이 종합무역상사의 수출기능이 약화된 것은 전문 대기업(현대자동차, 삼성전자)의 자체수출 증가, 계열사 대행수출 축소(또는 계열분리), 종합무역상사의 수익성 위주의 내실경영, 중소기업의 마케팅능력 강화에 따른 종합상사 대행수출의존도 축소 등에 기인하는 것으로 분석된다.

(2) 전문무역상사의 등장

이러한 종합무역상사의 수출기능 약화로 종합무역상사 제도는 2009년 10월에 폐지되었다. 이를 대체하여 전문무역상사 제도가 새롭게 만들어졌다. 전문무역상사 제도는 기존의 종합무역상사 제도의 폐지와 동시에 발족한 새로운 수출진흥 모델로서 수출 Know-how가 풍부한 전문무역상사를 선정하여, 수출 능력이 부족한 중소(제조)기업을 지원하고자 설립되었다. 산업통상자원부(MOTIE), 한국무역협회(KITA), 중소기업진흥공단(SBC), 대한무역투자진흥공사(KOTRA) 등이 공동으로 운영하고 있는 제도이다.

04 전자무역의 등장과 활성화

1. 전자무역의 개념

전자무역(Electronic Trade/E-Trade)은 무역을 진행하는 과정에서 발생하는 서류를 인터넷을 통하여 처리하는 것을 의미한다. 종전과 같이 직접적으로 은행, 세관 등 관련 기관에 수출입절차별로 서류 제출이 필요하지 않다는 의미에서 "서류없는 무역(paperless trade)"이라 한다.

전자무역촉진에 관한 법률 제2조는 "전자무역은 물품, 용역, 전자적 무체물 등의 일부 또는 전부가 전자무역문서로 처리되는 거래"라고 규정하고 있다. 여기서 전자적 무체물이란 소프트웨어산업 진흥법 제2조 제1호에 따른 소프트웨어와 부호·문자·음성·음향·이미지·영상 등을 디지털 방식으로 제작하거나 처리한 자료 또는 정보를 말한다(대외무역법 시행령 제4조). 또한 전자무역문서란 전자무역에 사용되는 전자문서 및 전자거래 기본법 제2조 제1호에 따른 전자문서(정보처리시스템에 의하여 전자적 형태로 작성, 송신·수신 또는 저장된 정보)를 의미한다.

좀 더 구체적으로 설명하면 전자무역이란 거래선 발굴, 상담, 계약, 원자재 조달, 운송, 통관, 대금결제에 이르는 제반 무역 업무를 인터넷 등 최신 IT기술을 활용해 시간과 공간의 제약 없이 처리하는 인터넷 무역거래 형태를 말한다.

전자무역은 협의의 전자무역과 광의의 전자무역으로 구분하기도 한다. 전자는 무역계약 이전의 수출입절차를 인터넷을 통하여 거래하는 것을 의미하며, 후자는 무역계약 이후의 수출입절차도 포함하여 인터넷을 통하여 거래하는 것을 의미한다.

2. 전자무역의 특징

(1) 효과적인 마케팅 수단

전자상거래는 인터넷과 통신 네트워크(Communication Network)에 의하여 이루어지기 때문에 거래 당사자간의 교섭 방식과 거래방식에 상당한 변화가 나타났다. 종전까지는 거래당사자간에 서신, 팩스, 전화 등을 이용하여 직접 교섭하는 방식이 주를 이루었으나 이제는 거래당사자가 웹 사이트를 구축하고 여기에 수출입정보를 제공하거나 데이터베이스를 연결하여 상호 편리한 의사소통과 계약 체결을 수행할 수 있도록 변화되었다.

(2) 글로벌 전자거래시장

전자무역은 국가별로 독립되어 운영되던 세계시장을 하나의 글로벌 전자거래시장(Global e-Market Place)으로 통합시켰다. 세계 여러 지역에서 열리는 시장이 인터넷과 무역정보시스템(Trade Information System)을 통하여 전자방식으로 통합됨에 따라 글로벌 단일 전자거래시장이 출현하게 되었다. 지구촌의 각국에서는 자기 나라의 집에서 컴퓨터로 글로벌 단일전자거래 시장에 접속하여 전 세계에서 생산되는 상품을 사고 팔 수 있게 되었다.

(3) 세계 각국의 거래당사자

전자무역은 인터넷 및 관련 정보통신기술을 기반으로 세계각국의 구매자 및 공급자를 대상으로 무역거래가 이루어진다. 즉, 전자무역에서는 거래 상대방과 직접 만나지 않고서도 인터넷과 컴퓨터, 기타 통신망을 이용하여 거래 상대방을 물색하고 협상하여 계약을 체결하고 이행하는 방식으로 이루어진다. 따라서 전자무역은 기존 무역과 달리 시간적 공간적 제약을 비교적 용이하게 극복할 수 있고, 세계 각국의 거래당사자와 만날 수 있다.

(4) 전자적 무체물 및 서비스의 거래

전자무역이 전통적 무역과 차별화되는 부분으로 전자적 무체물과 서비스의 거래를 들 수 있다. 즉, 전자무역에서는 소프트웨어, 디지털 컨텐츠, 게임, 영상, 음악, 교육, 컨설팅 등의 디지털 제품(Digital Goods) 및 서비스를 거래의 대상으로 하고 있다는 것이다. 특히 이 분야는 지식집약산업(Knowledge Intensive Industry) 분야로서 재래 산업에 비하여 부가가치가 매우 높은 것으로 평가되고 있다. 한류 확산과 더불어 해외진출이 활발한 K-Pop, K-Movie, K-Drama 등의 수출입 거래시 활용이 가능하다.

(5) EDI 활용

무역업무 처리방식은 무역절차 간소화 및 무역서류 표준화 등의 오랜 기간 동안의 준비를 거쳐 인터넷 서비스까지 발전해 왔다. 예전에는 무역관련 문서를 작성하여 직접 제출하거나 우편 및 팩스로 문서를 제출했다. 이러한 문제를 해결한 것이 EDI(전자문서교환: Electronic Data Interchange) 시스템이다. EDI 시스템은 수출입 거래에 관한 데이터와 문서를 표준화하여 컴퓨터 통신망으로 거래 당사자가 직접 전송·수신하는 정보전달 시스템이다.

3. 유트레이드 허브(u-Trade Hub)

산업통상자원부와 한국무역협회는 전자정부과제의 일환으로 지난 2003년부터 "전자무역서비스" 구축사업을 추진해 왔다. 시장조사(Market Research), 신용평가(Credit Inquiry), 시중은행, 금융결제원, 관세청, 선사/항공사 등 마케팅에서부터 결제에 이르는 수많은 무역절차별 유관기관을 연계하여 왔으며 이를 기반으로 무역업무 전반을 단절 없이 처리할 수 있는 新개념의 국가 전자무역 허브인 유트레이드 허브를 구현하였다.

실무적으로 보면 u-Trade Hub(Ubiquitous Trade Hub)는 무역업무 단일 창구 포탈을 의미한다. 즉, u-Trade Hub는 무역포탈, 물류포탈, 은행포탈, 통관포탈, 마케팅포탈 등에 사용자가 접근하기 위한 관문으로 통합로그인, 전자무역서비스에 대한 전반적인 소개, 서브포탈에서 제공하는 공통서비스(공지사항, FAQ, Q&A, 자료실)를 제공한다(www.utradehub.or.kr).

무역업체는 인터넷을 통해 한번 접속으로 마케팅, 상역, 외환, 통관, 물류, 결제까지 모든 무역 업무 프로세스를 신속하고 편리하게 원-스탑으로 처리할 수 있다. 이제 은행이나 수출입 관련기관을 방문할 필요가 없이 언제 어디서나 복잡한 무역 업무를 볼 수 있다.

u-Trade Hub 추진기관은 산업통상자원부, 한국무역협회, 한국무역정보통신(KTNET), 관세청, KOTRA, 금융결제원 등이 있으며, 이 중 실질적인 전담 추진기관은 한국무역정보통신(KTNET)이다. u-Trade Hub는 세계적으로 경쟁력 있는 전자무역 시스템으로 평가되고 있으며 몽골, 르완다, 탄자니아, 칠레, 페루 등 30여 개 국가에 동 시스템을 수출하였다.

4. 주요 e-마켓플레이스(e-market place)

바이어 및 공급자 선정(finding buyer & seller) 및 수출입계약(sales contract) 체결을 위해 인터넷 마케팅 웹사이트(internet marketing website)를 활용한다. 이를 e-마켓플레이스(e-market place)라고 하는데 국내외적으로 잘 알려져 있는 e-마켓플레이스는 다음과 같다.

(1) 한국무역협회 트레이드코리아

트레이드코리아(Trade Korea)는 한국무역협회가 운영하는 글로벌 B2B(Business to Business) e-마켓플레이스(www.tradekorea.com)이다. 한국무역협회 회원사의 온라인 글로벌 시장 개척을 지원하고 국내 수출중소기업과 해외기업과의 거래를 활성화하기 위한 e-Marketplace이다. 수출입상품 찾기(product search), 온라인 수출입거래(online trade transaction) 등이 가능하며 글로벌 무역의 e-비즈니스 시대를 선도한다.

영어, 중국어, 일본어, 러시아어, 스페인어, 포르투갈어, 한국어 등 7가지 언어로 운영되고 있다. 트레이드코리아의 장점은 한국무역협회 회원(약 7만개 상사) 정보를 자유롭게 활용할 수 있다는 점이다. 또한 국내외 B2B e-마켓플레이스(marketplace) 및 전세계 무역진흥기관과의 협력을 통해 온라인 및 오프라인 해외 마케팅 지원 서비스를 제공한다.

(2) KOTRA 바이코리아

바이코리아(Buy Korea)는 우리나라 제조/공급업체를 전세계 바이어와 연결해주기 위해 KOTRA가 운영하는 글로벌 B2B e-마켓플레이스이다. 한국 상품의 해외홍보, 해외 구매정보 중개는 물론이고 국내 B2B e-마켓플레이스 최초로 온라인 거래대금결제, EMS 국제 배송 할인 서비스를 도입하는 등 우리나라 중소기업의 수출을 위한 원스탑 온라인 수출마케팅 솔루션을 제공한다.

KOTRA 바이코리아의 장점은 전 세계에 걸쳐 설치되어 있는 KOTRA 해외무역관 정보를 활용할 수 있다는 점이다. 바이코리아에 상품을 등록하면 구글(Google), 야후(Yahoo) 등 해외에서 주로 이용하는 유명 검색엔진에 보다 잘 노출되어 해외바이어로부터 인콰이어리(Inquiry)를 수신할 수 있다.

(3) 알리바바닷컴

알리바바 그룹의 알리바바닷컴(alibaba.com)은 웹 포털을 기반으로 C2C(Customer to Customer), B2C(Business to Customer) 및 B2B의 전자상거래 서비스를 제공하고 있다. 알리바바닷컴(alibaba.com)은 세계 최대의 글로벌 e-마켓플레이스(www.alibaba.com)이다. 중국 항저우에 본사가 있으며 설립자는 영어 교사였던 마윈(馬雲/Jack Ma)이다.

알리바바닷컴은 중국 전자상거래 시장의 약 80%를 차지하고 있으며 240여 개 국가에서 5천만명 이상의 회원을 보유하고 있다. 한편 미국의 블랙프라이데이(Black Friday)처럼 최고의 쇼핑시즌을 의미하는 중국의 광군제(매년 11월 11일)는 알리바바가 운영하는 인터넷쇼핑몰 타오바오(Taobao)가 주최하고 있다.

1. 수출의 변화

광역 지방자치단체별 수출 순위를 보면 2017년에 경기 1위, 충남 2위, 울산 3위, 경남 4위, 서울 5위 순으로 되어 있다. 경기도가 지속적으로 우리나라 수출 1위를 기록하고 있다. 충남(전자제품), 울산(자동차 및 조선), 경남(조선, 기계) 등의 수출호조는 이들 지역에 산업클러스터가 형성되어 우리나라 수출 주종품목 생산이 집중되어 있기 때문이다. 반면에 광주, 대구, 전북, 대전, 강원, 세종, 제주 등은 수출산업기반이 취약하여 수출실적도 상대적으로 적게 나타났다.

표 7-7　지방자치단체별 수출의 변화　(단위: 백만 달러, %)

순위	2010			2017		
	지역명	금액	비중	지역명	금액	비중
	합계	466,384	100	총계	573,694	100
1	경기	85,706	18.4	경기	124,129	21.6
2	울산	71,384	15.3	충남	79,842	13.9
3	경남	58,380	12.5	울산	66,700	11.6
4	충남	54,054	11.6	경남	59,474	10.4
5	서울	45,348	9.7	서울	57,386	10.0
6	경북	44,937	9.6	경북	44,870	7.8
7	전남	30,416	6.5	인천	39,287	6.8
8	인천	21,022	4.5	전남	31,054	5.4
9	부산	12,374	2.7	충북	20,001	3.5
10	광주	11,581	2.5	부산	15,064	2.6
11	전북	10,505	2.3	광주	14,951	2.6
12	충북	10,330	2.2	대구	7,213	1.3
13	대구	5,193	1.1	전북	6,309	1.1
14	대전	3,546	0.8	대전	4,454	0.8
15	강원	1,509	0.3	강원	1,783	0.3
16	제주	98	0.0	세종	1,024	0.2
17	-	-	-	제주	155	0.0

자료: 한국무역협회 무역통계 / www.kita.net

2010년과 비교하여 보면 수도권(서울, 경기, 인천) 수출비중이 32.6%에서 2017년에 38.4%로 증가한 반면 울산, 경남, 경북 등의 수출비중이 감소하였다. 수출에서 수도권 집중현상이 나타나고 있는 가운데 우리나라 산업클러스터가 형성되어 있는 울산, 경남, 경북지역의 산업(조선산업, 철강산업, 자동차산업) 성장이 부진한 것을 반영하고 있다.

2. 수입의 변화

광역 지방자치단체별 수입 순위를 보면 2017년에 서울 1위, 경기 2위, 인천 3위, 충남 4위, 울산 5위 순으로 되어 있다. 인구가 많고 수출입산업기반이 잘 갖추어진 수도권에 수입이 많은 것을 반영하고 있다. 반면에 충북, 광주, 전북,

표 7-8	지방자치단체별 수입의 변화				(단위: 백만 달러, %)		
	2010			2017			
순위	지역명	금액	비중	지역명	금액	비중	
	합계	425,212	100	총계	478,478	100	
1	서울	104,063	24.5	서울	147,467	30.8	
2	경기	83,787	19.7	경기	125,665	26.3	
3	울산	62,995	14.8	인천	39,134	8.2	
4	전남	34,912	8.2	충남	30,498	6.4	
5	경남	30,274	7.1	울산	30,269	6.3	
6	인천	29,526	6.9	전남	28,361	5.9	
7	충남	24,893	5.9	경남	17,558	3.7	
8	경북	19,295	4.5	경북	14,554	3.0	
9	부산	12,469	2.9	부산	14,463	3.0	
10	충북	6,120	1.4	충북	6,503	1.4	
11	광주	5,553	1.3	광주	6,388	1.3	
12	전북	4,134	1.0	전북	4,583	1.0	
13	대구	3,076	0.7	대구	4,439	0.9	
14	대전	2,777	0.7	대전	3,488	0.7	
15	강원	1,133	0.3	강원	3,462	0.7	
16	제주	206	0.0	세종	1,234	0.3	
17	-	-	-	제주	411	0.1	

자료: 한국무역협회 무역통계 / www.kita.net

대구, 대전, 강원, 세종, 제주 등은 수출과 마찬가지로 수입규모도 미미한 것으로 나타났다.

2010년과 비교하여 보면 수도권(서울, 경기, 인천)의 수입비중이 51.1%에서 2017년에 65.3%로 크게 증가하였다. 수도권의 경제력 집중을 반영하여 수입 측면에서는 심각한 수도권 집중현상이 나타나고 있다. 다른 지역에서는 충남을 제외하고는 대부분 2010년에 비하여 감소하였다.

▌Keyword

결제형태별 수출입
신용장 방식(Letter of Credit)
송금방식(T/T, M/T, COD, CAD)
추심결제 방식(Collection)
기업내 수출입
구매자 시장(Buyer's Market)
항만수출
공항수출
부산항
인천공항
무역업 제도

무역업 고유번호
무역거래자
종합무역상사
전문무역상사
전자무역(Electronic Trade)
유트레이드허브(uTradeHub)
e-마켓플레이스(e-market place)
한국무역협회 트레이드코리아(KITA Trade
　　Korea)
알리바바닷컴(alibaba.com)
지방자치단체별 수출입

▌Exercise

01 우리나라의 결제형태별 수출입에 대하여 생각해 보자.

02 송금방식 수출입이 증가하는 이유는 무엇인가?

03 한국의 수출입상품구조 변화와 공항·항만별 수출입 비중변화에 대하여 설명하시오.

04 세계컨테이너 항만처리실적에서 부산항의 위치에 대하여 설명하시오.

05 무역거래 주체의 변화에 대하여 토론하시오.

06 소극적 개념의 전자무역과 적극적 개념의 전자무역에 대하여 설명하시오.

07 우리나라의 유트레이드허브(uTradeHub)에 대하여 설명하시오.

08 우리나라 지방자치단체별 수출입현황과 특징을 설명하시오.

01 국제수지 개요

1. 국제수지의 개념

국제수지(Balance of Payments)란 일정기간 동안 한 나라의 거주자와 비거주자 사이에 발생한 상품·서비스, 자본 등의 모든 경제적 거래에 따른 수입(revenue)과 지급(payment)의 차이를 의미하며 이를 체계적으로 분류, 정리한 것이 국제수지표(Balance of Payments Statemnent)이다. 여기서 "일정기간 동안"이라는 말은 국제수지가 저량(stock)개념이 아니라 유량(flow)개념이라는 것을 의미한다.

IMF의 국제수지매뉴얼(BPM6)에 따라 한국은행이 작성하는 국제수지는 크게 경상수지, 금융계정 및 자본수지로 구성되어 있다. 국제수지는 무역 및 외환정책을 비롯한 각종 경제정책 수립이나 경제분석 등에 필요한 기초자료로 폭넓게 이용되고 있다.

"국제수지"라는 용어는 포괄적인 개념이고 추상적인 개념이다. 즉, 일반적으로 "국제수지 적자 및 흑자"라고 표현하지만 이는 다소 혼란스럽고 애매한 표현이다. 왜냐하면 실제로는 경상수지 또는 경상수지 항목인 상품수지(무역수지), 서비스수지가 적자 혹은 흑자를 의미하는 것이기 때문에 구체적으로 표현하여 경상수지, 상품수지, 서비스수지 등으로 언급하는 것이 보다 정확하다.

2. 경상수지

경상수지(Balance on Current Account)는 일반적인 국제거래인 상품거래 및 서비스거래 즉, 경상거래의 결과 벌어들인 돈(revenue)과 지급한 돈(payment)의 차이를 의미한다. 경상수지는 다시 ① 상품 수출입의 결과인 상품수지, ② 운송, 여행, 건설 등 서비스거래의 결과인 서비스수지, ③ 노동과 자본의 이용 대가(즉 임금 및 이자)의 결과인 본원소득수지, ④ 아무런 대가 없이 제공되는 국제개발협력에 따른 무상원조 등의 결과인 이전소득수지로 나누어진다.

(1) 상품수지

국제수지기준 상품수지(goods balance)는 상품 수출입의 차이를 의미한다. 그런데 상품 수출입 차이를 나타내는 또 다른 지표인 통관기준 무역수지(관세청 및 한국무역협회 발표)와는 다른 개념이다. 국제수지기준 상품수지는 수출입 모두 FOB(Free on Board) 기준으로 작성되며 소유권 이전을 기준으로 한다. 또한 2013년에 새롭게 도입된 국제수지 통계기준으로 중계무역 마진을 여기에 포함한다. 한편 통관기준 무역수지는 수출은 FOB, 수입은 CIF(Cost, Insurance and Freight)기준으로 작성된다.

이와 같이 적성기준이 다르기 때문에 금액에서도 차이가 있다. 일반적으로 국제수지기준 수출입 차이가 통관기준 수출입 차이보다 크게 나타난다. 즉, 최근의 추세를 보면 국제수지기준 상품수지 흑자규모가 통관기준으로 작성된 흑자규모보다 크다. 매월 초에 전월의 통관기준 무역수지가 발표되고 매월 중순경에 국제수지 기준 상품수지가 발표된다. 수출입 차이를 나타내는 두 가지 지표에 대한 정확한 이해가 필요하다.

(2) 서비스수지

서비스수지(service balance)는 서비스 수출입의 차이를 의미한다. 서비스수지는 세부적으로 운송(transport), 여행(travel), 건설(construction), 지식재산권사용료(charges for the use of intellectual property rights), 가공서비스(manufacturing service), 기타 서비스(other service) 등으로 구성되어 있다.

운송 수지는 우리나라의 선박, 항공기가 상품을 운송하고 외국으로부터 받은 운임(수입, revenue)과 우리나라가 외국에 지급한 선박과 항공기의 운항경비(지급, payment)의 차이를 의미한다. 여행 수지는 두 가지 항목이 있는데 하나는 외국관광객의 한국에서의 여행경비지출(수입)과 한국인의 해외여행 경비(지급)의 차이이고, 다른 하나는 한국인의 해외 유학연수 경비 지급과 외국인의 국내유학연수 수입의 차이이다. 지식재산권사용료 수지는 지식재산권 사용료(royalty) 수입(revenue)과 지급(payment)의 차이이다. 가공서비스 수지는 2013년에 새롭게 도입된 통계항목으로 가공무역에 따른 임가공비의 수입과 지급의 차이이다.

(3) 본원소득수지

본원소득수지(income account balance)는 투자소득(investment income)과 급료 및 임금(compensation of employees)으로 나누어진다. 투자소득은 우리나라 기업이 외국에 투자한 결과 벌어들이는 돈(해외투자수익)과 외국 기업이 우리나라에 투자한 결과 벌어가는 돈의 차이를 의미한다.

급료 및 임금은 우리나라 근로자가 외국에 나가 일해서 벌어들이는 돈과 외국인 근로자가 우리나라에서 일해서 벌어가는 돈의 차이를 의미한다. 우리나라의 경우 투자소득 부문은 기업의 해외투자 증가의 영향으로 흑자를 나타내고 있는 반면 급료 및 임금 부문은 외국인 노동자의 증가로 지급이 많아 적자를 나타내고 있다.

(4) 이전소득수지

이전소득수지(current transfers account balance)는 대가없이 이루어지는 무상거래를 의미한다. 이전지출(transfer payment)은 정부의 공적개발원조(ODA: Official Development Assistance), 국제기구 출연금 등의 지출이며 이전수입은 해외교포의 국내에 대한 개인 송금, 외국정부의 무상원조 등이다.

우리나라는 2009년에 OECD의 DAC(Development Assistance Committee, 개발원조위원회)에 가입하였다. 이에 따라 국제사회에서 요구하고 우리나라의 경제 규모에 합당한 수준의 대외무상원조를 제공하여야 한다. 따라서 향후 이전지출이 크게 증가하여 이전소득수지가 적자 상태를 지속할 것으로 전망된다.

(5) 경상수지 흑자 및 적자의 의미

국제수지 방어 및 관리는 주요 경제정책 목표 중의 하나이다. 어떤 나라든 경상수지가 적자 상태가 되면 무역정책, 환율정책 등 국제통상정책을 통하여 가능한 한 빠르게 경상수지 적자를 축소하기 위한 노력을 기울인다. 그러면 경상수지 흑자 또는 적자는 어떠한 의미를 가지는 것일까?

경상수지 흑자(黑字, surplus)는 다음과 같은 의미를 가진다. 첫째, "경상수지 흑자"는 재화 및 서비스 수출을 통해 늘어나는 소득과 고용이 수입을 통해 줄어드는 소득과 고용보다 크다는 것을 의미한다. 이는 일국의 국민소득 증대와 고용증가를 가능하게 한다. 둘째, "경상수지 흑자"는 일국의 외환보유고 증가 요인이고 더 나아가 대외채무의 상환을 가능하게 한다. 셋째, "경상수지 흑자"로 인하여 벌어들인 외화는 원화를 대가로 금융기관에 매각하므로 해외부문을 통한 통화공급 요인이 된다. 이는 일국의 물가상승요인이 될 수 있다.

반면에 경상수지 적자(赤子, Deficit)의 의미는 흑자와 반대로 생각하면 된다. 첫째, "경상수지 적자"는 국산재화 및 서비스에 대한 수요에 비해 수입재화 및 서비스에 대한 수요의 상대적 우위를 의미한다. 이는 일국의 국민소득 감소와 고용감소를 의미한다. 둘째, "경상수지 적자"는 외환보유고의 감소 및 외채 증가 요인이 된다. 1997년 한국의 외환위기는 1990년대의 경상수지 적자 누적과 이에 따른 외환보유고 감소 때문에 발생하였다.

❝ 경상수지 흑자의 경제학 ❞ ─────────────────────────── 📖

경상수지 흑자는 상품수지 흑자가 2008년 글로벌금융위기 이후 수출이 빠르게 증가하면서 큰 폭으로 늘어났다. 본원소득수지도 우리 기업의 해외 직접투자 증가의 영향으로 해외로부터 해외투자수익 등이 증가하여 흑자 기조가 지속되고 있다. 반면 서비스수지는 해외여행의 계속적인 증가, 지식재산권 사용료(Royalty) 지급 확대 등으로 여전히 적자상태를 면치 못하고 있다.

이와 같이 경상수지 흑자가 늘어나면 수입을 통해 줄어드는 소득과 일자리보다 수출을 통해 늘어나는 소득과 일자리가 커져 국민소득이 늘어나고 고용이 확대된다. 또한 경상수지 흑자로 적정 수준의 외환보유액을 확보하게 되면 국가 경제에 대한 신뢰도가 높아지므로 세계 금융시장이 불안해지더라도 외국 자본의 급격한 유출 가능성이 낮아지는 이점이 있다.

반대로 경상수지가 적자이면 소득은 줄어들고 실업이 늘어남과 동시에 대외부채가 늘어나 원금 상환과 이자 부담이 커진다. 이는 국가 전체의 신용등급에도 부정적 영향을 미치므로 세계 경제가 불안정해질 경우 경상수지가 취약한 국가일수록 외국 자본의 급격한 유출이 발생해 대외충격을 증폭시키기도 한다.

그러면 경상수지 흑자가 반드시 좋은 것일까? 한국은행의 분석에 따르면 대규모 흑자를 지속할 경우 국내 통화량이 늘어나 통화관리를 어렵게 하고, 교역 상대국의 수입 규제를 유발하는 등 무역 마찰을 초래할 가능성이 높다. 또한 경상수지 흑자에도 불구하고 대외 부문의 성장이 내수 산업으로 파급되지 않을 경우 내수부문과 수출입부문 간의 생산 및 고용 격차를 유발한다.

그러나 우리나라와 같이 경제가 해외에 크게 의존하고 있는 국가의 경우는 대외 충격에 대한 흡수력을 높이고 국민소득과 고용을 늘리기 위해서 적정한 수준의 경상수지 흑자를 유지하는 것이 바람직하다는 것이 우리나라 중앙은행인 한국은행의 입장이다.

앞으로 경상수지는 대규모 흑자에 따른 환율 하락 압력에도 불구하고 세계 경제의 점진적인 회복과 원자재가격 안정으로 상당기간 흑자 기조를 지속할 것으로 전망된다. 또한 주력 수출품이 품질, 브랜드 인지도 등에서 높은 경쟁력을 유지하고 있고 수출용 소재·부품의 수입 비중이 높아서 수출과 수입 간의 연계성이 밀접한 점도 경상수지 흑자를 지속시키는 요인으로 작용할 것이다.

3. 금융계정 및 자본수지

금융계정 및 자본수지(financial and capital account)는 외국과의 경제적 거래 중 자본거래의 기록을 나타낸다. 즉, 금융계정 및 자본수지는 경상거래의 결과인 경상수지와는 달리 자본거래의 결과로 들어온 돈(수입)과 나간 돈(지급)의 차이를 의미한다.

경상수지는 실물 측면(경상거래)에서 보았을 때 들어온 돈과 나간 돈의 차이를 나타내는 지표인 반면, 자본수지는 화폐적 측면(자본거래)에서 보았을 때 들어온 돈과 나간 돈의 차이를 나타내는 지표이다. 자본·금융계정은 자본수지와 금융계정으로 분류된다.

(1) 금융계정

금융계정(financial account)은 세부적으로 직접투자(FDI: Foreign Direct Investment), 증권투자(portfolio investment), 파생금융상품(financial derivatives), 기타투자(other investment), 준비자산(reserve assets) 등으로 구성되어 있다.

직접투자 부문은 외국인의 국내직접투자(FDI Inflow) 금액과 국내기업의 해외직접투자(FDI outlow) 금액의 차이를 의미한다. 간접투자 부문은 외국인의 국내주식 및 채권 투자 금액과 거주자의 외국주식 및 채권 투자 구입 금액의 차이를 의미한다. 파생금융상품 부문은 파생금융상품과 관련된 수입과 지급의 차이를 의미한다. 기타투자 부문은 금융기관의 무역신용 등을 나타낸다.

(2) 자본수지

자본수지(capital account)는 세부적으로 첫째, 이민 이주비 및 재외동포의 재산 반출입(자본이전 부문)에 따른 자본유출과 자본유입, 둘째, 특허권·상표권·저작권 등 무형자산의 취득·처분(비생산비금융재산 부문)에 따른 자본유출과 자본유입 등 두 가지 부문으로 구성되어 있다.

02 한국의 국제수지 변화

1. 한국의 국제수지 패턴 분석

우리나라의 경상수지는 한국경제의 높은 대외의존도를 반영하여 국제경제 환경의 변화에 따라 크게 변화하였다. 1980년대 중반 이전까지는 우리 상품의 수출경쟁력이 열악하여 수입이 수출보다 많아 항상적으로 경상수지가 적자를 나타내었으나, 그 이후 흑자와 적자를 반복하였다. 그러나 최근 들어서는 우리 수출의 경쟁력 강화로 무역수지 및 경상수지 흑자기조가 정착되어 가고 있는 양상을 보이고 있다.

(1) 1985년까지

1960년대에는 경제성장을 위한 개발수입, 수출을 위한 원자재, 중간재 등의 수입으로 무역수지 및 경상수지 적자가 지속되었으며 1970년대에 들어서는 1, 2차 오일쇼크로 인한 원자재 가격의 상승, 세계적 불황에 따른 보호무역주의의 대두 등 국제경제환경의 악화로 무역수지 및 경상수지 적자는 더욱 확대되었다.

1980년대 초반 경상수지 적자 확대 지속으로 말미암아 외환보유고가 감소하고 외채가 증가하여 이른바 "외채위기"를 초래하기까지 하였다. 한편 금융계정 및 자본수지는 외채증가 등 자본유입 증가로 흑자를 나타냈다.

(2) 1986~1989년

그러나 1980년대 중반에 들어서 사태는 반전되었다. 국제경제 환경이 변화하여 우리 수출에 유리하게 작용한 3저현상(원유가하락, 금리하락, 달러약세)이 나타나게 되었다. 미국이 쌍둥이 적자(재정적자와 무역적자)를 해소하기 위하여 1985년 플라자 합의(Plaza Agreement)를 통하여 고달러, 고금리 정책을 포기하여 달러화 약세 현상이 나타났다. 또한 OPEC 제국이 고정 유가제를 폐지하고 시장 점유율 확대 정책을 취하자 국제 원유가는 큰 폭으로 떨어지게 되었다.

3저현상으로 한국 수출상품의 가격경쟁력이 크게 향상되기 시작했고 이에 따라 한국의 무역수지 및 경상수지는 1986~1989년 기간중 사상 처음으로 적자에서 흑자로 반전되었다. 한편 금융계정 및 자본수지는 자본유출 증가로 인하여 적자를 나타냈다.

(3) 1990~1997년

1990년대 이후 한국의 경제규모가 커지게 되고 미국 등 선진국의 수입개방 압력이 거세게 나타나면서 한국은 급격한 수입개방조치를 취하게 된다. 또한 1980년대 말에 나타났던 3저현상이 서서히 퇴조하여 우리 수출의 가격경쟁력이 다시 약화되었다. 여기에다 국제상품시장에서 중국, 아세안 등 후발개도국의 약진으로 말미암아 한국 수출상품의 시장점유율이 하락하였다.

이에 따라 수입이 크게 증가하고 수출이 둔화되어 한국의 무역수지 및 경상수지는 다시 적자로 반전된다. 이러한 경상수지 및 무역수지 적자추세는 1997

년까지 지속되어 급기야 1997년 말에 IMF 외환위기를 맞이하게 된다. 한편 금융계정 및 자본수지는 외채증가 등 자본유입 증가로 흑자를 나타냈다.

(4) 1998년 이후

우리나라는 IMF 외환위기를 맞이하였으나 이를 단기간 내에 효과적으로 극복하였다. 그리고 1998년 이후 원화환율 상승 등으로 국제수지를 다시 흑자로 돌려 놓았다. 1998년 이후 원화환율 상승에 따라 수출제품의 가격경쟁력이 향상되었다. 품목별로는 반도체·무선통신기기 등 IT 제품과 자동차, 선박 등의 수출이 큰 폭으로 증가하였다. 그리고 한국의 주요 수출시장이 미국 시장에서 중국 시장으로 바뀌면서 수출이 더욱 증가하였다.

이에 따라 우리나라의 경상수지 및 무역수지는 지속적으로 흑자기조를 유지하고 있다. 그러나 최근의 추세는 수출증가보다는 수입둔화로 인한 불황형 흑자 추세를 보이고 있다. 금융계정 및 자본수지는 직접투자 및 증권투자 부문의 적자로 말미암아 적자기조를 나타내고 있다.

표 8-1 한국의 국제수지 변화 요약

시 기	국제수지 변화	요 인
1985년까지	• 무역수지 및 경상수지 적자 • 금융계정·자본수지 흑자	• 수출산업 육성기로 자본재 수입 확대 • 외채 증가 등 자본유입 증가
1986-1989년	• 무역수지 및 경상수지 흑자 • 금융계정·자본수지 적자	• 3저 현상으로 수출경쟁력 강화 • 자본유출 증가
1990-1997년	• 무역수지 및 경상수지 적자 • 금융계정·자본수지 흑자	• 시장개방 확대 및 수출경쟁력 약화 • 외채 증가 등 자본유입 증가
1998년 이후	• 무역수지 및 경상수지 흑자 • 금융계정·자본수지 적자	• 원화 환율 상승 및 IT 제품 수출호조 • 직접투자 부문 적자

2. 최근 한국의 국제수지 분석

(1) 경상수지

표 8-2 한국의 국제수지 요약표 (단위: 백만 달러)

	2016	2017
경상수지	992.4	784.6
상품수지	1,189.0	1,198.9
서비스수지	-177.4	-344.7
가공서비스	-57.6	-67.6
운　　송	-15.5	-53.0
여　　행	-99.1	-171.7
건　　설	95.6	77.1
지식재산권사용료	-28.1	-21.2
기타사업서비스	-80.3	-120.7
본원소득수지	38.5	1.2
급료 및 임금	-5.7	-8.6
투자소득	44.2	9.8
이전소득수지	-57.7	-70.8
금융계정	1,025.7	871.0
직접투자	178.6	146.2
증권투자	669.7	578.5
파생금융상품	-34.4	-82.5
기타투자	135.6	185.2
준비자산	76.2	43.6
자본수지	-0.5	-0.3

자료: 한국은행, 국제수지동향, 2018 / www.bok.or.kr

　　한국은행 발표 2017년 한국의 경상수지는 785억 달러의 흑자를 기록하였다. 명목 GDP(2017년 1.54조 달러) 대비 5.1%에 달하는 규모로서 흑자규모가 크다고 할 수 있다. 미국 등 경상수지 적자국으로부터 경상수지 흑자를 줄이기 위한 내수확대 정책을 확대하라는 압력을 받고 있다.

　　상품수지(무역수지)는 반도체, 선박, 자동차, 석유제품 등의 수출 증가와 경기침체에 따른 수입 감소로 말미암아 사상 최대인 1,199억 달러의 흑자를 기록하였다. 수출과 수입 모두 2자리수의 높은 증가율을 나타낸 가운데 상품수지 흑자규모가 더욱 확대되었다.

서비스수지는 2017년 345억 달러의 적자를 기록하였다. 세부 항목별로 살펴보면 건설부문을 제외하고 가공서비스, 운송, 여행, 지식재산권사용료, 기타사업서비스 등 대부분에서 적자를 나타내었다. 여행수지의 경우 국민 해외관광객수가 방한 외래관광객수를 약 1,300만명 상회함에 따라 큰 폭의 여행수지 적자기조가 지속되었다.

본원소득수지는 2017년 1백만 달러의 달러의 흑자를 기록하였다. 급료 및

표 8-3 한국의 출입국자수 추이 (단위: 명)

구 분		2016	2017	2017 비중
전체 국민 해외관광객 수		22,383,190	26,496,447	-
전체 방한 외래관광객 수		17,241,823	13,335,758	100
아시아주	중 국	8,067,722	4,169,353	31.3%
	일 본	2,297,893	2,311,447	17.3%
	대 만	833,465	925,616	6.9%
	홍 콩	650,676	658,031	4.9%
	필리핀	556,745	448,702	3.4%
	인도네시아	295,461	230,837	1.7%
	태 국	470,107	498,511	3.7%
	베트남	251,402	324,740	2.4%
	말레이시아	311,254	307,641	2.3%
	아시아주 소계	14,657,893	10,774,143	80.8%
미 주	미 국	866,186	868,881	6.5%
	캐나다	175,745	176,256	1.3%
	미주 소계	1,116,157	1,117,107	8.4%
유 럽	러시아	233,973	270,427	2.0%
	영 국	135,139	126,024	0.9%
	독 일	110,302	109,860	0.8%
	유럽 소계	942,673	936,057	7.0%
대양주 소계		190,547	189,557	1.4%
아프리카 소계		57,326	49,316	0.4%
교포		276,538	268,854	2.0%

자료: 한국관광공사 한국관광통계 / www.visitkorea.or.kr

임금 부문에서 적자가 지속되었으나 해외투자기업의 해외투자수익 증가에 따른 투자소득의 흑자가 지속적으로 이루어져 전체적으로 본원소득수지가 흑자기조를 유지하였다. 이전소득수지는 우리나라의 OECD DAC(개발원조위원회) 가입에 따른 개도국 공적개발원조(ODA) 확대 등으로 적자기조가 지속되었다.

(2) 금융계정 및 자본수지

2017년 금융계정은 871억 달러의 흑자를 기록하였다. 외국으로부터의 자본유입이 우리나라에서의 자본유출을 크게 상회했다는 의미이다. 직접투자(Foreign Direct Investment) 부문은 외국인집적투자(FDI inflow)의 증가로 흑자를 기록하였다. 증권투자 부문도 외국인의 우리나라 주식 및 채권 투자 증가로 흑자를 기록하였다. 한편 2017년 자본수지는 30만 달러의 적자를 기록하였다.

03 경상수지와 경제지표 관계

1. GDP와 경상수지의 관계

(1) 국민소득계정 항등식
국민소득계정 항등식은 다음과 같다.

$$GDP = C + I + G + (X - M)$$

여기서 *GDP*(Gross Domestic Product)는 국내총생산, *C*(Consumption)는 소비지출, *I*(Investment)는 투자지출, *G*(Government Expenditure)는 정부지출, *X*(Export)는 수출, *M*(Import)은 수입을 나타낸다. 상기 국민소득 항등식에서 $(X-M)$은 순수출(X_n, Net Export)을 의미하며 이는 경상수지와 같다.

한편 소비지출, 투자지출, 정부지출을 모두 합한 것을 국민경제의 총사용액(absorption)이라 한다. 즉, A(absorption) = $C + I + G$이다. 이는 일정기간 동안 국민이 사용한 재화 및 용역의 총량을 의미한다.

(2) GDP와 경상수지의 관계

상기 국민소득 항등식을 순수출(경상수지)에 대하여 다시 정리하면

$$X_n = (X - M) = GDP - (C + I + G) = GDP - A \text{이다.}$$

이 식은 순수출(= 경상수지) = 국내총생산 − 총사용액을 의미하며 이를 풀어서 설명하면 경상수지는 생산한 상품의 총가치에서 사용한 상품의 총가치를 뺀 것이다. 이때 $A > GDP$이면 경상수지는 적자로 나타나고 $A < GDP$이면 경상수지는 흑자로 나타난다. 즉, 생산한 것보다 지출한 것이 크면 당연히 적자이고 반대의 경우는 당연히 흑자인 것이다.

미국과 일본의 예를 들어보자. 미국은 국내에서 생산한 총가치(GDP)보다 언제나 소비, 투자를 많이 하여 총사용액(A)이 많기 때문에 지속적인 경상수지 적자기조를 나타내고 있다. 반면에 일본의 경우를 보면 소비, 투자 등 총사용액 (A)이 국내에서 생산한 총가치(GDP)보다 적기 때문에 지속적인 경상수지 흑자기조를 나타내고 있다. 즉, 미국은 일정기간 동안 번 돈보다 더 쓰는 반면 일본은 번 돈보다 덜 쓰는 것이다.

2. 저축 및 투자와 경상수지

(1) 국민소득계정 항등식

순수출(X_n)에 대하여 국민소득계정 항등식을 다시 쓰면 다음과 같다.

$$X_n = (X - M) = GDP - (C + I + G)$$

여기에서 GDP를 Y라 하고 우변에 조세수입 T(Tax)를 한번 더하고 빼면 다음과 같다.

$$X_n = (Y - T - C) + (T - G) - I$$

상기 식에서 $(Y - T - C)$는 가처분소득($Y - T$)에서 소비지출을 뺀 것으로 민간저축(private saving) S_p에 해당한다. 그리고 $(T - G)$는 조세수입(T)에서 정부

지출(G)을 뺀 나머지를 뜻하므로 정부저축(goverment saving) S_g를 의미한다. 그리고 국민경제 전체의 저축(S)은 민간저축(S_p)과 정부저축(S_g)의 합이다.

(2) 저축 및 투자와 경상수지

앞에서 설명한 것을 반영하여 위의 식을 다시 쓰면 다음과 같다.

$$X_n = S_p + S_g - I = S - I$$

이 식의 의미는 경상수지는 국민경제의 저축(S)과 투자(I)의 차이로 표현됨을 나타내고 있다. 즉, 저축(S) > 투자(I)인 경우 그 나라의 경상수지는 흑자로 나타나고 저축(S) < 투자(I)인 경우 그 나라의 경상수지는 적자로 나타남을 의미한다.

역시 미국과 일본의 예를 들어 설명하면 미국의 경우 전통적으로 과대 소비 풍조로 인해 민간 저축이 감소하여 경상수지 적자가 발생한다. 일본의 경우는 반대로 버블붕괴로 인한 자산가격 하락으로 일본의 소비는 장기 침체에 빠져 있고 이것이 일본 경상수지 흑자의 원인으로 작용하고 있다. 한편 국내저축에 아무런 변화가 없어도 투자지출이 증가하면 경상수지 적자가 발생한다.

04 국제수지 조정 메커니즘

제1절에서 설명한 바와 같이 어떤 나라든 경상수지가 적자 상태가 되면 여러 가지 정책을 통하여 가능한 한 빠르게 경상수지 적자를 축소하기 위한 노력을 기울인다. 국제수지 조정 메커니즘이란 경상수지 적자 혹은 흑자를 조정하기 위한 정책을 의미하는데 가격 접근방법, 소득 지출 접근방법, 화폐적 접근방법, 이자율 접근방법 등 네 가지가 있다.

여기서 국제수지가 악화된다는 의미는 경상수지 및 무역수지의 흑자가 감소하거나 적자가 확대된다는 것을 의미하며, 국제수지가 개선된다는 의미는 반대로 경상수지 및 무역수지의 흑자가 증가하거나 적자가 축소된다는 것을 의미한다.

1. 가격 접근방법

(1) 개요

국제수지 결정요인은 재화의 가격이라고 보는 시각이다. 즉, 환율변화는 재화가격의 변화를 가져오며 이것이 국제수지에 영향을 준다는 논리이다. 환율변화에 따른 수출입금액에 대한 영향 정도는 해당 품목의 수요탄력성에 의해 좌우된다. 이에 따라 가격접근방법을 탄력성 접근방법(elasiticity approach)이라고도 한다.

원화환율의 변화를 통하여 이를 설명하여 보자. 원화의 대미달러환율이 달러당 1,100원에서 1,000원으로 변화하면 이것을 "환율하락"이라 부르고 이는 원화가치의 평가절상을 의미한다. 이 경우 우리나라 무역수지에 어떠한 영향을 미치는 것일까?

우선 수입측면에서는 환율이 하락하였으므로(수입에 대하여 달러당 1,100원 지급하던 것을 달러당 1,000원 지급하게 되었으므로) 수입가격이 하락하여 수입수요가 증가한다고 볼 수 있다. 수출측면에서는 반대로 환율이 하락하였으므로(수출에 대하여 달러당 1,100원 지급받던 것을 달러당 1,000원 지급받게 되었으므로) 기업의 채산성이 악화되어 수출이 불리하게 된다고 볼 수 있다.

(2) 가격 접근방법의 예

환율변화를 통한 국제수지 조정정책의 예에는 다음 두 가지가 있다. 첫째, 1985년 플라자 합의(Plaza Agreement)를 통한 국제수지조정 노력이다. 이 합의를 통하여 미국, 영국, 독일, 프랑스, 일본 등 5개국은 미달러화 약세 및 일본엔화 강세를 유도하였고 미국무역적자 및 일본무역흑자 해소를 목표로 하였다. 그러나 결과는 목표하는 바대로 이루어지지 않았다. 둘째, 1997년 말 외환위기 이후 한국의 국제수지 조정이다. 한국은 1997년 말 외환위기를 겪으면서 원화환율이 급격하게 상승하였고 이러한 환율 상승추세에 따라 한국의 무역수지는 그동안의 적자기조에서 흑자기조로 반전되었다.

2. 소득 지출 접근방법

(1) 개요

국제수지는 국민경제의 소득과 지출 측면에서 조정해야 한다는 논리이다. 흡수접근방법(absorption approach)이라고도 한다. 앞 절에서 논의한 바와 같이 국민소득 항등식에서 X_n(경상수지) $= GDP - A$(absorption)이다. 즉, 경상수지는 국내총생산(소득) $-$ 총사용액(지출)을 의미한다.

따라서 소득과 지출을 조정하는 정책으로 국제수지를 조정할 수 있다는 논리이다. 생산(소득) 확대정책으로 소득이 증가하게 되면 경상수지 흑자가 나타나고, 반면에 지출 확대정책으로 지출이 증가하게 되면 경상수지 적자가 나타난다. 우리가 각자 가계의 예를 들더라도 당연한 논리이다.

(2) 소득지출 접근방법의 예

소득 지출접근방법을 통한 국제수지 조정정책의 예를 보자. 첫째, 1989년 미일구조협의(Japan-US structural impediment initiative talks)를 통한 미일간 국제수지불균형 해소노력이다. 이 협의를 통하여 미국은 일본에 대하여 내수확대, 공공투자정책 등 지출확대정책을 요구하였다. 미국의 대일본 무역적자를 축소하기 위한 국제수지조정 정책이다. 둘째, 1980년대 레이건행정부의 공급중시경제학(supply side economics)이다. 미국은 공급중시(생산확대)를 통한 무역적자 해소를 위해 조세감면 등의 수출증대정책을 시행하였다. 셋째, 1997년 한국의 외환위기 당시 지출축소정책이다. 이때 한국의 경상수지 개선은 환율상승에 따른 수출증대요인보다 소비 및 투자 감소에 따른 지출감소 요인이 더 크다.

3. 화폐적 접근방법

(1) 개요

화폐적 접근방법(monetary approach)은 화폐공급이 국제수지에 일정한 영향을 미친다는 논리를 근거로 하고 있다. 화폐공급(money supply)을 조정하면 수입재화에 대한 구매력과 이자율에 영향을 미치게 되고 이를 통하여 국제수지를 조정하는 접근방법이다.

화폐공급 조정은 두 가지 경로로 국제수지에 동일한 효과를 발생시킨다. 첫 번째 경로의 경우는 화폐 공급량 증가 → 재화 구매력 증가 → 수입증가 경로를 거쳐 국제수지가 악화된다. 또한 반대의 경우 화폐 공급량 감소 → 재화 구매력 감소 → 수입감소 경로를 거쳐 국제수지가 개선된다. 두 번째 경로의 경우는 화폐 공급량 증가 → 이자율 하락 → 저축감소, 지출증가 경로를 거쳐 국제수지가 악화된다. 또한 반대의 경우 화폐 공급량 감소 → 이자율 상승 → 저축증가, 지출 감소 경로를 거쳐 국제수지가 개선된다.

(2) 화폐적 접근방법의 예

화폐적 접근방법을 통한 국제수지 조정 정책의 예로서 1997년 한국의 외환 위기 당시 IMF 구제금융(relief loan)조건의 경우를 들 수 있다. IMF가 한국에 대한 구제금융 조건으로 요구한 것이 통화긴축 정책이었다. 즉, 당시 통화긴축을 통해 화폐 공급량을 감소시켜 한국의 국제수지 개선을 유도하였다.

4. 이자율 접근방법

(1) 개요

이자율 접근방법은 이자율 조정을 통하여 국제수지 조정을 모색하는 방법 이다. 제1절에서 살펴본 바와 같이 국제수지는 경상수지와 금융계정·자본수지 로 분류되는데 이자율 접근방법은 후자인 금융계정·자본수지를 조정하는 방법 이다.

일반적으로 국내외를 막론하고 투자자는 현금, 예금, 증권, 부동산 등 여러 가지 자산 중에서 수익률(이자율)에 따라 자산을 선택한다. 이러한 자산의 선택 을 포트폴리오(portfolio)라 하는데 정부의 이자율 정책이 포트폴리오에 결정적인 영향을 미친다. 이러한 의미에서 이자율 접근방법을 포트폴리오 밸런스 접근방법 (portfolio balance approach)이라고도 한다.

특히 이자율 정책은 외환의 유입(inflow)과 유출(outflow)에 결정적인 영향 을 미친다. 금리를 인상하면 외환유입 요인으로 작용하여 금융계정·자본수지가 개선되고, 반대로 금리를 인하하면 외환유출 요인으로 작용하여 금융계정·자본수지가 악화된다.

(2) 이자율 접근방법의 예

국제금융시장에서 캐리 트레이드(carry trade)는 저금리통화(funding currency) 자산을 차입하여 고금리통화(target currency) 자산에 투자하는 것을 의미한다. 일본의 소위 와타나베 부인(Mrs. Watanabe)의 엔 캐리 트레이드(yen carry trade)가 대표적이다. 금리 변동에 따른 캐리 트레이드 자금의 유출입은 해당국 국제수지에 중요한 영향을 미친다.

─ 05   글로벌 경상수지 불균형과 한국무역

1. 글로벌 경상수지 불균형 현황

(1) 개요

국가간에 경상수지 규모가 적정하게 유지되는 것이 바람직하지만 그러하지 못한 것이 일반적인 현상이다. 글로벌 경상수지 불균형(Global Current Account Imbalance)이란 일부 국가의 경상수지 흑자 및 적자규모가 다른 국가에 비해 지나치게 커서 세계 경제에 마이너스 영향을 미치는 현상을 말한다.

〈표 8−4〉는 IMF의 세계경제전망 데이터베이스(World Economic Outlook Database) 통계를 근거로 작성한 표이다. 미국·영국·인도·프랑스·멕시코 등은 대규모 경상수지 적자를 나타내고 있는 반면 중국·독일·일본·한국 등은 대규모 경상수지 흑자를 나타내고 있다. 이러한 현상은 경상수지 적자 국가에 대한 경상수지 흑자 국가의 일방적인 상품 및 서비스 수출을 의미하기 때문에 세계경제에 바람직하지 않다는 것이다.

표 8-4	주요국의 경상수지 및 GDP 비중 현황(2017년)		(단위: 10억 달러, %)
국 별	명목 GDP(A)	경상수지(B)	비중(B/A)
미 국	19,485	-449.1	-2.3%
중 국	12,015	164.9	1.4%
일 본	4,873	196.1	4.0%
한 국	1,540	78.5	5.1%
독 일	3,701	291.0	7.9%
영 국	2,628	-99.2	-3.8%
프랑스	2,588	-14.8	-0.6%
인 도	2,602	-48.7	-1.9%
브라질	2,055	-9.8	-0.5%
러시아	1,578	35.4	2.2%
스페인	1,314	24.7	1.9%
멕시코	1,151	-19.4	-1.7%

자료: IMF, World Economic Outlook Database, October 2018 / www.imf.org

(2) 글로벌 경상수지 불균형 관련 국제적 논의

이러한 글로벌 경상수지 불균형을 시정을 위해 지금까지 여러 차례 국제적인 협의가 이루어졌다. 첫째는 1985년 플라자 합의(Plaza Agreement)를 통한 경상수지 불균형 조정 노력이다. 앞 절에서도 설명한 바와 같이 이 합의에서 이루어진 환율조정을 통하여 미국 경상수지적자 및 일본 경상수지흑자 해소를 목표로 하였으나 소기의 성과를 이루지는 못하였다.

둘째는 2010년 서울 G20 정상회의(G-20 Seoul Summit)에서의 경상수지 불균형 시정노력이다. 이 회의에서 균형 잡힌 경상수지를 유지하도록 하는 "예시적 가이드라인(indicative guideline)" 수립을 위해 노력하였다. 그러나 독일과 중국 등 경상수지 흑자국들의 강력한 반발에 부딪혀 당초 목표로 하였던 경상수지 흑자·적자 목표치를 국내총생산(GDP)의 4% 이내로 제한하는 가이드라인을 수립하는 데 합의하지는 못했다.

2. 한국무역에 대한 영향

〈표 8-4〉의 주요국 경상수지 및 GDP 비중 현황(2017년)을 보면, 미국 4,491억 달러(GDP 비중 2.3%) 적자, 중국 1,649억 달러(GDP 비중 1.4%) 흑자, 일본 1,961억 달러(GDP 비중 4.0%) 흑자, 독일 2,910억 달러(GDP 비중 7.9%) 흑자, 영국 992억 달러(GDP 비중 3.8%) 적자를 각각 기록하였다. 한국의 경상수지 흑자규모는 2017년 785억 달러이며 GDP에서 차지하는 비중은 5.1%로 높은 수준이다.

우리나라 주요 무역상대국인 미국, 중국, 일본, 독일, 영국 간 경상수지 불균형이 뚜렷하게 나타나고 있음을 알 수 있다. 중국과 미국은 우리나라의 제1, 제2수출시장이기 때문에 이들 양국의 경상수지 불균형의 향방이 대단히 중요하다. 경상수지 불균형에 따라 미 달러화 환율 및 중국위안화 환율이 변화하게 되고 이는 우리나라 무역에 결정적인 영향을 미친다. 또한 경상수지 불균형 시정을 위한 이들 양국의 내수확대정책 또는 긴축정책도 역시 우리나라 수출에 중요한 영향을 미친다.

▌Keyword

국제수지(Balance of Payments)
경상수지(Balance on Current Account)
상품수지(trade balance)
서비스수지(service balance)
지식재산권사용료(royalty)
본원소득수지(income account balance)
이전소득수지(current transfers account balance)
OECD DAC(개발원조위원회)
금융계정·자본수지(financial and capital account)

플라자 합의(Plaza Agreement)
국민경제의 총사용액(absorption)
국제수지 조정 메커니즘
가격 접근방법
소득 지출 접근방법(absorption approach)
화폐적 접근방법(monetary approach)
이자율 접근방법(portfolio balance approach)
글로벌 경상수지 불균형(Global Current Account Imbalance)
서울 G20 정상회의(G-20 Seoul Summit)

▌Exercise

01 경상수지 구성항목에 대하여 설명하시오.

02 경상수지 흑자 및 적자의 의미에 대하여 생각하여 보자.

03 우리나라의 무역수지 및 경상수지 변화에 대하여 설명하시오.

04 GDP와 경상수지의 관계를 설명하시오.

05 저축 및 투자와 경상수지 관계를 설명하시오.

06 국제수지 조정 메커니즘에 대하여 예를 들어 설명하시오.

07 글로벌 경상수지 불균형 현황에 대하여 토론하시오.

08 미국의 경상수지 적자 및 중국의 경상수지 흑자가 우리나라 무역에 미치는 영향에 대하여 토론하시오.

01 북한무역동향 총괄

1. 개요

북한은 대외무역 공식 통계를 발표하지 않는다. 대한무역투자진흥공사(KOTRA)는 해외 무역관의 각 주재국·관할국 공식 통계기관으로부터 입수한 국가별 對북한 무역통계자료를 활용하여 북한의 연간 무역통계를 추산한다. 이 조사통계는 간접적 추계에 그치는 한계성을 가지나 북한이 공식무역통계를 발표하지 않는 상황에서 북한의 전반적인 무역흐름을 파악할 수 있는 유일한 자료이다.

대한무역투자진흥공사의 북한무역통계에 따르면 2017년 북한의 대외무역(남북교역 제외) 규모는 2014년 사상최대인 76.1억 달러를 기록한 이후 지속적으로 감소추세를 보이고 있다. 2017년 수출입합계 55.5억 달러, 수출 17.7억 달러, 수입 37.8억 달러를 기록하여 각각 2016년에 비하여 큰 폭으로 감소하였다. 무역수지는 20억 달러 적자를 기록하여 수출보다 수입 규모가 훨씬 큰 취약한 무역구조 현상이 지속되었다.

표 9-1	북한의 수출입추이						(단위: 백만 달러, %)
연도	수출		수입		수출입계		무역수지
	금액	증가율	금액	증가율	금액	증가율	백만 달러
2010	1,513	42.4	2,660	13.2	4,174	22.2	-1,147
2011	2,789	84.3	3,568	34.1	6,357	52.3	-778
2012	2,880	3.3	3,931	10.2	6,811	7.1	-1,051
2013	3,218	11.7	4,126	5.0	7,345	7.8	-908
2014	3,165	-1.6	4,446	7.8	7,611	3.6	-1,282
2015	2,697	-14.8	3,555	-20.0	6,252	-17.9	-859
2016	2,821	4.6	3,711	6.1	6,532	4.5	-890
2017	1,772	-37.2	3,778	1.8	5,550	-15.0	-2,006

자료: KOTRA, 2017 북한의 대외무역동향 / www.kotra.or.kr

2. 국별동향

북한의 무역을 국별로 보면 중국에 대한 무역의존도가 아주 높다. 2017년 최대 무역파트너인 중국과의 교역규모(수출입 합계)는 52.6억 달러를 기록하여 북한전체 무역규모의 94.8%를 차지하고 있다. 북한의 중국에 대한 수출비중은 전체의 93.2%, 중국으로부터의 수입비중은 전체의 95.5%이다. 북한 전체무역 열에 아홉은 중국과의 무역에서 발생하는 것이다.

따라서 중국외 다른 국가와의 무역은 아주 미미한 수준이다. 러시아, 인도, 필리핀, 스리랑카, 파키스탄, 홍콩 등이 북한의 2～7위 교역국의 위치를 차지했다. 한편, 중국 등 대부분의 국가에 대하여 북한이 무역적자를 나타내고 있다.

표 9-2	2017년 북한의 10대 무역상대국					(단위: 백만 달러, %)
구 분		북한의 수출		북한의 수입		수출입합계
		금액	비중	금액	비중	금액	비중
순위	총 계	1,772	100	3,778	총 계	5,550	100%
1	중 국	1,651	93.2%	3,608	95.5%	5,259	94.8%
2	러시아	4	0.2%	74	2.0%	78	1.4%
3	인 도	13	0.7%	42	1.1%	55	1.0%

구 분		북한의 수출		북한의 수입		수출입합계	
		금액	비중	금액	비중	금액	비중
4	필리핀	6	0.3%	14	0.4%	20	0.4%
5	스리랑카	10	0.6%	2	0.1%	12	0.2%
6	파키스탄	11	0.6%	0	0.0%	11	0.2%
7	홍 콩	6	0.3%	3	0.1%	9	0.2%
8	멕시코	6	0.3%	1	0.0%	7	0.1%
9	에티오피아	5	0.3%	1	0.0%	6	0.1%
10	모잠비크	6	0.3%	0	0.0%	6	0.1%

자료: KOTRA, 2017 북한의 대외무역동향 / www.kotra.or.kr

02 북중무역동향 및 특징

1. 개요

2017년 북한과 중국의 교역규모(수출입합계)는 전년대비 13.2% 감소한 52.6 달러를 기록하였다. 북한의 대중국 수출은 16.5억 달러, 대중국 수입은 36.1억 달러로 수출은 전년대비 대폭 감소하였으나 수입은 소폭 증가하였다.

중국과의 교역비중이 지속적으로 높아지면서 북한의 중국에 대한 무역의존도가 계속해서 확대되고 있다. 북한의 대중국 무역의존도는 2005년 52.6%, 2010년 83.0%, 2017년 94.8%를 기록하였다. 북한의 중국에 대한 무역의존도가 확대되고 있는 원인은 첫째, 계속되는 국제사회의 대북한 제재조치로 말미암아 대부분의 수출입물품을 최대 우방국인 중국과 거래한다는 점, 둘째, 중국이 지리적으로 북한에 인접해 있다는 점, 셋째, 중국제품의 가격경쟁력이 우위에 있다는 점 등을 들 수 있다.

한편 북한의 대중 무역수지 적자는 2017년 19.6억 달러의 적자를 기록하였다. 북한의 대중무역구조는 중국으로부터의 수입이 중국에 대한 수출보다 훨씬 크게 나타나 만성적인 무역수지 적자구조를 벗어나지 못하고 있다.

표 9-3	북한과 중국간 무역						(단위: 백만 달러, %)
연도	북한의 對中수출		북한의 對中수입		무역총액		무역수지
	금액	증가율	금액	증가율	금액	증가율	금액
2005	499	-14.8	1,081	35.2	1,580	14.1	-582
2010	1,188	49.8	2,278	20.7	3,466	29.3	-1,090
2013	2,914	17.3	3,633	3.0	6,547	8.9	-719
2017	1,651	-37.3	3,608	5.4	5,259	-13.2	-1,957

자료: KOTRA, 2017 북한의 대외무역동향 / www.kotra.or.kr

2. 품목별 동향

북한의 중국에 대한 주요 수출품목은 HS 2단위 기준으로 의류(편물제외), 광물성연료, 광/슬랙/회, 어패류, 과실 및 견과류 순으로 나타났다. 이들 상위 5대 품목이 전체 대중수출의 80% 정도를 차지하고 있다. 특히 의류, 광물성 연료 등의 대중 수출이 높은 것을 반영한다.

북한의 중국으로부터의 주요 수입품목은 HS 2단위 기준으로 광물성연료, 전기전자, 기계류, 플라스틱제품, 인조섬유 순으로 나타났다. 특히 원유포함 광물성연료와 가격경쟁력 우위에 있는 중국의 전기전자, 기계류 등의 대중 수입이 높다.

표 9-4	2017년 북한의 주요 對中 교역품목						(단위: 백만 달러, %)
북한의 주요 對中 수출품목				북한의 주요 對中 수입품목			
HS 2단위	품 목	금 액	비 중	HS 2단위	품 목	금 액	비 중
	대중수출 전체	1,651	100		대중수입 전체	3,608	100
62	의류(편물제외)	497	30.1	27	광물성연료	350	9.7
27	광물성연료	413	25.0	85	전기전자	338	9.4
26	광/슬랙/회	187	11.4	84	기계류	268	7.4
03	어패류	163	10.0	39	플라스틱제품	231	6.4
08	과실 및 견과류	79	4.8	54	인조섬유	219	6.1

자료: KOTRA, 2017 북한의 대외무역동향 / www.kotra.or.kr

3. 특징

이상에서 살펴본 북한과 중국간 무역의 특징을 요약하면 다음과 같다. 첫째, 중국은 북한의 최대 교역 파트너이며 북한의 중국에 대한 교역의존도는 점차적으로 확대되는 추세이다. 둘째, 북한의 대중무역구조는 중국으로부터의 수입이 중국에 대한 수출보다 훨씬 크게 나타나 만성적인 적자구조를 나타내고 있다. 셋째, 품목별로는 대중수출에서 북한의 천연자원 수출비중이 높으며, 대중수입에서는 중국산 원유수입이 높은 것으로 나타났다. 넷째, 북한의 대중무역은 동북 3성에 집중되고 있는데 이 중에서도 랴오닝성(遼寧省)과의 무역이 북한 대중무역 전체의 50% 수준을 차지하는 것으로 파악되고 있다.

─ 03 남북교역동향 및 특징

1. 개요

한국무역협회(KITA) 남북교역통계(www.kita.net)는 2016년 이후 남북교역이 중단됨에 따라 남북교역통계도 2015년 통계까지만 업데이트되어 있다. 이하에서는 2015년까지 통계를 근거로 하여 남북교역동향을 분석하고자 한다.

2015년 남북한 교역 통계를 보면 북한으로의 반출은 12.6억 달러, 북한으로부터의 반입은 14.5억 달러, 반출입합계는 27.1억 달러를 기록하였다. 그리고 남북한 반출−반입의 차이는 1.9억 달러로 남한측의 적자로 나타났다.

남한에서 북한으로의 반출에서 북한으로부터의 반입을 차감한 남북한 교역수지는 2000년 이후 2007년까지 계속하여 남한측이 교역수지 흑자를 기록하였으나 2008년 이후에는 북한으로부터의 반입 증가로 인하여 계속하여 남한측이 교역수지 적자를 기록하였다.

표 9-5	남북교역 추이				(단위: 백만 달러, %)
연도	반출		반입		반출-반입
	금액	증가율	금액	증가율	금액
2010	868	16.6	1,044	11.7	-176
2011	791	-9.0	900	-13.8	-109
2012	896	13.4	1,074	19.3	-178
2013	520	-41.9	615	-42.7	-95
2014	1,137	118.4	1,206	96.1	-69
2015	1,259	10.8	1,452	20.4	-193

자료: 한국무역협회, 남북교역통계 / www.kita.net

2. 품목별 동향

2015년 북한으로의 반출품목은 섬유류(비중 31.1%), 전자전기제품(비중 38.4%) 등 두 공산품의 반출 비중이 높은 것으로 나타났다. 개성공단을 통한 위탁가공 무역에 필요한 원자재 반출이 높은 것을 반영한다. 농림수산물, 광산물 등 1차 산품과 철강금속, 기계류, 잡제품 등 반출비중은 비교적 낮은 것으로 나타났다.

2015년 북한으로부터의 반입품목은 역시 섬유류(비중 36.1%), 전자전기제품 (비중 40.5%) 등 두 공산품의 반입비중이 압도적으로 높은 것으로 나타났다. 역시 남북한 간에 개성공단 위탁가공교역 활성화에 따라 반출한 원자재로 생산된 완제품의 반입비중이 높은 것을 반영하고 있다.

표 9-6	2015년 주요품목별 남북교역			(단위: 백만 달러, %)
품목별	반출		반입	
	금액	비중	금액	비중
	1,259	100	1,452	100
농림수산물	24	1.9%	8	0.6%
광산물	37	2.9%	0	0.0%
화학공업제품	79	6.3%	45	3.1%
플라스틱고무 및 가죽제품	32	2.5%	33	2.3%
섬유류	391	31.1%	524	36.1%
생활용품	112	8.9%	151	10.4%

품목별	반출		반입	
	금액	비중	금액	비중
	1,259	100	1,452	100
철강금속제품	26	2.1%	15	1.0%
기계류	75	6.0%	88	6.1%
전자전기제품	483	38.4%	588	40.5%
잡제품	0	0.0%	1	0.1%

자료: 한국무역협회, 남북교역통계 / www.kita.net

3. 유형별 동향

남북교역 유형은 크게 일반교역, 경제협력 관련 교역, 비상업적 거래 등으로 구분된다. 일반교역은 일반무역에 따른 물품 수출입이며 경제협력 관련 교역은 개성공단, 금강산관광 등 경제협력에 따른 물품 반출입이다. 그리고 비상업적 거래는 정부·민간지원, 사회문화협력 등에 의한 물품 반출입이다.

반출의 경우 일반교역은 2010년까지, 비상업적 거래는 2008년까지 활발한 물품거래가 이루어졌으나 2010년 5.24 조치 영향 등으로 최근 들어서는 경제협력(개성공단)에 따른 물품거래만이 이루어지고 있는 상황이다. 반입의 경우도 유사한 추세를 보여 2010년까지 활발했던 일반교역은 거의 자취를 감추고 경제협력(개성공단)에 따른 물품거래만이 이루어지고 있다.

표 9-7 유형별 남북교역 추이 (단위: 백만 달러)

	남북교역 유형	2010	2011	2012	2013	2014	2015
반 출	일반교역	101	-	-	-	0	-
	경제협력	744	789	888	518	1,132	1,252
	비상업적 거래	23	11	9	3	4	10
	반출 합계	868	800	897	521	1,136	1,262
반 입	일반교역	334	4	1	1	0	0
	경제협력	710	909	1,073	615	1,206	1,452
	비상업적 거래	0	1	-	-	0	0
	반입 합계	1,044	914	1,074	615	1,206	1,452

자료: 통일부, 남북교류협력 자료 / www.unikorea.go.kr

4. 특징

이상에 살펴본 남북교역의 특징을 요약하면 다음과 같다. 첫째, 북한으로의 반출과 북한으로부터의 반입 규모는 각각 10억 달러 정도의 규모로 우리나라 전체 무역규모로 볼 때 아주 미미한 수준이다. 둘째, 남북한 교역수지는 2008년 이후 북한으로부터의 반입 증가로 인하여 계속하여 남한측이 교역수지 적자를 기록하고 있다. 셋째, 남북교역을 유형별로 보면 2010년 5.24조치의 영향과 개성공단 사업 활성화 등으로 일반교역 실적은 거의 자취를 감추고 개성공단을 통한 반출입 거래, 즉 경제협력 물품거래만이 이루어졌다. 넷째, 2000년대 중반 이후 북한의 무역에서 한국은 절대적인 비중을 차지하고 있으며 북한의 대외거래 전반을 유지·확대시켜 주는 중추적 역할을 수행하였다.

┌ 04 개성공단 사업

1. 개요

개성공단(개성공업지구) 사업은 개성직할시 및 판문군 평화리 일대에 총 2,000만평(65.7㎢) 규모의 공업단지 및 배후도시를 개발하는 것이다. 개성공단은 남한 기업이 개성에 들어가 북한 사람들을 고용해 제품을 생산하는 공업단지이다. 개성공단 사업은 남북도로철도 연결사업 및 금강산 관광 사업과 함께 "3대 경협 사업"의 핵심 사업으로 추진되고 있다.

개성공업지구 개발은 3단계의 계획으로 이루어져 있다. 단계별 계획을 좀 더 자세히 살펴보면 1단계는 남북경협 기반 구축, 2단계는 세계적 수출기지 육성, 3단계는 동북아 경제 거점 등을 목표로 추진하는 것이다. 한편 4단계에 해당하는 별도계획도 마련하였다. 별도계획은 개성시 13.2㎢, 확장구역 23.1㎢(공단 6.6㎢ 포함)으로 구성되어 있다.

1단계 개발이 성공적으로 완료되어 남한측 기업이 입주하여 생산을 하고 있었으나 북한 핵실험에 따른 정치적 긴장 관계 등으로 2016년 이후 개성공단

사업이 전면적으로 중단된 상태이다. 그런데 2018년 북한의 비핵화를 위한 국제
협상이 미국, 한국, 북한 간에 이루어지고 있어 가까운 시일 내에 개성공단 재개
가능성이 열려 있다.

표 9-8	개성공단 사업 개요
구분	**주요 사업내용**
총사업 개요	• 개성시 및 판문군 일대 총 2,000만평 개발 • 공단 800만평 / 배후도시(생활·상업·관광구역) 1,200만평 • 공단지역은 3단계에 걸쳐 개발, 우선 1단계 100만평 조성

공단지역
3단계
개발계획
	• 1단계(100만평)
	  - 봉제, 신발 가방 등 노동집약업종 중심 공단
	  - 남북경협 기반 구축
	• 2단계(200만평)
	  - 기계, 전기, 전자 등 기술집약업종 중심공단
	  - 세계적 수출기지 구축
	• 3단계(500만평)
	  - IT, 바이오 등 첨단 산업 분야의 복합 공업단지
	  - 동북아시아 거점 개발

자료: 개성공업지구관리위원회 / www.kidmac.com

2. 관리체계

개성공업지구지원재단은 개성공업지구의 행정·지원을 위해 설립된 재단법
인으로 2007년 12월 31일 출범하였으며 서울시에 위치하고 있다. 그리고 개성
공업지구관리위원회(KIDMC: Kaesong Industrial District Management Committee)는
개성공업지구의 행정·지원기관으로서 개성공업지구와 입주기업의 생산성 향상
을 위해 설립된 조선민주주의인민공화국 내 법인이다. 개성특급시 개성공업지구
내에 위치하고 있다.

개성공업지구 지원을 위한 법률체계로서 개성공업지구 지원에 관한 법률
(약칭: 개성공업지구법), 동법 시행령, 동법시행규칙 등이 있다. 이 법은 개성공업
지구의 개발·운영의 지원 및 개성공업지구에 투자하거나 출입·체류하는 남한
주민(법인 포함)의 보호·지원에 관하여 필요한 사항을 규정함으로써 남북교류·
협력을 증진하고 민족경제의 균형적인 발전에 기여함을 목적으로 한다(동법 1조).

3. 입지여건

개성공단은 서울에서 1시간 거리에 위치하고 있다. 서울에서 보았을 때 동북아시아 물류 중심으로 성장한 인천국제공항도 비슷한 거리에 있다. 개성, 서울, 인천이 1시간 정도의 가까운 거리에 위치하고 있는 것이다.

이와 같이 서울과 인천을 연계하는 3각지대에 위치하고 있어 금융 및 마케팅은 서울에서, 물류는 인천에서, 제조는 개성에서 처리하는 이상적인 역할 분담이 가능하다. 또한, 향후 경의선 철도 개통시에는 TCR(중국횡단철도), TSR(시베리아 횡단철도) 등 국제운송루트를 통하여 중국·러시아·유럽까지 수출입화물 운송이 가능하다.

4. 부지조성 및 기반시설 현황

2006년 6월 1단계 330만㎡(100만평) 개성공단 1단계 부지조성이 완료되었고, 2007년 5월에 전력·통신시설, 2007년 10월에 용수시설, 폐기물처리시설 등 기반시설이 준공되었다. 앞에서 설명한 바와 같이 현재 개성공단 1단계 개발이 성공적으로 완료되어 남한측의 관련 기업이 입주하여 생산을 했었으나 지금은 중단된 상태이다.

표 9-9	개성공단 부지조성 및 기반시설 현황
구 분	내 용
부지조성	• 1단계 100만평(330만㎡) 부지조성 완료(2006.6) • 도로, 상하수도, 교량, 조경 등 단지내 시설 준공(2007.6)
기반시설	• 전력·통신 시설 　- 전력은 10만KW를 남측에서 송전방식으로 공급(2007.5) 　- 통신은 남북 직접연결 통신선 개통(2005.12) • 기반시설 준공(2007.10) 　- 용수시설(3만톤/일) 　- 폐수처리시설(1.5만톤/일) 　- 폐기물 처리 시설(매립시설 61,000㎡ / 소각시설 12톤/일(2008.6))

자료: 개성공업지구관리위원회 / www.kidmac.com

▋Keyword

남북교역   남북 일반교역
대한무역투자진흥공사(KOTRA)   남북 비상업적 거래
북중무역   남북경협사업
북한의 대중교역의존도   개성공단 사업
반입   개성공단 입지여건
반출   남북도로철도 연결사업
남북 위탁가공교역   금강산 관광 사업

▋Exercise

01 북한무역을 개괄적으로 설명하시오.

02 북한과 중국간 무역의 특징은 무엇인가?

03 북한의 대중국 교역의존도가 높은 이유는 무엇인가?

04 남북교역의 특징은 무엇인가?

05 남북교역은 유형별로 설명하시오.

06 개성공단 사업의 개요에 대하여 설명하시오.

07 개성공단사업의 현재 추진현황과 향후 과제에 대하여 토론하시오.

CHAPTER 10

한국의 무역관리제도

01   무역관리체계

1. 대외무역법 개요

　　대외무역과 관련된 내용을 규정하는 법규는 대외무역법, 관세법, 외국환관리법 등이 있으며 이 법규들을 대외무역관련 3대 법규라 한다. 대외무역법은 대외무역 주체, 객체 및 행위를 직접 규정하는 법규이고, 관세법은 관세 및 수출입통관을 규정하는 법규이며, 외국환거래법은 수출입관련 외환 및 결제방법을 규정하는 법규이다.

　　이 중에서 무역관리의 기본법은 대외무역법이다. 그 하위법규로서 대외무역법시행령, 대외무역관리규정이 있다. 대외무역법은 대외 무역을 진흥하고 공정한 거래 질서를 확립하여 국제수지의 균형과 통상의 확대를 도모함으로써 국민 경제를 발전시키는 데 이바지함을 목적으로 한다(대외무역법 제1조).

2. 대외무역법 체계

　　대외무역법은 7장 59조로 구성되어 있다. 대외무역법 체계는 크게 첫째, 주체에 관한 관리(인적 관리), 둘째, 객체에 관한 관리(물적 관리), 셋째, 행위에 관한 관리, 넷째, 원산지에 관한 관리 등 네 가지로 분류된다.

첫째, "주체에 관한 관리(인적 관리)"는 무역업 행위를 직접 및 간접적으로 수행하는 무역거래자에 관한 내용을 규정하고 있다. 직접적으로 수출입 거래를 수행하는 무역업자, 외국의 수입자 또는 수출자에게서 위임을 받아 수출입 거래 알선행위를 수행하는 자 등에 관하여 규정한다.

둘째, "객체에 관한 관리(물적 관리)"는 수출입물품의 제한여부에 관한 내용을 규정하고 있다. 수출입물품 거래는 아무런 제한이 없는 것이 아니라 국제법규 및 통상정책상 필요에 따라 일정한 제한이 필요하다. 수출입공고, 수출입통합공고, 전략물자수출입 규정 등은 이러한 수출입물품의 제한에 관한 내용을 규정하고 있다.

셋째, "행위에 관한 관리"는 수출입 행위를 제한하는 내용에 관하여 규정하고 있다. 공정한 무역거래질서와 통제를 위하여 수출입행위에 대하여 제한할 필요가 있다. 수출입승인제도, 특정거래형태의 수출입, 전략물자 수출입관리제도, 외화획득용 원료·기재의 수입 등에 관하여 규정한다.

넷째, "원산지에 관한 관리"는 수출입물품의 원산지 표시에 관한 내용이다. 수입물품의 원산지 판정, 원산지표시 대상물품, 원산지표시의 일반원칙 등을 규정하고 있다. 원산지관련 규정은 공정한 거래 질서의 확립과 생산자 및 소비자 보호를 위하여 필요한 규정이다. 최근 FTA 체결 증가 등에 따라 그 중요성이 더욱 높아지고 있다.

3. 무역관련 기관

한국의 무역관련 기관은 산업통상자원부(MOTIE: Ministry of Trade, Industry and Energy), 무역위원회(KTC: Korea Trade Commission), 외교부(MOFA: Ministry of Foreign Affairs), 대한무역투자진흥공사(KOTRA: Korea Trade-Investment Promotion Agency), 한국무역협회(KITA: Korea International Trade Association), 한국수출입은행(Export Import Bank of Korea), 한국무역보험공사(Korea Trade Insurance Corporation) 등이 있다.

산업통상자원부는 산업 정책을 통합 조정하고 무역·통상과 자원·에너지

정책을 관장하는 정부 부처로서 무역관련 총괄기관이다. 무역위원회는 외국 물품의 수입 및 불공정 무역으로부터 국내산업의 피해를 구제하기 위해 설립된 행정기관이다. 외교부는 통상관련 대외협상창구 역할을 수행한다.

대한무역투자진흥공사는 무역진흥과 국내외 기업간의 투자 및 산업기술 협력 업무를 수행하기 위해 설립된 정부기관이다. 한국무역협회는 무역업계의 의견을 수렴 및 조정하며 무역진흥에 필요한 제반 사업을 수행하는 민간 경제단체이다. 한국무역협회는 무역업체를 회원으로 하여 조직·운영된다. 한국수출입은행은 수출입관련 금융업무를 수행하며 한국무역보험공사는 수출입관련 보험업무를 수행한다.

┌─ 02 무역거래자 관리

"무역거래자"란 수출 또는 수입을 하는 자, 외국의 수입자 또는 수출자에게서 위임을 받은 자 및 수출과 수입을 위임하는 자 등 물품 등의 수출행위와 수입행위의 전부 또는 일부를 위임하거나 행하는 자를 말한다(대외무역법 제2조).

즉, 무역거래자는 수출입 거래를 직접적으로 수행하는 무역업자, 수출입 거래 알선행위를 하는 무역대리업자 등 두 가지 유형으로 대별된다. 그리고 수출입 노하우·해외네트워크 조직망을 갖춘 종합무역상사와 이를 대체하는 전문무역상사가 직접적 무역업자로서의 역할을 수행하고 있다.

1. 무역업자

무역업자(trading company)는 직접 무역업 행위를 하는 자를 말한다. 종전 무역업 허가 및 승인제도하에서는 일정한 조건(일정 자본금 및 신용장수취요건)을 충족하여야만 무역업을 할 수 있었으나 2000년 이후 무역업 완전자유화 조치이후 사업자 등록증만 있으면 누구나 무역업을 할 수 있게 되었다.

그런데 무역업 자유화 조치를 하였지만 무역업자에 대한 효율적인 관리를 위하여 무역업고유번호 제도를 운영하고 있다. 즉, 산업통상자원부 장관은 대외무역법 시행령 제21조 및 제22조의 규정에 의한 전산관리체제의 개발·운영을 위하여 무역거래자별 고유번호(무역업고유번호)를 부여할 수 있다(대외무역관리규정 제24조 ①항).

그리고 무역업고유번호를 부여받으려는 자는 한국무역협회장에 신청하여야 하며 한국무역협회장은 접수 즉시 신청자에게 무역업고유번호를 부여해야 한다 (대외무역관리규정 제24조 ②항). 2018년 현재 무역업고유번호를 부여받은 무역업자는 약 12만개 상사로 파악되고 있다.

2. 무역거래 알선행위자

수입알선행위를 하는 자(import agent)는 외국 수출업자의 국내지사 또는 대리점으로 국내에서 외국수출업자를 대리하여 물품매도확약서(offer sheet)를 발행하는 자를 말한다. 예를 들면 일본 도요타 자동차(Toyota Motor)의 한국 내 대리점은 도요타 자동차의 한국에 대한 수입알선행위를 수행한다. 한국수입업협회 (KOIMA: Korea Importers Association)에서 관리하고 있다.

수출알선행위를 하는 자(export agent)는 외국 수입업자의 위임을 받은 자 또는 외국수입 업자의 지사 또는 대리점으로 국내에서 수출할 물품을 구매하거나 이에 부대되는 행위를 업으로 하는 자를 말한다. 예를 들면 미국 월마트 (Walmart)의 한국 내 에이전트(agent)는 한국의 수출물품에 대한 구매알선행위를 수행하고 한국외국기업협회(Korea Foreign Company Association)에서 관리한다.

3. 전문무역상사

한국의 종합무역상사(general trading company) 제도는 1975년 이후 일본의 총합(總合)상사를 벤치마킹하여 도입하였다. 신청자격은 상장법인으로서 총수출의 2% 이상인 기업이었으며 한국무역의 성장에 지대한 공헌을 하였다.

그러나 전문 대기업의 수출비중 증가, 종합상사의 계열사 대행수출 축소(또는 계열분리), 종합상사의 수익성위주 내실경영, 중소기업의 마케팅능력강화 등으로 종합상사의 수출기능이 약화되었다. 7대 종합상사(삼성물산, 현대상사, LG상사, 대우, SK, 쌍용, 효성)의 수출비중이 1995년에 50% 육박하는 수준에서 2009년에 5% 이하로 축소되었다.

이에 따라 2009년 10월에 종합상사제도가 폐지되고 전문무역상사제도가 도입되었다. 전문무역상사 지정은 종전 종합상사의 정부지정에서 민간지정(한국무역협회 지정)으로 변화되었다.

전문무역상사 제도는 새로운 수출진흥 모델로서 수출 Know-how가 풍부한 전문무역상사를 선정하여, 수출 능력이 부족한 중소(제조)기업을 지원하고자 산업통상자원부와 한국무역협회, KOTRA, 한국무역보험공사가 공동으로 운영하고 있다. 지정요건(대외무역법시행령 제12조의 2)은 전년도 수출실적 또는 직전 3개 연도 연평균 수출실적 100만 달러 이상, 타사 중소·중견제품 수출비중 30% 이상인 기업(두 가지 요건을 모두 충족 필요)이다. 2009년 12월부터 시행되고 있으며 2017년 현재 약 150개사가 지정되었다.

03 수출입품목 관리

1. 수출입공고

어느 나라든 마약이나 무기 등에 대해서는 수출입을 엄격하게 규제하고 있다. 이와 같이 수출입 거래 대상물품은 아무런 제한 없이 거래되는 것이 아니고 국제법규 및 통상정책상 필요에 따라 일정한 제한이 필요하다. 대외무역법에서 이러한 내용을 규정하고 있는데 이것을 수출입공고라 한다.

산업통상자원부장관은 헌법에 따라 체결·공포된 조약과 일반적으로 승인된 국제법규에 따른 의무의 이행, 생물자원의 보호 등을 위하여 필요하다고 인정하면 물품 등의 수출 또는 수입을 제한하거나 금지할 수 있다(대외무역법 제11조 ①항).

그리고 산업통상자원부장관은 필요하다고 인정하면 상기 규정의 대상 물품 등의 품목별 수량·금액·규격 및 수출 또는 수입지역 등을 한정할 수 있으며 제한·금지, 승인, 신고, 한정 및 그 절차 등을 정한 경우에는 이를 공고하여야 한다(대외무역법 제11조 ⑥, ⑦항).

2. 수출입공고의 표시방법

수출입공고상에 수출입제한 여부를 표시하는 방법에서 우리나라는 1967년 7월 이전까지 수출입이 허용되는 품목만 표시하는 포지티브 리스트 시스템(Positive List System)을 채택하였으나, 1967년 GATT에 가입한 것을 계기로 수출입이 금지되는 품목만 표시하는 네거티브 리스트 시스템(Negative List System)으로 전환하였다.

포지티브 리스트 시스템은 주로 후진국에서 채택하는 제도이며 네거티브 리스트 시스템은 수출입 자유화가 원칙적으로 인정된 무역 시스템에서 예외적으로 특수한 품목의 수출입을 제한 또는 금지하는 방식을 취하는 제도로서 주로 선진국에서 채택하고 있다. 따라서 우리나라의 경우 수출입 공고에 표시되지 않은 품목은 자유롭게 수출입이 가능하다.

3. 품목분류

수출입공고상의 품목분류는 HS(6단위)를 기준으로 하고 있다. 즉, HS를 기준으로 수출입제한여부, 관세 등에 관한 내용을 표시하고 있다. 이와 같이 수출입공고, 관세, 통관, 통계, 수출입 절차 등의 효율적인 관리를 위해 국제무역에서 거래되는 물품에 대하여 통일적인 상품분류체계가 필요하다. 상품분류체계는 국제적으로 사용되는 HS, SITC가 있으며 국내적으로는 MTI가 사용된다.

(1) HS

현재 무역거래 및 관세부과 등에서 세계 대부분의 나라들이 사용하고 있는 상품분류체계는 HS(Harmonized Commodity Description and Coding System) 분류체계이다. 세계관세기구(WCO: World Customs Organization)회원국 포함 약 200여 개국이 HS를 사용하고 있다.

HS는 1988년 관세협력이사회(CCC: Customs Cooperation Council)가 과학기술 발달로 인한 새로운 상품 개발을 반영하기 위하여 기존의 CCCN을 대체하여 만든 상품분류체계이다. HS 분류체계는 21부(section/품목의 그룹핑 개념), 97류(chapter/앞 2단위), 1,244호(heading/앞 4단위), 5,225소호(subheading/앞 6단위)로 구성되어 있다. 6단위까지 세계공통이고 6단위 미만은 각국별로 상이하다. 단위 수가 작을수록 대단위 분류이고 클수록 소단위 분류이다.

우리나라에서 HS 활용 예를 보면 수출입공고의 품목분류(산업통상자원부), 관세율표의 품목분류(관세청), 한국 및 주요국 무역통계(관세청, 한국무역협회), 개별 무역거래자의 수출입거래 품목 표시 등이 있다.

(2) SITC와 MTI

표준국제무역분류 SITC(Standard International Trade Classification)는 1938년 UN에서 무역통계의 국제적 비교를 위하여 제정된 상품 분류방식을 말한다. 주로 경제분석 및 무역통계 분석에 이용된다. 1963년에 개정되었으며 약 45,000개 품목을 1,312개의 기본항목, 177개의 group, 625개의 sub group, 56개의 division, 10개의 section으로 구분하고 있다.

MTI(Ministry of Trade and Industry) 코드는 산업통상자원부(MOTIE)와 한국 무역협회(KITA)에서 1988년 제정한 수출입품목 분류기준이다. 주로 무역통계 분석에 활용된다. MTI는 현 산업통상자원부의 과거 명칭인 상공부(Ministry of Trade and Industry)에서 나온 것이다.

┌ 04 거래형태별수출입 관리

수출입 거래 형태는 신용장(L/C) 또는 송금방식 등 일반적으로 알려진 결제 방법에 의해 이루어진다. 그러나 무역환경 변화에 따라 특수한 거래형태가 발생 하기 때문에 대외무역법은 수출입의 효율적 관리를 위하여 특정거래형태의 수 출입을 인정하는 절차를 마련하고 이를 관리하고 있다.

즉, 산업통상자원부장관은 물품 등의 수출 또는 수입이 원활히 이루어질 수 있도록 대통령령으로 정하는 물품 등의 수출입 거래 형태를 인정할 수 있다(대 외무역법 13조 ①항). 그리고 대외무역관리규정(제2조)에서 특정거래 형태를 구체 적으로 규정하고 있는데 이들 각각에 대하여 설명하면 다음과 같다.

1. 위탁판매수출 및 수탁판매수입

"위탁판매수출"이란 물품 등을 무환으로 수출하여 해당 물품이 판매된 범위 안에서 대금을 결제하는 계약에 의한 수출을 말한다. "수탁판매수입"이란 물품 등을 무환으로 수입하여 해당 물품이 판매된 범위안에서 대금을 결제하는 계약에 의한 수입을 말한다.

유사한 거래형태로서 보세창고도거래(BWT: Bonded Warehouse Transaction)가 있다. 이는 수출업자가 자기 책임하에 외국의 일정한 보세구역에 물품을 반입시킨 상태에서 외국의 수입업자에게 물품을 판매하는 거래형태이다. 여기서 보세창고(Bonded Warehouse)란 관세법에 의하여 수입물품에 대한 관세 부과가 유보되는 창고를 말한다.

2. 위탁가공무역 및 수탁가공무역

"위탁가공무역"이란 가공임을 지급하는 조건으로 외국에서 가공(제조, 조립, 재생, 개조를 포함한다. 이하 같다)할 원료의 전부 또는 일부를 거래 상대방에게 수출하거나 외국에서 조달하여 이를 가공한 후 가공물품 등을 수입하거나 외국으로 인도하는 수출입을 말한다. 우리나라와 중국 및 동남아 지역 국가와의 무역 또는 북한과의 남북교역 등에서 흔히 이용되는 무역형태이다.

"수탁가공무역"이란 가득액을 영수(領收)하기 위하여 원자재의 전부 또는 일부를 거래 상대방의 위탁에 의하여 수입하여 이를 가공한 후 위탁자 또는 그가 지정하는 자에게 가공물품 등을 수출하는 수출입을 말한다. 우리나라가 과거 개도국시절에 선진국과의 무역거래시 이용되었던 거래형태이다.

여기서 가공무역은 "자르고, 만들고, 다듬는다"는 의미를 포함하고 있으므로 가공무역계약서를 CMT 계약서(Cutting, Making, Trimming Contract)라고 한다. 또는 Consignment Processing Contract라 한다.

3. 임대수출 및 임차수입

"임대수출"이란 임대(사용대차를 포함) 계약에 의하여 물품 등을 수출하여 일정기간 후 다시 수입하거나 그 기간의 만료 전 또는 만료 후 해당 물품 등의 소유권을 이전하는 수출을 말한다. 임대수출은 대부분 해외건설업체 중장비 임대차계약에 따른 수출의 경우에 발생한다. 해외건설업자가 소유권 이전없이 건설장비 등을 임대(국외제공용역)목적으로 국외로 반출하는 경우 임대수출 방식이 이용된다.

"임차수입"이란 임차(사용대차를 포함) 계약에 의하여 물품 등을 수입하여 일정기간 후 다시 수출하거나 그 기간의 만료 전 또는 만료 후 해당 물품의 소유권을 이전받는 수입을 말한다. 생산시설과 새로운 기술 확보를 위해서는 막대한 자금이 소요되기 때문에 이러한 문제를 해결하기 위하여 임차방식 수입이 이용된다.

4. 연계무역

"연계무역"이란 물물교환(Barter Trade), 구상무역(Compensation Trade), 대응구매(Counter Purchase), 제품환매(Buy Back) 등의 형태에 의하여 수출·수입이 연계되어 이루어지는 수출입을 말한다.

물물교환(Barter Trade)은 환거래가 발생하지 않고 상품을 1대1로 교환하는 거래형태이며 구상무역(Compensation Trade)은 원칙적으로 수출 수입거래를 하나의 계약서로 작성하는 거래형태이다. 대응구매(Counter Purchase)는 수출, 수입거래가 각각 별도의 계약서에 의해 수행되며 제품환매(Buy Back)는 수출자가 플랜트, 장비, 기술 등을 수출하고 이에 대응하여 동설비나 기술로 생산된 제품을 다시 구매하는 거래형태이다.

한편 절충교역(Off Set Trade)은 국외로부터 무기 또는 장비 등을 구매할 때 국외의 계약상대방으로부터 관련 지식 또는 기술 등을 이전받거나 국외로 국산무기·장비 또는 부품 등을 수출하는 등 일정한 반대급부를 제공받을 것을 조건으로 하는 교역을 말한다. 한국이 미국과의 무기수입 거래에서 자주 사용되고 있는 거래형태로 연계무역의 일종이다.

5. 중계무역

"중계무역(Intermediary Trade)"이란 수출할 것을 목적으로 물품 등을 수입하여 「관세법」 제154조에 따른 보세구역 및 같은 법 제156조에 따라 보세구역외 장치의 허가를 받은 장소 또는 「자유무역지역의 지정 등에 관한 법률」 제4조에 따른 자유무역지역 이외의 국내에 반입하지 아니하고 수출하는 수출입을 말한다.

다시 말하면 수출할 것을 목적으로 물품을 수입하여, 가공을 하지 않고 원형 그대로 수출하여 수출입 대금의 차익 취득을 목적으로 하는 거래방식이다. 세계적인 중계무역항은 외환거래가 자유롭고 관세가 부과되지 않는 자유무역항으로 아시아 지역의 싱가포르와 홍콩, 유럽 지역의 함부르크, 중동 지역의 두바이 등이 있다.

6. 외국인수수입과 외국인도수출

"외국인수수입"이란 수입대금은 국내에서 지급되지만 수입 물품 등은 외국에서 인수하거나 제공받는 수입을 말한다. 외국인수수입은 산업설비수출, 해외건설, 해외투자, 위탁가공무역 등에 필요한 기자재 또는 원자재를 현지(외국)에서 수입하는 경우에 이용된다.

"외국인도수출"이란 수출대금은 국내에서 영수하지만 국내에서 통관되지 아니한 수출 물품 등을 외국으로 인도하거나 제공하는 수출을 말한다. 외국인도수출은 산업설비수출, 해외건설, 해외투자 등 해외산업현장에서 필요한 기자재를 외국인도수입 형태로 구입하여 사용한 후 국내로 반입하지 않고 다시 매각하는 경우 또는 항해중이거나 어로작업중인 선박을 현지에서 매각하는 경우 등에 이용된다.

7. 무환수출입

"무환수출입"이란 외국환 거래가 수반되지 아니하는 물품 등의 수출·수입을 말한다. 무환수출이란 상품 견본(Sample), 전시회 참가제품, 여행자의 휴대품, 클레임의 처리를 위한 대체품의 수출 등과 같이 대금이 결제되지 않는 순수한 수출거래형태를 말한다. 무환수출은 송금 및 증권의 형태에 의한 자본유출과 함께 상품의 형태에 의한 자본유출이 된다. 따라서 자본도피나 투기의 수단으로 사용될 수 있으므로 무역거래형태로서 규제대상이 된다.

무환수입이란 무환수출의 반대개념으로 상품 견본과 선전용품, 외국인의 사무용품, 입국자의 휴대품, 전시회 참가제품, 수출품의 반송화물, 위탁가공계약에 의한 화물 등 대가를 지불하지 않는 수입거래형태를 말한다.

05 전략물자관리제도

1. 개요

(1) 용어 및 정의

전략물자(Strategic Item)란 대량파괴무기(WMD: Weapons of Mass Destruction), 재래식무기(Conventional Weapons), 그 운반 수단인 미사일 및 이들의 제조·개발·사용 또는 보관 등의 용도로 전용될 수 있는 물품 및 기술을 의미한다.

이러한 전략물자의 대외무역을 통제하기 위한 정부의 규제조치를 전략물자관리제도라 한다. "전략물자 관리"라는 용어는 "전략물자 수출통제"(Export Control), "전략물자 비확산"(Nonproliferation) 등의 용어와 같은 의미로 통용되고 있다.

(2) 경과

동서 냉전시대에 공산권의 국방력 증강을 견제하고자 미국을 중심으로 한 서방국가들이 대(對)공산권수출통제위원회(COCOM)를 결성하면서 전략물자의 수출통제가 시작되었다. 이후 냉전시대가 막을 내리고 COCOM이 1994년 폐지되었으나 대량살상무기 보유국이 늘어나고 국제적인 테러리즘이 증가하였다. 그리고 1996년 바세나르체제(WA: Wassenaar Arrangement)가 성립되면서 다시 전략물자의 수출통제가 강화되었다.

특히 2001년 미국에서 발생한 9·11테러 사건 이후 대량파괴무기 비확산 및 통제 문제가 국제안보분야의 핵심현안으로 등장하였다. 이를 반영하여 유엔

안전보장이사회는 모든 유엔 회원국들에게 대량파괴무기 및 그 운반수단 등의 확산 방지를 위한 수출통제체제를 구축하도록 요구하고 있다.

2. 다자간 국제수출통제체제

다자간 국제수출통제체제란 전략물자 품목을 지정하여 회원국들을 중심으로 전략물자의 국가 간 거래를 통제하는 시스템을 의미한다. 이와 관련한 그룹 및 협약에 가입한 국가를 중심으로 전략물자의 통제를 실시하고 있다.

다자간 국제수출통제체제에 속하는 그룹 및 협약은 바세나르체제(WA), 핵공급국그룹(NSG), 미사일기술통제체제(MTCR), 오스트레일리아그룹(AG), 화학무기의 개발·생산·비축·사용 금지 및 폐기에 관한 협약(CWC), 세균무기(생물무기) 및 독소무기의 개발·생산·비축 금지 및 폐기에 관한 협약(BWC) 등이 있으며 앞의 네 개를 4대 국제수출통제체제라 한다.

3. 한국의 전략물자관리제도

(1) 개요

우리나라에서는 1992년에는 대외무역법에 그 근거조항을 신설하여 전략물자의 수출시에 반드시 정부의 허가를 받도록 하고 있다. 2003년부터는 다자간 국제수출통제체제에서 정하는 전략물자 이외에 대량파괴무기(WMD)로의 전용 우려가 있는 품목에 대해서도 수출제한조치를 하고 있다.

우리나라의 전략물자 수출통제는 전략물자관리원(Korea Strategic Trade Institute)이 담당하고 있다. 주요업무로는 기업이 취급하는 품목에 대한 전략물자 해당여부 판정, 전략물자 관리 시스템 운영, 전략물자 수출통제제도에 대한 교육, 홍보 및 기업 자율준수 지원 업무 등이다.

(2) 절차

산업통상자원부장관은 관계 행정기관의 장과 협의하여 대통령령으로 정하는 다자간 국제수출통제체제의 원칙에 따라 국제평화 및 안전유지와 국가안보를 위하여 수출허가 등 제한이 필요한 물품 등을 지정하여 고시하여야 하며, 지정·고시된 물품 등을 수출하려는 자는 대통령령으로 정하는 바에 따라 산업통상자원부장관이나 관계 행정기관의 장의 허가를 받아야 한다(대외무역법 제19조 ①항 및 ②항).

또한 전략물자에는 해당되지 아니하나 대량파괴무기와 그 운반수단인 미사일의 제조·개발·사용 또는 보관 등의 용도로 전용될 가능성이 높은 물품 등을 수출하려는 자는 그 물품 등의 수입자나 최종 사용자가 그 물품 등을 대량파괴무기 등의 제조·개발·사용 또는 보관 등의 용도로 전용할 의도가 있는 경우에도 산업통상자원부장관이나 관계 행정기관의 장의 허가를 받아야 한다(대외무역법 제19조 ③항).

┌─ 06 수입물품 원산지표시제도

1. 개요

수입물품 원산지표시제도는 공정한 거래 질서의 확립과 생산자 및 소비자 보호를 위하여 수입되는 물품에 원산지를 표시하는 제도이다. 우리나라는 현재 대외무역법에 반영하여 이 제도를 운영하고 있으며 여기에서 수입물품에 대한 원산지표시 의무를 부과(대외무역법 제33조 ①항)하고 원산지 판정기준(대외무역법 제34조 ①항)과 표시방법을 규정하고 있다.

원산지표시제도는 FTA 등 RTA(지역무역협정) 증가에 따라 그 중요성이 더욱 부각되고 있다. FTA는 체결당사국간 관세철폐가 주요한 내용이기 때문에 이의 효과적인 활용을 위해서는 체결국가간 수출입되는 물품의 정확한 원산지 기준 및 적용이 대단히 중요하다.

한미 FTA 협상시 쟁점사항 중의 하나가 북한 개성공단에서 생산되는 제품에 대하여 한국산 제품으로 즉, "Made in Korea"로 인정하느냐 하는 것이었다. 결론적으로 "Made in Korea"로 인정될 수 있는 여지를 남기는 것으로 합의가 되었는데 결국 원산지 문제가 관세혜택여부를 결정하므로 매우 중요한 포인트인 것이다.

2. 수입물품의 원산지 판정

원산지표시제도에서 원산지를 어떻게 판정하여야 하느냐가 매우 중요한 포인트이다. 대외무역법 제34조 ①항에 따른 수입물품에 대한 원산지 판정은 다음 세 가지 중 어느 하나의 기준에 따라야 한다(대외무역법시행령 제61조 ①항).

1. 수입 물품의 전부가 하나의 국가에서 채취되거나 생산된 물품인 경우에는 그 국가를 그 물품의 원산지로 할 것
2. 수입 물품의 생산·제조·가공 과정에 둘 이상의 국가가 관련된 경우에는 최종적으로 실질적 변형을 가하여 그 물품에 본질적 특성을 부여하는 활동을 한 국가를 그 물품의 원산지로 할 것
3. 수입 물품의 생산·제조·가공 과정에 둘 이상의 국가가 관련된 경우 단순한 가공활동을 하는 국가를 원산지로 하지 아니할 것 등이다.

이 중에서 첫 번째(1)의 "하나의 국가에서 채취되거나 생산된 물품", 즉 "완전생산물품"(Wholly Obtained or Produced Products)에 해당하는 경우는 다음과 같다(대외무역관리규정 제85조).

• 해당국 영역에서 생산한 광산물, 농산물 및 식물성 생산물
• 해당국 영역에서 번식, 사육한 산동물과 이들로부터 채취한 물품
• 해당국 영역에서 수렵, 어로로 채포(採捕)한 물품
• 해당국 선박에 의하여 해당국 이외 국가의 영해나 배타적 경제수역이 아닌 곳에서 채포한 어획물, 그 밖의 물품
• 해당국에서 제조, 가공공정 중에 발생한 잔여물
• 해당국 또는 해당국의 선박에서 상기 물품을 원재료로 하여 제조·가공한 물품

그리고 두 번째(2)의 "실질적 변형"(Substantial Transformation)이란 실무적으로 해당국에서의 제조·가공과정을 통하여 원재료의 HS 번호와 상이한 HS 번호(6단위 기준)의 제품을 생산하는 것을 의미한다.

3. 원산지표시 대상물품

원산지표시 대상물품은 대외무역관리규정 별표에 게기된 물품이다. 전체물품의 60% 정도를 커버하고 있으며 나머지 약 40%는 원산지비표시 대상물품이다. 원산지비표시 대상물품은 산동물, 석탄·원유 등 원자재, 전문가 사용물품 등으로 원산지 표시의 실익이 없는 물품들이다.

그런데 원산지표시 대상물품이라 하더라도 다음에 해당되는 경우에는 원산지를 표시하지 아니할 수 있다.

1. 외화획득용 원료 및 시설기재로 수입되는 물품
2. 개인에게 무상 송부된 탁송품, 별송품 또는 여행자 휴대품
3. 수입 후 실질적 변형을 일으키는 제조공정에 투입되는 부품 및 원재료로서 실수요자가 직접 수입하는 경우
4. 판매 또는 임대목적에 제공되지 않는 물품으로서 실수요자가 직접 수입하는 경우
5. 연구개발용품으로서 실수요자가 수입하는 경우
6. 견본품(진열·판매용이 아닌 것에 한함) 및 수입된 물품의 하자보수용 물품
7. 보세운송, 환적 등에 의하여 우리나라를 단순히 경유하는 통과 화물
8. 재수출조건부 면세 대상 물품 등 일시 수입 물품
9. 우리나라에서 수출된 후 재수입되는 물품
10. 외교관 면세 대상 물품
11. 개인이 자가소비용으로 수입하는 물품으로서 세관장이 타당하다고 인정하는 물품
12. 그 밖에 관세청장이 산업통상자원부장관과 협의하여 타당하다고 인정하는 물품

4. 원산지표시의 일반원칙

수입물품의 원산지는 다음의 어느 하나에 해당되는 방식으로 한글, 한자 또는 영문으로 표시할 수 있다(대외무역관리규정 제75조 ①항).

1. "원산지: 국명" 또는 "국명 산(産)"
2. "Made in 국명" 또는 "Product of 국명"
3. "Made by 물품 제조자의 회사명, 주소, 국명"
4. 수입 물품의 크기가 작아 제1호부터 제3호까지의 방식으로 해당 물품의 원산지를 표시할 수 없을 경우에는 국명만을 표시할 수 있음
5. "Brewed in 국명" 또는 "Distilled in 국명" 등 그 밖에 최종구매자가 원산지를 오인할 우려가 없거나 "Assembled in 국명" 등에서의 국명이 대외무역법시행령 제61조의 원산지와 동일한 경우
6. 물품의 주요 부분품 원산지가 다른 경우 부분품별 원산지를 표시할 수 있음

또한 최종구매자가 수입 물품의 원산지를 오인할 우려가 없는 경우에는 다음과 같이 통상적으로 널리 사용되고 있는 국가명이나 지역명 등을 사용하여 원산지를 표시할 수 있다.

1. United States of America를 USA로
2. Switzerland를 Swiss로
3. Netherlands를 Holland로
4. United kingdom을 UK로
5. UK의 England, Scotland, Wales, Northern Ireland
6. 기타 관세청장이 산업통상자원부장관과 협의하여 타당하다고 인정하는 국가나 지역명

07 무역구제제도

1. 개요

자유무역체제에서 특정 물품의 덤핑 수입이나 외국정부로부터 보조금 또는 장려금을 받고 생산된 제품의 수입이 급증하여 국내 산업이 손해를 입거나 입을

우려가 있을 경우 해당 수입 물품에 대해 관세 및 비관세조치 등의 구제 조치로 국내 산업을 보호하는 일련의 정책을 무역구제제도(Trade Remedies)라고 한다. 주요한 무역구제제도로는 반덤핑관세제도(Anti-Dumping Duty System), 상계관세 제도(Countervailing Duty System), 세이프가드제도(Safeguard System) 등이 있고, 보다 폭 넓게는 지적재산권침해 등 불공정무역행위에 대한 규제, 국제무역규범 위반행위에 대한 규제 및 시장개방으로 인한 수입급증으로 국내산업의 피해가 클 때 시행하는 무역조정지원제도(한국무역위원회/www.ktc.go.kr 홈페이지)가 있다.

2. 무역구제제도의 종류

(1) 덤핑방지관세제도(Anti-Dumping Duty System)

해외의 수출자가 정상가격(자국내판매가격 등)보다 낮은 가격으로 수출하여 국내 산업에 피해를 주는 경우 이를 구제하기 위해 덤핑방지 관세 부과 등의 조 치를 취하는 제도로 국제법적으로는 GATT 제6조, WTO 반덤핑협정에 근거하 고 있고, 국내법적으로는 관세법, 불공정무역행위 조사 및 산업피해구제에 관한 법률에 근거하고 있다.

조사내용으로는 수입물량 면에서는 무역피해품목의 동종여부 및 수입증가 여부를 조사하고, 국내 산업이 실질적 피해를 받거나 받을 우려가 있는지, 국내 산업 발전이 실질적으로 지연되었는지 여부를 점검한 후, 해당 품목의 수입증가 와 국내 산업의 피해 사이에 인과관계가 있음이 입증되어야 한다.

반덤핑관세제도의 신청자격은 덤핑수입물품과 동종인 물품을 생산하는 국 내생산자, 생산자 단체 또는 당해 산업을 관장하는 주무부장관(관세법 시행령 제 59조 및 시행규칙 제12조)이고, 신청요건은 덤핑수입(dumped imports) 및 국내 산 업에 실질적 피해(material injury)가 있고, 덤핑수입과 산업피해 간에 인과관계 (causation)가 있어야 한다. 신청방법은 조사신청을 하고자 하는 자는 소정양식의 조사신청서와 덤핑수입으로 인한 실질적인 피해 등의 사실에 관한 증빙자료를 무역위원회에 제출한다. 조사절차는 다음과 같다.

신청 → 신청서 접수(무역위원회) → 조사개시여부결정(무역위원회)(2개월) → 조 사개시결정공고(무역위원회)(10일) → 예비조사 개시(무역위원회) → 질문서 발송, 접수, 분석(무역위원회) → 예비판정(무역위원회)(3일) → 잠정덤핑방지관세부과 건의(무역위원회) → 잠정덤핑방지관세부과 결정(기획재정부장관) → 본조사 개시(무역위원회) → 현지실사검증(무역위원회) → 공청회 개최(무역위원회) → 최종판정(무역위원회)(3개월) → 최종판정결과 보고서 제출(무역위원회 ▶기재부장관) → 덤핑관세부과건의(무역위원회) → 확정덤핑방지관세 부과(기획재정부장관)(조사개시 후 18개월 이내).

그동안 반덤핑관세제도의 실적을 보면 '87~'13년 사이에 총 133건의 조사신청이 있었고, 이 중 89건(66.9%)에 대해 반덤핑관세를 부과하였고, 향후 FTA의 확대로 무역규모가 확대되면서 이 제도의 활용도도 증대될 것으로 예측되고 있다.

(2) 상계관세제도(Countervailing Duty System)

상계관세제도란 외국에서 특정산업 또는 특정기업을 대상으로 보조금을 지급하고, 그 보조금을 지급받아 생산된 제품이 국내에 수입되어 국내 산업에 실질적 피해를 주거나 피해를 줄 우려가 있을 때 반보조금 조치로 상계관세를 부과하는 제도이다. 외국의 정부 또는 공공기관에 의해 재정적인 기여행위가 있거나, 소득·가격지원 형태의 지원이 있는 경우 보조금이 존재한다고 간주하며, 이 보조금이 특정 기업 또는 특정 산업에 제한적으로 제공된 경우 반보조금 조치로써 상계관세를 부과하게 된다.

국제법적으로는 1994 GATT 제16조, WTO 보조금 및 상계조치에 관한 협정, 국내법적으로는 관세법, 불공정무역행위 조사 및 산업피해구제에 관한 법률에 근거하고 있다.

조사내용으로는 수입물량 면에서는 무역피해품목의 동종여부 및 수입증가여부를 조사하고, 국내 산업이 실질적 피해를 받거나 받을 우려가 있는지, 국내산업 발전이 실질적으로 지연되었는지 여부를 점검한 후, 해당 품목의 수입증가와 국내 산업의 피해 사이에 인과관계가 있음이 입증되어야 한다.

상계관세부과의 대상이 될 수 있는 보조금 유형으로는 첫째, 금지보조금(Prohibited Subsidies)에 해당하는 것으로는, 법률상 또는 사실상 수출실적(Export Performance)에 따라 지급되는 수출 보조금과 수입품 대신 국내 상품의 사용을 조건으로 지급되는 수입대체 보조금이 해당된다. 둘째, 조치가능 보조금(Actionable Subsidies)에 해당되는 것으로는 금지보조금 또는 허용보조금을 제외한 모든 형태의 보조금(다른 회원국의 이익에 부정적 효과를 초래하는 보조금)이 해당되는데, 허용보조금 관련 규정은 1999.12.31까지만 규정하고 있어, 현재 허용보조금은 인정되고 있지 않다.

상계관세제도의 신청자격은 국내산업의 이해관계자 또는 당해 산업을 관장하는 주무부장관 이고, 신청요건은 외국정부 또는 공공기관이 특정 사업 또는 기업을 대상으로 재정 등을 지원하였고(관세법 시행령 제 72조), 보조금을 지급받은 물품이 수입되어 국내 산업에 실질적 피해 발생 또는 발생 우려가 있고, 보조금을 받은 물품의 수입과 국내산업의 실질적 피해 간에 인과관계 존재해야 한다. 상계관세의 조사절차는 반덤핑방지관세와 유사하며 다음과 같다.

신청 → 신청서 접수(무역위원회) → 조사개시여부결정(무역위원회)(2개월) → 조사개시결정공고(무역위원회)(10일) → 예비조사 개시(무역위원회) → 질문서 발송, 접수, 분석(무역위원회) → 예비판정(무역위원회)(3일) → 잠정상계관세부과 건의(무역위원회) → 잠정상계관세부과 결정(기획재정부장관) → 본조사 개시(무역위원회) → 현지실사검증(무역위원회) → 공청회 개최(무역위원회) → 최종판정(무역위원회)(3개월) → 최종판정결과 보고서 제출(무역위원회 ▶기재부장관) → 상계관세부과건의(무역위원회) → 확정상계관세 부과(기획재정부장관)(조사개시 후 18개월 이내).

(3) 세이프가드제도(Safeguard System)

세이프가드제도란 특정한 물품의 수입증가로 국내 산업이 심각한 피해를 입고 있거나 피해를 당할 우려가 있을 때 국내 산업을 보호하기 위해 수입물량을 제한하거나 관세를 인상하는 수입구제조치이다. 세이프가드의 경우 불공정무역이 아니라 공정무역에 대해 수입을 규제하는 제도이기 때문에 덤핑과 보조금 등 불공정무역을 규제하는 제도보다 발동요건이 엄격한 것이 특징이다. 양자세이프가드에 의해 FTA 체결로 인해 수입이 늘어난 품목에 대해서는 관세를 양허 이전 수준으로 인상하거나 관세 인하를 중지하는 조치를 취할 수 있다.

국제법적으로는 GATT 제19조, WTO 세이프가드 협정, 국내법적으로는 관세법, 불공정무역행위 조사 및 산업피해구제에 관한 법률에 근거하고 있다.

세이프가드의 신청자격(산피법 시행령 제14조)은 당해 국내 산업에 이해 관계가 있는 자 및 당해 국내 산업을 관장하는 관계 중앙행정기관의 장 또는 당해 산업에서 차지하는 생산량 또는 업체수의 비중이 20% 이상인 생산자(또는 생산자집단) — 다만, 농림수산업인 경우는 5인 이상의 생산자집단 그리고 산업별 노동조합 또는 당해 산업을 관장하는 중앙행정기관장이 설립허가한 당해물품의 국내생산자 단체(협회, 조합)가 될 수 있다.

세이프가드의 신청요건은 특정 물품이 일정기간 동안에 수입량이 절대적으로 증가하거나 국내생산과 비교하여 상대적으로 증가하고, 동종 또는 직접경쟁물품을 생산하는 국내 산업에 심각한 피해(우려)가 있어야 하며, 수입증가와 국내산업피해 간에 인과관계가 있어야 한다. 세이프가드의 조사절차는 다음과 같다.

산업피해조사 신청(이해관계인, 관계중앙행정 기관의 장) → 조사개시여부결정(무역위원회)(30일) → 산업피해조사(무역위원회): 질문서, 현지조사 공청회 개최 등(4개월) → 산업피해유무결정(무역위원회)(1개월) → 세이프가드조치건의(무역위원회): 수입 수량제한, 관세율 조정, 기타 필요한 조치(1개월) → 세이프가드조치시행(관계중앙행정기관의장): 해당국가와 협상을 통한 수정조치

(4) 불공정무역행위에 대한 규제

한국의 경제발전과 산업구조의 고도화로 급증하고 있는 불공정무역행위에 대한 규제는 지식재산권 침해, 원산지표시위반행위, 허위·과장표시행위, 수출입질서저해행위 등에 대하여 불공정무역행위를 조사하고 위반업체에 시정명령을 내리거나 과징금을 징수하여 공정한 무역질서를 확립하고 국내 산업을 보호하는 제도이다. 지식재산권 침해로 인한 법원 소송의 경우 장시간이 소요되어 피해가 커지거나 보호받기 어려운 경우가 많으나 무역위원회를 통한 제소의 경우에는 조사개시 후 판정까지 소요기간이 6개월 이내로, 법원 소송에 비해 단기간 저비용으로 신속한 권리보호가 가능하다.

법적 근거로는 불공정무역행위의 조사 및 산업피해 구제에 관한 법률에 바탕을 두고 있으며, 보호대상 지식재산권은 산업재산권(특허권, 실용신안권, 상표권, 디자인권), 신지식재산권(영업비밀 등), 저작권을 모두 포함한다. 또한, 원산지 허위·오인·손상·변경표시, 미표시 물품을 수출, 수입하는 행위, 품질 등을 허위과장 표시하여 수출입하는 행위, 수출입계약의 이행과 관련하여 계약내용이 현저하게 다른 물품 등의 수출입 또는 분쟁발생 등을 통해 대한민국의 대외 신용을 손상시켜 해당지역에 대한 수출 또는 수입에 지장을 주는 행위 등이 규제의 대상이 된다.

불공정무역행위조사의 신청자격은 당사자나 이해관계인뿐만 아니라 불공정

무역행위 사실을 인지하고 구체적인 정보와 증거를 제시하는 자는 누구나 불공정무역행위가 있었던 날부터 '1년 이내'에 신청할 수 있다. 불공정무역행위의 조사절차는 다음과 같다.

조사신청 → 조사개시결정(불공정무역행위 혐의 수출입 여부 확인, 서면 현지조사, 전문가 감정 등 실시를 토대로 조사신청 후 20일 이내 조사개시 여부를 결정, 조사개시 후 6개월(2개월씩 2회 연장가능) → 심의 의결(무역위원회에서 출석위원1/2 이상 찬성으로 의결하며, 불공정무역행외 여부 판정 및 제재조치 수단 및 수준을 결정) → 제재조치 → 이의신청(제재조치 후 30일 이내)

이 제도는 위반업체에 대해 조사신청 후 20일 이내에 조사개시를 결정하여 6개월 이내에 최종판정을 내리므로 즉각적이고 원천적인 제재조치가 가능하며, 무역위원회의 시정명령은 지식재산권의 존속기간 동안 효력이 미치는 원천적인 조치로, 통관 이후 국내에서 판매되고 있는 물품에 대해서도 효력을 미친다.

위반업체에 대한 제재조치로는 시정명령(수출·수입·판매·제조행위의 중지, 당해 물품 등의 반입배제 및 폐기처분, 정정광고, 법 위반으로 무역위원회로부터 시정명령을 받은 사실의 공표)이 있고, 명령을 위반할 시에는 3년 이하의 징역 또는 3천만원 이하의 벌금을 부과할 수 있다. 과징금은 지식재산권 침해의 경우는 최근 3년간 거래금액의 30% 이내의 과징금을 부과할 수 있고, 원산지 위반의 경우는 해당 물품 수출입 신고금액의 10%(상한 3억원)에 해당하는 과징금을 부과할 수 있다.

(5) 국제무역규범위반조사제도

국제무역규범 위반행위규제란 교역상대국의 무역에 관한 법령·제도·관행 등이 국제무역규범을 위반함에 따라 국내 산업이 피해를 입은 경우 관세조치 및 비관세조치 등 법령이 허용하는 보복조치를 취할 수 있는 제도이다. 법적 근거는 2004년 1월 불공정무역행위조사 및 산업피해구제에 관한 법률 제25조의 2에 근거조항을 마련하였다.

조사요건으로는, 교역상대국의 제도 및 관행(교역상대국의 법·정책·조치 등 포함)이 국제무역규범을 위반하고, 당해물품 또는 서비스를 생산하는 국내 산업이 피해(국내외의 부정적 무역효과 포함)를 입거나 입을 우려가 있으며, 국제무역규범위반사실과 산업피해 간에 인과관계가 있는 경우에 조사를 시행한다.

국제무역규범 위반행위의 조사개시는 이해관계자가 신청하거나 무역위원회가 직권조사할 수 있다. 먼저, 이해관계자 신청은 교역상대국의 국제무역규범위반으로 인하여 피해를 입거나 입을 우려가 있는 관련 국내 산업에 이해관계가 있는 기업협회 또는 단체가 신청할 수 있으며, 무역위원회가 교역상대국의 국제무역규범 위반으로 국내 산업이 피해를 입거나 입을 우려가 있다는 사실을 인지하였거나, 관계행정기관의 장으로부터 교역상대국의 위반으로부터 국내 산업이 피해를 입을 우려가 있다는 사실을 통보받은 경우에 직권으로 조사를 개시할 수 있다.

조사의 진행은 신청을 받은 날부터 60일 이내에 피해조사의 개시여부를 결정한다. 조사는 서면조사를 원칙으로 하되 현지조사를 할 수 있고, 조사과정상 당사자 또는 이해관계인에게 질의서를 송부하여 의견을 청취할 수 있고 교역상대국 정부에게 의견제출 기회를 제공해야 한다. 최종판정은 조사개시를 결정한 날부터 1년 이내에 해야 하며, 교역상대국과 협의가 진행 중이거나 충분한 피해 조사를 위하여 조사기간의 연장이 불가한 경우에는 6개월의 범위 안에서 조사기간 연장이 가능하다.

조사결과 국내 산업이 피해를 입거나 입을 우려가 있다고 판정한 때에는 중앙행정기관의 장에게 교역대상국의 국제무역규범 위반 내용의 시정을 위하여 필요한 조치를 취할 것을 건의하고, 교역상대국과 양자간 협의를 실시하거나 규범위반행위를 WTO에 제소할 수 있다.

(6) 무역조정지원제도

국제무역으로 인하여 무역 상대국에서의 급격한 수입증가로 심각한 피해를 입었거나 피해가 예상되는 기업의 구조조정을 위해 융자, 컨설팅 등을 지원하는 제도이다.

지원요건으로는 FTA 상대국으로 부터 해당 물품의 급격한 수입증가로 특정 기업이 6개월 이상 심각한 피해를 입었거나 입을 것이 확실시 되고, 동종 또는 직접 경쟁하는 상품·서비스의 수입 증가가 피해의 주된 원인으로 파악되면서 무역조정계획이 기업의 경쟁력 확보에 적합한 경우에 지원을 받을 수 있다. 구체적으로는 매출액 또는 생산량이 전년 동일기간 대비 10% 이상 감소했거나 또는 영업이익·고용·가동률·재고 등 종합적 피해가 그에 상당할 경우 신청할 수 있다. 지원이 결정된 기업의 경우, 컨설팅 자금은 80%를 지원하고, 융자금은 중소기업진흥공단에서 기업 신용을 평가하여 지원여부를 결정하게 된다.

신청방법은 자유무역협정 체결에 따른 무역조정 지원에 관한 법률 제6조에 따른 '무역조정지원기업 지정신청서' 1부, 무역피해사실입증서 1부 및 무역조정 계획서 1부를 중소기업진흥공단에 우편 또는 방문 제출하여야 하며, 신청기업 관련해서는 무역피해 물품의 품목명 및 HS코드, 무역피해품목의 수입증가 통계, 신청기업의 매출액 등 경영현황, 수입증가와 기업경영 상황변화 인과관계 등을 설명해야 한다.

조사기간은 30일이며 필요시 30일 연장이 가능하다. 조사내용은 무역피해 품목의 동종여부 및 수입증가여부, 신청기업의 심각한 피해여부 및 수입증가와 피해의 인과관계 등을 조사해서 지원을 평가하게 된다. 조사절차는 다음과 같다.

심의의뢰(신청서,무역피해 사실입증서, 산업부 ▶ 무역위원회) → 서류검토(기본사항검토, 서류보완, 내부보고, 무역위원회) → 조사계획수립(심의기준별 조사계획, 조사단 구성, 무역위원회) → 피해조사(신청기업조사, 거래처조사, 시장조사, 무역위원회) → 피해심의(무역위원회보고, 피해여부결정, 무역위원회) → 심의결과통보(의결서, 무역위원회 ▶ 산업부)

대외무역법   MTI(Ministry of Trade and Industry)
대외무역법시행령   연계무역
대한무역투자진흥공사(KOTRA)   중계무역
한국무역협회(KITA)   전략물자(Strategic Item)
종합무역상사   전략물자관리제도
전문무역상사   원산지표시제도
수출입공고   원산지표시 대상물품
HS(Harmonized Commodity Description   무역구제제도
   and Coding System)   덤핑방지관세제도
SITC(Standard International Trade   상계관세제도
   Classification)   세이프가드제도

▌ Exercise

01 우리나라의 무역관리체계에 대하여 설명하시오.

02 우리나라의 무역관리기관에 대하여 생각해 보자.

03 우리나라 종합무역상사의 그간의 역활과 신규 전문무역상사의 기능을 설명하시오.

04 품목분류 HS, SITC, MTI에 대하여 각각 설명하시오.

05 연계무역 및 중계무역에 대하여 설명하시오.

06 전략물자관리제도에 대하여 토론하시오. 이 제도에 의해 규제되는 품목비중은 얼마나 될 것인가를 생각해 보자.

07 원산표시제도를 설명하시오. 최근에 이 제도의 중요성이 높아지는 이유는 무엇인가?

08 무역구제제도의 개념과 종류에 대해 설명하시오.

01 GATT

1. 브레튼우즈 체제

1944년에 미국 뉴햄프셔(New Hampshire)주의 브레튼우즈에서 연합국 44개국이 참가하여 전후 세계경제질서를 논의하였다. 이 논의에서 제2차 세계대전은 경제적 측면에서 평가할 때 보호무역주의의 결과이므로 앞으로 자유무역중심으로 세계경제질서를 지향하기로 합의하였다.

이것을 브레튼우즈 협정(Bretton Woods Agreement)이라 하며 이 협정 이후의 세계경제체제를 브레튼우즈 체제(Bretton Woods System)라 한다. 브레튼우즈 체제의 핵심 내용은 첫째, 국제경제기구를 신설하는 것과, 둘째, 국제통화제도를 고정환율제도(금환본위제도)로 하는 것이었다.

(1) 국제경제기구 신설

브레튼우즈 협정에 따라 관세와 무역에 관한 일반협정(GATT: General Agreement on Tariffs and Trade), 국제통화기금(IMF: International Monetary Fund), 국제부흥개발은행(IBRD: International Bank for Reconstruction and Development) 등 세 국

제경제기구가 새롭게 설립되었다. 이 기구들은 전후 자유무역중심의 세계경제질 서를 이룩하는 데 결정적인 역할을 수행하였다.

협정형식으로 출발한 GATT는 자유무역 확대와 세계무역 증진에 많은 역할을 수행하고 1995년 세계무역기구(WTO: World Trade Organization)로 대체되었다. IMF는 국제외환시세 안정·외환제한 철폐 등에 기여하였으며 특히 외환위기에 빠진 국가에 자금을 공여하는 역할을 수행하였다. 세계은행그룹(World Bank Group) 중의 하나인 IBRD는 전후 유럽의 부흥과 아시아 아프리카 신생국의 경제부흥에 지대한 역할을 수행하였다.

(2) 금환본위제 시행

제2차 세계대전 중 유럽 주요국들은 자국의 국제수지 방어를 위해 경쟁적으로 자국통화를 평가절하함으로써 국제무역을 위축시키는 결과를 초래하였다. 이러한 폐해를 방지하기 위하여 브레튼우즈 협정에서 고정환율제인 금환본위제(Gold Exchange Standard System)를 도입하기로 결의하였다. 금환본위제는 미국 달러화를 국제기축통화(key currency)로 지정하고 금 1온스의 가치를 35미달러에 고정시킨 후 각국의 통화가치를 기축통화인 미달러화와의 일정비율로 결정(고정)하는 제도이다.

금환본위제가 도입되어 국제환율 불안정에 따른 세계무역 위축 우려를 해소하는 데 어느 정도 역할을 수행한 것이 사실이다. 그러나 금환본위제는 미국 경제의 위상 약화로 말미암아 미달러화의 기축통화 지속 가능성에 의문이 제기되었고 결정적으로 1971년 닉슨조치(Nixon Shock)로 인해 점차 그 기능을 상실하였다. 그리고 1976년 킹스턴 체제(Kingston System)가 출범하면서 국제환율제도는 고정환율제도(금환본위제)에서 변동환율제도로 이행하였다.

2. GATT의 성립

GATT는 브레튼우즈 체제의 핵심적 기구로 1948년 1월 1일 발효되었다. GATT는 1995년 세계무역기구(WTO)로 대체되기 전까지 전세계에서 120여 개국이 가입하였으며, 한국은 1967년 4월 1일부터 정회원국이 되었다.

GATT의 기구에는 사무국(본부: 제네바), 매년 1회 전 회원국이 참가하는 총회, 매년 수차례 걸쳐 주요국만이 참가하는 이사회, 그리고 중요 문제가 있을 때 각국의 무역담당장관이 참가하는 각료회의 등이 있었다.

GATT의 목적은 관세장벽, 수량규제 등 무역장벽 철폐를 통하여 전 세계적으로 자유무역을 실현하는 것이다. 이러한 목적을 수행하기 위한 GATT의 기본원칙에는 최혜국대우원칙(MFN: Most Favored Nation Treatment)과 내국민대우 원칙(National Treatment)이 있다. 이 내용에 대해서는 02 WTO의 주요 원칙에서 자세히 설명하기로 한다.

3. GATT의 다자간협상

GATT는 자유무역 실현이라는 GATT의 목적을 달성하기 위하여 8차례의 다자간협상(Round)을 추진하였다. 다자간 협상이란 여러 국가들이 동시에 협상을 진행하는 방식이다. 이러한 다자간협상의 결과 선진국을 중심으로 각국의 관세율이 크게 인하되어 세계무역의 확대와 세계경제의 성장에 결정적인 역할을 하였다.

GATT가 추진한 8차례 다자간협상 중 중요한 것은 딜런라운드(Dilon Round), 케네디라운드(Kennedy Round), 도쿄라운드(Tokyo Round), 우루과이라운드(Uruguay Round) 등이며 이들 다자간 협상에서 세계 각국의 관세율이 크게 인하되었다. 한편, 도쿄라운드에서 처음으로 비관세장벽(NTB: Non Tariff Barriers)의 철폐 및 완화를 위한 다자간협상도 이루어졌으나 별다른 성과를 거두지 못하였다.

GATT의 마지막 다자간협상인 제8차 우루과이라운드(Uruguay Round)에서는 117개국이 참가하여 공산품에 대하여 평균 33% 관세인하에 합의하였다. UR의 특징은 첨단산업, 서비스산업, 농산물 등이 새로운 협상대상에 포함되었고 수출자율규제 등 회색지대조치(Grey Area Measures)에 대한 논의가 이루어졌으며 GATT를 대체하는 WTO를 새롭게 설립하기로 하였다는 점이다. 그러나 UR은 협상이 너무 오랜 기간(86.9~93.12) 진행되어 다자간협상의 문제점에 대하여 많은 비판이 제기되었다. 이러한 점을 GATT에 빗대어 UR을 말 많은 협상(General Agreement to Talk and Talk)이라고도 한다.

표 11-1						GATT체제하 다자간협상의 주요내용
구분	기 간	개최지	참가 국수	양허 품목수	평균관세 인하율	주요내용
1차 라운드 (제네바라운드)	1947. 4 ~10	스위스 제네바	23	45,000	-	• 최초의 관세인하 협상 • 국별·품목별 협상방식
2차 라운드 (앙시라운드)	1949. 8 ~10	프랑스 앙시	32	5,000	-	• GATT 기존 회원국과 11개 신규 가입국간 교섭 • 국별, 품목별 협상 방식
3차 라운드 (토케이라운드)	1950. 9 ~1951. 4	영국 토케이	34	9,700	-	• GATT 기존회원국과 7개 신규가입 국간 교섭 • 국별, 품목별 협상 방식
4차 라운드 (제네바라운드)	1956. 1 ~5	스위스 제네바	22	3,000	-	• 국별, 품목별 협상 방식
5차 라운드 (딜론라운드)	1961. 5 ~1962. 7	스위스 제네바	23	4,400	7%	• EEC의 공통관세 설정에 따른 관세 양허교섭

6차 라운드
(케네디라운드)
	1964. 5
	~1967. 6
		스위스
		제네바
			56	30,000	35%	• 미국과 EEC간의 관세 장벽제거
						  목표
						• 일괄인하방식(linear reduction)
						  채택

7차 라운드 (도쿄라운드)	1973. 9 ~1979. 4	일본 도쿄	99	27,000	33%	• 조화인하방식채택 • 비관세장벽 제거를 위한 협정제정 • 일반특혜관세제도(GSP) 합법화
8차 라운드 (우루과이라운드)	1986. 9 ~1993. 12	우루과이 푼타델 에스테	117	농산물 섬유류 서비스	33%	• 농산물, 섬유류, 서비스무역, 지적 재산권, 투자관련조치 규범마련 • 회색지대조치 논의 • WTO 설립 결의

4. GATT의 성과

8차례의 다자간협상을 통하여 관세인하 등 무역장벽이 크게 완화되었고 이러한 무역장벽완화로 말미암아 세계무역이 크게 증대되었으며 세계경제가 활성화되는 결과를 가져왔다. 이것이 GATT의 성과이다. GATT성립(1948년) 이후 1990년까지 세계교역량은 연평균 8.2% 성장한 것으로 GATT는 추산하였다.

선진국, 개도국별로 보면 GATT가 추진한 다자간협상으로 인하여 선진국간의 무역(북북무역)은 크게 증대되었으나 개도국간 무역(남남무역)에는 별다른 영향을 미치지 못하였다는 비판이 제기되었다. 이는 GATT의 자유무역주의가 리카도(David Ricardo)의 비교우위 원리에 입각한 무차별대우 원칙을 기본으로 하였기 때문에 선진국 개도국 간 경제적 격차와 경제구조의 이질성이 비교우위의 격차로 나타난 것으로 평가된다. 즉, 선진국의 경쟁력 우위, 개도국의 경쟁력 열위를 반영하여 선진국만 많은 혜택을 받았다는 것이다.

이러한 비판을 고려하여 만들어진 제도가 일반특혜관세제도(GSP: Generalized System of Preferences)이다. GSP는 1968년 2월 인도 뉴델리에서 열린 제2차 유엔 무역개발회의(UNCTAD) 총회에서 채택되어 시작되었으며 개발도상국의 수출확대와 공업화를 촉진하기 위한 제도이다. 구체적으로는 선진국이 개발도상국으로부터 수입하는 농수산품, 공산품의 제품 및 반제품에 대해 대가없이 일방적으로 관세를 면제하거나 최혜국세율보다도 저율의 관세를 부과함으로써 특혜대우를 하는 제도이다.

5. GATT의 한계

(1) 협정형식의 국제기구

당초 브레튼우즈 체제는 법적 기구 역할을 수행하는 국제무역기구(ITO: International Trade Organization)를 발족시키는 것이었다. 그러나 각국간의 의견대립으로 인하여 ITO가 발족하지 못하였고, 그 대신에 잠정적용협정(PPA: Protocol of Provisional Application) 형식으로 성립된 것이 GATT이다.

따라서 GATT는 무역자유화를 추구하기 위해 잠정적으로 적용되는 협정이었을 뿐이고 정식 국제기구의 성격을 갖추지 못했다. 반면에 같은 브레튼우즈 협정에 의해 창설된 IMF는 이사회와 관리기구가 조직, 운영되어 국제기구 성격을 갖추고 있다.

(2) GATT 규정의 구속력 미흡

GATT가 법적 기구가 아니기 때문에 국가간 무역마찰 및 분쟁이 발생한 경우 그것을 조정하거나 구속력을 발휘할 수 없었다. 즉 분쟁해결기구 DSB (Dispute Settlement Body)로서의 역할을 수행하지 못하였다.

특히 미국이 슈퍼(super) 301조 및 스페셜(special) 301조 등 통상법규를 제정하고 공산품 및 지식재산권의 불공정행위(unfair trade)에 대하여 상대국에 대하여 일방적으로 보복조치를 취하는 경우에도 이것을 제재하거나 규제할 기구나 힘이 없었다.

(3) 규정의 통일성 및 체계성 결여

GATT는 국제무역기구헌장(Havana Charter for the International Trade Organization)을 기초로 하여 성립되었다. 그런데 이 헌장은 각국의 의견을 집대성한 것이기 때문에 각국의 주장이 복잡하게 반영되어 있어 규정의 통일성 및 체계성이 결여되어 있다.

02 WTO

1. WTO의 창설

세계무역기구(WTO: World Trade Organization)는 1948년에 발족한 GATT를 대체해 1995년 출범한 국제기구로 본부는 스위스 제네바에 있다. WTO는 GATT의 8차 다자간 협상으로 추진된 우루과이라운드(Uruguay Round)의 최종의정서인 마라케시협정(Marrakesh Agreement)에 의해 창설이 결정되었다.

WTO 창설은 어떤 의미를 가지고 있는가? 다음 세 가지를 지적할 수 있다. 첫째는 47년간의 GATT 체제 종언을 의미하며 앞에서 지적한 GATT의 여러 가지 한계를 극복하였다는 점이다. 둘째는 브레튼우즈 협정에서 당초 설립하기로 하였던 법적 집행기구인 ITO가 WTO라는 이름으로 비로소 출범했다는 점이다. 셋째는 WTO 체제는 GATT 체제보다 광범위한 무역자유화를 목표로 하고 있어 1995년 WTO 출범이후 세계경제질서는 무한경쟁 체제에 돌입하였다는 점이다.

2. WTO의 주요원칙

(1) 차별없는 무역

첫째, 최혜국대우(MFN: Most Favored Nation Treatment) 원칙은 통상관계에

서 제3국에 부여하고 있는 제조건보다 불리하지 않은 대우를 다른 국가에도 부여한다는 것으로 회원국간 차별을 두지 않는 것을 의미한다. 최혜국대우원칙은 각국이 산업보호를 위해 관세장벽을 높이던 시대에 적용되던 기준으로 WTO 체제하에서는 사실상 대부분의 나라에 공통으로 MFN을 적용한다. 이러한 점을 반영하여 미국은 1997년 MFN 용어를 "정상무역관계(NTR: Normal Trade Relations)"로 변경하였다. 한편 협정 체결국에 대해서만 관세 및 비관세 장벽 완화를 목적으로 하는 FTA, 관세동맹 등은 최혜국대우원칙의 예외적인 조치라고 볼 수 있다.

둘째, 내국민대우(National Treatment) 원칙은 수입품에 대해 적용되는 내국세 및 국내규칙이 국내상품에 대해 부여하는 대우보다 불리하지 않는 대우를 부여한다는 것을 의미한다. 즉, 차별없는 무역을 실현하기 위해서는 외국으로부터의 수입품과 국내 상품을 동일하게 대우하여야 한다는 의미이다.

(2) 관세 및 비관세장벽의 완화

첫째, 자유무역 증진을 위해 관세를 인하하고 궁극적으로는 관세의 철폐를 지향한다. GATT 체제하 8차례의 다자간협상에서 상당한 수준의 관세인하를 추진한 것처럼 WTO 체제하에서도 그러한 노력을 지속적으로 추진한다는 내용이다.

둘째, 수량제한 금지 등 비관세장벽(Non Tariff Barriers)의 완화를 추진한다. GATT 체제하에서 뚜렷한 성과가 없었던 비관세장벽 완화를 WTO 체제에서 가시적인 성과를 목표로 추진한다는 것이다.

셋째, 쌀 등 일부 농산물의 관세화유예(delayed tariffication)에 대하여 관세화를 추진한다. 한국은 쌀 수입에 있어 2014년까지 최소시장접근(MMA)으로 전체수요의 8%까지 의무수입물량을 확대하기로 하고 관세화 유예조치를 받았다. 2015년 이후에는 쌀의 관세화 유예조치를 종료하고 쌀 수입자유화(쌀 관세화)로 전환하였다.

(3) 공정한 경쟁의 촉진

공정한 경쟁을 위한 룰을 잘 만들고 제대로 지키자는 것이다. 농산물 협정, 지식재산권 보호, 서비스 경쟁조건 향상, 정부조달의 구매규칙 강화 등을 목적으로 한다. 특히 상품분야에서 덤핑(dumping), 보조금(subsidy) 등 불공정무역(unfair trade)을 금지한다는 원칙이다.

이 부분에서 선진국과 개도국간 의견이 대립하는 측면이 있다. 일반적으로 선진국은 보다 강력한 불공정 무역 금지원칙을 주장하고 있는 반면 개도국은 경제발전을 위한 수출목표 달성을 위해 보다 완화된 규정 적용을 요구한다는 점이다.

GATT체제하에서 개도국의 불공정 무역에 대하여 미국 등 선진국의 일방적인 규제 및 분쟁이 있었으나 GATT는 이를 조정하거나 해결할 조직 및 힘이 없었다. 그러나 WTO 체제하에서는 분쟁해결기구 DSB(Dispute Settlement Body)가 만들어져 힘의 우위를 바탕으로 한 일방적인 조치는 힘들게 되었다.

(4) 경제개혁과 개발촉진

GATT체제와 달리 WTO체제에서 새롭게 포함된 내용이다. 앞에서 지적한 것처럼 GATT 체제하에서 개도국에 대한 무역증대 및 경제발전에는 별다른 영향이 없었다는 비판이 제기되었고 이에 대하여 WTO의 원칙에 개도국의 경제개혁과 개발촉진을 주요원칙으로 포함한 것이다.

WTO가 궁극적으로 자유무역을 목표로 하지만 개도국의 무역자유화 속도에 유연성을 부여하고 개도국의 경제개발을 지원한다는 내용이다. 이러한 개도국의 입장을 반영하여 WTO 첫 번째 다자간협상인 도하개발어젠다(Doha Development Agenda)에 개발(Development)이라는 용어가 삽입되었다.

3. WTO의 조직

WTO 조직에는 집행기구 성격의 각료회의(Ministerial Conference), 일반이사회(General Council)가 있으며 분쟁해결기구로서 DSB(Dispute Settlement Body)를 두고 있다. 각각에 대하여 간단히 살펴보면 다음과 같다.

(1) WTO 각료회의

WTO 각료회의(Ministerial Conference)는 최고의결기구이다. 각료회의는 모든 회원국의 대표로 구성되며 최소 2년에 1회 이상 개최된다. 각료회의 산하에 무역개발위원회, 국제수지위원회, 예산·재정·행정위원회가 있다.

WTO 각료회의는 다자간 무역협상 등 WTO의 가장 중요한 사항에 대하여 결정을 내릴 권한을 가지고 있다. WTO 제1차 각료회의는 1996년 싱가포르에서 개최되었으며 그 이후 2017년까지 11차례 개최되었다. 〈표 11-2〉는 WTO 각료회의 개최일정 및 주요 협의내용을 제시하고 있다.

표 11-2 WTO 각료회의 개최일정 및 주요 협의내용

구분	일시	개최지	주요 협의내용
제1차 각료회의	1996.12.9-13	싱가포르	• 4대 싱가포르 이슈(투자, 경쟁정책, 정부조달 투명성, 무역원활화)제기
제2차 각료회의	1998.5.18-20	스위스 제네바	• 3차 각료회의에서 뉴라운드의 협상범위, 방식, 일정 등을 결정하기로 함
제3차 각료회의	1999.11.30-12.3	미 국 시애틀	• 회원국간 의견차이가 많아 뉴라운드에 대한 합의 실패
제4차 각료회의	2001.11.9-14	카타르 도 하	• DDA에 관한 각료선언문 채택 • 중국과 대만의 WTO 가입승인
제5차 각료회의	2003.9.14-15	멕시코 칸 쿤	• DDA협상의 진전상황 중간점검 • 회원국간 의견차이 극심하게 표출
제6차 각료회의	2005.12.13-18	홍 콩	• DDA 협상진행을 위한 정치적 지침을 제시
제7차 각료회의	2009.11.30-12.2	스위스 제네바	• DDA의 전반적인 현황 점검 • 지속가능한 균형 성장 논의
제8차 각료회의	2011.12.15-17	스위스 제네바	• DDA 협상 의제들 중 합의 가능한 분야부터 협상을 진전시키는 협상방식 채택
제9차 각료회의	2013.12.3-6	인도네시아 발리	• DDA협상분야 중 무역원활화, 농업, 개발·최빈개도국 등 3개 분야 협상
제10차 각료회의	2015.12.15-19	케냐 나이로비	• DDA 3개 농업 분야 타결, 면화 수출 보조금 철폐, 최빈개도국(LDC) 우대
제11차 각료회의	2017.12.10-13	아르헨티나 부에노스아이레스	• 수산보조금, 전자상거래 분야에서 각료결정문 채택

(2) WTO 일반이사회

WTO 일반이사회(General Council)는 모든 회원국의 대표로 구성되며 필요에 따라 개최된다. WTO 일반이사회는 WTO 각료회의에서 결정된 사항을 집행하는 역할을 수행한다. 또한 각료회의의 비회기중에 각료회의 기능을 수행한다.

(3) WTO 분쟁해결기구

WTO 분쟁해결기구 DSB(Dispute Settlement Body)는 WTO 회원국 간의 무역 분쟁을 효과적으로 해결하기 위한 조직이다. 앞에서도 설명한 것처럼 GATT 체제하에서는 무역분쟁 및 무역마찰에 대한 자체적인 조직과 해결기능이 없었다.

그러나 WTO 체제하에서는 DSB가 설립되어 WTO 규정의 해석과 적용에 관한 분쟁을 최종적으로 해결할 수 있게 되었다. WTO 일반이사회가 회권국간 무역분쟁 및 무역마찰(Trade Dispute)을 위해 회의를 개최하면 그것이 곧 DSB 기능을 수행하는 것이다. 힘을 바탕으로 밀어붙이는 강대국에 대하여 무역 약소국들에게 공정한 판단의 기회를 보장해 준다.

4. WTO와 GATT의 비교

GATT는 1948년 이후 1994년까지 47년간 세계 자유무역의 첨병역할을 수행하였으며 WTO는 GATT를 대체하여 1995년 이후 새롭게 발족한 국제무역 총괄기구이다. 지금까지 설명하였지만 여기서 WTO와 GATT를 요약하여 비교 설명하면 다음과 같다.

첫째, GATT는 잠정적용협정(PPA: Protocol of Provisional Application)이지만, WTO는 법인격을 갖는 정식적인 국제기구라는 점이다. 둘째, GATT의 적용분야는 주로 상품이지만, WTO 적용분야는 상품외 서비스, 지식재산권 등을 포함한다. 셋째, GATT의 적용대상국가는 다가간협상 참가국으로 주로 선진국이지만,

표 11-3 GATT와 WTO의 비교

	GATT	WTO
출범 일시	1948.1.1	1995. 1. 1
법적 성격	잠정적용협정(PPA)	법인격을 갖는 법적 기구
적용 분야	상품(주로 공산품)	상품외 서비스, 지식재산권 포함
적용 대상국가	주로 선진국(다가간협상참가국)	WTO 전회원국
무역자유화 범위	관세인하에 주력	관세인하 및 비관세장벽 완화
분쟁해결	분쟁해결 기능 미약	분쟁해결기구(DSB) 처리

GATT의 적용대상국가는 선진국과 개도국을 모두 포괄하는 WTO 전회원국이다. 넷째, 무역자유화 범위에서 GATT는 주로 관세인하가 목적이지만, WTO는 관세인하 및 비관세장벽 완화를 목적으로 한다. 다섯째, 분쟁해결에서 GATT는 분쟁해결 기능이 미약하지만, WTO에서는 정식 분쟁해결기구(DSB)가 있어 기능이 강화되었다.

03 DDA

1. DDA 출범의 의의

(1) DDA의 출범

2001년 11월에 카타르(Qatar) 도하(Doha)에서 열린 제4차 WTO각료회의에서 새로운 다자간 무역협상인 도하개발어젠다(DDA: Doha Development Agenda)를 출범시켰다. 1995년 WTO 출범후 신라운드에 대한 필요성이 지속적으로 제기되었으며 여러차례의 각료회의 끝에 탄생한 것이 DDA이다.

당초 DDA 협상계획은 2005년 이전에 협상을 일괄타결방식이라는 방식으로 종료한다는 것이었다. 그러나 농산물에 대한 수입국과 수출국의 대립, 공산품 시장개방에 대한 선진국과 개도국간의 대립 등으로 인해 아직까지도 협상이 타결되지 못하고 있다.

(2) DDA 출범의 의의

첫째, DDA는 WTO체제하 첫 다자간 무역협상이다. GATT체제 이후로는 9번째의 다자간 무역협상으로서 UR협상을 능가하는 대규모 무역자유화 협상이다.

둘째, 개도국의 참여와 역할이 증대되었다. "개발(Development)"이라는 이름이 붙은 것은 GATT 다자간협상과는 달리 개도국의 개발에 중점을 두어야 한다는 개도국들의 주장을 반영했기 때문이다. WTO 내 개도국의 영향력이 증대되었음을 의미하며 협상의제선정에서도 개도국의 입장을 배려하였다.

셋째, 다자주의 체제의 강화를 의미한다. DDA의 출범을 통하여 제1차~제

3차 WTO 각료회의에서 나타났던 다자주의 위기감이 해소되었다는 점이다. 특히 시애틀 3차 각료회의 무산에 따른 WTO의 무력감을 극복하였다.

넷째, 중국이 국제통상무대의 전면에 나섰다는 점이다. 제4차 WTO 각료회의에서 DDA 출범과 함께 중국과 대만의 가입이 결정되었다. 세계경제대국으로 부상한 중국의 영향력이 절대적으로 중요하게 되었음을 의미한다.

2. 협상내용 및 경과

DDA의 협상의제는 ① 농산물, 비농산물(공산품 및 임수산물), 서비스 시장의 개방, ② 반덤핑, 보조금, 지역협정, 분쟁해결에 대한 기존 WTO 협정의 개선, ③ 무역원활화, 환경, 개발 그리고 지식재산권 등 크게 세 그룹으로 나누어진다. 그리고 효과적인 협상 타결을 위하여 농산물, 비농산물, 서비스, 규범(반덤핑·보조금·지역협정), 환경, 지식재산권, 분쟁해결, 무역원활화, 개발 분야에 대해 각각 협상 그룹이 설치되어 2002년부터 본격적인 협상이 진행되었다.

(1) 농산물 부문 협상

농산물 부문 협상에서는 수출시장접근의 실질적 개선(substantial improvement), 수출보조의 단계적 폐지(phasing-out), 국내보조의 실질적 감축(substantial reduction)을 목표로 진행되고 있다.

미국과 Cairns Group(아르헨티나, 캐나다, 태국, 필리핀 등 현재 19개국) 등 농산물 수출국과는 달리 농업생산기반이 취약한 한국, 일본, EU, 스위스, 노르웨이 등 농산물 수입국들의 주장을 반영하여 협상시 농산물은 비교역적 관심사항(NTC: Non-Trade Concerns)이라는 인식을 가지고 출발하였다.

비교역적 관심사항이란 농산물 수입개방은 일개 산업에 관한 문제가 아니라 정치·사회적으로 영향력이 큰 국가적인 문제라는 의미이며 농산물은 WTO 원칙에서 추구하는 자유무역주의와는 별도로 취급하여야 한다는 논리이다.

(2) 비농산물(공산품) 부문의 협상

비농산물(공산품) 시장접근(NAMA: Non-Agricultural Market Access) 부문은 농산물이 아닌 물품으로서 주로 공산품이 이에 해당하나 수산물, 임산물 등 1차산품도 포함된다. 모든 비농산물의 관세 및 비관세장벽의 완화(또는 철폐)를 목적으로 진행되고 있다.

구체적으로 고관세(high tariff: 주로 개도국에서 관세율이 높은 품목), 관세정점(tariff peak: 선진국에서도 국내산업보호를 위해 관세율이 높은 품목), 경사관세(tariff escalation: 가공단계별로 관세율이 차이가 있음) 등에 대한 개선에 중점을 두고 있다.

(3) 서비스 분야

서비스분야의 주요쟁점은 미국, 유럽 등 선진국은 개도국 서비스 시장의 폭넓은 개방을 요구하고 있는 반면, 선진국에 비해 서비스 경쟁력이 떨어지는 개도국은 서비스 시장 개방에 소극적이다.

서비스 협상에서는 12개 분야(사업, 통신, 건설, 유통, 교육, 환경, 금융, 보건·사회, 관광, 오락·문화·스포츠, 운송, 기타 서비스) 및 155개 세부 업종을 대상으로 진행되고 있다. 서비스무역에 관한 일반협정(GATS) 부속서에 명시적으로 협정대상에서 제외하기로 한 항공운송권을 제외하고 모든 서비스 산업이 협상대상이다.

3. DDA 주요쟁점

(1) 주요쟁점

DDA 협상의 핵심 쟁점은 이른바 '3角쟁점'(triangle issues)으로 불리는 ① 미국의 농업 보조금 감축, ② EU의 농산물 수입관세 인하, ③ 개도국의 공산품 관세감축 등이다. 이들 세 가지 쟁점은 DDA협상을 이끌고 있는 3대 세력(미국, EU, 개도국)의 이해관계와 밀접히 연관되어 있다.

첫째, 미국의 농업보조금 감축 문제에서는 미국의 경우 유럽·일본 등 여타 선진국에 비해 농업보조금 지급 규모가 커 추가 감축에 어려움이 있다고 주장한다. 둘째, EU의 농산물 관세 감축 문제에서는 EU의 핵심 농산물인 낙농품, 밀, 포도주 등이 상대적으로 고관세이기 때문에 추가적인 관세감축에 어려움을 호소한다. 셋째, 개도국의 공산품 관세 감축 문제에서는 제조업 분야에서의 고성장을 유지하고자 하는 중국, 브라질, 인도 등 BRICs국가의 경우 경쟁력이 취약한 공산품 부문의 관세 감축폭 확대를 반대하는 입장이다.

(2) 기타 협상타결이 어려운 이유

이러한 주요쟁점사항과 함께 DDA 협상타결이 어려운 이유로서, ① 참가국들의 이해관계가 첨예하게 대립하는 농업과 서비스 등을 주요 의제로 채택했다는 점, ② UR협상보다 더욱 진전된 자유무역을 추구함으로써 당사국간 의견조율이 어렵다는 점, ③ 참가국이 종전 다자간 무역협상 때보다 크게 늘어난 데다 개도국의 발언권이 강화됨으로써 선진국과 개도국간 대립이 심화되었다는 점 등이 있다.

4. DDA 협상방식

DDA 협상방식은 일괄타결방식(Single Undertaking)으로서 전체협상을 하나의 패키지(package)로 간주하여 진행하는 방식이다. 즉, 최종적으로 모든 분야에 대해 동시에 합의를 추구하는 방식(Nothing is agreed, until everything is agreed)이다.

이 협상방식은 분야별 트레이드오프(trade-off)를 가능하게 함으로써 주고받기식으로 타결을 촉진할 수 있지만 일괄타결하여야 하므로 최종 협상타결이 어려운 것이 특징이다.

┌ 04 WTO와 한국무역

제2절에서 살펴본 바와 같이 WTO의 중요한 원칙은 최혜국대우(MFN: Most Favored Nation Treatment)원칙과 내국민대우(National Treatment)원칙을 통하여 차별없는 무역을 구현하고 관세 및 비관세장벽을 완화하여 한 차원 높은 무한경쟁의 자유무역을 실현하는 것이다. 우리나라는 매우 높은 대외무역의존도를 나타내고 있는 국가로서 기본적으로 WTO가 추구하는 자유무역체제의 확대와 강화가 한국 경제에 긍정적인 효과를 가져올 수 있다는 인식을 가지고 있다.

WTO의 새로운 다자간 협상인 DDA의 부문별 자유화에 있어 한국이 경쟁력 우위에 있는 공산품 및 일부 서비스 분야에서는 다른 국가의 실질적인 시장 개방을 추구하고 있는 반면, 한국이 경쟁력 열위에 있는 농업 분야에서는 자유화의 폭과 속도를 적절히 조절하도록 점진적인 시장개혁이 필요하다는 입장을 가지고 있다.

1. 농산물 분야

(1) 개요

DDA 농업협상은 수입선진국 그룹, 수출선진국 그룹, 수출개도국 및 수입개도국 그룹으로 크게 나뉘어 각자 다른 입장을 나타내고 있다. EC, 일본, 스위스, 노르웨이 등 수입선진국 그룹은 점진적인 자유화를 원하고 있는 반면 호주, 뉴질랜드 등 수출선진국들은 대폭적인 관세감축과 보조금 감축을 주장하고 있다. 미국은 자신들의 보조금 유지를 희망하지만 관세감축에 있어서는 공세적인 입장을 취하고 있다. 개도국들은 선진국의 보조금 감축을 요구하면서 개도국에게는 상당 수준의 특혜가 필요하다는 입장이다.

(2) 한국의 입장 및 영향

한국의 경우 현재 인도와 중국 등 수입개도국들과 함께 자국 농민 보호를 위해서 중요한 품목에 대해서는 특별히 예외적인 대우가 필요하다는 입장이다. 즉, 한국은 농업분야에서 점진적인 시장 개방이 바람직하다는 기본 입장을 가지고 있다.

한국 무역에 대한 영향을 보면 쌀의 경우는 DDA 협상과는 별도로 2014년까지 관세화 유예 조치에서 벗어나 관세화를 통한 수입자유화 조치를 취하였다. 문제는 기타 농산물의 자유화인데 한국의 농산물 평균 관세율은 60%정도로 OECD 회원국 평균의 2배 수준이므로 DDA 협상타결시 대폭적인 인하 가능성이 있다. 이 경우 기타 농산물의 수입급증이 예상된다.

2. 비농산물(공산품) 분야

(1) 개요

NAMA(Non-Agricultural Market Access)로 불리는 비농산물 시장접근 협상의 이슈는 관세장벽 해소문제, 개도국에 대한 신축성 부여 문제, 비관세장벽의 해소 문제 등이다.

첫째, 관세장벽 해소 문제는 감축되는 관세 수준과 특정 분야 관세의 완전 철폐에 대한 논의이다. 둘째, 개도국 신축성 이슈는 개도국의 경우 선진국에 비해 덜 감축하는 방안과 관세감축공식 적용시 일정 부분에 대한 예외를 인정해주는 방안에 대해 선진국과 개도국간의 논의가 이루어지고 있다. 셋째, 비관세장벽 해소 문제는 현행 비관세장벽에 대해 다자 차원에서 해소할 수 있는 방안과 향후 예상되는 비관세장벽 해소를 위한 다자차원의 메커니즘에 대해 논의가 이루어지고 있다.

(2) 한국의 입장 및 영향

높은 무역의존도를 기록하고 있고 상품수출(merchandise export) 세계 6위국인 한국은 비농산물 분야에서 WTO 다자무역체제의 최대 수혜국 중 하나이다. DDA 협상의 결과로 전세계적으로 비농산물 분야의 관세 장벽이 감축 또는 철폐됨으로써 시장개방이 확대될 것을 기대하고 있다. 이러한 맥락에서 우리나라는 과감한 관세감축을 지향하는 관세감축공식을 지지하고 있다.

한국무역에 대한 영향을 보면 자동차, 전자, 선박, 반도체 등 한국의 주요수출상품은 글로벌 경쟁력을 가지고 있다. 따라서 DDA 협상 타결에 따른 관세 인하로 이들 제품의 관세율이 인하되면 한국의 수출은 긍정적인 영향을 미칠 것으로 보인다. 특히 BRICS 등 경제규모가 크고 관세율이 높은 국가에 대한 수출이 관세 인하로 인하여 크게 증가할 것이다. 반면에 섬유제품, 신발 등 경공업제품의 경우는 한국제품의 경쟁력이 취약하므로 수입증가는 피할 수 없다.

3. 서비스 분야

(1) 개요

DDA 서비스협상은 서비스무역에 관한 일반협정(GATS: General Agreement on Trade in Services)에 의거하여 주기적으로 협상을 하도록 규정되어 있는 이른바 "기설정 의제"(built-in agenda)로 불린다.

따라서 DDA 출범 이전에 이미 WTO 차원에서의 협상이 진행되고 있었고, DDA 출범에 따라 DDA 협상의 일부가 된 것이다. 서비스 협상은 전체 12개 분야(사업, 통신, 건설, 유통, 교육, 환경, 금융, 보건·사회, 관광, 오락·문화·스포츠, 운송, 기타 서비스), 155개 세부 업종을 대상으로 진행되고 있다.

그런데 서비스협상은 다음 두 가지 면에서 농업, 비농산물 등 타 협상 분야와 차이가 있다. 첫째, 자국이 원하는 분야만을 개방할 수 있도록 신축적으로 추진하는 이른바 포지티브 방식(positive system)을 취하고 있다는 점이다. 둘째, 서비스 협상은 각국이 스스로 시장개방계획안을 제출하고, 여러 교역 상대국에 대해 같은 수준의 시장개방을 요구하는 과정을 반복하는 양자협상(request/offer approach) 방식을 채택하고 있다.

(2) 한국의 입장 및 영향

한국은 미국, EC, 일본, 호주 등 총 36개국에 대해 시장개방요청서를 제출하였고, 25개국으로부터 양허요청서를 접수하였다. 한국은 주요 교역 상대국 및 우리 기업의 진출 가능성이 큰 개도국들에 대해 비교적 경쟁력이 있다고 판단되는 해운, 건설, 통신, 금융, 유통 등 소위 5대 인프라서비스(infrastructure service)에 대한 시장개방요청서를 제출하였다.

반면에 미국 등 서비스 부문 경쟁력이 높은 회원국들은 한국에 대해 개방 수준이 낮은 보건·의료, 교육, 우편 서비스 등에 대해 추가적인 시장개방을 요청하고 있는 상황이다.

Keyword

브레튼우즈 체제(Bretton Woods System)
GATT(General Agreement on Tariffs and
   Trade)
IMF(International Monetary Fund)
IBRD(International Bank for
   Reconstruction and Development)
WTO(World Trade Organization)
금환본위제
다자간협상(Round)
도쿄라운드(Tokyo Round)
UR(Uruguay Round)
GSP(Generalized System of Preferences)
잠정적용협정(PPA)

최혜국대우(MFN: Most Favored Nation
   Treatment) 원칙
내국민대우(National Treatment) 원칙
관세화유예(delayed tariffication)
불공정무역(unfair trade)
WTO 각료회의
DSB(Dispute Settlement Body)
도하개발어젠다(DDA)
비농산물(공산품) 시장접근(NAMA:
   Non-Agricultural Market Access)
일괄타결방식(Single Undertaking)
서비스무역에 관한 일반협정(GATS: General
   Agreement on Trade in Services)

Exercise

01 브레튼우즈 체제(Bretton Woods System)에 대하여 설명하시오.
02 GATT의 다자간 협상에 대하여 토론하시오.
03 GATT의 성과와 한계는 무엇인가?
04 WTO의 주요 원칙을 설명하시오.
05 GATT와 WTO를 비교하여 토론하시오.
06 DDA 출범의 의의는 무엇인가?
07 DDA 협상내용에 대하여 설명하시오.
08 WTO/DDA가 한국무역에 미치는 영향에 대하여 토론하시오.

01 **지역무역협정 개요**

1. 개념 및 용어

(1) 정의

경제통합(Economic Integration)에 대하여 발랏사(B. Balassa)는 "각 국민경제에 속한 경제 주체간의 차별을 제거하기 위한 모든 조치"라고 정의했고, 틴버겐(J. Tinbergen)은 "경제가 최적상태로 운영되는 것을 저해하는 인위적 장벽을 제거하여 바람직한 경제구조를 형성하는 것"이라 정의했다. 이러한 정의를 종합하면 경제통합이란 국가간 교류장벽을 제거하여 경제적으로 통합하는 조치를 의미한다.

(2) 용어

이러한 의미의 경제통합에는 여러 가지 유사표현이 존재한다. 즉, 지역무역협정(RTA: Regional Trade Agreement), 지역주의(Regionalism), 경제블럭(Economic Bloc) 등이 그것이다. 세계무역을 총괄하는 WTO는 경제통합의 협정(Agreement) 측면을 강조하여 공식적으로 "지역무역협정(RTA)"이라는 용어를 사용한다.

그리고 지역무역협정(RTA)에 대하여 "자유무역지대 또는 관세동맹을 통하여 지역 내 무역을 자유화하고 촉진하기 위한 정부의 조치(actions by governments to liberalize or facilitate trade on a regional basis sometimes through free-trade areas or customs unions)"라고 정의한다. 이들 용어는 특별한 구별 없이 거의 유사한 의미로 사용되고 있다.

한편, FTA의 중요성을 강조하는 말이 FTA 용어에 빗대어 생겨났다. Fruit To All(모두의 이익), Fast Track To Advancement(발전의 지름길) 등이다. 이는 FTA 체결을 통하여 해당 국가의 무역확대 및 경제성장 촉진 등의 긍정적 효과가 나타나기 때문이다.

2. 최근 지역무역협정의 특징

(1) 메가 FTA 증가

메가(Mega) FTA란 여러 나라가 참여하는 FTA를 의미한다. 유럽지역의 EU와 미주지역의 NAFTA가 대표적인 메가 FTA이다. 최근 이러한 메가 FTA 협상이 증가하는 추세이다. 아시아지역의 RCEP(역내 포괄적 경제동반자 협정), 환태평양지역의 CPTPP(포괄적·점진적 환태평양경제동반자협정) 그리고 유럽과 미주지역의 TTIP(범대서양무역투자동반자협정) 등이다. 스파게티볼 효과(Spaghetti bowl effect)는 여러 나라와 각각 FTA 체결시 국별 원산지규정, 통관절차, 표준 등의 차이로 인하여 시간과 인력 등 거래비용이 증가(기대효과 반감)되는 현상을 의미한다. 그런데 메가 FTA는 여러 나라와 한꺼번에 체결하기 때문에 이러한 거래비용 증가 등을 회피할 수 있다.

(2) 지역무역협정의 대상 범위 확대

종전에는 FTA(Free Trade Agreement) 등 지역무역협정의 협상대상이 주로 공산품의 관세인하 등을 목표로 하였다. 그러나 최근 들어서는 지역무역협정의 협상대상이 서비스, 지식재산권(Intellectual Property Rights), 농업, 정부조달협정(Government Procurement Agreement), 투자, 기술표준화 등 여러 가지 분야로 확대되고 있다.

(3) 지역무역협정 개수의 증가(increase)

FTA 등 지역무역협정을 체결한 당사국은 반드시 그 체결 사실을 WTO에 통보(notify)하도록 되어 있다. 이에 따라 WTO 웹사이트(www.wto.org)를 통해서 전세계 지역무역협정의 수를 파악할 수 있다. 2017년 말 WTO에 통보된 전체 지역무역협정 수는 450건(발효기준)으로 나타났다. 특히 1990년대 이후 지역무역협정이 급격하게 증가하는 추세이다.

(4) 지역무역협정 회원국 수의 확대(enlargement)

EU의 경우 2004년에 동유럽 10개국이 가입하여 25개국이 되었다. 그 이후 2007년에 루마니아와 불가리아가 가입하였고 2013년 크로아티아가 추가로 가입하여 현재 EU의 총 회원국은 28개국으로 늘어났다. 미주지역의 경우 북미지역의 NAFTA(North American Free Trade Agreements)와 남미지역 경제통합체 등 2개 지역을 통합하는 FTAA(Free Trade Area of the Americas) 형성을 목표로 하고 있으며 FTAA가 타결되면 회원국 수가 크게 늘어날 것이다.

(5) 지역무역협정의 결속도 심화(deepening)

경제통합의 결속도가 깊어지는 것을 의미한다. 유럽의 경우 당초 느슨한 형태의 경제통합인 EEC(European Economic Community)에서 출발하여 1967년 EC(European Community), 1992년 EU(European Union)로 변화되면서 통합의 결속도가 점차적으로 높아졌다. 또한 정치·안보적 목적으로 출발하였던 동남아시아국가연합(ASEAN)의 경우도 2015년 말에 동남아시아의 EU(유럽연합)를 최종 목표로 하는 아세안 경제공동체 AEC(ASEAN Economic Community)를 결성하였다.

3. 지역무역협정의 확산이유

(1) 세계경제대국 미국과 중국의 관심

전후 자유무역중심의 세계경제질서를 주도하였던 미국은 기본적으로 전세계의 자유무역을 추진하는 다자주의 통상정책을 고수하여 왔다. 그러나 결론 도출에 시간이 많이 걸리는 다자주의 통상정책으로는 미국의 대규모 무역적자를 극복하고 미국의 이익을 추구하는 데 불충분하였다. 이에 따라 전세계의 자유화가 아닌 일부 국가간의 자유화를 통해 미국의 이익을 추구하는 것이 필요하다는 인식을 하게 되었다. 이러한 점을 반영하여 지역무역협정에 소극적인 입장이었던 미국이 1990년대 이후 적극적 입장으로 선회하였고 이것이 세계적인 경제통합 움직임에 상당한 파급효과를 불러 일으켰다.

한편, 세계 제2위 경제대국 중국은 세계의 공장(World Factory)을 지속적으로 유지하기 위하여 글로벌 공급망(Global Value Chain)을 안정적으로 확보하는 것이 중요한 과제이다. 따라서 FTA 체결에 관심을 가지게 되었고 특히 한중 FTA, RCEP 등 동아시아 경제통합을 적극적으로 추진하고 있다.

(2) WTO 다자간 무역체제의 한계

GATT 체체하 UR 협상이 너무나 오랜 시간이 걸려 타결되었고 WTO의 DDA(Doha Development Agenda)협상이 교착상태에 빠지는 등 다자간 무역체제의 한계가 나타났다. 특히 WTO DDA 협상은 회원국이 너무 많고 협상 분야가 다양하기 때문에 국가간 협상을 타결하는 데 더욱 많은 시간이 걸린다.

따라서 다자간 협상은 급속도로 변화하는 통상환경 속에서 비롯되는 새로운 광범위한 무역자유화 요구에 즉각적으로 대응하는 데 있어 한계가 있다. 이에 협상이 용이하고 상대적으로 단기간에 타결이 가능한 FTA 등 지역무역협정을 선호하게 된 것이다.

(3) 기업의 세계화

이제 세계경제의 주체는 국가가 아닌 글로벌 기업을 비롯한 개별 기업으로 변화되어가는 추세이다. 기업의 세계화로 인해 탄생한 다국적 또는 초국적 기업들은 전 세계적인 무역자유화보다는 자신의 거점 국가의 관세인하나 무역장벽 철폐를 위한 지역무역협정에 더 많은 관심을 보이게 되었다.

예를 들면 한국의 삼성전자, 현대자동차 등 다국적기업은 중국, 미국, EU 등 거대시장과의 FTA 체결을 통하여 시장접근이 용이해지는 것을 선호하게 되고 이것은 국가의 통상정책에 영향을 미치게 된다.

┌─ **02 경제통합의 유형**

1. 개요

경제통합의 형태는 역내 결속도 정도, 시장결합의 방법 등 역내 경제협력방법의 차이와 정도에 따라 기관 및 연구자별로 다르게 분류되고 있다. 발랏사(B. Balassa)와 틴버겐(J.Tinbergen)은 각각 5가지 유형으로 분류한다. WTO는 4가지 유형으로 분류하고 UN은 7가지 유형으로 분류한다.

표 12-1 기관 및 연구자별 경제통합 유형

구 분	유 형	
발랏사(B. Balassa)	① 자유무역협정(FTA) ③ 공동시장 ⑤ 완전경제통합	② 관세동맹 ④ 경제동맹
틴버겐(J.Tinbergen)	① 수량제한의 특혜적용 ③ 자유무역지역 ⑤ 경제동맹	② 부분적 통합 ④ 관세동맹
WTO	① 자유무역협정(FTA) ③ 관세동맹	② 서비스협정 ④ 개도국간특혜협정
UN	① 장기무역협정 및 계약 ③ 수량제한의 특혜적 적용 ⑤ 자유무역지역 ⑦ 경제동맹	② 관세율의 특혜적 적용 ④ 부문간의 통합 ⑥ 관세동맹

2. 발랏사의 분류

이 중에서 발랏사(B. Balassa)의 경제통합 분류가 가장 많이 활용되고 있다. 경제통합 발전단계에 따라 ① 자유무역지역(free trade area 또는 free trade agreement), ② 관세동맹(customs union), ③ 공동시장(common market), ④ 경제동맹(economic union), ⑤ 완전경제통합(complete economic integration)으로 구분한다.

(1) 자유무역협정(FTA)

자유무역협정(Free Trade Agreement)은 역내에 대해서는 무역장벽(관세 및 비관세장벽)을 철폐하여 자유무역을 실시하고, 대외적으로는 각국이 독자적인 관세정책 및 무역제한조치를 취하는 형태의 경제통합을 의미한다. FTA의 대표적인 사례로서는 북미지역의 NAFTA(북미자유무역협정), 유럽지역의 EFTA(유럽자유무역협정) 등을 들 수 있다.

(2) 관세동맹(Customs Union)

관세동맹(Customs Union)은 역내에서 자유무역을 한다는 점에서는 FTA와 비슷하지만, 더 나아가 역외에 대해서는 공통의 수입관세를 부과하는 대외공동관세정책(CET: Common External Tarrif) 등 공동무역정책을 취하는 것이다. EEC(유럽경제공동체), BENELUX 관세동맹이 관세동맹의 전형적인 예이다.

(3) 공동시장(Common Market)

공동시장(Common Market)은 관세동맹이 더 발전하여 역내에서는 재화뿐만 아니라 노동, 자본 등 생산요소의 자유이동이 보장되며, 역외에 대해서는 각국이 공통의 관세제도를 채택하고 있는 형태의 경제통합이다. 남미지역의 MERCOSUR(남미공동시장)과 중미지역의 CACM(중미공동시장)이 공동시장의 예이다.

표 12-2 발랏사의 경제통합 유형

역내 관세/비관세 장벽 철폐	역외 대외공동 관세(CET)	역내 생산요소 자유이동 보장	역내 공동경제 정책 수행	초국가적기구 설치 운영
자유무역협정(FTA)				
관세동맹(customs union)				
공동시장(common market)				
경제동맹(economic union)				
완전경제통합(complete economic integretion)				

(4) 경제동맹(Economic Union)

경제동맹(Economic Union)은 공동시장형태에서 더욱 진전하여 역내 재화 및 생산요소의 자유이동과 역외 공통관세 이외에도, 역내 공통의 거시경제정책, 금융재정정책을 취하는 형태의 경제통합이다. EU(유럽연합)의 전신인 EC(유럽공동체)가 지향했던 단계이다.

(5) 완전경제통합(Complete Economic Integretion)

최종단계인 완전경제통합(Complete Economic Integretion)은 초국가기관을 설치하여 각 가맹국의 모든 사회, 경제정책을 조정, 통합, 관리하는 형태의 통합을 의미한다. 아직 이에 해당하는 경제통합은 없으며 EU(유럽연합)가 완전경제통합을 목표로 하고 있다.

3. WTO의 분류

FTA 등 지역무역협정(RTA)을 체결한 당사국은 반드시 그 체결 사실을 WTO에 통보하여야 한다. 그리고 WTO는 그 통보결과를 RTA Database(www.wto.org)를 통하여 자유무역협정(FTA), 서비스협정(EIA), 관세동맹(CU), 개도국간특혜협정(PSA) 등 4가지로 분류하여 발표하고 있다. 자유무역협정(FTA)과 관세동맹(CU)은 앞에서 설명하였으므로 여기서는 나머지 두 가지에 대해서만 설명하기로 한다.

(1) 서비스협정(EIA)

서비스협정(Economic Integration Agreement)은 상품이 아닌 서비스에 관한 협정을 의미한다. 일반적으로 FTA가 체결될 때는 서비스 개방도 동시에 논의되고 협정이 체결되는 경우가 많다. 이때 WTO 통계에서는 각각 FTA와 서비스협정(EIA)으로 중복하여 집계하는 것이다. 예컨대 한·칠레 FTA의 경우 FTA 1건, 서비스협정 1건 등 총 2건으로 집계된다.

(2) 개도국간 특혜협정(PSA)

개도국간 특혜협정(Partial Scope Agreement)은 개도국간 경제협력을 위한 지역협정을 말한다. 방콕협정과 같은 개도국간 특혜협정은 GATT 24조 혹은

GATS 5조의 조건 즉, 실질적으로 모든 무역 및 서비스의 자유화 조건을 충족하지 않아도 되는 경제통합 유형이다. 방콕협정은 아태 지역에 속한 개도국들이 무역확대를 통한 경제발전을 도모하기 위해 체결한 무역협정을 말한다. 이것은 부분적 범위 내의 자유화 협정이기 때문에 PSA(Partial Scope Agreement)라는 용어를 사용한다.

─ 03 지역무역협정 현황

1. 세계 RTA 현황

세계 각국 및 지역은 FTA 등 지역무역협정(RTA, Regional Trade Agreement)이 체결되면 WTO에 통보하도록 되어 있다. WTO 웹사이트(www.wto.org)의 RTA데이터베이스(RTA Database)에 따르면 WTO에 통보된 지역무역협정의 수는 2017년 말 현재 450건(발효기준)으로 나타났다.

시기별로는 WTO가 창설된 1995년을 기점으로 하여 국제지역주의 움직임이 뚜렷하게 증가하였다. 건수 기준으로 WTO에 통보된 지역무역협정(RTA) 450건 가운데 90% 정도가 1995년 이후 발효되었으며 특히 21세기 이후 지역무역협정의 증가추세가 더욱 빠른 것으로 나타났다.

유형별로는 RTA 가운데 자유무역협정(FTA)이 248건으로 가장 높은 비중(55.1% 비중)을 차지하고 있으며 통상적으로 FTA와 함께 체결되는 서비스 협정(EIA: Economic Integration Agreement)이 150건(33.3% 비중)으로 나타났다. FTA보다 경제 통합 수준이 높은 관세동맹(Customs Union)은 29건(6.4% 비중), 일부 품목의 부분적인 개방을 주된 내용으로 하는 개도국간 특혜협정(PSA: Partial Scope Agreement)이 23건(5.1% 비중)으로 파악되었다.

2. 한국의 FTA 추진현황

우리나라는 2003년 처음으로 한 칠레간 FTA를 체결한 이후, 신성장동력을 창출하고 동아시아 FTA 허브국가를 달성한다는 취지하에 미국, EU, 중국 등 거대경제권을 비롯한 세계 여러 나라와 FTA를 적극적으로 추진하고 있다. 이러한 FTA 체결 증가에 힘입어 이들 나라와의 무역이 증가 추세를 보이고 있다.

FTA 경제영토는 세계 전체 GDP에서 차지하는 FTA 체결 국가 GDP 합계가 얼마나 되는가(비중)를 계산한 것이다. 한국은 2014년 중국과의 FTA 타결에 힘입어 기존 61%에서 75%로 상승하였다. 세계 1위 경제대국인 미국, 세계 2위 경제대국인 중국, 세계 최대 경제권인 EU와 FTA를 체결하였기 때문이다. 경제영토 세계 1, 2위는 우리나라보다 앞서 EU, 미국, 중국과 FTA를 체결한 칠레(경제영토 85%)와 페루(78%)가 차지하고 있다. 4위는 멕시코, 5위는 코스타리카이다.

한국의 FTA 추진현황은 〈표 12-3〉에서 제시하는 바와 같다. 여기서 EFTA는 유럽자유무역연합(European Free Trade Association)으로 4개국(노르웨이, 아이슬란드, 스위스, 리히텐슈타인)으로 구성되어 있다. CEPA는 포괄적 경제동반자 협정(Comprehensive Economic Partnership Agreement)을 의미하는데 우리나라는 인도와 처음으로 체결하였고 FTA와 유사한 것으로 보면 된다.

3. 중국의 FTA 추진현황

2013년 시진핑(習近平) 정부의 출범 이후 그동안의 지리적 인접 국가 및 자원확보 중심의 FTA 수준을 넘어 세계 여러 나라로 FTA 외연을 넓혀가고 있다. 중국은 한·중·일 FTA, RCEP, GCC 등 다자간 FTA 협상에도 적극적으로 참여하고 있어 향후 중국의 FTA 네트워크가 더욱 넓어질 것으로 기대된다.

한편 RCEP는 역내 포괄적 경제동반자 협정(Regional Comprehensive Economic Partnership)으로 중국이 주도하고 있으며 미국을 견제하기 위한 아시아 역내 지역경제통합 움직임 중의 하나이다. 현재 협상중인 회원국은 16개국으로 ASEAN 10, 동북아시아 3(China, Japan, Korea), 오세아니아 2(Australia, New Zealand), 그리고 인도이다.

4. 일본의 FTA 추진현황

아베노믹스(Abenomics)를 추진하고 있는 일본 정부는 FTA 분야에서도 최근 적극적인 행보를 보이고 있다. 특히 일본은 FTA 대신 EPA라는 용어를 사용하고 있는데 EPA는 경제협력협정(Economic Partnership Agreement)을 의미한다. FTA는 무역자유화를 위한 무역장벽의 제거에 초점을 맞추고 있는 반면에, EPA는 투자, 인적자원의 이동, 정부조달, 비즈니스환경 정비, 국가간협력강화 등 협상범위가 넓다는 특징이 있다.

한편 환태평양경제동반자협정 TPP(Trans Pacific Partnership)는 당초 미국이 주도하였지만 미국이 탈퇴하고 현재는 일본이 주도하는 CPTPP(Comprehensive and Progressive Trans Pacific Partnership: 포괄적·점진적 환태평양경제동반자협정)로 명칭이 변경되었다. 현재 TPP 회원국은 11개국으로 미주지역 4개국(Canada, Mexico, Peru, Chile), 오세아니아 2개국(Australia, New Zealand), 아시아 5개국(Japan, Malaysia, Singapore, Vietnam, Brunei) 등이다.

5. 미국의 FTA 추진현황

1994년 미국, 멕시코, 캐나다 3국의 NAFTA(North American Free Trade Agreement: 북미자유무역협정)가 발효되었다. 그런데 미국 트럼프 행정부 출범 이후 미국의 요청으로 3국간 NAFTA 재협상이 추진되었다. 그리고 2018년에 재협상이 타결되어 NAFTA는 USMCA(US Mexico Canada Agreement: 미국 멕시코 캐나다 협정)라는 이름으로 새롭게 태어났다.

한편 2013년부터 본격적으로 논의가 시작된 미국과 EU와의 FTA인 TTIP (Transatlantic Trade and Investment Partnership: 범대서양무역투자동반자협정)는 미국과 유럽이라는 양대 경제권간에 이루어지는 FTA라는 측면에서 세계최대 규모의 시장이 형성될 것으로 기대되고 있다. 미국과 EU의 FTA는 관세 인하, 비관세장벽 철폐 등 양측간의 무역장벽 완화가 주목적이지만 이것 외에 세계 통상질서의 변화 및 규범에 영향을 주는 분수령이 될 것이라는 측면에서 세계적으로 이목이 집중되고 있다. 한편 2012년 한미 FTA가 발효되었는데 이것도 미국의 요청으로 2018년에 재협상 후 개정 합의되었다.

6. 멕시코의 FTA 추진현황

멕시코는 한국과 경제규모가 비슷하고 양국 모두 미국이라는 거대경제권과 FTA를 체결하였다는 측면에서 주목할 필요가 있다. 멕시코는 또한 한국과 같이 FTA 허브국가를 지향하고 있으며 이러한 노력의 결과 FTA 경제영토가 한국의 세계 3위에 이어 세계 4위를 기록하고 있다.

멕시코는 NAFTA 국가인 미국 및 캐나다에 대한 대외의존도가 매우 높아 무역상대국의 다각화를 꾀하고 있으며 이를 위해 공격적인 FTA 정책을 추진해 왔다. 멕시코는 페루, 칠레, 콜롬비아 등과 함께 포괄적인 경제 통합과 아시아 지역과의 연계 강화를 지향하는 태평양동맹(Pacific Alliance)에 참여하고 있다.

표 12-3 　주요국의 FTA 추진현황(발효기준)

구 분	FTA 현황
한 국	칠레 FTA, 싱가포르 FTA, EFTA FTA, ASEAN FTA, 인도 CEPA, EU FTA, 페루 FTA, 미국 FTA, 터키 FTA, 호주 FTA, 캐나다 FTA, 중국 FTA, 뉴질랜드 FTA, 베트남 FTA, 콜롬비아 FTA, 중미 FTA
중 국	태국 FTA, 홍콩 CEPA, 마카오 CEPA, ASEAN FTA, 칠레 FTA, 파키스탄 FTA, 뉴질랜드 FTA, 싱가포르 FTA, 페루 FTA, 코스타리카 FTA, 대만 ECFA, 아이슬란드 FTA, 스위스 FTA, 한국 FTA, 호주 FTA, 조지아 FTA, 몰디브 FTA
일 본	싱가포르 EPA, 멕시코 EPA, 말레이시아 EPA, 칠레 FTA, 태국 EPA, 인도네시아 EPA, 브루나이 EPA, 필리핀 EPA, ASEAN EPA, 스위스 EPA, 베트남 EPA, 인도 EPA, 페루 EPA, 호주 EPA, 몽골 EPA, CPTPP, EU EPA
미 국	이스레엘 FTA, NAFTA, 요르단 FTA, 싱가포르 FTA, 칠레FTA, 호주 FTA, 모로코 FTA, 바레인 FTA, DR-CAFTA, 오만 FTA, 페루 TPA, 한국 FTA, 콜롬비아 TPA, 파나마 TPA
멕시코	NAFTA, 코스타리카 FTA, 볼리비아 FTA, 니카라과 FTA, 칠레 FTA, 이스라엘 FTA, EU FTA, Northern Triangle FTA, EFTA FTA, 우루과이 FTA, 일본 EPA, 페루 FTA, 파나마 FTA, 중미 FTA, 태평양동맹(PA) CPTPP

자료: WTO Regional Trade Agreements Database / www.wto.org
　　　한국무역협회, FTA종합지원센터 / www.kita.net

04 경제통합의 경제적 효과

미국의 경제학자 클라크(J.B.Clark)는 경제의 상태를 동태와 정태로 구별하고, 사회의 일반적 변화를 ① 인구의 증가 ② 자본의 증가 ③ 생산방법의 진보 ④ 산업설비 형태의 변화 ⑤ 소비자 욕망의 증대 등 5가지로 나누어서, 정태는 이들 여건이 일정하여 변화하지 않는 상태이며, 동태는 여건 그 자체가 변화하는 경우로 설명했다.

경제통합의 경제적 효과는 크게 정태적 효과(static effect)와 동태적 효과(dynamic effect)로 나누어진다. 여기서 동태는 경제적 여건과 시간의 변화를 전제하는 상태이며 정태는 이것을 전제하지 않는 상태를 의미한다. 단적으로 말하면 정태적 효과는 단기적 효과이고 동태적 효과는 장기적 효과를 말한다.

1. 정태적 효과

경제통합의 정태적 효과(static effect)는 경제통합 이후 경제적 여건과 시간이 변화하지 않는 단기적 측면의 경제적 효과로서 무역창출효과(trade creation effect)와 무역전환효과(trade diversion effect)로 나누어진다.

무역창출효과는 경제통합으로 인하여 무역장벽이 철폐됨에 따라 역내 무역이 새롭게 창출되는 효과를 말한다. 무역전환효과는 경제통합으로 인하여 무역장벽이 철폐됨에 따라 역외국에서 수입하던 것을 역내로 수입선이 전환되는 효과를 말한다.

한중일간 앨범 수출입의 예를 들어 설명해 보자. 앨범 생산비는 일본이 가장 비싸고 중국이 가장 싸기 때문에 일본 18달러, 한국 15달러, 중국 10달러로 상정할 수 있다. 이 경우 한일 FTA가 체결되면 무역창출효과와 무역전환효과가 어떻게 일어나는가?

먼저 무역창출효과를 보자. 일본의 앨범 수입관세가 10달러인 경우 FTA 체결 이전에는 무역이 불가능하다. 관세장벽이 높기 때문이다. 그러나 한일 FTA가 체결되면 일본은 앨범생산을 중단하고 한국으로부터 수입을 개시할 것이다. 한국으로부터의 수입관세가 철폐되면 대한국 수입단가는 15달러이지만 일본 내

생산원가는 18달러이기 때문이다. 따라서 새로운 무역이 창출되었다.

다음으로 무역전환효과를 보자. 논의 편의를 위해 이번에는 일본의 앨범 수입관세가 7달러라고 하자. 한중일 3국간 FTA 체결 이전에는 일본의 대중국 수입(수입단가 17달러 < 일본 생산원가 18달러)은 가능하지만, 일본의 대한국 수입(수입단가 22달러 > 일본의 생산원가 18달러)은 불가능하다. 그러나 한일 FTA가 체결되면 일본은 앨범 수입선을 중국에서 한국으로 전환할 것이다. 한국으로부터의 수입관세가 철폐되면 대한국 수입단가는 15달러이지만 대중국 수입단가는 여전히 17달러이기 때문이다.

2. 동태적 효과

경제통합의 동태적 효과(dynamic effect)는 경제통합 이후 경제적 여건과 시간이 변화하는 장기적 측면의 경제적 효과로서 시장확대효과(market expansion effect)와 경쟁촉진효과(competition promotion effect)로 나누어진다.

시장확대효과는 경제통합으로 경제적 거래 장벽이 철폐되면 장기적으로 시장이 확대되어 하나의 큰 시장이 형성되는 효과이다. 이렇게 되면 생산 및 유통 면에서 규모의 경제가 실현되고 역내 생산시설의 최적입지가 가능해진다. 한미 FTA가 발효되어 장기적으로 우리기업의 미국내 생산공장 입지가 확대될 것이며, 반면 미국 글로벌기업의 한국내 R&D 센터가 증가할 것으로 예상된다.

경쟁촉진효과는 경제통합으로 경제적 거래 장벽이 철폐되면 장기적으로 무한경쟁 분위기가 형성되어 기업간 경쟁을 촉진하는 효과이다. 한미 FTA, 한EU FTA 발효로 말미암아 미국과 유럽의 글로벌기업들의 한국 진출이 용이하게 되었다. 이에 따라 한국기업들은 선진경영노하우, 선진기술 등을 갖춘 세계적인 글로벌기업들과 경쟁해야 하므로 경쟁을 촉진하게 된다.

3. 투자 효과

경제통합은 무역장벽을 철폐할 뿐만 아니라 FDI(Foreign Direct Investment) 장벽도 철폐하거나 완화한다. 이에 따라 글로벌기업들의 FDI가 새롭게 창출되거나 전환되는 효과를 가져온다. 즉, 투자창출효과(investment creation effect)와

투자전환효과(investment diversion effect)가 나타난다.

투자창출효과는 경제통합으로 투자장벽이 철폐되면 역내 효율적 생산이 가능해지고 마케팅 기회가 증가한다. 이에 따라 FTA 체결국의 해외직접투자가 새롭게 유입(Foreign Direct Investment Inflow)되는 것을 말한다. 한미 FTA발효로 인하여 미국의 첨단산업분야 및 서비스 분야의 한국에 대한 새로운 투자가 예상된다. 이것은 한미FTA 경제적 효과에서 한국측이 가장 절실히 기대하는 부분이기도 하다.

투자전환효과는 경제통합으로 투자장벽이 철폐되면 FTA 체결국의 투자여건이 개선되어 직접투자 대상국을 기존의 국가에서 FTA 체결국으로 전환하는 것을 의미한다. 한미 FTA발효로 인하여 미국은 장기적으로 중국 및 일본에 투자하던 것을 한국으로 투자대상국을 전환할 수 있을 것이다. 이것도 한국측이 한미 FTA에서 기대하는 부분이다.

05 FTA와 한국무역

1. 한 EU FTA의 영향

(1) 거시경제 효과

한EU FTA 체결에 따른 거시경제지표에 대한 효과는 한미 FTA와 마찬가지로 긍정적인 영향을 미친다. GDP, 무역수지 등 거시경제지표에 대한 영향은 FTA에 따른 관세 및 비관세장벽의 제거에 따른 충격 정도에 따라 달라진다. 대외경제정책연구원(KIEP) 등의 GTAP(Global Trade Analysis Project)모형 분석에 따르면 한EU FTA 체결로 인하여 한국의 GDP는 장단기적으로 모두 증가하는 것으로 나타났다.

(2) 수출시장의 안정적인 확보

통합된 28개국 EU는 세계최대의 경제권이다. EU는 독일, 프랑스, 영국, 이탈리아 등 경제대국이 포함되어 있으며 이들 국가는 세계경제를 좌우하는 서방 선진 7개국 G7의 멤버이다. 유럽은 아시아 대륙에 이어 두 번째로 많은 인구가 거주하는 대륙으로 소비수요가 크다. 세계 각국의 주요 타깃시장이 되고 있으며 세계에서 가장 경쟁적인 시장이다. 한EU FTA는 한국제품이 EU시장을 안정적으로 확보하는 데 결정적인 전기가 될 것이다.

(3) 아시아와 유럽을 잇는 가교역할

유럽은 아시아 지역과 아셈(ASEM: Asia-Europe Meeting)을 통하여 협력을 강화하고 있다. 아셈은 아시아와 유럽의 동반자 관계 구축을 목적으로 창설되었다. 이러한 가운데 한국은 EU와 FTA를 체결한 최초의 아시아 국가로 향후 EU와 아시아를 연결하는 가교역할을 담당할 것으로 보인다. 과거 EU는 유럽 주변 지역 또는 과거 식민지 위주로 FTA를 체결하였다. 주로 아프리카, 중동, 중남미 등 대부분 경제규모가 작은 개도국들이 EU의 FTA 대상국이었다. 하지만 EU는 한 EU FTA를 계기로 아시아 시장 진출을 위한 교두보를 마련한 것이다.

(4) EU 제품의 한국시장 진출 영향

주요 관심품목의 영향을 보면 다음과 같다. 삼겹살 수입관세 25%, 와인 수입관세 15%이다. 한 EU FTA 발효 후 유럽산 삼겹살 및 와인의 수입이 증가하고 있고 향후에도 지속적으로 증가할 것이다. 특히 프랑스, 이탈리아, 독일 등 유럽산 와인 수입이 증가하고 있다. 유럽의 주요 소비재 명품 브랜드의 수입관세는 8~13% 수준이다. 인터브랜드(Interbrand)의 2010 Best Global brand 100에 따르면 유럽 주요국의 글로벌 브랜드는 독일 10개, France 8개, 영국 5개, 스위스 5개 등을 가지고 있다. 유럽산 사치성 소비재의 수입이 증가 추세에 있다.

(5) 한국제품의 EU 시장 진출 영향

승용차의 경우 유럽에서의 현대·기아차의 시장점유율은 2.5% 수준이다. 벤츠, BMW, 폭스 바겐, 르노 등 최고 기술의 업체와의 경쟁으로 현대차 브랜드 이미지 향상에 큰 도움이 된다. 그러나 현대차의 경우 유럽에서 판매되는 차를 한국에서 생산하는 비율이 20% 정도에 불과하고 나머지는 EU 국가인 체코, 그리고 인도 공장에서 생산하기 때문에 한 EU FTA의 관세철폐 효과는 제한적일 가능성이 있다. 타이어의 경우 유럽에서 판매되는 타이어의 85% 정도는 역내

생산된 제품이고, 나머지가 수입품인데 한국, 일본, 중국 등 EU의 주요 타이어 수입국 가운데 EU와 FTA를 체결한 국가는 우리나라가 유일하다.

2. 한미 FTA의 영향

(1) 거시경제 효과

통상마찰 혹은 무역분쟁은 제로섬 게임(zero sum game)이며 잘못하면 마이너스섬 게임(minus sum game)이 되지만 FTA는 추가적 기회를 창출하는 플러스섬 게임(plus sum game)이다. FTA 반대론자들은 FTA로 보는 이익이 100이라면 미국 60, 한국 40 이익보는 것을 미국측 유리, 한국측 불리로 해석하는 오류를 범한다. GTAP(Global Trade Analysis Project) 모형을 이용한 대외경제정책연구원(KIEP) 등의 분석에 따르면 한미 FTA의 결과 한국의 GDP, 생산, 무역수지, 고용 등 거시경제지표에 모두 긍정적인 영향을 미치는 것으로 나타났다.

(2) 수출시장의 안정적인 확보

미국의 GDP는 압도적으로 세계 1위이며 수입규모도 2위와 큰 격차를 보이는 세계 1위이다. 미국의 수입시장규모는 일본, 중국, 아세안 시장을 합한 것보다 크다. 미국시장이 세계최대인 점을 반영하여 테스트베드 시장(Test Bed Market) 성격을 가지고 있다. 이러한 미국과 FTA를 체결했다는 것은 한국 수출시장의 안정적 확보를 의미한다. 특히 미국 수출시장점유율이 중국에 비해 상대적으로 감소하고 있는 시점이기 때문에 더욱 의의가 크다. 아울러 미국시장에서 치열한 경쟁자인 중국, 일본 제품에 비하여 관세인하효과는 이들과의 가격경쟁력 싸움에서 결정적인 역할을 할 것이다. 미국 소비자는 합리적이고 계획적인 구매성향을 보이고 있기 때문에 가격경쟁력이 매우 중요하다.

(3) 외교 및 안보 관계 강화

한미 FTA는 정치·안보적인 측면에서 한미 양국간 외교 및 안보관계를 더욱 강화할 것으로 판단된다. 나아가 한반도의 평화 유지와 동북아의 질서 유지에 긍정적인 영향을 미칠 것이라는 분석이다. 또한, 한미 FTA 체결은 세계최강 미국과의 경제통합을 의미하는 것으로 한국의 대외신인도 개선에 크게 기여할 것으로 보인다. 스위스의 세계경제포럼(WEF: World Economic Forum)의 국가경쟁력 평가(GCI: Global Competitiveness Index)에서 한국은 2007년 국가경쟁력 순위가 크게 상승한 것으로 발표되었는데 이는 2007년 한미FTA가 체결되어 한국의 위상이 강화된 것이 반영된 것으로 해석된다.

(4) 세계최고의 과학기술 도입

미국은 세계최고의 과학기술 경쟁력을 보유하고 있는 국가이다. 그리고 세계의 우수한 젊은 인재들이 미국의 대학으로 몰려들고 있어 미국의 교육인프라를 더욱 빛나게 하고 있다. 한국은 한미 FTA 체결을 활용하여 첨단기술을 비롯한 미국의 우수한 과학기술 도입을 적극적으로 추진하고 한미간 과학기술 인적교류를 활성화할 수 있다. 미국은 세계에서 가장 많은 노벨상 수상자를 배출하는 나라이다. 노벨상 수상을 염원하는 한국으로서는 미국과학자를 벤치마킹하여 노벨상 수상자 등 우수한 과학자를 배출할 수 있도록 노력하여야 한다.

(5) 서비스산업의 육성

한국은 국민경제에서 서비스 산업이 차지하는 비중이 다른 선진국에 비하여 낮은 편이다. 서비스 산업의 생산성도 일본, 미국 및 EU 등 주요 국가들에 비하여 매우 낮은 수준이다. 따라서 향후 경제구조의 고도화 과정에서 서비스산업의 육성이 불가피하다. 한미 FTA의 결과 서비스산업의 경쟁요소 도입과 그를 통한 경쟁력 확보를 도모할 수 있다. 한국의 경쟁력이 상대적으로 열위에 있는 법률, 교육, 금융 등 분야에서는 중장기적 경쟁력을 강화할 수 있도록 한미 FTA를 적극적으로 활용하여야 한다. 그러나 우리의 개방에 대한 준비와 대내개혁이 제대로 따르지 못할 경우 서비스산업의 경제적 효과가 기대보다 작을 수도 있다.

3. 한중 FTA의 영향

(1) 거시경제 효과

한중 FTA 체결은 우리나라의 GDP 및 일자리에 긍정적인 영향을 미치는 것으로 나타났다. 한국무역협회에 따르면 한중 FTA 발효 5년 후 우리나라의 GDP 1.25%, 발효 10년 후 3.04% 상승효과가 있는 것으로 분석되었다. 우리나라의 일자리수는 한중 FTA 발효 5년 후 25만명, 발효 10년 후 33만명이 각가 증가하는 것으로 나타났다.

(2) 세계최대 내수시장 진출

중국은 우리나라의 최대 수출국이자 수입국이다. 한국의 전체 수출에서 중국이 차지하는 비중은 25%를 상회하여 미국과 일본을 합친 것보다 크다. 이러한 상황에서 한국은 미국·일본·EU보다 먼저 중국과 FTA를 체결함으로써 거대한 중국 시장을 선점할 수 있게 됐다. 명목 GDP 약 12조 달러, 1인당 GDP 1만 달러에 육박하는 중국 내수 시장의 빗장을 연 것이다. FTA로 중국의 관세가 철폐되거나 인하되는 혜택을 먼저 받는 한국 기업들이 다른 나라 기업보다 유리한 조건으로 중국 시장을 공략할 수 있게 됐다. 저출산과 고령화 등으로 침체에 빠져 있는 한국 경제가 새로운 활로를 찾을 수 있다.

(3) 경제영토의 확장

앞에서도 설명한 것처럼 우리나라는 2014년 중국과의 FTA 타결에 힘입어 FTA 경제영토는 크게 상승하였다. 세계 1위 경제대국인 미국, 세계 2위 경제대국인 중국, 세계 최대 경제권인 EU와 FTA를 체결하였기 때문이다.

(4) 산업별 영향

산업별로는 상품, 서비스, 투자, 금융, 통신 등 양국 경제전반을 포괄하는 총22개 분야의 FTA가 타결됐다. 양국은 품목 수를 기준으로 90% 이상의 상품을 개방키로 합의했다. 중국은 품목 수의 91%, 수입액의 85%에 대해 20년 내 관세철폐를 약속했다. 한국은 품목 수의 92%, 수입액의 91%에 대해 20년 내에 관세철폐를 하기로 했다. 우리 측에서 민감한 품목인 농수산물 가운데 쌀은 FTA 대상에서 완전 제외하였다. 농수산물의 자유화율은 품목 수 기준 70%, 수입액 기준 40% 수준으로 정해졌다. 이는 그동안 다른 나라와 체결한 FTA에서 농수산물의 자유화율이 평균적으로 품목 수 기준 78%, 수입액 기준 89%인 점을 감안하면 "낮은 수준의 개방"이라고 볼 수 있다. 국내 주요 생산 농산품인 고추·마늘·양파 등 양념 채소류와 소·돼지고기, 사과, 배 등 총 610여 개 품목은 양허 대상에서 제외됐다.

(5) 한국의 통상협상력 제고

한중 FTA 체결로 한국이 세계 통상 무대에서 협상력과 위상이 높아진 것으로 분석된다. 현재 아시아 지역에서는 일본이 주도하는 CPTPP(Comprehensive and Progressive Trans Pacific Partnership: 포괄적·점진적 환태평양경제동반자협정) 체결이 완료되었고, 중국이 주도하는 RCEP(Regional Comprehensive Economic Partnership: 역내 포괄적 경제동반자 협정)협상이 진행되고 있다. 우리나라는 아직 CPTPP에는 참여하지 않았고 RCEP 협상에는 참여하고 있다. 중국과 FTA를 체결했다는 사실로 이러한 지역경제통합체 등 논의 과정에서 한국의 입김이 강해질 수 있다.

▌Keyword

경제통합(Economic Integration)
지역무역협정(Regional Trade Agreement)
지역주의(Regionalism)
발랏사(B. Balassa)
자유무역협정(Free Trade Agreement)
관세동맹(customs union)
공동시장(common market)
경제동맹(economic union)
완전경제통합(complete economic integration)
서비스 협정(EIA: Economic Integration
  Agreement)

개도국간 특혜협정(PSA: Partial Scope
  Agreement)
FTA 경제영토
한국의 FTA 추진현황
중국의 FTA 추진현황
일본의 FTA 추진현황
미국의 FTA 추진현황
멕시코의 FTA 추진현황
경제통합의 경제적 효과
한미 FTA의 영향
한중 FTA의 영향

▌Exercise

01 경제통합(Economic Integration)에 관한 여러 가지 용어에 대하여 생각해 보자.

02 최근 지역무역협정(RTA)의 특징에 대하여 설명하시오.

03 최근 지역무역협정(RTA)의 확산 이유는 무엇인가?

04 발랏사의 경제통합 5가지 유형에 대하여 설명하시오.

05 세계의 RTA 현황에 대하여 토론하시오.

06 우리나라의 RTA 현황에 대하여 토론하시오.

07 FTA 경제영토에 대하여 설명하시오.

08 한미 FTA의 영향에 대하여 설명하시오.

09 한EU FTA의 영향에 대하여 설명하시오.

CHAPTER 13 FDI

┌ 01 FDI 개요

1. 기업의 해외시장 진입방식

기업은 해외시장조사(Oversea Market Research)를 통하여 진출할 국가를 선정한다. 그리고 진출할 국가, 즉 목적시장(Target Market)이 선정되면 그 시장에 어떠한 방식으로 진입할 것인가를 선택하여야 한다. 기업의 해외시장진입 방식은 크게 수출방식, 계약형태의 방식 그리고 해외직접투자 방식으로 구분할 수 있다.

(1) 수출방식

수출(Export)방식은 기업의 해외시장진입 방식에서 가장 기본적인 전략이다. 수출은 자국의 서비스나 물품 등의 재화를 다른 나라로 내보내는 것(반출)을 뜻한다. 수출방식은 다른 해외시장진입 방식에 비해 상대적으로 적은 비용과 적은 리스크로 효과적인 이익을 얻을 수 있는 해외마케팅 방식이다.

수출방식에는 직접수출(direct export)방식과 간접수출(indirect export)방식이 있다. 전자는 제조업체(manufacturer)가 직접 제품을 만들어 수출하는 것이고 후

자는 무역상사(trading company) 개념으로 직접 제품을 생산하지 않고 다른 기업의 제품을 대행 수출하거나 수출거래 알선행위를 하는 것을 말한다.

(2) 계약형태의 방식

계약형태의 방식은 경영자산을 하나의 상품으로 취급하여 계약형태로 해외시장에 진입하는 방법이다. 여기서 경영자산이란 첫째 상표권(trade mark right), 저작권(copyright), 특허권(patent right) 등의 지식재산권(intellectual property right), 둘째 컴퓨터 소프트웨어 기술, 한국의 조선기술 등 기술적 노하우, 셋째 경영관리, 마케팅기법 등 경영적 노하우 등을 의미한다.

그러면 계약형태의 방식에는 어떠한 유형이 있는가? 다음 다섯 가지가 있다. 첫째, 라이센싱(licencing)은 경영자산의 이전 계약으로서 경영자산을 이전하고 로열티(Royalty)를 획득하는 것을 목적으로 한다. 둘째, 프랜차이징(franchising)은 표준화된 패키지상품, 시스템 등을 제공하는 계약으로서 맥도날드, 스타벅스 등의 예에서 볼 수 있다. 셋째, 계약생산(contract manufacturing)은 생산 및 제조기술을 제공하는 계약으로서 자라(Zara), 유니클로(Uniqlo) 등 패스트패션 브랜드(Fast Fashion Brand)가 활용하는 방식이다. 넷째, 관리계약(management contract)은 경영시스템 및 경영노하우를 제공하는 계약이다. 다섯째, 턴키운영(turn-key operations)방식은 일괄수주 계약형태를 의미한다.

(3) 해외직접투자 방식

해외직접투자(Foreign Direct Investment)는 경영권 확보 목적으로 생산시설을 해외로 이전하는 것을 의미한다. 20세기 이후 선진국의 많은 거대기업들은 해외직접투자를 통하여 글로벌기업으로 성장하였으며 우리나라에서도 활발한 해외직접투자를 통하여 많은 글로벌기업이 탄생하였다.

해외직접투자는 기업의 입장에서 보면 수출방식이나 계약형태의 방식에 비하여 상대적으로 적극적인 해외진출방식이다. 그러나 생산시설을 직접적으로 해외로 이전하여야 하므로 막대한 비용과 높은 리스크를 감수하여야 한다. 해외직접투자에 대해서는 아래에서 좀 더 구체적으로 설명하고자 한다.

2. 해외직접투자의 개념

해외직접투자를 보다 구체적으로 정의하면 경영참가 및 기술제휴를 통한 제품 및 서비스 생산을 목적으로 자본, 기술 및 인력 등을 해외로 이전하는 것을 의미한다. 해외직접투자는 해외 자회사(현지법인) 설립, 이미 설립된 회사의 인수, 해외기업에 대한 지분참여 등의 형태로 나타난다.

해외직접투자의 용어는 통상적으로 FDI(Foreign Direct Investment)로 표기한다. 그리고 UNCTAD(유엔무역개발회의)는 해외직접투자(FDI) 흐름의 구분을 명확히 하기 위하여 국내기업이 해외로 투자하는 것을 해외직접투자 유출(FDI Outflow), 외국기업이 국내에 투자하는 것을 해외직접투자 유입(FDI Inflow)이라는 개념으로 표기한다.

한편 해외직접투자는 투자자의 경영참가 없이 배당·이자·시세차익 등을 목적으로 외국주식, 채권을 매입하는 해외간접투자(Foreign Portfolio Investment) 와 구별된다. 또한 해외직접투자는 경영에 직접 참여하여 제품 및 서비스 생산을 목적으로 하지만, 기술이나 경영기법 등을 기술수용 기업에게 이전시켜 기술의 공여에 대한 로열티(Royalty) 획득을 목적으로 하는 라이센싱(Licensing)과 구별된다.

3. 해외직접투자의 동기

(1) 시장지향형 투자

시장지향형 투자는 기존의 시장점유율과 판매망을 유지하거나 확대하기 위한 투자, 또는 제3국의 새로운 수출시장을 개척하기 위한 투자를 의미한다. 기업의 해외직접투자의 최우선목적은 현지시장에서 자사의 상품 및 서비스를 경쟁기업에 비해 많이 판매하는 것이다.

예를 들면 현대 자동차의 미국, 중국, 인도, 터키, 유럽, 러시아 지역 해외 생산공장 설립, 삼성·LG 등의 중국 내 현지생산공장 설립 등이 대표적인 예이다. 현지시장에서 자동차, 휴대폰 등을 적극적으로 판매하기 위한 투자라고 볼 수 있다. 현대자동차의 경우 이러한 해외직접투자의 영향으로 현재 자동차 총생산량의 절반이상이 해외에서 생산되고 있다.

(2) 자원지향형 투자

아프리카, 아시아, 중남미 등 천연자원의 부존도가 높은 지역에 대한 투자이다. 21세기 기업 및 국가의 국제경쟁력은 천연자원 등 원자재를 얼마나 효율적으로 확보하느냐에 달려 있다. 이에 따라 우리나라뿐만 아니라 미국, 중국, 일본 등 세계경제대국의 자원개발투자가 증가하고 있다.

예를 들면 미국의 중동지역에 대한 석유개발투자, 부존자원이 부족한 일본의 해외자원개발투자, 최근 우리 종합상사의 해외자원개발 투자 등이다. 특히 중국의 아프리카에 대한 자원개발투자가 폭발적으로 증가하고 있는데 이러한 점을 반영하여 차이나프리카(ChinAfrica)라는 신조어가 생겨났다.

(3) 생산효율지향형 투자

기업이 생산효율을 높이고자 인건비, 공장부지비용 등 생산요소 가격이 낮은 지역으로 생산설비를 이전하는 경우에 해당된다. 기업의 목적은 이윤 극대화이므로 비용을 줄이는 것이 중요한데 해외의 낮은 생산요소 가격을 활용하는 것이다.

예를 들면 미국, 일본 등 주요선진국의 아시아, 아프리카 등 저임국가에 대한 투자진출이 대표적이다. 우리나라 노동집약산업의 중국으로의 생산시설 이전도 전형적인 예이다. 특히 중국 칭다오(靑島) 지역에 대한 한국의 의류, 김치 분야 등의 투자 진출이 두드러진다. 저임금 등 낮은 생산요소 가격을 추구하는 투자전략이다. 한중 FTA 체결로 인하여 이러한 대중국투자는 더욱 증가할 전망이다.

(4) 지식지향형 투자

외국의 선진 기술이나 경영관리 기법 등을 습득하기 위한 동기에서 해외직접투자를 하는 것을 말한다. 예를 들면 삼성전자, LG전자 등이 관련 최첨단 기술을 습득하기 위해 미국의 캘리포니아의 실리콘 밸리(Silicon Valley)에 현지법인을 설립하는 경우이다. 또한 유럽 기업들이 기술수준 및 경영기법이 뛰어난 미국계 기업들을 합병, 인수하여 미국에 투자하는 경우도 그러한 예이다.

(5) 무역장벽 회피형 투자

수출하고자 하는 시장의 무역장벽을 회피하기 위하여 현지에 직접투자하거나 제3국에 우회하여 투자하는 유형이다. 예를 들면 우리나라가 미국시장 진출을 위해 NAFTA 역내국인 멕시코에 대하여 투자하는 경우이다. 또한 남미지역 FTA 허브국가인 칠레에 투자하여 칠레를 중남미시장 진출을 위한 교두보로 활용할 수 있다.

02 해외직접투자환경 분석

1. 현지국 정책 및 제도 분석

(1) 대외경제정책

해외투자 대상국가의 무역정책, 외환정책, 관세정책 등 대외경제정책은 기업의 현지 경영활동에 직접적인 영향을 미치는 기본적인 요소이다. 해외투자 기업은 현지국의 이러한 대외 경제 정책의 분석을 통하여 외국기업에 대한 현지국가의 기본적인 정책 스탠스를 파악할 수 있다.

구체적으로 현지국가의 수입자유화 정도 및 외국제품에 대한 수입규제 여부(무역정책), 현지국가 환율의 안정성 및 투자수익의 자유로운 송금보장 여부(외환정책), 관세 및 비관세장벽의 진입장벽 여부(관세정책) 등을 파악하는 것이 중요하다.

(2) 외국인투자 유치 제도 및 절차

외국인투자 유치 제도는 외국인투자에 대한 지원과 편의제공을 통하여 외국인투자의 유치를 촉진하기 위한 제도이다. 일반적으로 세계 각국은 외국인투자를 적극적으로 유치하기 위하여 법인세 등의 감면과 관세면제 등 조세특례제도, 외국인투자를 위한 경제특구의 설치 등의 제도를 마련하고 있다.

우리나라의 경우 경제자유구역(Free Economic Zone)을 설치하여 외국인투자 유치를 도모하고 있다. 경제자유구역이란, 세계화의 진전에 따라 증대되고 있는 기업의 국제경영활동에 최적의 환경을 제공하기 위한 특별 경제구역이다. 지리적 이점과 기술 인력 등 인프라를 갖춘 지역에 세금 감면, 규제 완화 등 경제활동의 혜택을 부여해 성장 거점으로 키우자는 구상이다.

2. 현지국 투자여건 분석

(1) 현지국에 대한 외국인투자 동향

현지국에 대한 외국인투자 동향을 파악하는 것이다. 현지국에 대하여 어떤 나라가 투자를 하고 있어 경쟁국이 되고 있는지, 경쟁대상 투자업종은 무엇인지 등을 분석하는 것이 필요하다.

유엔무역개발회의(UNCTAD)는 세계투자보고서(World Investment Report)를 통하여 매년 국별 FDI 통계(Inflow & Outflow) 및 분석을 발표하고 있다. 현지국에 대한 세계각국의 해외직접투자 트렌드를 파악할 수 있다. 또한 현지국에서의 외국인투자 통계를 입수하여 구체적인 동향을 파악하는 것이 필요하다.

(2) 사회간접자본

현지국의 사회간접자본(SOC)이 제대로 갖추어져 있는지를 파악하여야 한다. 현지 생산을 하고 현지에서 판매하거나 제3국에 수출하는 경우 무엇보다도 중요한 것은 현지국의 산업기반(infrastructure)이 얼마나 갖추어져 있는가 하는 점이다.

산업기반은 경제 활동의 기반을 형성하는 기초적인 시설들을 말하는데 운송, 유통, 에너지, 통신, 매스컴 현황 등 기반시설을 의미한다. 예를 들면 중국의 서부지역은 아직 이러한 기반시설이 미비되어 있기 때문에 투자대상지역으로 적절하지 못하다.

(3) 노동환경 및 노무관리

해외직접투자에 있어서 무엇보다도 중요한 것은 사람을 채용하고 관리하는 것이다. 노동환경 측면에서는 현지의 인건비, 노동의 질, 근로자 의욕 등을 파악하는 것이 중요하다. 노무관리 측면에서는 노동조합의 활동현황, 노동쟁의 여부 등을 파악하여야 한다.

우리나라의 대중국 투자의 경우 중국의 저렴한 인건비 및 공장부지 비용을 활용하기 위한 생산효율형 투자가 많다. 그러나 최근에는 중국의 인건비 상승 및 지가상승 등 으로 이러한 중국투자 메리트가 없어지고 있는 상황이다.

3. 현지국 산업현황 및 수요 분석

(1) 현지국 산업현황 분석

투자대상업종의 현지 생산동향과 수출동향을 파악하는 것이다. 대한무역투자진흥공사(KOTRA) 및 한국무역협회(KITA) 등을 통하여 통계를 입수할 수 있다. 이 분석은 현지투자기업의 매출액 및 이익률과 관련되어 있기 때문에 정확한 분석을 요한다.

한편 제품수명주기이론(product life cycle theory)에 따르면 상품도 일정한 수명을 가지고 있으며 4단계로 구분한다. 즉, 도입기(Introduction Stage), 성장기(Growth Stage), 성숙기(Maturity Stage), 쇠퇴기(Decline Stage) 등 4단계이다. 투자대상국가의 투자대상업종이 상기 제품수명주기의 어느 단계에 해당되는지 파악하는 것이 필요하다. 성장기 및 성숙기라면 투자기회가 되지만 쇠퇴기라면 투자를 하지 않는 것이 좋다.

(2) 현지국 시장수요 분석

투자대상업종의 현지국 수요현황을 파악하는 것이다. 현지국의 국민소득통계, 총인구수, 주요도시 현황, 업종별 소비통계 등을 활용할 수 있다. 결국 해외투자의 성공여부는 현지국 수요가 얼마나 안정적이냐에 달려 있다.

시장수요 분석방법으로 소득수준(1인당 국내총생산) 변화에 따른 소비패턴 변화를 분석할 수 있다. 일반적으로 소득수준이 높아지면 내구재 등의 소비가 증가한다. 예를 들면 중국의 경우 최근 소득수준이 높아짐에 따라 新四件이란 용어가 생겨났는데 이는 중국인이 가지고 싶어하는 4가지로 주택, 승용차, 스마트폰, 컴퓨터 등을 말한다. 또한 시차분석(lead-lag analysis)을 활용할 수 있다.

이는 한 국가의 수요패턴이 비슷한 여건의 다른 국가에도 시차를 주고 유사하게 나타날 것이라는 전제하에 수요를 예측하는 방법이다.

4. 현지국 국제경쟁환경 분석

(1) 경쟁구조분석

현지국에 대한 투자진출업종의 경쟁구조를 분석하는 것을 의미한다. 마이클 포터(Michael Eugene Porter)는 산업의 경쟁강도와 수익성을 결정하는 요인으로서 다음 다섯 가지 경쟁요소를 제시하고 있다.

첫째, 새로운 진출에 따른 리스크, 둘째, 기존 기업들간의 경쟁강도, 셋째, 대체상품의 압력(현대자동차 중국생산의 경우 중국의 국산자동차 및 중국의 자전거), 넷째, 구매자의 교섭력(구매자들의 가격인하요구, 품질향상 및 서비스증대 요구), 다섯째, 공급자의 교섭력(부품 공급자의 기업에 대한 공급중단, 가격인상 요구) 등이다. 이러한 경쟁요소를 효과적으로 분석하는 것이 필요하다.

(2) 경쟁기업분석

현지국에 대한 투자진출업종의 경쟁기업을 분석하는 것이다. 경쟁기업은 현지 투자활동에서 치열한 경쟁자이지만 한편으로는 보완자 역할을 수행한다. 경쟁기업 특성, 경쟁기업의 전략, 경쟁기업의 성과 측면에서 분석하는 것이 필요하다.

경쟁기업 특성 측면에서는 경쟁자의 국적(다국적기업 또는 현지기업), 경쟁기업 규모, 산업설비 가동률 등을 파악한다. 경쟁자의 전략 측면에서는 국제가격전략, 국제제품전략, 국제유통전략, 국제촉진전략 등을 분석한다. 경쟁기업의 성과 측면에서는 경쟁기업의 시장점유율, 시장매출액 증가율, 수익성, 성공요인 등을 분석한다.

─ 03 해외직접투자의 형태

1. 소유권 정도에 따른 분류

(1) 단독투자

단독투자(Sole Investment)는 해외투자기업이 현지 파트너 없이 독자적으로 현지에 투자하는 것을 말한다. 단독 투자기업이 주식의 100%를 소유한다. 단독투자는 적당한 사업파트너가 없거나 독점적 기술력, 시장지배력이 예상되는 경우 등에 활용된다.

한국수출입은행의 해외투자통계(www.koreaexim.go.kr)에 따르면 우리나라 기업의 해외직접투자에서 투자자의 지분보유율 100%인 단독투자가 전체의 70% 이상을 차지하는 것으로 나타났다.

(2) 합작투자

합작투자(Joint Venture)는 해외투자기업이 현지 파트너와 합작으로 현지에 투자하는 것을 말한다. 해외직접투자기업과 현지 파트너가 주식을 나누어 보유한다. 합작투자는 사업추진 능력, 지식, 기술 등의 공동 이용이 필요한 경우, 합작 파트너로부터 현지상황에 대한 정보 습득이 필요한 경우 등에 활용된다.

한국수출입은행의 해외투자통계에 따르면 2013년 우리나라 기업의 해외직접투자 중에서 지분율 50% 미만 투자는 광업이, 50% 이상~100% 미만의 투자

표 13-1	단독투자의 장점과 합작투자의 장점
단독투자의 장점	• 적당한 사업파트너가 없거나 독점적 기술력, 시장지배력이 예상될 경우 • 통일된 마케팅 기법이 전 세계적으로 사용되는 경우 • 생산 설비의 합리화, 집중화가 우선되는 경우 • 원료나 자원의 생산에 대한 국제적 과점기업의 전략 • 첨단 신제품개발지향 국제기업의 전략
합작투자의 장점	• 사업추진 능력, 지식, 기술 등의 공동 이용 • 합작파트너로부터 현지상황에 대한 정보 습득 • 현지 네트워크 형성에 유리 • 합작 파트너를 가짐으로써 지역사회에 기여한다는 평가 • 현지의 정치적 위험 감소

는 제조업이 주도한 것으로 나타났다.

2. 본사와의 결합형태에 따른 분류

(1) 수직적 FDI

수직적(vertical) FDI는 한 제품을 생산함에 있어서 생산공정을 수직적으로 계열화하여 여러 국가에 배치하고 이 공정들이 서로 유기적으로 연결되도록 함으로써 원가상의 우위나 생산의 효율성을 높이기 위한 투자방법이다.

즉, 전체 공정중에서 부품 조달, 조립 등 생산단계의 일부를 현지 국가에서 수행하는 투자 형태이다. 주로 자동차, 항공, 컴퓨터, 반도체 등 생산단계가 복잡한 고기술산업에서 수직적 FDI가 이루어진다.

(2) 수평적 FDI

수평적(horizontal) FDI는 생산공정을 수직적으로 계열화시키는 것이 아니라 본국의 모회사가 가지고 있는 전체 생산 기능을 해외직접투자 대상이 되는 여러 국가로 수평적으로 확대하는 투자유형이다.

즉, 동일한 재화를 여러 국가에서 생산, 판매하기 위한 투자전략이다. 주로 의류제품, 신발, 가죽고무제품 등 경공업 제품 분야에서 수평적 FDI가 이루어진다.

3. 그린필드형과 M&A형 해외투자

(1) 그린필드형

그린필드(Green Field)형 해외투자는 해외직접투자시 기업 스스로 부지를 확보하고, 공장 및 사업장을 설치하여 고용을 창출하는 방식의 해외직접투자를 말한다. 그린필드형은 비용이 많이 들어가고 생산하기까지 시간이 오래 걸리지만, 투자를 받는 국가 입장에서는 기존 기업에 대한 인수·합병으로 이뤄지는 브라운필드형 투자에 비해 고용창출 효과가 더 크다는 장점이 있다.

국내 유통 라이벌 롯데와 이마트는 중국 대형마트 시장에 진출하면서 정반대의 전략을 구사했다. 이마트는 부지를 구하고 점포를 새로 열어 상권을 만들어가는 전략을 선택한 반면, 롯데는 마크로·타임스 등 현지 업체를 인수·합병 (M&A)해 단시일 내 중국시장 확장을 노렸다.

한편 선진국의 개도국에 대한 투자는 그린필드형 투자가 많고 중진국 이상 국가에 대한 투자는 후술하는 브라운필드형 투자가 상대적으로 많다. 또 경기가 좋을 때는 그린필드형 투자, 경기가 좋지 않을 때는 브라운필드형 투자가 상대적으로 많아지는 경향이 있다.

(2) M&A형

브라운필드(Brown Field) 투자는 이미 설립된 회사를 사들이는 M&A형 투자를 말한다. M&A를 통해 단번에 현지 인력·기술 등을 얻는 방식이다. 초기 설립 비용이 들지 않고 인력, 생산라인 등의 확장을 꾀할 수 있다는 장점이 있다.

M&A(Merger and Acquisition)는 인수합병을 의미하며 어떤 기업의 주식을 매입함으로써 소유권을 획득하는 경영전략이다. 좀 더 자세히 설명하면 인수 (Acquisition)는 하나의 기업이 다른 기업의 경영권을 인수하는 것으로 인수한 기업을 해체하지 않고 자회사·별회사·관련회사로 두고 관리하는 형태이다. 현대차의 기아차 인수가 대표적인 예이다. 합병(Merger)은 둘 이상의 기업들이 하나의 기업으로 합쳐지는 것으로 기업을 해체하여 자사 조직의 일부분으로 흡수하는 형태이다.

M&A는 같은 산업 내 생산단계가 다른 기업과의 결합인 수직적 M&A, 같은 산업 내 동일한 생산단계의 기업과의 결합인 수평적 M&A 그리고 이질적 산업에 있는 기업과의 결합인 복합적(다각적) M&A로 구분할 수 있다. 또한 상대방의 동의하에 이루어지는 우호적 M&A, 주식의 공개매수를 통해 지분을 확보하여 현 경영진을 퇴진시키고 경영권을 빼앗는 적대적 M&A로 구분된다.

04 세계직접투자 동향

1. 개요

　　UNCTAD의 세계투자보고서(World Investment Report 2018)에 따르면 2017
년 해외직접투자 유입(FDI Inflows) 총액, 유출(FDI Outflows) 총액 모두 1조 4천
3백억 달러를 기록하였다. 세계경제침체의 영향으로 2016년 해외직접투자 금액
보다는 유입, 유출 모두 감소하였다. 이론적으로 해외직접투자 유출총액과 유입
총액은 같아야 하지만 국별 통계집계방법의 차이 등으로 다소 금액의 차이가 나
타난다.

　　2017년 국제 M&A(Cross-Border M&As) 총액은 6천 9백억 달러로 2016년보
다 감소하였다. 2017년 해외자회사 매출(Sales of Foreign affiliates)은 30조 8천억
달러로 2016년보다 약간 증가하였다. 해외자회사에 고용된 직원수(Employment
of Foreign affiliates)는 2017년 7천 3백만명으로 2016년보다 약 200만명 증가한
것으로 나타났다.

표 13-2　세계 해외직접투자 주요지표 　　　　　　　　　(단위: 10억 달러, 천명)

구　　분	2016	2017
해외직접투자 유입(FDI inflows)	1,868	1,430
해외직접투자 유출(FDI outflows)	1,473	1,430
국제 M&A(Cross-Border M&As)	887	694
해외자회사 매출(Sales of Foreign affiliates)	29,057	30,823
해외자회사 고용(Employment of Foreign affiliates)	71,157	73,209

자료: UNCTAD, World Investment Report 2018 / www.unctad.org

2. 지역별 해외직접투자 동향

　　해외직접투자 유입(FDI Inflows) 측면을 보면 경제권별로는 선진국으로의
유입 규모가 7,120억 달러를 기록하여 개도국으로의 유입 규모 6,710억 달러를
상회하였다. 지역별로는 아시아지역으로의 유입이 4,760억 달러로 가장 많고 이

어서 EU지역, 북미지역, 남미 지역 순으로 나타났다.

한편 해외직접투자 유출(FDI Outflows) 측면에서도 선진국의 해외직접투자 유출 비중이 개도국의 해외직접투자 유출 비중보다 많다. 자본과 기술력을 가지고 있는 선진국 글로벌 기업의 해외직접투자 유출이 여전히 높은 비중을 차지하고 있음을 반영한다.

표 13-3	지역별 해외직접투자 동향		(단위: 10억 달러)
구 분		2016	2017
세계 해외직접투자 유입(FDI inflows)		1,868	1,430
선진국		1,133	712
EU		524	304
북미		494	300
개도국		670	671
아시아		475	476
남미		140	151
체제 전환국(Transition Economies)		64	47

자료: UNCTAD, World Investment Report 2018 / www.unctad.org

3. 주요국별 해외직접투자 동향

(1) 해외직접투자 유입(FDI Inflow) 상위 10개국

해외직접투자 유입(FDI Inflow)의 국별 순위를 보면 미국이 2017년 2,750억 달러로 압도적인 1위를 기록하였다. 그 뒤를 이어 중국 1,360억 달러로 2위, 이어서 홍콩, 브라질, 싱가포르, 네덜란드, 프랑스 등의 순으로 되어 있다.

해외직접투자 유입 상위 10개국에는 미국, 네덜란드, 프랑스, 호주, 스위스 등 OECD 회원 국과 중국, 러시아, 인도 등 BRICs 3개국, 그리고 홍콩, 싱가포르 등 아시아 도시국가 등이 포함되어 있다. 우리나라는 외국인투자 유치를 적극적으로 추진하고 있지만 해외직접투자 유입액은 2017년 170억 달러로 세계 19위를 기록하였다.

표 13-4	해외직접투자 유입(FDI Inflow) 상위 10개국		(단위: 10억 달러)
2017 순위	국 별	2016	2017
	세계전체	1,868	1,430
1	미 국	457	275
2	중 국	134	136
3	홍 콩	117	104
4	브라질	58	63
5	싱가포르	77	62
6	네덜란드	86	58
7	프랑스	35	50
8	호 주	48	46
9	스위스	48	41
10	인 도	44	40
19	한 국	12	17

자료: UNCTAD, World Investment Report 2018 / www.unctad.org

(2) 해외직접투자 유출(FDI Outflow) 상위 10개국

해외직접투자 유출(FDI Outflow)의 국별 순위를 보면 미국이 2017년 3,420억 달러로 압도적인 1위를 기록하였다. 일본이 1,600억 달러로 2위, 중국이 1,250억 달러로 3위, 이어서 영국, 홍콩, 독일, 캐나다 등의 순으로 되어 있다. 일본도 2010년 560억 달러에 비해 크게 증가한 것으로 나타났다.

해외직접투자 유출 상위 10개국의 면면을 보면 중국, 홍콩 등을 제외하고는 모두 OECD 회원국이다. 즉, 선진국 기업의 전세계에 대한 해외직접투자 유출이 압도적인 비중을 차지하고 있다. 그러나 최근 들어 중국 등 개도국의 해외직접투자 유출이 급증하고 있는 것이 특징이다. 우리나라의 해외직접투자 유출액은 2017년 320억 달러로 세계 12위를 기록하였다.

표 13-5	해외직접투자 유출(FDI Outflow) 상위 10개국		(단위: 10억 달러)
2017 순위	국 별	2016	2017
	세계전체	1,473	1,430
1	미 국	281	342
2	일 본	145	160
3	중 국	196	125
4	영 국	-23	100
5	홍 콩	60	83
6	독 일	51	82
7	캐나다	74	77
8	프랑스	63	58
9	룩셈부르크	44	41
10	스페인	38	41
12	한 국	30	32

자료: UNCTAD, World Investment Report 2018 / www.unctad.org

05 FDI와 한국무역

1. 개요

우리나라의 현대기아차는 미국의 알라바마주(State of Alabama) 및 조지아주(State of Georgia), 그리고 중국 베이징 등에 현지 생산공장이 있다. 여기서 생산하는 자동차는 현지에 판매되거나 제3국으로 수출된다. 미국 및 중국에서 생산되어 제3국으로 수출되면 한국의 자동차 메이커이지만 미국 및 중국의 수출이된다.

UNCTAD의 세계투자보고서(World Investment Report 2018)에 따르면 해외직접투자에 의해 생성된 해외자회사(Foreign affiliates)의 매출액은 2017년 약 30조 달러, 수출액은 약 7조 달러이다. 해외자회사의 수출규모는 세계1위 수출국인 중국의 수출규모의 약 3배 이상에 달하는 규모이다. FDI가 무역에 미치는 영향이 대단히 크다는 것을 나타내는 지표이다.

2. 한국의 해외직접투자 동향

우리나라의 해외직접투자(FDI Outflow)는 국내투자환경 악화, 아시아 지역에 대한 투자 증가, 제조업·광업 등 주요 업종의 건별 투자규모의 대형화, 해외자원개발 투자 증가 등의 영향으로 최근 지속적인 증가추세를 보이고 있다. 한국수출입은행의 해외직접투자통계에 따르면 2017년 우리나라의 해외직접투자 규모는 437억 달러를 기록하였다.

우리나라의 해외직접투자를 국별로 보면 2017년에 미국에 대한 투자가 153억 달러로 가장 많고 이어서 중국에 대한 투자 30억 달러, 홍콩에 대한 투자 30억 달러, 베트남에 대한 투자 20억 달러 순으로 나타났다. 지역별로는 북미지역, 아시아지역, 유럽지역에 대한 투자 순으로 나타났다.

다음으로 업종별로는 2017년에 금융보험업 투자가 가장 많으며 이어서 도소매업, 제조업, 부동산임대업, 출판영상·방송통신정보업 순이다. 그동안 우리나라 주력 투자업종이었던 제조업은 78억 달러 규모로, 최근 4년간 정체 수준을 보인 반면, 금융보험업은 127억 달러로 큰 폭으로 증가 추세를 보였다.

표 13-6	한국의 해외직접투자동향		(단위: 백만 달러)
	2015	2016	2017
투자금액	30,287	39,097	43,696
신규법인수	3,219	3,353	3,411

자료: 한국수출입은행, 해외직접투자동향, 2018 / www.koreaexim.go.kr

표 13-7	한국의 국별 해외직접투자동향		(단위: 백만 달러)
지역/국별	2015	2016	2017
아시아	10,701	11,023	12,281
중국	2,969	3,368	2,969
홍콩	1,930	1,560	2,967
베트남	1,608	2,370	1,955
싱가포르	1,458	1,175	1,022
일본	809	320	832
아세안	4,403	5,323	4,849

지역/국별	2015	2016	2017
북 미	7,607	14,796	15,766
미 국	7,043	13,555	15,287
캐나다	565	1,242	479
유 럽	3,478	4,401	6,848
룩셈부르크	251	881	1,558
아일랜드	100	72	1,512
영국	294	938	1,108
중남미	5,541	6,048	7,000
대양주	1,248	1,583	913
중동	1,560	1,089	652
아프리카	151	158	236
합 계	30,287	39,097	43,696

자료: 한국수출입은행, 해외직접투자동향, 2018 / www.koreaexim.go.kr

표 13-8 한국의 업종별 해외직접투자동향 (단위: 백만 달러)

업종별	2015	2016	2017
금융보험업	6,534	8,608	12,697
도소매업	2,233	5,796	9,558
제조업	7,928	8,115	7,836
부동산임대업	4,790	6,624	3,759
출판영상·방송통신정보업	697	1,341	2,309
합 계	30,287	39,097	43,696

3. 해외직접투자 유출(FDI Outflow)의 한국 무역에 대한 영향

우리나라의 해외직접투자 증가는 한국무역에 대하여 어떠한 영향을 미칠까? 2000년대 우리 기업의 해외투자 증가(해외생산 확대)에 따른 수출상품 구조 변화의 특징을 다음 세 가지로 요약할 수 있다.

첫째는 수출상품 구조에서 자동차, 무선통신기기 등의 현지 완제품 생산을 위한 부품 및 부분품 수출이 확대되고 있다는 점이다. 즉, 현대자동차의 미국 및 중국 현지생산증가, 삼성전자의 중국 현지생산 증가 등에 따른 부품 및 부분품 수출증가를 반영한 것이다.

둘째는 우리나라의 주력 수출시장이 선진국에서 해외투자 중점국가인 BRICs 등 신흥개도국으로 변화되고 있다는 점이다. 우리나라의 중국에 대한 수출비중은 전체의 1/4 수준을 차지하고 있는데 부분적으로 해외직접투자의 영향이 크다고 할 수 있을 것이다.

셋째는 우리나라 기업의 해외현지생산 증가에 따라 현지법인의 수출이 증가하고 있다는 점이다. 이는 현지투자국의 수출로 집계되기 때문에 우리나라 수출의 증가로 연결되는 것은 아니다. 오히려 우리나라에서 생산할 수 있는 것을 해외에서 생산하기 때문에 우리나라 수출이 감소하는 측면이 있다고 볼 수 있다.

4. 해외직접투자 유입(FDI Inflow)의 한국 무역에 대한 영향

한국무역협회의 분석("우리나라의 외국인 직접투자 현황 및 수출 영향", 2018)에 따르면 우리나라에 대한 외국인 직접투자는 국내 생산 증대, 일자리 창출, 수출 증대에 긍정적 영향을 미치는 것으로 분석되었다.

2017년 외국인 직접투자액은 135억 달러(도착기준)를 기록하였다. 우리나라 생산 20억 달러를 유발하는 것으로 추정되는데 이는 2017년 우리나라 명목 GDP 15,302억 달러의 0.1% 수준에 달한다.

외국인 직접투자기업의 고용규모는 2015년 55만 8천 420명으로 우리나라 고용의 5.8%에 달한다. 외국인 직접투자로 인해 직간접적으로 창출된 신규 일자리는 2017년 19.5만개로 추정되며 이는 작년 우리나라 총 취업자 2,673만 명의 0.7%를 차지한다. 2017년 제조업 분야에서는 외국인 직접투자로 인해 5만 개의 신규 일자리가 창출된 것으로 나타났으며, 이는 제조업 총취업자 456.6만 명의 1.1%에 달한다.

또한 외국인 직접투자기업은 우리 수출 증대와 해외시장 진출에 기여하였다. 통계청 「기업활동조사」의 12,151개사를 대상으로 분석한 결과, 외국인 직접투자 기업(1,513개)은 국내기업과 비교하여 매출액 대비 수출 비중이 높은 것으로 나타났다. 2015년기준 우리나라 수출의 21%(1,100억 달러), 수입의 19%(839억 달러)를 차지하였다.

▌Keyword

지식재산권(intellectual property right)
해외직접투자(Foreign Direct Investment)
라이센싱(Licensing)
프랜차이징(Franchising)
시장지향형 투자
자원지향형 투자
생산효율지향형 투자
지식지향형 투자
무역장벽회피형 투자
제품수명주기이론(product life cycle theory)
시차분석(lead-lag analysis)

단독투자
합작투자(Joint Venture)
수직적 FDI
수평적 FDI
그린필드(Green Field)형 해외투자
M&A(Merger and Acquisition)
해외직접투자 유출(FDI Outflow)
해외직접투자 유입(FDI Inflow)
해외자회사 매출(Sales of Foreign affiliates)
해외자회사 고용(Employment of Foreign affiliates)

▌Exercise

01 기업의 해외시장 진입방식에 대하여 토론하시오.

02 해외직접투자의 동기에 대하여 설명하시오.

03 해외직접투자의 형태는 어떠한 것이 있는가?

04 단독투자와 합작투자의 장단점에 대하여 설명하시오.

05 세계직접투자 동향에서 유입(Inflow), 유출(Outflow)의 주요국은 어떤 나라인가?

06 우리나라의 해외직접투자가 무역에 미치는 영향에 대하여 토론하시오.

07 우리나라 주요기업의 해외 현지생산과 현지수출에 대하여 조사해 보시오.

CHAPTER | 14　글로벌기업

01　세계적 기업활동의 역사

1. 15~17C초 유럽의 대항해시대

(1) 개요

발견의 시대(Age of Discovery) 또는 대항해시대(Age of Exploration)는 15세기 초부터 17세기 초까지 유럽 여러나라들이 새로운 항로를 개척하고 탐험과 무역을 하던 시기를 말한다. 스페인, 포르투갈 등 유럽의 열강들은 그동안 유럽에 알려지지 않았던 아메리카 대륙과 같은 신대륙을 지리적으로 발견하였고 인도, 필리핀 등을 탐험하였다.

유럽인들이 새로운 항로 탐험에 나서게 되었던 주요 요인을 살펴보면 다음과 같다.

- 지정학적 요인: 이슬람의 지중해 장악 → 이슬람을 경유하지 않은 신항로 개척 필요성
- 정치적 요인: 국가(스페인 이사벨 여왕)의 강한 개척 의욕
- 기술적 요인: 자연과학을 비롯한 항해기술의 발달

242

- 종교적 요인: 기독교의 전파라는 종교적 열정
- 문화적 요인: 동방에 대한 호기심(13C 마르코 폴로의 동방견문록)

그림 14-1 대표적인 탐험가의 탐험 경로

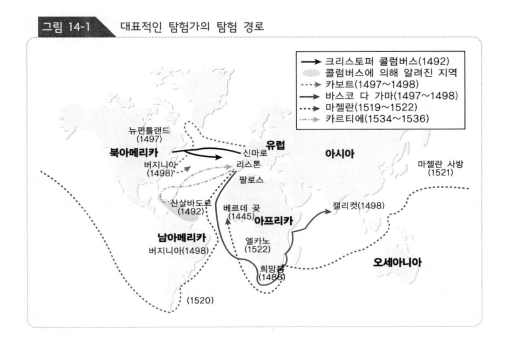

대항해 시대의 대표적인 탐험가 및 탐험의 주요 경로는 다음과 같다.

- 콜럼버스(Columbus: 스페인) 항로: 대서양 북단 → 서인도제도(아메리카)
- 마젤란(Magellan: 포르투갈) 항로: 대서양 남단 → 마젤란해협 → 필리핀
- 바스코다가마(Vasco da Gama: 포르투갈) 항로: 대서양 남단 → 희망봉 → 인도

(2) 자본주의적 대규모 경영

대항해 시대에 많은 유럽인들이 신항로를 개척한 결과 유럽대륙에 미친 영향은 무엇인가? 우선 신대륙의 카카오, 옥수수, 감자 등 새로운 과일 및 채소와 금, 은 등 대량의 귀금속이 유럽으로 유입되어 유럽경제 활성화에 크게 기여하였다는 점이다. 이러한 신대륙의 물품 유입으로 자본주의적 대규모 경영이 확산되는 계기가 되었다.

대항해 시대에 유럽대륙이 채택하였던 통상정책은 중상주의(重商主義, mer-cantilism) 정책이었다. 이는 상공업 중시, 중금주의 및 수출장려를 통하여 국부를 증대시키는 대외경제정책이었다. 따라서 대항해 시대에는 이러한 통상정책을 바탕으로 상공업 및 무역활동을 통하여 세계시장을 대상으로 한 기업 활동의 역사가 시작되었다고 할 수 있다.

2. 17~19C 세계적 기업 활동

(1) 개요

동인도회사(East India Company)는 유럽 강국들이 동인도 지역의 특산물(향신료, 커피, 설탕, 면화) 확보를 위해 설립한 무역회사의 명칭이다. 여기서 西인도는 서쪽에 있는 인도, 즉 콜럼버스가 발견한 부분(신대륙)을 의미하고, 東인도는 동쪽에 있는 인도, 그러니까 실제의 인도 주변지역을 의미한다.

그런데 유럽대륙에서 향신료(spice)가 왜 인기가 있었을까? 냉장시설이 없던 당시 유럽에서는 소금에 절인 저장육이 주식이었다. 그런데 고기 맛이 없었기 때문에 향신료가 필요했다. 즉, 고기의 맛을 위해 유럽인들은 향신료를 애용하였던 것이다. 당시 향신료 무역은 국가의 부를 결정하는 중요한 통상정책 수단으로 인식되었다.

17세기 이후 네덜란드, 영국, 포르투갈, 프랑스 등이 경쟁적으로 동인도회사를 설립하였으며 그 명칭을 네덜란드 동인도회사(Dutch East India Company), 영국 동인도회사(British East India Company), 프랑스 동인도회사(France East India Company) 등이라 칭하였다.

(2) 세계적 규모의 기업조직 확대

17C초 이후의 세계적 기업 활동은 유럽 여러 나라의 동인도회사 설립에서 비롯되었다고 할 수 있다. 동인도회사는 전근대적 상업조직으로 평가되지만 중상주의 시대의 세계적 기업조직이라 할 수 있으며 더 나아가서는 초기형태의 다국적기업(Multinational Corporation)을 의미한다. 동인도회사는 영국에서의 산업혁명 성공으로 산업자본의 지배가 확립될 때까지 지속되었으며 동인도회사의 독점

무역에 따른 이윤은 유럽 여러 나라에서 자본의 본원적 축적에 크게 공헌했다.

그리고 18세기 중반 산업혁명으로 산업자본주의가 발달하면서 세계적 규모의 기업조직은 더욱 확대되었다. 영국에서 일어난 산업혁명(Industrial Revolution)은 프랑스, 독일 등 유럽 제국과 미국, 러시아 등으로 확대되었다. 산업혁명의 핵심인 기술혁신 및 증기기관차 발명 등으로 대규모 공장(기업조직)이 확대되어 글로벌기업이 성장하는 계기가 되었다.

3. 20C 이후 세계적 기업 활동

(1) 개요

진정한 의미의 다국적기업(Multinational Corporation)은 20세기 초 미국에서 형성되었다. 1890년대 초부터 미국 기업이 국내시장을 벗어나 해외시장 개척을 위해 유럽 등으로 해외 직접투자를 확대하면서 다국적기업이 나타나기 시작하였다.

20C초 미국 다국적기업의 예를 들면 재봉틀 생산의 싱어소잉머신(Singer Sewing Machine), 무기류 생산의 콜트(Colt), 농업용기계 생산의 인터내셔날 하베스터(International Harvester), 화학제품 생산의 듀퐁(Dupont: 화학제품) 등이 있었다. 듀퐁(Dupont)은 1955년 포춘 500대 기업(Fortune Global 500) 발표 개시 후 현재까지 계속 포함되고 있는 유일한 다국적기업이다.

(2) 글로벌기업의 확산

미국은 제2차 세계대전 이후 유일한 생산대국으로 성장하였고 이를 배경으로 미국의 다국적기업은 전세계로 해외직접투자(Foreign Direct Investment)를 확대하면서 다국적기업의 수가 빠르게 증가하였다. 그리고 미국에 이어 유럽의 독일, 영국, 프랑스 등과 아시아의 일본, 한국, 중국 등으로 다국적기업의 생성이 확산되었다.

세계무역과 세계생산에서 다국적기업이 차지하는 비중이 크게 확대되면서 제2차 세계대전 이후 다국적기업은 국제 경제관계에서 중요한 역할을 하게 되었다. 그런데 다국적기업의 생성과 소멸도 극심하여 미국의 포춘지(Fortune)에 따르면 1960년대 세계 500대 기업 중 현재까지 생존한 기업은 1/3 정도에 불과한 것으로 나타났다. 현재 세계의 글로벌기업 현황에 대해서는 제4절에서 자세하게 설명한다.

┌ 02 기업국제화의 의미 및 요인

1. 기업국제화의 의미

제1절에서 세계적 기업활동의 역사에 대하여 살펴보았다. 세계적 기업활동이란 결국 기업의 국제화를 말하는데 그러면 기업 국제화는 어떠한 의미를 가지고 있는가? 다음 네 가지 측면에서 설명할 수 있다.

(1) 지리적 범위의 확대

지리적 범위(geographic scope)의 확대는 기업 활동의 지리적 범위가 한 국가로부터 세계 여러 나라로 확대된다는 것을 의미한다. 애플, 마이크로소프트 등 미국의 글로벌기업은 물론 삼성전자, LG전자 등 한국의 글로벌기업들은 자국뿐만아니라 전세계를 대상으로 기업활동을 한다.

차크라바티와 펄뮤터(Chakravarty & Perlmutter)는 국제화에 따른 기업의 지리적 범위 변화를 다음과 같이 네 가지로 유형화하였다. 그것은 본국시장 중심기업(Ethnocentric Corporation), 현지시장 중심기업(Polycentric Corporation), 지역시장 중심기업(Regiocentric Corporation), 세계시장 중심기업(Geocentric Corporation)등이다.

(2) 비즈니스 범위의 확대

비즈니스 범위(business scope)의 확대는 기업의 비즈니스 범위가 전세계에서 여러 가지 사업을 수행할 수 있을 정도로 확대되는 것을 의미한다. 미국의 월마트는 미국, 중국 등 세계 각국에서 다각적인 비즈니스 활동을 수행한다. 즉 월마트는 할인점인 Walmart Discount Stores, 할인점과 식품점이 결합된 매장인 Wal Mart Super Center, 회원제 양판점인 샘스클럽(SAM's Club) 등 사업의 다각화를 추진하고 있다.

(3) 기능 범위의 확대

기능 범위(function scope)의 확대는 세계 여러 나라에서 효율적인 경영을 할 수 있도록 기업활동의 기능 범위가 확대되는 것을 의미한다. 도요타자동차, 폭스바겐 등 글로벌 자동차 메이커는 국제조달(international procurement), 국제광고(international advertising), 국제유통(international distribution) 등 국제마케팅(international marketing) 기능을 세계 각국에 걸쳐 가장 효율적인 방법으로 수행한다.

(4) 해외시장 진입방식의 다양화

기업의 해외시장 진입방식이 수출방식, 계약형태의 방식, 국제 M&A(Borderless M&A), 그리고 해외직접투자 방식 등으로 다양해지는 것을 의미한다. 현대자동차의 경우 초기단계에서 수출을 통하여 성장하였으나 이제는 해외생산비중이 절반을 상회하고 있다. 이는 현대자동차의 해외시장진입 방식이 수출 방식에서 해외직접투자 방식 등으로 다양화하고 있다는 것을 의미한다.

2. 기업국제화의 요인

(1) 수요의 동질화

수요의 동질화는 세계 각국의 수요가 동질화되는 경향을 의미한다. 즉, 각국 소비자 생활패턴과 기호의 동질화 경향이 기업의 국제화를 촉진한다. 해외여행 증가, 인터넷 발달, 세계 광고의 증가, 세계 유통망의 확대 등으로 상품 및 시장정보가 세계 곳곳으로 신속하게 전파되고 이러한 현상이 기업의 국제화를 촉진한다는 것이다.

예를 들면 스포츠 분야에서 골프, 테니스, 축구 등의 세계적 인기에 따른 글로벌기업 나이키의 국제화, 식음료 분야에서 콜라 및 패스트푸드 확산에 따른 코카콜라, 맥도널드, 네슬레 등의 국제화, 전자제품 분야에서 IT 정보 선호에 따른 애플, 삼성전자 등의 국제화 등을 들 수 있다.

(2) 규모의 경제

기업의 목표는 이윤극대화이다. 즉 총매출액(Total Revenue)에서 총비용(Total Cost)을 뺀 이윤을 가장 크게 하는 것이다. 규모의 경제(economies of scale)는 대량생산에서 나오는 비용상의 이점을 의미하며 기업의 비용을 절감시킨다. 그런데 기업의 해외생산 및 마케팅은 규모의 경제를 통해 기업의 비용을 낮춰준다. 즉, 기업은 국제화를 통하여 비용절감을 도모할 수 있다.

빅3 법칙(The Rule of Three)은 어떤 산업이든 업계 3위 안에 드는 소수 기업들이 시장을 지배하는 현상을 의미한다. 코스트 절감과 기업 경쟁력 확보를 위해 기업들은 계속해서 국제 M&A국제화를 추진하고 그 결과 시장에는 1·2·3위 기업만이 살아남는다는 논리이다. 최근 Google이 Motorola를 인수하여 스마트폰 분야에서 한국 삼성의 강력한 경쟁업체로 등장한 것이 이러한 예에 속한다.

(3) 무역장벽의 완화

1948년 이후 GATT체제하 다자간협상, 1995년 이후 WTO의 DDA 등이 기업의 국제화를 촉진하였다. GATT체체하 8차례의 다자간협상을 통하여 관세인하 등 무역장벽이 크게 완화되었고 이러한 무역장벽 완화로 말미암아 기업의 국제화가 촉진되었다. 1995년 WTO 출범 이후 새로운 다자간 협상인 DDA를 통하여 무역장벽 완화노력은 지속되고 있다.

또한 세계 각국 및 지역에서 FTA 등 지역무역협정(RTA: Regional Trade Agreement)이 크게 증가하고 있다. 특히 시기별로는 WTO가 창설된 1995년을 기점으로 하여 지역무역협정이 뚜렷하게 증가한 것으로 나타났다. 지역무역협정은 결국 체결 당사국간의 무역장벽 완화를 의미하므로 기업의 국제화를 촉진하는 요인이다.

(4) 정보통신기술의 발전

정보통신기술(Information Technology)의 발전이 기업국제화를 촉진한다는 것이다. 현대는 정보통신의 시대이며 이를 상징하는 용어로 TGIF(Twitter/Google/Iphone/Facebook), FAANG(Facebook/Amazon/Apple/Netflix/Google) 등의 단어가

생겨났다. TGIF는 현대사회의 키워드로 등장한 소셜 네트워크 서비스(SNS: Social Network Service)에서 핵심적 수단들이며, FAANG은 미국 IT 산업을 선도하는 페이스북, 아마존, 애플, 넷플릭스, 구글을 일컫는 용어이다.

글로벌기업들은 정보통신기술을 활용하여 새로운 사업을 구상하거나 비즈니스 범위를 확장한다. 또한 SNS를 통해 인맥을 새롭게 쌓거나, 기존 인맥과의 관계를 강화시킨다. SNS가 큰 인기를 끌면서 서비스와 형태도 다양해졌다.

┌─ 03   글로벌기업의 의미와 특징

1. 글로벌기업의 의미

(1) 기원 및 용어

다국적기업의 기원은 제1절에서 설명한 바와 같이 17세기 초 네덜란드, 영국 등의 동인도회사(East India Company)에서 시작되었지만 진정한 의미의 다국적기업은 20세기 초에 미국에서 생성되었으며 이후 미국 → 서유럽 → 일본 → 한국 → 중국 → 인도 등의 순서로 확대되었다.

"다국적기업(多國籍企業)" 용어는 "글로벌기업" 용어 등과 혼동되어 사용되고 있으며 학술적으로 의미하는 바가 다르지 않다. 약어 및 영어 표현으로는 MNC(Multi-National Corporation), MNE(Multi-National Enterprise), TNC(Trans-National Corporation), Global Company, World Company, International Corporation 등이 있다.

(2) 정의

주요 학자들의 정의을 보면 1960년 릴리엔탈(Lilienthal)이 다국적기업(multinational firm)이라는 용어를 처음 사용하였는데 "1개국 이상에서 해외생산활동을 하는 기업"이라 정의했다. 1969년 펄뮤터(Perlmutter)는 "다국적기업은 지구중심적 경영 기업(Geocentric Corporation)"이라 정의하였다. 1981년 버논(Vernon)은 다국적기업(multinational enterprise)은 Fortune 500대 기업(Fortune Global 500)에 계속 2회 이상 등재되어 있는 동시에 6개국 이상에서 현지생산 및 판매활동을 하는 기업이라고 보다 구체적으로 정의하였다.

이러한 정의를 종합하여 보면 다국적기업(多國籍企業)은 단어가 뜻하는 바와 같이 "수개국에 걸쳐 영업 및 제조 거점을 가지고 글로벌 비즈니스 활동을 공격적으로 선도하고 지배하는 기업"으로 정의할 수 있다.

2. 글로벌기업의 특징

(1) 활동범위가 넓다

기업의 활동범위, 즉 목표시장(target market)은 글로벌시장(global market), 지역시장(regional market), 국가시장(local market)으로 분류된다. 글로벌기업은 국가시장이 아닌 글로벌시장, 지역시장을 목표시장으로 하여 활동범위가 광범위하다. 예를 들면 삼성전자, LG전자 등 한국의 글로벌기업은 매년 CES(미국 Las Vegas 개최), CeBIT(독일 Hanover 개최) 등 세계적인 전시회에 신제품을 출시하여 글로벌시장(global market)을 대상으로 한 마케팅 활동을 한다.

(2) 글로벌 비즈니스 전략을 추구한다

글로벌기업은 기업의 경영전략에서 글로벌 비즈니스 전략(global business strategy)을 추구한다. 즉, 글로벌기업은 수출·해외직접투자 등 해외시장 진입전략, R&D투자, 아웃소싱(outsourcing), 제조, 국제마케팅, 국제광고 등 기업의 여러 경영활동에서 전세계를 대상으로 한 글로벌 비즈니스 전략을 수행한다.

(3) 글로벌 비즈니스 네트워크를 갖추고 있다

글로벌기업은 글로벌 비즈니스 네트워크(Global Business Network)를 가지고 있다. 해외자회사, 현지법인 등 해외네트워크를 설립하며 전세계에 걸쳐 다국적 인재를 고용한다. WTO에 따르면 세계무역의 전체의 약 1/3은 본사와 해외네트워크 간의 거래인 기업내무역(Intra-Firm Trade)인 것으로 파악되고 있다. 또한 UNCTAD의 세계투자보고서(World Investment Report 2018)에 따르면 해외자회사 고용인원 (Employment of Foreign affiliates)은 2017년 현재 약 7천 3백만에 달하고 있다.

(4) 매출액, 이익, 주가총액 등이 대규모이다

글로벌기업의 매출액(revenue), 이익(profit), 주가총액 등이 대단히 크다는 점이다. 매년 발표하는 포춘 세계 500대 기업(Fortune Global 500) 중 매출액 1,000억 달러 이상인 글로벌기업의 수는 50~60개사에 달한다. 이익 100억 달러 이상인 글로벌기업의 수도 매년 수십개사에 달하고 있는데 이러한 기업을 100억 달러 클럽(ten billion dollar club)이라 부른다. 이들은 글로벌기업 중의 글로벌 기업이라 할 수 있다.

(5) 기타 특징

기타 다국적기업의 특징은 다음과 같다.

- 달러화, 유로화, 엔화, 위안화 등 국제통화를 거래수단으로 활용한다.
- 대규모 R&D 투자를 한다.
- 기술집약적 고부가가치 제품을 생산한다.
- 고도로 발달된 경영기법 및 마케팅 기법을 활용한다.
- 유명 브랜드를 통한 마케팅 전략을 구사한다.
- 최첨단 정보통신기술을 활용한다.

04 글로벌기업 현황

1. Fortune Global 500

(1) 국가별 현황

미국의 경제전문잡지 포춘(Fortune)지는 전세계 글로벌기업을 대상으로 하여 매년 매출액(Revenue) 기준 세계 500대 기업(Fortune Global 500)을 발표하고 있다. 포춘지는 이와 함께 순이익(Profit) 기준 세계 500대 기업도 발표한다. 또한 가장 일하기 좋은 100대 기업(Fortune 100 Best Companies To Work For), 가장 존경받는 글로벌기업(Fortune Global Most Admired Company) 등도 발표한다.

2018년 세계 500대 기업(2017년 매출액 기준)의 국별 현황을 보면 미국이 126개로 1위이며, 중국 120개로 2위, 일본이 52개로 3위를 기록하였다. 세계 500대 기업에 포함된 한국기업의 수는 16개 기업으로 미국, 중국, 일본, 독일, 프랑스, 영국에 이어 세계에서 7번째로 많다. 2015년 이후 4년 동안의 추세를 보면 미국의 글로벌기업 수는 계속해서 세계 1위를 고수하고 있다. 중국의 500대 기업 수는 2012년 일본을 추월한 이후 계속 증가하여 미국과 대등한 글로벌 기업 수를 올리고 있다. 이런 추세라면 2019년, 2020년경에 중국의 글로벌기업 수가 미국을 추월할 것으로 전망된다.

표 14-1	Fortune Global 500의 국별 현황				(단위: 기업수)
순위	국명	2015	2016	2017	2018
1	미 국	128	134	132	126
2	중 국	106	103	109	120
3	일 본	57	52	51	52
7	한 국	17	15	15	16

자료: Fortune, Fortune Global 500, 2018 / www.fortune.com

(2) 매출액 상위 글로벌기업

포춘의 2018 세계 500대 기업(Fortune Global 500)에 따르면 매출액(revenue) 기준 세계 1위는 소매(retail) 업종인 미국의 월마트(Wal-Mart Stores)이다. 2위는 전력(power) 업종인 중국의 스테이트 그리드(State Grid), 3위는 석유(Petroleum) 업종인 중국의 시노펙 그룹(Sinopec Group)이다. 포춘의 글로벌 500대 기업 랭킹 10위 안에 석유관련 다국적기업이 5개나 포함되어 있다.

한편 연간 매출액(Revenue) 1,000억 달러 이상인 기업과 연간 순이익(Profit) 100억 달러 이상인 기업(ten billion dollar club)을 거대 글로벌 기업으로 평가한다. 〈표 14-2〉에서 보는 바와 같이 세계 500대 기업 랭킹 10위까지 기업은 모두 매출액 2,000억 달러를 상회하고 있다. 한국기업으로는 삼성전자만이 매출액 1,000억 달러 이상, 순이익(Profit) 100억 달러 이상을 기록하고 있다.

순위	기업명	국 명	업 종	매출액
1	Wal-Mart Stores	미 국	소매(retail)	500
2	State Grid	중 국	전력(Power)	349
3	Sinopec Group	중 국	석유(Petroleum)	327
4	China National Petroleum	중 국	석유(Petroleum)	326
5	Royal Dutch Shell	네덜란드/영국	석유(Petroleum)	312
6	Toyota Motor	일 본	자동차(Automobile)	265
7	Volkswagen	독 일	자동차(Automobile)	260
8	BP	영 국	석유(Petroleum)	245
9	Exxon Mobil	미 국	석유(Petroleum)	244
10	Berkshire Hathaway	미국	금융(Financials)	242

표 14-2   Fortune Global 500의 상위 글로벌기업(2018)   (단위: 10억 달러)

자료: Fortune, Fortune Global 500, 2018 / www.fortune.com

2. Best Global Brand 100

(1) 국가별 현황

미국에 본사를 둔 인터브랜드(Interbrand)는 세계적인 브랜드 컨설팅 그룹(worldwide brand consulting group)으로 매년 비즈니스위크(Business Week)지를 통하여 세계 100대 브랜드(Best Global Brand 100)와 그 브랜드가치(Brand Value)를 발표한다. 인터브랜드의 브랜드가치 평가기준(www.interbrand.com)은 브랜드관리(Brand Management), 브랜드전략(Strateg/Business Case Development), 재정부문(Financial) 등이다.

2018년 글로벌 100대 브랜드의 국별 현황을 보면 미국 브랜드가 50개로 압도적으로 많은 100대 브랜드를 보유하고 있다. 이어서 독일 9개, 프랑스 9개, 일본 8개, 영국 5개, 한국 3개, 이탈리아 3개, 네덜란드 3개, 스웨덴 3개, 스위스 2개, 스페인 2개, 덴마크 1개, 중국 1개, 멕시코 1개 순으로 되어 있다.

(2) 주요 글로벌 브랜드

2018년 세계 100대 브랜드(Best Global Brand 100)의 상위 글로벌기업을 보

면 세계 1위는 Apple이 차지하였으며 그 브랜드가치(Brand Value)는 2,145억 달러를 기록하였다. 이어서 Google 2위, Amazon 3위, Microsoft 4위, Coca Cola 5위, Samsung 6위, Toyota 7위 등으로 미국기업이 1~5위를 기록하였다. Apple과 Google은 6년 연속 1위와 2위를 지켰다. 6위에 오른 삼성전자는 미국 이외 브랜드 중 가장 순위가 높다.

다음으로 한국의 브랜드를 보면 Samsung 세계 6위에 이어 Hyundai 36위, Kia 71위를 각각 차지하였다. 특히 최근에 한국기업의 약진이 두드러지고 있다. 2013년과 비교하여 보면 Samsung은 8위에서 6위로, Hyundai는 43위에서 36위로, Kia는 83위에서 71위로 각각 상승하였다. 한국기업 중에서 향후 100대 브랜드 진입 가능성이 높은 브랜드는 LG(전자), Amore Pacific(화장품), 한국타이어(타이어) 등이 꼽히고 있다.

표 14-3 Best Global Brand 100의 상위 글로벌기업(2018) (단위: 백만 달러)

순위	Brand 이름	국 명	브랜드가치 (Brand Value)
1	Apple	미 국	214,480
2	Google	미 국	155,506
3	Amazon	미 국	100,764
4	Microsoft	미 국	92,725
5	Coca Cola	미 국	66,341
6	Samsung	한 국	59,890
7	Toyota	일 본	53,404
8	Mercedes Benz	독 일	48,601
9	Facebook	미 국	45,168
10	McDonald's	미 국	43,417
36	Hyundai	한 국	13,535
71	Kia	한 국	6,925

자료: Interbrand, Best Global Brand 100, 2018년 / www.interbrand.com

05 글로벌기업과 한국무역

1. 한국의 글로벌기업

(1) 개요

한국경제의 경제적 위상 제고와 기업의 국제화 진전으로 우리나라 글로벌기업은 수와 규모면에서 크게 성장하고 있다. 한국의 글로벌기업은 정보통신(IT)과 전통 제조기업을 중심으로 비약적인 성장을 거듭하며 글로벌 시장에 진출했다.

특히 지난 10년간 IT 기업이 급성장했고, 자동차, 철강, 조선, 화학 등 전통 제조업도 꾸준하게 성장했다. 즉, 한국의 주력제품을 생산하고 수출하는 기업이 대부분 글로벌기업에 포함되어 있다.

(2) 포춘 500대 기업의 한국기업

포춘의 2018 세계 500대 기업(Fortune Global 500)에 포함된 한국의 글로벌기업 수는 16개로 세계에서 7번째로 많다. 한국의 글로벌기업 추세를 보면 〈표 14-1〉에서 제시하는 바와 같이 2015년 17개사, 2016년 15개사, 2017년 15개사, 2018년 16개사를 기록하였다.

세계 500대 기업에 포함된 한국의 16개 기업 중 삼성전자가 12위로 맨 위에 있으며, 이어서 현대자동차, SK홀딩스, LG전자, POSCO, 한국전력, 기아자동차, 한화 등으로 나타났다. 삼성계열 3개사, 현대계열 3개사, LG계열 2개사이다. SK하이닉스와 CJ는 처음으로 500대기업 리스트에 이름을 올렸다.

한편 인터브랜드(Interbrand)가 발표하는 2014년 세계 100대 브랜드(Best Global Brand 100)에는 앞에서 설명한 바와 같이 삼성(Samsung), 현대(Hyundai), 기아(Kia) 등 3개 브랜드가 포함되어 있다.

표 14-4	Fortune Global 500의 한국 글로벌기업(2018)	
순위	기업명	500대 기업 순위
1	삼성전자(Samsung Electronics)	12
2	현대자동차(Hyundai Motor)	78
3	SK홀딩스(SK Holdings)	84
4	LG전자(LG Electronics)	178
5	포스코(POSCO)	184
6	한국전력(Korea Electric Power)	188
7	기아자동차(Kia Motors)	219
8	한화(Hanwha)	244
9	현대모비스(Hyundai Mobis)	380
10	삼성생명(Samsung Life Insurance)	421
11	GS 칼텍스(GS Caltex)	438
12	SK 하이닉스(SK Hynix)	442
13	삼성C&T(Samsung C&T)	458
14	KD 금융그룹(KB Financial Groups)	471
15	LG 디스플레이(LG Display)	483
16	CJ(CJ)	493

자료: Fortune, Fortune Global 500, 2018 / www.fortune.com

2. 글로벌기업과 한국무역

(1) 개요

우리나라는 수출주도형 경제성장을 추진하여 왔고 정부의 강력한 수출드라이브 정책으로 수출기업들은 해외시장 개척과 우리나라의 경제 발전에 지대한 공헌을 하였다. 그리고 그러한 기업들은 앞 절에서 살펴본 것처럼 세계굴지의 글로벌기업으로 성장하였다.

따라서 우리나라 글로벌기업의 한국무역에 대한 영향은 대단히 크다. 연간 수출규모 5,000억 달러, 전체 교역규모 1조 달러 시대를 시작한 한국 무역에서 우리나라 글로벌기업 수출의 영향력이 얼마나 될까? 한국의 주력 수출제품은 반도체, 선박, 자동차, 평판디스플레이, 석유제품, 무선통신기기 등이다. 그리고 이들 제품을 생산하는 글로벌기업은 삼성전자, SK, 현대자동차, LG전자, 현대중공업 등으로 각각 연간 최소 100억 달러 이상을 수출하고 있다.

(2) 무역의 날 행사

우리나라는 처음으로 수출 1억 달러를 달성한 1964년 11월 30일을 기념해 이 날을 "수출의 날"로 지정해 기념하여 왔다. 그러다가 수출입 모두 중요시한다는 의미에서 1987년부터 "수출의 날"을 "무역의 날"로 명칭을 변경하였으며 또한 2011년 12월 5일 우리나라가 세계에서 아홉 번째로 무역규모 1조 달러를 달성한 것을 기념하여 무역의 날을 "12월 5일"로 변경하였다. 무역의 날에는 수출의 탑 포상과 무역유공자 표창을 실시하고 있다.

"수출의 탑"의 경우 수출기업의 수출실적에 따라 "100만 달러 수출의 탑"부터 "600억 달러 수출의 탑"까지 총 37종의 수출의 탑을 수여한다. 100만 달러 수출의 탑은 무역업체가 처음으로 포상가능한 최소단위의 수출의 탑이다. 10억 달러 이상의 탑은 우리나라 글로벌기업들이 달성할 수 있는 수출의 탑이라고 할 수 있다.

또한 실적 우수 수출업체 대표 및 종업원, 특수 유공자, 자치단체 및 중소기업수출지원 기관 등 개인 및 기관에 대한 훈·포장, 대통령·총리·장관·한국무역협회장 표창 등 총 800여 개 포상을 수여한다.

▌Keyword

대항해시대(Age of Exploration)
중상주의(重商主義, mercantilism)
동인도회사(East India Company)
다국적기업
글로벌기업
세계시장 중심기업(Geocentric Corporation)
빅3 법칙(The Rule of Three)
TGIF(Twitter / Google / Iphone / Facebook)
FAANG(Facebook / Amazon / Apple /
  Netflix / Google)
MNC(Multi-National Corporation)
MNE(Multi-National Enterprise)

TNC(Trans-National Corporation)
글로벌 비즈니스 전략(global business
  strategy)
포춘(Fortune)
포춘 세계 500대 기업(Fortune Global 500)
월마트(Wal-Mart Stores)
순이익 100억 달러 클럽(profit ten billion
  dollar club)
인터브랜드(Interbrand)
세계 100대 브랜드(Best Global Brand 100)
수출의 탑

▌Exercise

01 세계적 기업활동의 역사에 대하여 토론하시오.
02 콜럼버스, 마젤란, 바스코다가마의 탐험경로는?
03 기업국제화의 요인은 무엇인가?
04 FAANG는 무엇을 의미하는가?
05 글로벌기업의 의미와 용어에 대하여 생각하여 보자.
06 글로벌기업의 특징은 무엇인가?
07 포춘 세계 500대 기업(Fortune Global 500)에 대하여 설명하시오.
08 인터브랜드의 세계 100대 브랜드(Best Global Brand 100)에 대하여 설명하시오.
09 글로벌기업과 한국무역에 대하여 토론하시오.

01 환율 개요

1. 의의

환율(exchange rate)이란 어떤 통화 1단위에 대한 다른 통화의 가격을 의미하며 어떤 나라 통화와 다른 나라 통화간의 교환비율로 표시된다. 환율은 어떤 나라 통화의 대외가치를 표시하며 그 통화의 대외구매력을 나타낸다.

변동환율제도하에서 환율은 매일매일 변동된다. 그러면 환율 변동은 어떻게 표현하며 무엇을 의미하는가? 달러당 1,100원에서 달러당 1,000원으로 변화되면 "환율이 하락한다(또는 환율이 떨어진다)"라고 표현하며 이는 원화가치가 상승(평가절상)하는 것을 의미한다. 반대로 달러당 1,000원에서 달러당 1,100원으로 변화되면 "환율이 상승한다(또는 환율이 올라간다)"라고 표현하며 이는 원화가치가 하락(평가절하)하는 것을 의미한다.

오늘날 환율은 국제무역에서 대단히 중요한 변수로 작용하고 있다. 뿐만 아니라 환율 변화는 GDP, 물가, 국제수지 등 대부분의 거시경제변수와 기업의 매출액 등에 결정적인 영향을 미친다. 특히 한국과 같이 높은 수준의 대외개방경제 체제에서는 환율의 향방이 국가경제에 핵심적인 역할을 하고 있다. 따라서 환율동향과 그에 대한 영향 분석, 그리고 향후 환율전망 등이 매우 중요하다.

2. 환율의 표시방법

환율을 표시하는 방법에는 자국화표시환율(rate in home currency) 방법, 외화표시환율(rate in foreign currency) 방법 등 두 가지가 있다. 전자를 직접표시환율(direct quotation), 후자를 간접표시환율(indirect quotation)이라고도 한다. 한국을 비롯한 대부분의 나라는 자국화표시환율 방법을 사용하며 EU 등 일부 국가에서만 외화표시환율 방법을 사용한다.

(1) 자국화표시환율

자국화표시환율은 외국통화 1단위와 교환되는 자국통화의 단위수로 표시한다. 현재 미국 달러화가 세계의 중심 화폐, 즉 기축통화(Key Currency) 역할을 수행하고 있으므로 대부분의 나라에서 1달러가 자기 나라 화폐 얼마와 교환될 수 있느냐의 형식으로 환율을 표시한다. 예를 들면 한국 원화의 경우 1USD($) = 1,100KRW(₩), 일본 엔화의 경우 1USD($) = 110JPY(¥), 중국 위안화의 경우 1USD($) = 6.9CNY(¥) 등으로 표시한다.

(2) 외화표시환율

반면에 외화표시환율은 자국화표시환율과는 달리 자국화 1단위와 교환되는 외국통화(미국 달러화)의 단위수로 표시한다. 이러한 환율표시방법은 EU와 영국, 그리고 영연방국가(호주, 뉴질랜드, 남아공)들이 사용하고 있다. 예를 들면 유로화의 경우 1EUR(€) = 1.15USD($), 영국 파운드화의 경우 1GBP(£) = 1.30USD($), 호주 달러화의 경우 1AUD($) = 0.71USD($) 등과 같이 표시한다.

3. 통화의 약칭

세계 여러 나라의 통화표시를 효율적이고 간명하게 하기 위하여 국제표준화기구(ISO: International Standardization Organization)는 통화코드(Currency Code)를 제정하였다. ISO는 통화코드를 영문 세 자리로 표준화하였는데 앞의 두 자리는 국가명을 나타내며 뒤의 한 자리는 그 나라 통화의 명칭을 나타낸다.

예를 들면 한국 원화 KRW(Korean Won), 미국 달러화 USD(United States Dollar), 유로화 EUR(EURO), 영국 파운드화 GBP(Great Britain Pound), 일본 엔화 JPY(Japanese Yen), 중국 위안화 CNY(Chinese Yuan), 캐나다 달러화 CAD(Canadian Dollar) 등과 같이 표시한다.

4. 통화기호

통화기호(Currency Sign)란 통화를 간단한 상징(graphic symbol)으로 나타내는 기호를 의미한다. 일반적으로 국가마다 통화기호를 가지고 있으며 그 통화기호 형태가 국별로 천차만별이다. 국별로 통화의 이름과 연관되는 그리스어나 라틴어를 사용하여 통화기호를 만들고 있다.

예를 들면 미국 달러화는 스페인의 미국식민지 시대 페소화(pesos)의 S가 변형되어 "$" 기호로 발전하였다는 것이 정설이다. 유로화 "€"는 Europe의 첫 글자인 E의 그리스어 epsilon에다가 통화의 안정을 나타내기 위해 작대기 2개를 표시한 것이다. 중국 위안화 "¥", 일본 엔화 "¥"는 동일하게 표시되는데, 중국 위안화 Yuan의 첫글자 Y와 일본 엔화 Yen의 첫글자인 Y의 라틴어가 변형되어 만들어진 것이다.

5. 기축통화의 변화

(1) 기축통화의 정의

기축통화(key currency)는 세계 통화(world currency)라고도 하며 예일대 로버트 트리핀(Robert Triffin) 교수가 1960년 처음으로 사용하였다. 국가간 무역거래 및 금융거래의 결제, 그리고 각국의 준비자산으로 널리 이용되는 통화를 말한다. 제2차 세계대전 종전 이후 브레튼우즈체제(Bretton Woods System)에 따라 미달러화를 기축통화로 하는 금환본위제도(고정환율제도)가 시행된 이후 사실상 미 달러화가 현재까지 기축통화의 지위를 유지하고 있다.

(2) 기축통화의 요건

기축통화의 요건은 다음과 같다. 첫째, "경제적 파워"이다. 기축통화 국가는 세계경제를 선도할 수 있는 경제규모와 경제적 파워를 갖추고 있어야 한다. 둘째, "환율의 안정성(stability)"이다. 기축통화 가치의 급속한 하락 위험성 등 변동성이 크지 않고 꾸준한 안정성을 확보하여야 한다. 셋째, "통화 교환성(currency convertibility)이다. 국제무역, 국제금융 거래에서 기축통화와 자유롭게 제한 없이 교환될 수 있어야 한다. 넷째, "발전된 금융시장"이다. 기축통화 국가는 세계를 선도하는 국제금융시장을 갖추어야 하고 금융의 국제화가 이루어져야 한다.

(3) 기축통화 달러화의 위상 변화

앞에서도 언급한 바와 같이 브레튼우즈체제에 따른 금환본위제도 시행 이후 미국 달러화가 기축통화 역할을 수행하여 왔다. 그러나 1970년대 이후 미국의 경상수지 및 재정수지 적자의 확대 등 미국경제 위상 약화에 따라 기축통화 달러화의 기능에 대한 논란이 시작되었고 기축통화 미달러화의 위상은 점차적으로 약화되었다.

1980년대 일본경제 위상의 급부상 이후 일본 엔화가 국제 결제통화 기능을 부분적으로 수행하였고, 2000년대 유로화 탄생 이후에는 유로화가 국제 결제통화 기능을 부분적으로 수행하였다. 최근에는 중국 위안화가 중국의 높아진 경제적 위상을 배경으로 일부 국가와 통화스와프 계약을 체결하는 등 새로운 기축통화로서의 부상 가능성을 노크하고 있다.

이에 따라 국제통화체제는 그간의 달러화 중심의 단일 기축통화체계(unipolar system)에서 다극화된 기축통화체계(multipolar system)로 전환되는 추세에 있다고도 할 수 있을 것이다. 그러나 현행 국제무역 및 금융시스템에서의 결제비중, 그리고 각국의 외환보유고에서 보유외화비중을 볼 때 미국 달러화는 여전히 가장 중요한 역할을 수행하고 있다.

02 환율의 분류

1. 기준환율

외국환거래법 제5조 ①은 "기획재정부장관은 원활하고 질서 있는 외국환거래를 위하여 필요하면 외국환거래에 관한 기준환율, 외국환의 매도율·매입률 및 재정환율을 정할 수 있다" 그리고 동조 ②는 "거주자와 비거주자는 제1항에 따라 기획재정부장관이 기준환율 등을 정한 경우에는 그 기준환율 등에 따라 거래하여야 한다"라고 규정하고 있다.

여기서 기준환율(basic rate)이란 용어 그대로 외환거래의 기준이 되는 환율로서 우리나라의 경우 원화의 미국 달러에 대한 환율을 의미한다. 우리나라는 변동환율제도를 채택하고 있으므로 원화의 미국 달러에 대한 환율은 외환시장에서 외환의 수요와 공급에 의해 결정되며 매일 매일 변동된다.

2. 외국환 매도율·매입률

대고객환율이란 외국환은행이 고객과의 거래에서 적용되는 환율을 말한다. 대고객환율은 매입률과 매도율로 나누어진다. 기준환율은 외국환은행이 대고객환율을 결정할 때 준거환율의 역할을 한다. 즉 외국환은행은 고객과의 거래에서 적용하는 환율을 결정하고자 할 경우 중심환율로서 매매기준율이 있어야 하는데 통상 기준환율을 매매기준율로 정하고 있다.

매도율(selling rate)은 외국환은행이 외환을 고객에게 팔 때, 매입률(buying rate)은 외국환은행이 고객으로부터 외환을 살 때 적용된다. 매도율이 매입률보다 높은데 이 차이를 마진(margin) 또는 스프레드(spread)라 한다. 이 차이는 은행이 외화를 매매하는 데 드는 비용에다가 수익을 더한 것이다.

대고객환율은 외환의 결제를 전신으로 하는 경우 적용되는 전신환매매율과 현찰로 바꾸는 경우 적용되는 현찰매매율 등 2가지 유형이 있다. 일반적으로 전신환매매율은 관련비용이 작아 마진이 작은 데 비해 현찰매매율은 현찰의 수송이나 보관에 따른 비용이 들기 때문에 마진이 크게 된다.

3. 재정환율

　재정환율(裁定換率, arbitrated rate)이란 원화와 미 달러화 이외 통화와의 환율을 의미한다. 즉, 원화의 대미달러 환율과 제3국 통화의 대미달러 환율에 의하여 간접적으로 산정된 환율을 말한다. 이때 이러한 재정환율을 계산하기 위하여 사용된 제3국 통화의 대미달러 환율을 크로스환율(cross rate)이라고 한다.

　예를 들면 한국 원화의 대미달러 환율을 1$ = 1,100₩(한국 외환시장에서 결정), 일본 엔화의 대미달러 환율을 1$ = 110¥(국제 외환시장에서 결정)이라고 하자. 이 경우 원화의 대일본 엔화 환율, 즉, 재정환율은 1¥ = 10₩(1,100/110)이다. 즉, 재정환율은 국내 외환시장과 국제외환시장에서 결정된 환율의 수치를 가지고 계산(재정)하여 결정된다.

┌ 03　환율제도

1. 개요

　IMF는 1976년에 킹스턴(Kingston)에서 개최된 IMF 잠정위원회에서 국제환율제도를 변동환율제도로 이행하는 데 합의하였다. 이에 따라 그동안 지속되어 온 브레튼우즈체제(Bretton Woods System)가 무너지고 각국은 달러화에 고정된 금환본위제도(고정환율제도)에서 자율적으로 환율변동이 가능한 변동환율제도를 채택할 수 있게 되었다. 이를 킹스턴 체제(Kingston System)라고 한다.

　그러나 많은 국가들은 아직도 고정환율제도를 채택하고 있다. 현재 IMF 회원국은 189개국인데 이 중 35%는 변동환율제, 13%는 고정환율제, 52%는 중간형태(변동폭 제한)를 각각 채택하고 있는 것으로 집계되고 있다. 대체로 선진국은 변동환율제도, 개도국은 고정환율제도를 채택하고 있다. 우리나라도 1997년 말 외환위기 이후 IMF의 권고에 따란 완전한 자유변동환율제도를 채택하고 있다.

2. 고정환율제도

(1) 의의

고정환율제도(fixed exchange rate system)는 자의적인 환율변동을 인정하지 않거나, 그 변동폭을 상하 일정한 범위로 제한한 환율제도이다. 역사적으로 고정환율제도는 19C의 금본위제도(Gold Standard System)와 브레튼우즈체제 이후의 금환본위제도(Gold Exchange Standard System)가 대표적이다. 전자는 각국 통화를 금 일정량의 무게에 고정시킨 제도이며 후자는 각국 통화를 금태환이 가능한 미국 달러화에 고정시킨 제도이다.

현재 고정환율제도는 다양한 형태를 나타내고 있는데 예를 들면 타국통화환율제도(10개국), 통화위원회협정환율제도(13개국), 전통적 고정페그환율제도(68개국), 일정범위 고정페그환율제도(3개국), 크롤링 페그환율제도(8개국), 크롤링밴드페그환율제도(2개국) 등이 있다.

(2) 장점 및 단점

고정환율제도의 장점은 다음과 같다. 첫째, 환율변동에 따른 환리스크를 회피할 수 있어 국제 무역거래를 안정적으로 지속할 수 있다. 둘째, 환율이 고정되어 있으므로 환율불균형을 이용한 국제단기자본의 투기성 이동(speculative attack)을 방지할 수 있다. 셋째, 환율이 안정적이므로 국내경제정책의 효과적 수행이 가능하다.

반면 고정환율제도의 단점은 다음과 같다. 첫째, 국제수지 불균형시 환율이 고정되어 있으므로 환율조정을 통한 자동조절기능을 수행할 수 없다. 둘째, 자국통화가 과대평가 또는 과소평가되는 경우 환율조정이 불가능하여 자원배분이 왜곡된다.

3. 변동환율제도

(1) 의의

변동환율제도(flexible or floating exchange rate system)는 외환시장에서의 외

환의 수요와 공급에 의해 환율이 결정되는 시스템이다. 앞에서도 언급한 바와 같이 킹스턴 체제(Kingston System) 이후 선진국을 중심으로 많은 나라들이 변동환율제도를 채택하고 있다.

현행 변동환율제도는 관리변동환율제도(Managed Floating Exchange Rate System)와 독립(자유)변동환율제도(Independent Floating Exchange Rate System)로 분류된다. 전자는 환율수준에 대한 정부의 적극적 개입이 허용되며 후자는 환율수준에 대해 정부가 소극적으로 개입하는 제도이다. 독립(자유)변동환율제도는 미국, 유로국가, 일본, 한국 등 많은 선진국들이 채택하고 있다.

(2) 정점 및 단점

변동환율제도의 장점은 다음과 같다. 첫째, 국제수지 불균형시 환율변동을 통하여 국제수지 적자 및 흑자의 불균형 조정이 가능하다. 둘째, 환율조정정책이 가능하므로 국제수지 불균형 해결을 위한 재정 및 금융정책 수단이 불필요하다. 셋째, 가격기구를 통한 자원배분의 효율성을 달성할 수 있다.

반면 변동환율제도의 단점은 다음과 같다. 첫째, 환율변동의 불확실성으로 인하여 국제교역이 위축될 가능성이 있다. 최근 아베노믹스에 따른 엔화약세로 한국무역에 마이너스 영향을 주는 것이 좋은 예이다. 둘째, 환율변동으로 인하여 물가상승압력 및 기업경영상 채산성악화 등이 초래된다.

4. 국제환율제도의 변천

(1) 19세기~1914년 제1차 세계대전 발발

고정환율제도인 금본위제도(Gold Standard System)가 시행되었다. 금이 세계화폐의 중심이 되는 체제를 금본위제도라 한다. 1816년 영국이 금본위제도를 채택하면서 금은 화폐 역사의 전면에 등장하였다. 이에 따라 역사적으로는 금본위제도는 19세기 이후 1914년(제1차 세계대전 발발)까지 유럽의 영국을 중심으로 운영되었다.

금본위제도는 각국의 화폐의 가치가 금의 무게와 일정한 관계를 유지하도록 만들어 놓은 제도이다. 예를 들면 금과 미국 달러화 교환비율은 금 1온스

(ounce)당 35달러, 금과 영국 파운드화 교환비율은 금 1온스당 7파운드로 고정되었다. 이 경우 미국 달러화와 영국 파운드화의 교환비율(환율)은 1파운드＝5달러이다.

(2) 1914년 제1차 세계대전 발발~1944년 브레튼우즈체제

두 차례에 걸친 세계대전 기간중에는 고정환율제도와 변동환율제도가 같이 시행되었던 시기이다. 일부 국가는 상기에서 언급한 고정환율제도인 금본위제도를 채택하였으며, 일부 국가는 변동환율제도를 채택하였다.

특히 변동환율제도를 채택한 국가들은 국제수지 불균형 해소를 위해 경쟁적으로 자국통화가치를 하락시켰다. 이에 따라 국제무역이 위축되었으며 나아가 국제경제에 악영향을 초래하였고 이것이 제2차 세계대전의 원인이 되었다는 평가이다. 1930년대 대공황을 계기로 하여 금본위제도는 붕괴의 길로 접어들었다.

(3) 1944년 브레튼우즈체제~1976년 킹스턴 체제

국제무역을 위축시키는 변동환율제도의 단점을 극복하기 위해 고정환율제도인 금환본위제도(Gold Exchange Standard System)가 시행되었다. 금환본위제도(Gold Exchange Standard System)는 자유무역중심의 국제경제질서를 구축하고자 하였던 브레튼우즈 체제(Bretton Woods System)의 핵심적 내용이다.

금환본위제도는 각국의 통화가치가 금태환이 가능한 기축통화(key currency)인 미국 달러화에 일정비율로 고정되는 환율제도이다. 금환본위제는 슈퍼파워 미국경제가 세계경제의 리더 역할을 충분히 할 수 있었던 시기에는 효과적으로 수행되었다. 그러나 미국의 경상수지 및 재정수지가 악화되면서 금환본위제도는 제대로 역할을 수행하지 못하였다.

(4) 1976년 킹스턴 체제 이후

1976년 킹스턴 체제(Kingston System) 이후 변동환율제도가 시행되었다. 1976년 자메이카의 킹스턴(Kingston)에서 개최된 IMF 잠정위원회에서 종전의 금환본위제도(고정환율제도) 체제에서 변동환율제도, 고정환율제도 중 선택할 수 있도록 합의하였다.

1970년대 이후 미국경제의 위상약화로 더 이상 금환본위제를 운영하기 어렵게 되었다. 특히 1971년 닉슨조치(Nixon Shock)로 미달러화의 금태환이 정지되면서 금환본위제도는 사실상 기능을 상실하였다. 이에 따라 종전까지 각국 환율이 달러화에 고정되어 있었지만 킹스턴 체제 이후 환율제도를 변동환율제도, 고정환율제도 중 자율적으로 결정할 수 있도록 하였다.

┌─ 04 환율변동요인

외국 돈의 가격인 환율은 물건 값과 마찬가지로 기본적으로 외국 돈의 수요와 공급에 의하여 결정된다. 즉, 기준환율인 원화의 대미달러환율은 국내외환시장에서의 미국 달러화의 공급과 미국 달러화의 수요에 의해 결정된다. 그 밖에 환율은 물가, 경제성장, 금리 및 통화량, 주변국 환율변동 등에 의해 영향을 받는다.

1. 외환의 공급과 수요

독일의 경제학자 하인리히 고센(Heinrich Gossen)은 국제대차설(Theory of International Indebtedness, 國際貸借說)을 체계화하였다. 환율은 국제간의 대차관계, 즉 외환의 수요와 공급에 의해 결정된다는 이론이다.

국내 외환시장에서 외환(달러화) 공급이 외환(달러화) 수요를 초과하면 외환시장에서는 사려고 하는 외국 돈보다 팔려고 하는 외국 돈이 많아짐에 따라 외국 돈이 흔해져서 외국 돈의 가치가 떨어지고 우리 돈의 가치가 오르게 된다. 즉 우리나라의 원화표시환율은 내리게 된다. 예를 들면 달러당 1,100원에서 달러당 1,000원으로 원화의 미달러화 환율이 하락하게 된다. 간단히 말하면 외환공급 증대는 원화의 대미달러환율 하락요인이고 외환수요 증대는 원화의 대미달러환율 상승요인이 된다.

그러면 외환시장에서의 외환(달러화)의 공급과 외환(달러화)의 수요는 무엇을 말하는가? 달러화 공급은 국내외환사장에 달러화가 들어오는 것(달러화 유입)을 의미하며, 반대로 달러화 수요는 국내외환시장에서 달러화가 빠져 나가는 것

(달러화 유출)을 의미한다.

외환(달러화) 유입은 우리나라 기업의 수출, 외국인 국내주식투자 자금 유입, 외국인 관광객의 국내지출, 해외로부터의 개인송금 등이 있다. 외환(달러화) 수요는 우리나라 기업의 수입, 국내거주자의 해외투자자금 유출, 로얄티(Royalty) 지급, 외국인의 국내투자수익 송금, 개인의 해외여행 경비지출 등이 있다.

2. 물가

스웨덴의 경제학자 구스타프 카셀(Gustav Cassel)은 환율은 양국의 물가수준에 의해 결정된다고 주장하였다. 물가수준은 곧 양국의 구매력을 나타낸다는 의미에서 이러한 주장을 구매력평가설(Theory of Purchasing Power Parity)이라 한다.

예를 들어 맥도널드의 햄버거 가격이 우리나라에서는 4,000원, 미국에서는 4달러에 판매된다면 한국원화의 대미달러 환율은 1달러당 1,000원의 수준으로 형성된다고 보는 것이 바로 구매력평가설이다. 그리고 두 나라의 물가상승률이 서로 달라 화폐의 상대적 구매력에 변화가 오면 환율은 이를 반영하여 변화한다. 예를 들면 물가 상승 → 구매력 감퇴 → 통화의 평가절하/환율상승 요인이 된다는 것이다.

환율은 각국의 구매력에 의해 결정된다는 논리를 반영하여 산출되는 것이 빅맥지수(Big Mac Index)이다. 이는 영국의 경제전문지 이코노미스트(Economist) 지가 1987년에 개발한 환율 측정 지표로서 일정 시점에서 미국 맥도널드사의 햄버거 제품인 빅맥 가격을 달러로 환산한 후 미국 내 가격과 비교한 지수이다. 각국의 적정환율을 평가하는 지표로서 자주 사용된다.

3. 경제성장

환율의 변동요인 측면에서 경제성장을 기본적 경제여건(fundamental)이라고도 한다. 기본적 경제여건의 변동에 따라 환율이 변동된다는 논리이다. 그런데 경제성장은 두 가지 경로를 통하여 외환의 수요와 공급에 영향을 미쳐 환율에 각각 상반된 변동을 일으킨다.

우선 경제성장은 소득증대 → 수입수요 증대 → 경상수지 악화 경로를 통하여 환율 상승이라는 결과를 가져온다. 즉, 외환 수요증대(외환유출)에 의한 환율 상승이다. 반면에 경제성장은 금리상승 → 해외자본유입 경로를 통하여 환율 하락이라는 결과를 가져온다. 즉, 외환 공급증대(외환유입)에 의한 환율 하락이다.

4. 금리 및 통화량

금리와 통화량도 외환의 수요와 공급에 영향을 미쳐 환율에 영향을 준다. 우선 금리상승은 자국통화표시 금융자산 수익률 상승 → 자국통화매입수요 증대 → 외환의 공급 증가(외환유입) 경로를 통하여 환율 하락의 결과를 초래한다. 다음으로 통화량 증가는 금리하락 → 외환의 유출, 즉, 외환의 수요증가 경로를 통하여 환율 상승의 결과를 초래한다.

5. 주변국 환율변동

수출경쟁관계에 있는 국가의 환율이 변동되면 자국의 수출경쟁력 약화에 대한 우려로 자국 환율 변화 요인으로 작용한다. 미국 등 세계 주요시장에서 한국제품과 가격경쟁 관계에 있는 일본엔화, 중국위안화 환율변동의 예가 대표적이다. 일반적으로 일본엔화가 강세(약세)를 보이면 한국원화도 강세(약세)로 조정되고 있다. 또한 최근 중국 위안화 약세의 영향을 받아 한국원화도 약세추세를 보이는 것도 같은 논리이다.

6. 중앙은행의 외환시장 개입

변동환율제도라 하더라도 중앙은행의 외환시장 개입이 가능하다. 제3절에서 설명한 것처럼 관리변동환율제도하에서는 환율수준에 대한 정부의 적극적 개입이 가능하며 독립(자유)변동환율제하에서도 정부의 소극적 개입이 가능하다. 일본경제 재생을 위한 아베정부의 아베노믹스(Abenomics)는 일본엔화의 인위적인 약세를 통해 일본제품의 경쟁력을 향상시키고자 하는 전략인 것이다.

05 국제환율과 한국무역

1. 한국의 환율제도 변화

(1) 고정환율제도: 1945~1964

우리나라는 1945년 10월 미군정에 의해 달러화와 조선은행권간 공정환율이 1달러당 15원으로 제정되었다. 그리고 1949년에 정부보유의 외환을 환금할 때 적용하는 공정환금률과 일반 수요자가 외환을 환금할 때 적용하는 일반환금률 등 두 가지 환율을 사용하는 복수환율제도를 채택하였다.

(2) 단일변동환율제도: 1964~1980

1964년 5월에 1달러당 255원을 하한으로 하는 단일변동환율제도를 채택하였다. 변동환율제도이긴 하지만 한국은행이 외환시장에 개입함에 따라 실질적으로는 고정환율제도였다. 그리고 1974년 12월 이후 1달러당 484원으로 사실상 고정 운용되었다. 1980년 1월에 1달러당 580원으로 환율을 인상(평가절하)하였다.

(3) 복수통화 바스켓 제도: 1980~1990

복수통화 바스켓 제도(Multicurrency Basket System)는 우리나라와 교역량이 많은 몇몇 국가 통화의 시세, 우리나라의 국제수지 추이, 국내 물가상승률 등을 종합적으로 감안해 산출하는 환율결정방식이다.

1980년 2월부터 시행되었으며 우리나라와 교역비중이 높은 미국 달러화, 일본 엔화, 독일 마르크화 등 국제 통화를 선정하고 국제금융시장에서 각 통화 가치의 변동률과 우리나라 물가상승률, 국제수지 등을 감안하여 환율을 결정하였다.

(4) 시장평균환율제도: 1990~1997

시장평균환율제도(Market Average Exchange Rate System)는 외환시장에서의 외환의 수요와 공급에 의하여 환율이 결정되는 제도이다. 1990년 2월부터 시행되었는데 외환시장 자유화라는 시대적 조류에 부응하는 조치이다.

시장평균환율제도는 완전한 자유변동환율제도의 전단계로서 1997년 IMF 외환위기 이전까지 시행되었는데 환율변동폭을 일정하게 설정함으로써 시장평균환율제도라 하더라도 정부가 간접적으로 개입하였다.

(5) 자유변동환율제도: 1997.12.16. 이후

1990년대에 지속된 무역수지 및 경상수지 적자의 누적으로 우리나라는 1997년에 IMF 구제금융(relief loan)을 받게 된다. 그리고 IMF의 구제금융 수혜 조건에 따라 자유변동환율제도(Freely Fluctuating Exchange Rate System)로 이행하게 된다.

즉, 1997년 하반기 외환위기 발생 이후 환율변동요인이 시장 메커니즘에 의해 환율에 반영될 수 있도록 하루 환율변동폭 제한을 폐지하여 자유변동환율제도로 이행하였다. 이에 따라 정부의 적극적 개입여지는 줄어들었다.

2. 환율변화와 한국무역

(1) 한중일 3국 환율동향

한중일간에 무역의존도가 높기 때문에 한중일 3국의 환율동향이 국제무역에서 중요한 변수로 작용하고 있다. 특히 미국, EU 등 세계시장에서 우리나라 수출의 경쟁국은 일본, 중국, 대만 등이기 때문에 이들 나라의 환율 변동이 우리나라 수출에 미치는 영향은 대단히 크다.

〈표 15 - 1〉은 2007년에서 2017년까지 한중일 3국의 대미달러환율 추이를 기말기준과 평균기준으로 제시하고 있다. 기말기준은 연말시점의 환율이며 평균기준은 1년 동안 평균한 환율이다. 최근 동향을 보면 한국의 원화 환율은 추세적으로 상승(평가절하) 추세를 보이고 있다. 일본엔화 환율도 아베노믹스의 영향으로 지속적으로 상승 추세를 보이고 있으며 중국 위안화 환율 역시 미중 무역마찰의 영향 등으로 상승 추세를 보이고 있다.

표 15-1	한중일 통화의 대미달러 환율 동향					
	원화의 대미달러환율 (Won/U$)		엔화의 대미달러환율 (￥/U$)		위안화의 대미달러환율 (Yuan/U$)	
	기말	평균	기말	평균	기말	평균
2007	936	929	113.0	117.8	7.30	7.60
2008	1,260	1,103	90.2	103.3	6.83	6.95
2009	1,165	1,276	92.1	89.5	6.83	6.83
2010	1,135	1,156	81.5	83.4	6.59	6.77
2011	1,152	1,108	77.6	79.8	6.30	6.46
2012	1,071	1,127	86.1	83.6	6.3	6.3
2013	1,055	1,095	105.0	103.4	6.1	6.2
2014	1,099	1,053	119.4	105.9	6.1	6.1
2015	1,173	1,132	120.4	121.1	6.5	6.2
2016	1,208	1,160	117.0	108.8	6.9	6.6
2017	1,071	1,130	112.7	112.2	6.5	6.8

자료: 한국은행, 해외경제포커스, 2018 / www.bok.or.kr

(2) 한국무역에 대한 영향

일본 및 중국통화의 상승(평가절하)은 한국 수출제품의 가격경쟁력이 상대적으로 낮아지기 때문에 한국수출에 부정적인 영향을 미친다. 반대의 경우는 한국수출에 긍정정적인 영향을 미친다. 일본 엔화는 최근 아베노믹스의 영향으로 상승추세를 보이고 있어 한국에는 불리하다. 중국 위안화 역시 상승추세이기 때문에 한국 수출에는 부정적인 측면이 있다. 그러나 한국 원화 환율도 최근 상승추세이기 때문에 그 효과는 상쇄되고 있다.

향후 원/달러 환율은 단기변동성이 큰 가운데 장기적으로는 상승과 하락을 반복할 것으로 전망된다. 이에 따라 환율하락에 대비하여 결제통화 다변화, 품질경쟁력 강화 등 업계 차원의 대비책이 필요하다. 정부 역시 핫머니에 대한 관리감독 강화 등 환율안정화를 위한 노력을 지속하여야 하고 수출업계의 충격을 최소화할 수 있는 시장 여건의 조성에 주력해야 할 것이다.

3. 한국의 수출입결제통화

한국의 수출입결제통화를 종합적으로 보면 2008년 글로벌 금융위기와 2010
년 남유럽 재정위기를 계기로 하여 미국 달러화에 의한 결제통화 비중이 더욱 확
대되고 있는 추세이다. 그리고 수출입결제통화로서 원화 결제 비중이 증가추세에
있으나 전체에서 차지하는 비중은 1~2%로 여전히 미미한 수준에 머물고 있다.

(1) 수출결제통화

먼저 우리나라의 수출결제통화 비중을 보면 미달러화가 80% 내외 수준으
로 가장 많고, 이어서 유로화, 일본 엔화, 한국 원화, 중국 위안화 순이다. 미달
러화는 2008년 글로벌 금융위기 이후 비중이 증가하고 있으며, EU 유로화는 유
로화 출범 이후 지속적으로 비중이 확대 추세였으나 2008년 이후 감소하였다.
일본 엔화는 4% 수준에서 정체되어 있으며 비중은 낮으나 2010년에 큰 폭으로
상승하였다.

(2) 수입결제통화

다음으로 우리나라의 수입결제통화 비중을 보면 역시 미달러화가 80% 내
외 수준으로 가장 많고, 이어서 유로화, 일본 엔화, 한국 원화, 중국 위안화 순이
다. 미달러화는 80% 수준에서 등락을 반복하고 있으며 유로화는 상승 추세가
지속되었으나 2010년에 비중이 감소하였다. 일본 엔화는 추세적 하락세이며 중
국 위안화 비중은 미미하지만 꾸준한 증가세이다.

Keyword

환율(exchange rate)
자국화표시환율
외화표시환율
통화기호(Currency Sign)
기축통화(key currency)
기준환율(basic rate)
재정환율(arbitrated rate)
대고객환율
고정환율제도(Fixed Exchange Rate System)
변동환율제도(Flexible Exchange Rate
  System)
킹스턴 체제(Kingston System)

금본위제도(Gold Standard System)
금환본위제도(Gold Exchange Standard
  System)
국제대차설(Theory of International
  Indebtedness)
구매력평가설(Theory of Purchasing Power
  Parity)
빅맥지수(Big Mac Index)
복수통화 바스켓 제도
자유변동환율제도
수출입결제통화

Exercise

01 통화의 약칭과 통화기호에 대하여 설명하시오.

02 기축통화의 변화에 대하여 토론하시오

03 기준환율과 재정환율의 차이점은 무엇인가?

04 고정환율제도와 변동환율제도의 장단점은 무엇인가?

05 국제환율제도의 변천에 대하여 설명하라.

06 환율변동요인에 대하여 토론하시오.

07 우리나라 환율제도의 변화에 대하여 설명하시오.

08 국제환율 변화와 한국무역에 대하여 토론하시오.

PART

04

주요국 경제 무역 및 시장특성

CHAPTER 16 중국경제 무역 및 시장특성

01 중국경제개관

1. 중국경제의 이해

(1) 경제규모 및 1인당 GDP

중국경제는 1978년 개혁개방정책 이후 30년 이상 연평균 10% 내외의 경제성장률을 기록하였다. 그러나 최근 들어 경제성장률이 다소 주춤한 가운데 2017년 실질 GDP 성장률은 6.9%를 기록하였다. 높은 경제성장에 힘입어 중국의 명목 GDP 규모는 2017년에 12조 달러를 기록하여 미국에 이어 세계 제2위 경제대국의 위치를 확고히 하고 있다.

한편 중국의 1인당 GDP(per capita GDP)는 2017년 8,643달러로 세계 70위를 기록하였다. 세계 2위 경제대국이지만 14억명을 상회하는 인구대국인 점을 반영하여 아직 낮은 수준이다. 그러나 상하이(上海), 베이징(北京), 광저우 등 중국 대도시의 1인당 GDP는 2만 달러 내외를 기록하고 있으며 소비 수준이 선진국 수준으로 매우 높다.

(2) 무역 및 외환보유고

중국이 세계의 공장(World Factory) 및 세계의 시장(World Market)으로 이미 떠오른 가운데 중국의 무역은 세계를 리드하는 중심적인 위치로 자리를 굳혀가고 있다. 2017년 중국의 상품수출(Merchandise Export)은 2조 2천 6백억 달러를 기록하여 세계 1위, 상품수입(Merchandise Import)은 1조 8천 4백억 달러를 기록하여 미국에 이어 세계 2위이다. 수출증가로 인하여 중국의 무역흑자 및 외환보유고가 급격하게 증가하여 이것이 글로벌 불균형 및 미중 무역마찰의 원인으로 지적되고 있다.

2017년 중국의 서비스수출(Commercial Service Export)은 2,260억 달러로 세계 5위, 서비스수입(Commercial Service Import)은 4,640억 달러로 세계 2위를 각각 기록하였다. 상품부문과는 달리 서비스수지 적자를 나타내고 있으며, 이는 서비스부문에서는 중국의 국제경쟁력이 아직 취약하다는 것을 반영하고 있다.

한편 중국의 외환보유고(Foreign Exchange Reserve)는 상품수출 확대를 통한 막대한 무역흑자를 배경으로 2017년 말 현재 3조 1천 4백억 달러를 기록하여 압도적인 세계 1위를 지속적으로 유지하고 있다.

(3) FDI 및 글로벌기업

중국의 FDI(Foreign Direct Investment) 흐름도 세계에서 중심적인 위치를 차지하고 있다. 중국에 대한 외국인직접투자(FDI Inflow)는 2017년 1,360억 달러로 미국에 이어 세계에서 두 번째로 중요한 투자유치국가 위치를 유지하고 있다. 중국의 해외투자(FDI Outflow)도 막대한 무역흑자, 글로벌기업의 성장 등을 배경으로 2017년 1,250억 달러로 세계에서 세 번째로 많은 해외투자 규모를 나타내어 주요 해외투자국가로 급부상하고 있다.

중국의 글로벌기업을 보면 2017년 포춘 500대 기업(Fortune Global 500)에서 중국기업이 120개를 차지하여 세계에서 두 번째로 많은 글로벌기업을 보유하고 있다. 특히 IT기업의 성장세가 두드러지고 있는데 미국 IT기업 FAANG과 비교하여 중국 IT기업 BAT가 떠오르고 있다. BAT는 바이두(Baidu), 알리바바(Alibaba), 텐센트(Tencent) 등을 나타내며 FAANG은 페이스북(Facebook), 아마존(Amazon), 애플(Apple), 넷플릭스(Netflix), 구글(Google) 등을 나타낸다. 한편 2017년 세계

100대 브랜드(Best Global Brand 100)에는 중국기업으로서 화웨이(Huawei)가 포함되어 있다.

표 16-1 　　중국의 주요경제지표(2017년)

구 분	단 위	수 치	비 고
명목 GDP(Nominal GDP)	10억 달러	12,015	세계 2위
실질GDP 성장률	%	6.9	-
1인당 GDP(per capita GDP)	달러	8,643	세계 70위
상품수출(Merchandise Export)	10억 달러	2,263	세계 1위
상품수입(Merchandise Import)	10억 달러	1,842	세계 2위
서비스수출(Commercial Service Export)	10억 달러	226	세계 5위
서비스수입(Commercial Service Import)	10억 달러	464	세계 2위
외환보유고(Foreign Exchange Reserve)	10억 달러	3,140	세계 1위
FDI(Inflow)	10억 달러	136	세계 2위
FDI(Outflow)	10억 달러	125	세계 3위
Fortune Global 500	개	120	세계 2위
Best Global Brand 100	개	1	세계 12위

자료: IMF, World Economic Outlook Database, 2018 / www.imf.org
　　　WTO, International Trade Statistics 2018 / www.wto.org
　　　UNCTAD, World Investment Report 2018 / www.unctad.org
　　　Fortune, 2018 Fortune Global 500 / www.fortune.com
　　　Interbrand, 2018 Best Global Brand 100 / www.interbrand.com

2. 경제성장의 배경

(1) 풍부한 노동력 및 자원

　　세계최대 인구 국가인 중국의 총인구는 14억 1천만명(2018년 기준)이다. 거대경제권 인도(13억 5천만명), EU(5억명 1천만명), 미국(3억 2천만명)과 비교된다. 그리고 광대한 토지, 풍부한 지하자원(석유, 천연가스, 희토류, 석탄, 철 등)을 보유하고 있다. 이에 대해 중국은 예로부터 "땅은 넓고 자원은 풍부하다(地大物博)"라는 자부심을 가지고 있다. 경제성장은 기본적으로 노동력과 자원을 얼마나 확보하고 있느냐에 달려 있는데 중국은 이러한 조건을 충분히 갖추고 있는 것이다.

(2) 중국정부의 실용주의 정책

중국의 실용주의 정책은 덩샤오핑(鄧小平·등소평)의 흑묘백묘론(黑猫白猫論)으로 설명된다. 흑묘백묘론은 검은 고양이든 흰 고양이든 쥐를 잘 잡는 고양이가 좋은 고양이라는 뜻으로 다시 말하면 자본주의든 사회주의든 상관없이 중국인민을 잘 살게 하면 그것이 좋은 제도라는 것이다. 이에 따라 중국이 도입한 경제체제가 사회주의 시장경제(Socialist Market Economy)체제이며 이러한 정책에 힘입어 중국경제는 비약적으로 성장하고 있다. 한편, 현재 시진핑(習近平) 국가주석도 일대일로(一帶一路)정책, 반부패정책 등 실용주의 정책을 추진하고 있다.

(3) 대외개방과 외자유치

1978년 이후 중국은 대외개방 및 외자유치정책을 적극적으로 추진하였다. 중국에 들어온 외국의 자본과 기술이 중국의 산업클러스터(Cluster) 형성에 결정적인 역할을 수행하였다. 특히, 1992년 덩샤오핑의 남순강화(南巡講話: 심천, 주해 등 중국 남부의 주요 지역을 순시하면서 행한 강연) 이후 개혁·개방 정책을 더욱 활발하게 추진하였고 시장경제체제를 적극적으로 도입하였다. 중국의 외국인직접투자 유치(FDI inflow) 규모는 미국과 함께 세계 1, 2위를 다투고 있다.

(4) 중국인의 상업주의적이고 현실주의적인 기질

중국인은 기본적으로 상업주의적이고 현실주의적인 기질을 가지고 있는데 중국에 시장경제가 도입되면서 더욱 힘을 발휘하고 있다. 중국인의 이러한 기질은 세계 각국에서 번성하고 있는 차이나 타운(China Town)과 화교자본을 통해서 확인할 수 있다. 특히 화교자본은 동남아시아 지역의 경제적 주류를 형성하며 그 지역의 경제성장에 지대한 역할을 수행하고 있다. 화교자본은 인위적 통합체(EU, NAFTA, TPP)가 아닌 동일 민족의 자연적 통합체이기 때문에 더욱 강력한 것으로 평가된다.

3. 경제발전 중심지역의 변화

중국의 경제발전 중심지역은 1978년 개혁개방정책 실시 이후 1980년대 주장(珠江)삼각주(Pearl River Delta) 지역, 1990년대 창장(長江)삼각주(Yangtze River Delta) 지역, 2000년대 환발해 및 동북3성 지역, 2017년 이후 슝안신구(雄安新区) 지역 등으로 변화되어 왔다.

(1) 주장(珠江)삼각주(Pearl River Delta) 지역

1978년 개혁개방정책 실시이후 덩샤오핑(鄧小平)이 주도한 1980년대 중국의 경제발전 중심지역은 선전, 주하이, 광저우 경제특구를 중심으로 한 주장(珠江)삼각주(Pearl River Delta) 지역이다. 높은 수준의 경제개방을 실시하였고 수출지향형 경제구조, 높은 외자이용률 등이 장점으로 지적된다. 경제특구 1호 선전은 인구 3만명의 어촌에서 100m 이상 고층빌딩만도 1,000여 곳, 인구 2,000만명의 초현대 도시로 탈바꿈했다.

(2) 창장(長江)삼각주(Yangtze River Delta) 지역

장쩌민(江澤民)이 주도한 1990년대의 경제발전 중심지역은 상하이(上海) 푸둥(浦東) 지역, 장쑤성(江蘇省), 저장성(浙江省) 등을 중심으로 한 창장(長江)삼각주(Yangtze River Delta) 지역이다. 주요도시는 상하이(푸둥지구), 쑤저우, 항저우, 난징, 닝보 등이다. 인력자원 등 생산요소가 풍부하고 국제화 수준이 높으며 시장수요가 큰 지역이다. "중국의 미래를 보려면 상하이로 가라"는 말처럼 상하이는 중국의 세계화, 현대화를 상징하는 도시가 되었다.

(3) 환발해 및 동북3성 지역

후진타오(胡錦濤)가 주도한 2000년대의 새로운 경제발전중심지역이다. 베이징(北京)과 톈진(天津), 허베이성(河北省)을 포함하는 징진지(京津冀: 베이징, 톈진, 허베이성의 약칭) 지역과 동북3성 지역이 여기에 해당된다. 동북3성은 중국의 최동북쪽에 위치한 지린성(吉林省)·랴오닝성(遼寧省)·헤이룽장성(黑龍江省) 등을 말하는데, 중국의 대표적인 낙후지역으로 꼽히는 지역이다. 중국 정부의 정책 지원 강화, 우수한 인력 자원, 경제적 파급효과가 크다는 점 등이 장점으로 부각되고 있으나, 지역 내 발전격차가 크다는 점, 복잡한 교통 및 요소 비용 등이 단점으로 지적되고 있다.

(4) 슝안신구(雄安新区) 지역

슝안신구는 2017년부터 중국 시진핑(習近平) 국가주석이 중국의 "천년대계"로 추진중인 신도시 개발 프로젝트이다. 향후 20년간 추진될 국가 대사업으로 첨단 스마트시티, 인재중심형 혁신도시 등을 목표로 하고 있다. 슝안신구 계획 발표 이후, 중국 3대 IT기업으로 불리는 BAT(바이두, 알리바바, 텐센트)를 중심으로 IT 기업들이 대거 참여하고 있다. 또한 베이징 등 주변 도시와의 접근성을 높이기 위해 도로 건설 등 교통망 확충에 박차를 가하고 있으며 향후 베이징의 연구개발, 교육 등 일부 기능을 이전해, 궁극적으로 베이징의 과밀문제를 완화하는 것을 목표로 하고 있다.

┌ 02 중국무역개관

1. 수출입 총괄

(1) 수출

중국경제를 견인하고 있는 중국의 수출은 2004년에 5,000억 달러를 돌파하였고, 이어서 2007년에 1조 달러, 2012년에 2조 달러를 각각 돌파하였다. 중국의 수출은 1980, 1990년대 한국과 비슷한 규모를 나타내었으나 2000년대 이후 한국과의 수출격차는 현격하게 벌어지기 시작하였다. 2017년에는 한국 수출규모의 4배 정도를 나타내었다.

중국의 수출은 세계수출 선두국가인 미국, 독일 등을 제치고 2009년부터 계속해서 세계수출 1위를 기록하고 있다. 중국은 세계의 공장(World Factory)으로 성장하여 대부분의 제품에서 독보적인 가격경쟁력뿐만 아니라 우수한 품질 및 기술경쟁력을 바탕으로 세계시장을 석권하고 있다.

(2) 수입

중국의 수입은 2004년에 5,000억 달러를 돌파하였고, 이어서 2008년에 1조

달러를 상회하였다. 그리고 2013년에 2조 달러에 근접하는 수입규모를 나타내었다. 중국의 수입은 중국경제의 급속한 성장에 따른 수입수요 증가와 수출용 원자재 및 자본재 수입 증가 등에 힘입어 높은 증가세를 지속하고 있다.

미국과 함께 세계의 시장(World Market) 역할을 수행하고 있는 가운데 미국에 이어 세계 2위 수입시장을 형성하고 있다. 중국의 GDP 규모가 빠르게 증가되는 것을 감안하면 가까운 시일 내에 미국을 제치고 세계 제1위 수입시장이 될 것으로 보인다.

(3) 무역수지

이러한 중국수출의 확대로 말미암아 중국의 무역수지는 큰 폭의 흑자를 기록하고 있다. 2005년에 무역수지흑자 규모가 1,000억 달러를 돌파하였고, 2007년 2,000억 달러, 2014년 3,000억 달러, 2015년 6,000억 달러를 각각 돌파하였다.

표 16-2	중국의 수출입추이				(단위: 백만 달러, %)
연도	수출		수입		무역수지
	금액	증가율	금액	증가율	금액
2000	249,240	27.7	225,095	35.8	24,145
2001	266,661	7	243,567	8.2	23,094
2002	325,642	22.1	295,303	21.2	30,339
2003	438,473	34.6	413,096	39.9	25,377
2004	593,647	35.4	560,811	35.8	32,836
2005	762,327	28.4	660,222	17.7	102,105
2006	969,324	27.2	791,794	19.9	177,530
2007	1,218,155	25.7	956,261	20.8	261,894
2008	1,428,869	17.3	1,131,469	18.3	297,401
2009	1,202,047	-15.9	1,003,893	-11.3	198,155
2010	1,578,444	31.3	1,393,909	38.9	184,535
2011	1,899,314	20.3	1,741,624	24.9	157,690
2012	2,050,109	7.9	1,817,344	4.3	232,765
2013	2,210,772	7.8	1,941,466	6.8	269,306
2014	2,343,222	6.0	1,963,105	1.1	380,117
2015	2,280,437	-2.7	1,601,598	-18.4	678,839
2016	2,134,872	-6.4	1,522,886	-4.9	611,986
2017	2,279,162	6.8	1,790,000	17.5	489,162

자료: 한국무역협회 중국무역통계 / www.kita.net

중국의 대규모 무역수지흑자는 미중간의 무역마찰 및 글로벌 세계경제 불균형의 원인으로 지적되고 있다. 이러한 중국의 대규모 무역수지흑자 해소를 위해 G－20 정상회담, G7 정상회담, 미중 정상회담 등에서 국제환율조정과 무역정책을 통한 해결방안 논의가 이루어지고 있으나 중국의 무역수지흑자 규모는 좀처럼 줄어들지 않고 있다. 그러나 최근 진행되고 있는 미중 무역전쟁의 여파로 변화가 예상된다.

2. 국별 수출입

(1) 국별수출

2017년 중국의 국별 수출순위는 미국 1위, 홍콩 2위, 일본 3위, 한국 4위 순이다. 중국의 미국 시장의존도는 2010년 17.9%, 2017년 18.9%로 높은 비중을 나타내고 있다. 중국 제품이 세계 각국에 전방위적으로 진출하고 있는 가운데 여전히 미국시장이 중국의 가장 중요한 수출시장이다.

한국에 대한 수출비중은 2010년 4.4%에서 2017년 4.5%로 다소 증가하였다. 반면 일본에 대한 수출비중은 동기간중 7.6%에서 6.0%로 감소하였다. 중국 제품의 일본과 한국에 대한 수출 의존도가 비슷해지는 양상을 보이고 있다.

표 16-3 중국의 국별수출 변화(10대 수출국)   (단위: 백만 달러, %)

순위	2010			2017		
	국명	금액	비중	국명	금액	비중
	총계	1,578,444	100	총계	2,279,162	100
1	미국	283,184	17.9	미국	431,783	18.9%
2	홍콩	218,205	13.8	홍콩	280,877	12.3%
3	일본	120,262	7.6	일본	137,091	6.0%
4	한국	68,811	4.4	한국	102,939	4.5%
5	독일	68,069	4.3	베트남	71,642	3.1%
6	네덜란드	49,711	3.1	독일	71,336	3.1%
7	인도	40,879	2.6	인도	68,097	3.0%
8	영국	38,776	2.5	네덜란드	67,533	3.0%
9	싱가포르	32,333	2.0	영국	57,225	2.5%
10	이탈리아	31,136	2.0	싱가포르	46,129	2.0%

자료: 한국무역협회 중국무역통계 / www.kita.net

(2) 국별수입

2017년 중국의 국별 수입순위는 한국 1위, 일본 2위, 대만 3위, 미국 4위 순이다. 2013년 이후 한국이 일본을 제치고 중국의 제1수입대상국으로 부상하였다. 일본과 한국으로부터 수입비중이 높은 것은 이들 양국에서 수입하는 중국의 수출용 원자재 및 자본재의 수입 의존도가 높은 것을 반영한다.

한국으로부터의 수입비중은 2010년 9.9%, 2017년 9.9%로 변화가 없었다. 일본으로부터의 수입비중은 동기간중 12.6%에서 크게 9.2%로 크게 감소하였다. 중국시장에서 한국제품이 일본제품에 비하여 국제경쟁력이 상승하고 있음을 의미한다.

표 16-4   중국의 국별수입 변화(10대 수입국)   (단위: 백만 달러, %)

순위	2010			2017		
	국명	금액	비중	국명	금액	비중
	총계	1,393,909	100	총계	1,790,000	100
1	일본	176,304	12.6	한국	177,269	9.9%
2	한국	138,023	9.9	일본	165,000	9.2%
3	대만	115,645	8.3	대만	155,211	8.7%
4	중국(홍콩)	106,778	7.7	미국	149,661	8.4%
5	미국	101,310	7.3	독일	96,578	5.4%
6	독일	74,378	5.3	호주	86,106	4.8%
7	호주	59,698	4.3	브라질	58,301	3.3%
8	말레이지아	50,375	3.6	말레이시아	54,336	3.0%
9	브라질	38,038	2.7	태국	41,841	2.3%
10	태국	33,201	2.4	러시아	40,824	2.3%

자료: 한국무역협회 중국무역통계 / www.kita.net

(3) 국별무역수지

중국의 국별 무역수지는 대부분의 국가에 대해서 무역흑자를 나타내고 있다. 특히 대미국 무역수지 흑자는 매년 2,000억 달러를 상회하고 있는 가운데 이것이 최근 미국과 중국 통상마찰의 핵심적 요인이 되고 있다. 그러나 한국과 일본에 대해서는 중국측이 무역수지 적자를 나타내고 있다.

표 16-5	중국의 국별 무역수지 변화					(단위: 백만 달러)
국명	2010			2017		
	수출	수입	수지	수출	수입	수지
총계	1,578,444	1,393,909	184,535	2,279,162	1,790,000	489,162
미국	283,184	101,310	181,874	431,783	149,661	282,122
일본	120,262	176,304	-56,042	137,091	165,000	-27,909
한국	68,811	138,023	-69,212	102,939	177,269	-74,330

자료: 한국무역협회 중국무역통계 / www.kita.net

3. 품목별 수출입

(1) 품목별 수출

중국의 HS기준 2단위 10대 수출품목은 〈표 16-6〉에서 제시하는 바와 같다. HS 85(전기전자) 수출비중이 2017년 전체의 26.3%로 가장 많고 이어서 HS 84(기계류)는 16.8% 비중으로 이들 두 제품이 전체 수출에서 43.1%를 차지하여 압도적인 비중을 나타내고 있다.

표 16-6	중국의 10대 수출품목 변화					(단위: 백만 달러, %)
순위	2010			2017		
	HS(품목)	금액	비중	HS(품목)	금액	비중
	총계	1,578,444	100	총계	2,279,162	100
1	85(전기전자)	388,916	24.6	85(전기전자)	600,295	26.3%
2	84(기계류)	309,958	19.6	84(기계류)	383,348	16.8%
3	61(메리야스 · 편물)	66,707	4.2	94(가구류)	90,719	4.0%
4	62(의류와 부속품)	54,363	3.4	62(의류와 부속품)	73,881	3.2%
5	90(광학기기)	52,161	3.3	61(메리야스 · 편물)	72,150	3.2%
6	94(가구류)	50,610	3.2	39(플라스틱제품)	71,309	3.1%
7	89(선박)	40,285	2.6	90(광학기기)	70,816	3.1%
8	73(철강제품)	39,170	2.5	87(자동차)	67,418	3.0%
9	87(자동차)	38,408	2.4	73(철강제품)	57,858	2.5%
10	64(신발류)	35,624	2.3	95(완구, 유희용구)	55,662	2.4%

자료: 한국무역협회 중국무역통계 / www.kita.net

2010년 이후 장기적 추세를 보면 전기전자, 자동차, 철강기기 등 자본 및 기술집약적 제품의 수출비중이 크게 증가한 반면 의류, 메리야스, 신발류 등 노동집약적 제품의 수출비중이 감소 추세를 나타내었다.

(2) 품목별 수입

중국의 HS기준 2단위 10대 수입품목은 〈표 16-7〉에서 제시하는 바와 같다. 2017년에 HS 85(전기전자) 수입비중이 가장 높으며 이어서 27(광물성연료), 84(기계류) 등의 순으로 나타났다. 전기전자와 광물성연료가 두 자릿수의 높은 비중을 나타내고 있다.

2010년 이후 장기적 추세를 보면 전기전자의 수입비중은 증가하였으나 기계류의 수입비중은 큰 폭으로 감소하였다. 광물성연료(원유포함)는 국제원자재가격 상승 등의 영향으로 수입비중이 증가한 것으로 나타났다.

표 16-7 중국의 10대 수입품목 변화 (단위: 백만 달러, %)

순위	2010			2017		
	HS(품목)	금액	비중	HS(품목)	금액	비중
	총계	1,393,909	100	총계	1,790,000	100
1	85(전기전자)	314,405	22.6	85(전기전자)	456,793	25.5%
2	27(광물성연료)	188,381	13.5	27(광물성연료)	245,917	13.7%
3	84(기계류)	172,403	12.4	84(기계류)	170,070	9.5%
4	26(광·슬랙·회)	107,969	7.7	26(광·슬랙·회)	125,068	7.0%
5	90(광학기기)	89,738	6.4	90(광학기기)	97,472	5.4%
6	39(플라스틱제품)	63,689	4.6	87(자동차)	79,238	4.4%
7	87(자동차)	49,447	3.5	39(플라스틱제품)	68,974	3.9%
8	29(유기화학품)	48,283	3.5	29(유기화학품)	55,801	3.1%
9	74(동과 그 제품)	45,992	3.3	12(과일 및 채소)	44,610	2.5%
10	12(과일 및 채소)	27,059	1.9	74(동과 그 제품)	41,178	2.3%

자료: 한국무역협회 중국무역통계 / www.kita.net

4. 성별(省別) 수출입

(1) 성별수출

2017년 중국의 성별 수출순위는 1위 광동성(廣東省: Guangdong PE), 2위 강소성(江蘇省: Jiangsu PE), 3위 절강성(浙江省: Zhejiang PE), 4위 상하이(上海: Shanghai CY), 5위 산동성(山東省: Shandong PE) 순이며 이들 5개 지역 수출총액이 중국전체 수출의 3/4 정도를 차지하고 있다.

주장(珠江) 삼각주지역 및 창장(長江) 삼각주지역을 중심으로 한 중국경제 성장지역에서 대외무역이 크게 확대되고 있음을 반영하고 있다. 2010년과 비교하여 2017년에 광동성(廣東省) 수출비중이 증가하여 전체의 30% 수준을 나타내고 있으며, 반면에 강소성(江蘇省), 상하이(上海) 등의 수출비중이 다소 감소한 것으로 나타났다.

표 16-8   중국의 성별 수출 변화

(단위: 백만 달러, %)

순위	2010 성별	금액	비중	2017 성별	금액	비중
	총계	1,578,444	100	총계	2,279,162	100
1	Guangdong PE(廣東省)	467,122	29.6	Guangdong PE(廣東省)	686,204	30.1
2	Jiangsu PE(江蘇省)	281,380	17.8	Jiangsu PE(江蘇省)	374,044	16.4
3	Zhejiang PE(浙江省)	200,958	12.7	Zhejiang PE(浙江省)	291,882	12.8
4	Shanghai CY(上海)	173,165	11.0	Shanghai CY(上海)	173,838	7.6
5	Shandong PE(山東省)	110,331	7.0	Shandong PE(山東省)	157,490	6.9
6	Fujian PE(福建省)	66,596	4.2	Fujian PE(福建省)	93,007	4.1
7	Liaoning PE(遼寧省)	42,557	2.7	Henan PE(河南省)	50,157	2.2
8	Tianjin CY(天津)	37,849	2.4	Liaoning PE(遼寧省)	49,547	2.2
9	Beijing CY(北京)	30,362	1.9	Hebei PE(河北省)	44,025	1.9
10	Hebei PE(河北省)	27,980	1.8	Tianjin CY(天津)	42,698	1.9

자료: 한국무역협회 중국무역통계 / www.kita.net

(2) 성별 수입

2017년 중국의 성별 수입순위는 1위 광동성(廣東省: Guangdong PE), 2위 강소성(江蘇省: Jiangsu PE), 3위 상하이(上海: Shanghai CY), 4위 산동성(山東省: Shandong PE), 5위 절강성(浙江省: Zhejiang PE) 순이며 이들 5개 지역 수입총액이 중국전체 수입의 65.6%를 차지하고 있다.

광동성(廣東省), 강소성(江蘇省), 상하이(上海) 등은 중국에서도 손꼽히는 경제성장지역이다. 국민소득 확대와 산업클러스터 형성에 따른 수입수요 증가를 반영하여 수입비중이 높다. 2010년과 비교하여 2017년에 광동성(廣東省), 강소성(江蘇省) 등의 수입비중이 감소하였으나 상하이(上海), 산동성(山東省) 등의 수입비중은 증가한 것으로 나타났다.

표 16-9 　중국의 성별 수입 변화
(단위: 백만 달러, %)

순위	2000			2017		
	성별	금액	비중	성별	금액	비중
	총계	1,393,909	100	총계	1,790,000	100
1	Guangdong PE(廣東省)	348,259	25.0	Guangdong PE(廣東省)	409,394	22.9
2	Jiangsu PE(江蘇省)	217,325	15.6	Jiangsu PE(江蘇省)	262,163	14.6
3	Shanghai CY(上海)	191,924	13.8	Shanghai CY(上海)	255,736	14.3
4	Shandong PE(山東省)	114,291	8.2	Shandong PE(山東省)	156,445	8.7
5	Zhejiang PE(浙江省)	86,091	6.2	Zhejiang PE(浙江省)	91,138	5.1
6	Beijing CY(北京)	80,096	5.7	Beijing CY(北京)	89,187	5.0
7	Tianjin CY(天津)	53,809	3.9	Tianjin CY(天津)	79,136	4.4
8	Liaoning PE(遼寧省)	52,147	3.7	Liaoning PE(遼寧省)	62,194	3.5
9	Fujian PE(福建省)	43,961	3.2	Fujian PE(福建省)	60,228	3.4
10	Hebei PE(河北省)	33,846	2.4	Hebei PE(河北省)	37,571	2.1

자료: 한국무역협회 중국무역통계 / www.kita.net

그림 16-1 중국지도

헤이룽장성

베이징직할시

지린성

닝샤후이족
자치구

라오닝성

신장웨이우얼자치구

간쑤성

네이멍구
자치구

★ 베이징

텐진직할시

허베이성

산시성
SHAANXI

산둥성

칭하이성

산시성
SHANXI

허난성

장쑤성

시짱자치구
(티베트)

쓰촨성

충칭
직할시

안후이성

상하이직할시

후베이성

저장성

후난성

장시성

푸젠성

구이저우성

원난성

광시장족
자치구

광둥성

홍콩

마카오

하이난성

03 중국통상정책

1. 통상정책기조

(1) 지속적인 개혁개방정책

1980년대에 덩샤오핑(鄧小平)에 의해 중국의 개혁개방정책이 시작되었고, 1990년대에 사회주의체제에 시장경제체제 옷을 입힌 사회주의 시장경제(Socialist Market System)가 본격적으로 시행되었다. 그리고 2000년대에 WTO 가입(2001년 12월) 이후 본격적인 무역자유화 정책이 시행되었다. 중국은 WTO에 가입한 이후 평균관세율을 대폭적으로 인하하였고 통상관련 규제를 완화하거나 철폐하였다. WTO 가입 이후 중국이 세계경제체제에 본격적으로 진입하면서 자유롭게 조성된 글로벌 경제 및 무역환경에서 중국의 경제 및 무역은 더욱 획기적으로 발전하였다.

(2) 적극적인 대외통상정책

중국은 2013년 시진핑(習近平) 정부의 출범 이후 좀 더 적극적인 대외통상정책을 추진하고 있다. 2015년 한중 FTA가 발효되었고 아시아지역에서 미국을 견제하기 위해 역내 포괄적 경제동반자 협정 RCEP(Regional Comprehensive Economic Partnership) 체결을 적극적으로 추진하고 있다. 현재 RCEP 협상중인 국가는 16개국으로 ASEAN 10, 동북아시아 3(China, Japan, Korea), 오세아니아 2(Australia, New Zealand), 그리고 인도이다. 그리고 중국의 주도로 아시아 국가들의 사회간접자본 건설지원을 위해 아시아 인프라투자은행 AIIB(Asian Infrastructure Investment Bank)을 2015년 말에 창설하였다. 이는 세계은행(WB), 아시아개발은행(ADB)에 대항하기 위한 중국 주도의 국제금융기관이다.

(3) 일대일로 정책

일대일로(一帶一路, one belt one road)란 중국 주도의 "신(新) 실크로드 전략구상"으로, 내륙과 해상의 실크로드경제벨트를 지칭한다. 35년 간(2014~2049) 고대 동서양의 교통로인 현대판 실크로드를 다시 구축해, 아시아 지역 SOC 건설(철도, 도로, 공항, 항만), 중국경제발전, 현지 자원 확보 등을 목표로 한 대규모 프로젝트다. 2013년 시진핑 주석의 제안으로 시작되었으며, 2018년 현재 100여 개 국가 및 국제기구가 참여하고 있다. 내륙 3개, 해상 2개 등 총 5개의 노선으로 추진되고 있다.

2. 통상정책수단

(1) 관세장벽

중국의 1992년 평균관세율은 43.2%로 매우 높은 수준이었다. 중국이 2001년 WTO에 가입하면서 중국의 관세장벽은 크게 완화되었다. 1992년 이후 중국은 지속적인 관세인하를 실시하여 공산품의 경우 평균관세율이 10% 수준으로 인하되었다.

　　WTO 양허관세율(Simple average final bound)은 각국이 스스로 관세를 어느 정도 이상 올리지 않겠다고 WTO에 약속한 관세율을 의미하며, MFN 실행관세율(Simple average MFN applied)은 실제로 적용된 관세율을 의미한다. 중국의 MFN 실행관세율은 비농산품 8.8%, 농산품 15.6%, 전체 평균은 9.8%이다. 중국의 관세율이 아직 상당히 높다는 것을 알 수 있다.

표 16-10　　중국의 WTO 양허관세율 및 MFN 실행관세율(%)

구 분	전체 (Total)	비농산품 (Non Ag)	농산품 (Ag)
WTO 양허 관세율 (Simple average final bound)	10.0	9.1	15.7
MFN 실행관세율 (Simple average MFN applied)	9.8	8.8	15.6

자료: WTO, Tariff Profiles / www.wto.org

(2) 비관세장벽

　　중국은 2001년 12월 WTO에 가입한 이후, 가입 조건으로 약속하였던 사항을 이행하기 위하여 무역관련 법규 및 불공정 무역관련 규범 등을 국제적인 수준으로 끌어올리기 위한 행정적 조치를 지속해 왔다. 따라서 불투명한 무역관련 규제가 상당히 완화되었다고 평가할 수 있다.

　　그러나 중국의 시장개방 확대와 무역량 증가에 따라 불명확하고 불투명한 각종 비관세장벽(Non Tariff Barriers)이 증가 추세에 있어 수입규제 장벽으로 작용하고 있다. 중국 비관세장벽의 특징은 자국산업 보호를 위한 직접적 수입통제가 많다는 점, 그리고 표준 및 인증제도와 같은 기술무역장벽(TBT: Technical Barriers to Trade)이 많다는 점 등이다. 특히 기술무역장벽중에 제품 품질 및 안전에 대한 인증제도인 중국 강제인증제도(CCC: China Compulsory Certificate)가 중요한 비관세장벽으로 지적된다.

　　최근 들어 중국의 경우 한국으로부터의 중간재 등 수출용원자재와 소비재 수입증가로 인하여 한국에 대한 무역적자가 점차적으로 증가하고 있다. 이러한 점을 반영하여 중국은 한국제품에 대하여 수입규제를 강화하고 있는데 한국제품에 대한 반덤핑관세 부과, 불필요한 통관절차 등이 대표적인 사례이다. 특히 2017년 사드(THAAD) 배치에 따른 중국의 대한 무역보복은 중국 비관세장벽의 또 다른 형태라 할 수 있다.

3. 통상관련기관

(1) 상무부

중국 상무부(Ministry of Commerce People's Republic of China)는 중국의 대외무역관리를 총괄하는 기구이다. 기존의 대외무역경제합작부가 변경된 정부부처이다. 각 성단위 무역관리기구는 상무청(기존의 대외무역청)이라 한다. 중국 무역의 방침, 정책, 규정을 제정하고 집행하며 국가계획위원회와의 협의하에 장기적인 통상정책을 수립하고 추진한다. 그 밖에 각종 경제수단에 의한 수출입 조정조치 제정, 무역기업 활동에 대한 지도, 상벌제도의 제정 및 집행 등을 수행한다.

(2) 국제무역촉진위원회

중국국제무역촉진위원회(CCPIT: China Council for the Promotion of International Trade)는 중국의 무역 및 투자 진흥을 위한 반관 반민 통상기구이다. 동 기구는 1952년에 설립되었으며 한국의 대한무역투자진흥공사(KOTRA), 일본의 일본무역진흥기구(JETRO)와 유사한 기능을 수행한다. 전세계에 걸쳐 방대한 해외조직망을 가지고 있으며 주요 업무내용은 무역진흥, 외국인투자 유치, 해외선진기술 유치, 외국과의 통상협상 등이다.

(3) 무역거래주체

중국의 "대외무역법"에 근거하여 수출입 업무를 취급하는 대외무역 경영업체는 ① 기업명칭 및 조직기구 ② 대외무역 경영범위 ③ 대외무역에 필요한 장소, 자금 및 전문인원 ④ 타회사를 통한 수출입 실적 등을 구비하여야 한다. 이러한 조건을 갖추어 상무부의 비준을 취득한 기업은 전국범위의 대외무역업무를 취급할 수 있다.

현재 중국의 대외무역기업 유형은 ① 상무부 소속의 각종 수출입총공사 및 그 하부기구 ② 국무원 소속의 공업무역회사 ③ 성급 소속의 각종 수출입회사 ④ 외상투자기업 ⑤ 수출입 경영자격이 있는 제조기업 ⑥ 임대수출입회사 ⑦ 수출입업무 경영자격을 취득한 기타 회사 등 7가지가 있다.

04 중국시장특성

1. 세계 최대의 공산품 생산국가

중국은 수출금액면에서 2009년 이후 미국, 독일 등을 제치고 세계 1위로 올라섰으며 세계에서 유일하게 2012년부터 수출규모 2조 달러를 상회하고 있다. 또한 중국은 세계수출 1위 품목수에서도 압도적인 비중으로 1위를 확고하게 지키고 있다.

UN 상품무역통계(UN Comtrade)를 활용하여 분석한 한국무역협회 보고서에 따르면 중국은 HS(Harmonized System) 6단위 기준으로 2016년 1위 품목 수가 1,693개에 달하여 2위 독일의 675개에 비하여 1,000개 정도 더 많다. 3위 미국

표 16-11 국가별 세계수출 1위 품목수

순위	국가명	2015	2016
1	중 국	1,742	1,693
2	독 일	635	675
3	미 국	606	572
4	이탈리아	195	209
5	일 본	175	178
6	인도	126	156
7	네덜란드	145	144
8	프랑스	101	98
13	한 국	68	71

자료: 한국무역협회, 세계수출시장점유율 1위 품목조사, 2018

572개, 4위 이탈리아 209개, 5위 일본 178개이다. 한국의 2016년 세계수출 1위 품목 수는 71개로 세계 13위를 기록하였다.

자동차의 경우 예를 들면 중국의 자동차 생산과 판매량은 2010년 이후 모두 1천만대를 돌파하며 세계 최대 자동차 생산 및 마켓으로 부상하였다. 전통적인 자동차 생산강국인 미국, 독일, 일본 등을 제친 것이다. 자동차 생산 내역을 보면 세계적인 자동차 브랜드가 없고 대부분 자동차 다국적기업의 중국공장에서 생산한 것이기는 하지만 향후 자체브랜드의 자동차생산이 확대되는 것은 시간문제로 보인다.

2. 세계 최대인구의 거대한 소비시장

소비관련 매크로 지표를 보면 중국의 총인구는 앞에서 살펴본 바와 같이 총인구는 14억 1천만명(2018년 기준)으로 거대경제권 인도(13억 5천만명), EU(5억명 1천만명), 미국(3억 2천만명)의 인구를 크게 상회한다. 그리고 매년 높은 경제성장률, 세계 제2위의 명목 GDP규모, 세계 제2위의 상품수입규모 등으로 비추어볼 때 중국은 미국과 함께 세계의 시장(World Market)으로서 세계 여러 나라의 상품을 흡수하는 역할을 수행하고 있다.

또한 소비 잠재력면에서도 세계 최고이다. GDP에서 차지하는 민간소비의 비중을 보면 미국, 영국 등 선진국은 60~70%이지만 중국은 40% 미만을 나타내어 상대적으로 민간소비 비중이 낮다. 이것은 향후 중국의 소비 잠재력, 소비의 활성화 가능성과 잠재력이 대단히 크다는 것을 의미한다.

더구나 1인당 GDP가 지속적으로 증가하면서 이러한 중국소비의 잠재력은 폭발적으로 증가할 것으로 기대된다. 특히 신흥 고소득 소비계층이 급격하게 증가하고 있다. 중국의 신흥 고소득 소비계층은 CHABOS(China BOBOS)라고 불리는데 이는 중국의 BOBOS(Bohemia Bourgeois: 자유분방한 부유층)라는 뜻이다. 이러한 신흥 고소득 소비계층은 자동차, 사치품, 전자제품 등의 소비에 커다란 영향을 미치고 있다.

3. 최근의 내수시장 트렌드

(1) 중국의 도시화 확대

OECD 분석에 따르면 중국의 도시화율은 현재 약 60% 정도로 추정되고 있다. 도시화율(urbanization)은 전체 인구 중에서 도시에 사는 인구가 차지하는 비율을 의미한다. 세계평균은 50%, 선진국은 80%, 개도국은 60% 정도로 파악되고 있다.

이와 같이 중국의 도시화율은 아직 낮은 수준이나 중국의 급속한 경제발전으로 말미암아 중국 도시의 광역화와 농촌의 도시화가 빠르게 진행되고 있다. 2018년 현재 인구 100만 이상인 중국 도시는 160개 정도에 달하며, 미국 10개, 유럽 20개, 일본 11개, 한국 8개에 비하여 월등하게 많다.

이러한 도시화 증가는 직접적으로 중국 민간소비의 급격한 확대로 연결될 것이다. 이는 중국에 대한 수출비중이 높은 한국으로서는 기회요인이다. 주목받는 광역도시권으로서 기존의 베이징, 상하이 외에 충칭(重庆)과 청두(成都), 주장(珠江)삼각주권, 창장(長江)삼각주권, 푸젠(福建)성의 해협서안(海峽西岸)권 등이 있다.

(2) 인구정책의 변화

1979년 덩샤오핑(鄧小平)이 산아제한정책인 "독생자녀제(獨生子女制)" 정책을 시행하여 56개 소수민족(소수민족 우대정책)과 농촌가구(농촌노동력확보 목적)에만 두 자녀까지 허용하고 도시지역가구는 한 자녀만 허용되었다. 이러한 정책의 영향으로 일명 샤오왕(小王), 샤오황띠(小皇帝)라 부르는 독남, 독녀를 위한 부모들의 극심한 투자가 증가하였다.

이러한 정책의 영향으로 두 가지 측면이 나타난다. 하나는 아동관련 키즈산업, 프랜차이즈 외식산업, 생일, 결혼 등 이벤트사업의 호황을 누리고 있다는 점이다. 다른 하나는 부정적인 측면으로 청년층이 감소하고 노년층이 증가(고령화)하는 현상으로 "잘 살기도 전에 늙는다(未富先老)"는 이야기가 생겨날 정도이다.

그런데 2014녀 이후 "독생자녀제(獨生子女制)" 정책에 대한 완화조치를 취하여 부부 가운데 한 명만 독자이면 두 자녀가 가능하도록 변경하였다. 이는 사실상 두 자녀 정책으로 받아들여지고 있다.

(3) 사회보장제도 개선

한국에서 종업원 고용시 4대보험 가입이 법으로 규정되어 있듯이 중국도 5대보험 가입이 법에 의해 규정되어가는 추세이다. 중국의 5대보험에는 국민연금, 건강보험, 고용보험, 산재보험 등이 있고 한국에는 없는 생육보험(출산보험)이 포함된다. 이러한 보험가입 규정화 추세는 근로자들의 안정적 소비환경을 제공해주는 요인이 되고 있다.

(4) 사치품의 대중화 경향

중산층의 소득수준 증가와 시장개방의 영향으로 사치품에 대한 소비자 선호도 증대되고 있다. BMW, 벤츠 등 자동차, 브랜드 가방, 향수 등 사치품 구입 증가하고 있다. 특히 TV, 냉장고, 녹음기, 세탁기 등 전자제품 보급속도가 빨라지고 있으며 新四件(주택, 승용차, 스마트폰, 컴퓨터)은 최근 중국인이 가장 가지고 싶어하는 네 가지 품목으로 중국인의 인기를 끌고 있다. 이러한 현상은 체면((面子: 미엔즈)을 중시하는 중국인의 특성 탓이라는 분석이다.

┌ 05 중국시장 마케팅 전략

1. 한국제품의 중국시장 경쟁력

중국시장에서의 한국제품 시장점유율은 2010년 9.9%, 2017년 9.9%를 기록하였다. 중국 시장점유율 순위가 2010년 2위, 2017년 1위로 상승하였다. 일본의 중국 시장점유율은 2010년 12.6%, 2017년 9.2%로 하락하였다. 미국의 중국 시장점유율은 2010년 7.3%, 2017년 8.4%로 상승하였다.

- 한일미 3국의 중국 시장점유율 변화
  - 한국: 2010년 9.9% ➡ 2017년 9.9%
  - 일본: 2010년 12.6% ➡ 2017년 9.2%
  - 미국: 2010년 7.3% ➡ 2017년 8.4%

한국제품의 중국시장 경쟁력은 경쟁국인 일본, 대만, 미국 등을 앞지르고 있는 상황이다. 중국의 한국제품에 대한 수입수요가 꾸준한 추세를 유지하고 있는 반면에 경쟁국인 일본, 대만 제품에 대한 수입 수요는 다소 하락하고 있는 것으로 분석된다. 이는 중국의 한국산 수출용 원자재 및 자본재, 소비재 등에 대한 수입수요가 지속적으로 유지되고 있음을 의미한다.

2. 중국시장 마케팅 Check Point

(1) 중국인은 붉은색과 8자를 좋아한다

중국인이 좋아하는 색은 붉은색 또는 황금색이다. 중국에서 붉은색은 금·돈·재물의 색이고 나쁜 것을 몰아내는 색이다. 한국기업들은 중국인들의 이러한 성향을 활용하여 소위 컬러 마케팅(Color Marketing)을 하고 있다. 오리온 초코파이는 중국 진출시 포장지를 파란색에서 붉은색으로 바꾸었고, 삼성전자·현대자동차·진로 등도 자사제품의 중국시장 진출시 붉은색을 활용한 마케팅 전략을 구사하였다. 삼성전자의 진시황 프로젝트(붉은색과 황금색 위주로 용, 구름 문양을 TV에 새겨 수출)가 그러한 예이다.

중국인이 좋아하는 숫자는 8 또는 9이다. 8은 發財(파차이: 돈 벌다)의 중국어 발음 파와 발음이 비슷하기 때문에 좋아하는 숫자이다. 베이징올림픽 개막식은 2008년 8월 8일 8시에 개막하였다. 9의 중국어 발음 '주(九)'는 '오래'라는 뜻의 '주(久)'와 발음이 동일하기 때문에 좋아한다. 9는 오래오래 산다는 의미를 내포하고 있다. 2009년 9월 9일에 중국과 홍콩, 싱가포르 등 중화권에 결혼식이 급증한 이유이다. 한국기업들도 공장준공일자 또는 신상품 론칭일자 등에서 8 또는 9를 활용한 숫자마케팅(Number Marketing)을 하고 있다.

(2) 중국은 소수민족이 많다

중국 소수민족의 수는 56개이며 소수민족의 인구는 약 1억명에 달한다. 소수민족 거주 면적은 중국전체의 64%에 달한다. 중국의 소수민족 자치구는 티베트 자치구(西藏自治區), 신강위그르 자치구(新疆維吾爾自治區), 내몽고 자치구(內蒙古自治區), 광서장족 자치구(廣西壯族自治區), 영하회족 자치구(寧夏回族自治區) 등

5개가 있다.

인구수 면에서 漢族이 압도적으로 많지만 소수민족은 수나 면적 측면에서 무시할 수 없는 존재이다. 중국은 지역균형발전을 위해 서부대개발 동북진흥 중부굴기 동부선도(西部大開發 東北振興 中部崛起 東部先導) 전략을 추진하고 있다. 즉, 중국의 5개 소수민족 자치구에 대한 개발이 본격화될 것이다. 우리기업들의 대응전략이 요구된다.

(3) 중국인은 꽌시(關係)를 중시한다

중국은 땅덩어리가 크고, 인구가 많으며, 다양한 민족(56개 민족)이 함께 거주하는 특성으로 인하여 중국인은 새로운 상대방에 대한 의심이 많은 것으로 알려져 있다. 즉, 동일한 집단 내에서는 철저한 신뢰관계가 형성되지만 집단 외부에 대해서는 매우 배타적인 것이 특징이다.

이에 따라 지연, 학연 등 각종 이해관계에 얽힌 꽌시가 매우 중요시된다. 꽌시는 관계(關係)라는 단어의 중국식 발음으로 인간관계(Human Network)를 의미한다. 따라서 비즈니스 관계에서는 친분있는 중국인 또는 관련분야 중국인 전문가 등 꽌시를 이용한 마케팅을 적극 활용하여야 한다.

(4) 문화민족으로서의 자부심이 있으며 체면을 중시한다

중국인은 문화민족으로서 자존심이 매우 강하다. 중국은 2008년 베이징 올림픽(Beijing Olimpic) 개막식에서 중국의 4대 발명품(종이, 화약, 인쇄술, 나침반)에 대한 홍보를 적극적으로 함으로써 문화민족으로서의 자부심을 높인 바 있다. 반면, 이러한 문화민족으로서의 자부심과는 상반되게 중국인의 질서의식은 아직 부족하여 공공장소에서 줄서기에 끼어드는 사람이 많고 차도에서 무단 횡단하는 사람이 많은 것도 사실이다.

중국인은 또한 체면을 중시하는 성향이 있다. 체면중시 성향은 한국보다 강한 것으로 알려져 있다. LG전자의 경우 이러한 중국인의 특성을 활용하여 미엔즈(面子: 체면) 마케팅을 하고 있다. 즉, 냉장고, TV, 세탁기 등 대중국 수출제품을 대형, 고급형으로 만들어 중국인의 미엔즈 중시 소비성향을 활용하고 있다.

(5) 중국인의 언어습관

중국인은 고도의 표정관리가 가능하고 노(No)라는 의사표시를 잘 하지 않는다. 考慮(고려하겠다)는 일반적으로 노(No)라는 표시일 경우가 많고, 好(좋다)라고 답변할 때도 상대방의 표정과 정황을 잘 살펴야 예스(Yes)인지 노(No)인지 알 수 있다.

또한 한국사람은 의사표현이 직선적이고 의사결정이 빠른 문화에 익숙해 있어 기다리는 것을 매우 싫어하지만 중국사람은 여유(만만디) 문화에 익숙하며 말할 때도 의사표현이 완곡한 편이어서 빙 둘러 이야기하는 화법이 발달되어 있다. 따라서 중국인과의 비즈니스 상담시 서둘러 결정하지 말아야 하며 중국인과 보조를 맞추는 것이 중요하다.

(6) 지역별 기질(KOTRA, "국가정보" 참조)

- 北京 사람: 文化를 중시하며 중국의 북방지역에 위치하고 성격이 호쾌하고 시원시원하다.
- 天津 사람: 순박하며 유행을 따르지 않는다.
- 東北 사람: 술을 좋아하며 성격이 직선적이고 적극적이다.
- 山東 사람: 몸집이 크고 성격이 단순하며 교제시 의리를 중시, 한국인 성격과 유사하다.
- 上海 사람: 계산에 밝은 국제인으로 상해 사람들끼리 대화할 때 주로 상해 사투리를 사용한다.
- 浙江 사람: 계산이 빠르고 추진력이 강하다.
- 廣州 사람: 실력을 중시, 유행을 선도한다.
- 深圳 사람: 새로운 것을 좋아하고 규칙을 중요시한다.

Keyword

세계의 공장(World Factory)
세계의 시장(World Market)
개혁개방정책
덩샤오핑(鄧小平)
흑묘백묘론(黑描白描論)
남순강화(南巡講話)
사회주의시장경제(Socialist Market System)
주장(珠江)삼각주(Pearl River Delta)
창장(長江)삼각주(Yangtze River Delta)
슝안신구(雄安新区)지역
일대일로(one belt one road) 정책

WTO 양허관세율(average final bound)
MFN 실행관세율(average MFN applied)
중국국제무역촉진위원회(CCPIT)
중국의 도시화
독생자녀제(獨生子女制)정책
중국의 소수민족
꽌시(關係)
컬러마케팅(Color Marketing)
숫자마케팅(Number Marketing)
중국시장 마케팅 Check Point

Exercise

01 중국경제의 위상에 대하여 토론하시오.

02 중국경제 성장배경은 무엇인가?

03 중국경제발전 중심지역의 변화에 대하여 설명하시오.

04 중국무역을 개괄적으로 설명하시오.

05 중국의 통상정책 기조에 대하여 토론하시오.

06 중국의 관세 및 비관세장벽에 대하여 설명하시오.

07 중국의 통상관련기관은 무엇이 있는가?

08 중국시장 특성에 대하여 토론하시오.

09 중국시장 마케팅에서 컬러마케팅 및 숫자마케팅은 무엇을 의미하는가?

CHAPTER | 17 **미국경제 무역 및 시장특성**

01 미국경제개관

1. 미국경제의 이해

(1) 경제규모 및 1인당 GDP

미국은 제2차 세계대전 이후 브레튼우즈 체제(Bretton Woods system)에 의한 자유무역을 주도하면서 세계경제의 패권국가가 되었다. 그러나 1980년대 이후 재정수지 적자 및 경상수지 적자 확대, 미국 제조업의 경쟁력 약화 등으로 말미암아 팍스 아메리카나(Pax Americana) 위상은 다소 퇴조하는 양상을 보이고 있다. 그렇다 하더라도 GDP, 무역, FDI, 글로벌기업 그리고 소프트파워(Soft Power) 면에서 여전히 미국은 세계 최고의 위치를 굳건히 지키고 있다.

2017년 미국의 명목 GDP는 19조 4천 8백억 달러(세계전체의 24.3%)에 달하여 세계 1위 자리를 계속하여 지키고 있다. 그러나 중국경제의 급성장으로 세계 2위인 중국과 격차가 좁혀지고 있어 과거와 같이 압도적인 경제력 격차를 보이지 못하고 있는 상황이다. 한편 미국의 1인당 GDP(per capita GDP)는 2013년 59,792달러로 세계 8위를 기록하였다.

(2) 무역

2017년 미국의 상품수출(Merchandise Export)은 1조 5천 4백억 달러로 중국에 이어 세계 2위이다. 상품수입(Merchandise Import)은 2조 4천 1백억 달러로 세계 1위이며 세계에서 미국만이 2조 달러를 상회하고 있다. 상품수출에 비하여 상품수입규모가 커 미국은 항상적인 무역수지 적자상태를 면치 못하고 있다.

한편 2017년 미국의 서비스수출(Commercial Service Export)은 7,620억 달러, 서비스수입(Commercial Service Import)은 5,160억 달러로 각각 압도적인 세계 1위를 기록하고 있다. 서비스부문에서 미국의 독보적인 국제경쟁력을 반영하여 상품부문과는 달리 서비스수지 흑자를 나타내고 있다.

(3) FDI 및 글로벌기업

미국의 FDI(Foreign Direct Investment) 흐름도 세계에서 독보적인 위치를 차지하고 있다. 미국에 대한 외국인직접투자(FDI Inflow)는 2017년 2,750억 달러로 세계 1위 투자유치국가이다. 미국의 해외직접투자(FDI Outflow)도 2017년 3,420억 달러로 여타 국가의 추종을 불허하는 투자규모를 나타내고 있다.

2017년 포춘 500대 기업(Fortune Global 500)에서 미국기업이 126개를 차지하여 미국의 글로벌 기업 수도 세계에서 압도적으로 가장 많다. 한편 2017년 세계 100대 브랜드(Best Global Brand 100)에 미국 브랜드가 50개 포함되어 전체의 절반을 차지하고 있다. 상위 브랜드를 보면 세계 1위는 Apple이며 이어서 Google 2위, Amazon 3위, Microsoft 4위, Coca Cola 5위 등으로 미국기업이 상위 1~5위를 차지하였다.

표 17-1   미국의 주요경제지표(2017)

구 분	단 위	수 치	비 고
명목 GDP(Nominal GDP)	10억 달러	19,485	세계 1위
실질GDP 성장률	%	2.2	-
1인당 GDP(per capita GDP)	달러	59,792	세계 8위
상품수출(Merchandise Export)	10억 달러	1,547	세계 2위
상품수입(Merchandise Import)	10억 달러	2,410	세계 1위
서비스수출(Commercial Service Export)	10억 달러	762	세계 1위

구 분	단 위	수 치	비 고
서비스수입(Commercial Service Import)	10억 달러	516	세계 1위
FDI(Inflow)	10억 달러	275	세계 1위
FDI(Outflow)	10억 달러	342	세계 1위
Fortune Global 500	개	126	세계 1위
Best Global Brand 100	개	50	세계 1위

자료: IMF, World Economic Outlook Database, 2018 / www.imf.org
　　　 WTO, International Trade Statistics 2018 / www.wto.org
　　　 UNCTAD, World Investment Report 2018 / www.unctad.org
　　　 Fortune, 2018 Fortune Global 500 / www.fortune.com
　　　 Interbrand, 2018 Best Global Brand 100 / www.interbrand.com

2. 미국의 소프트 파워

상기에서 살펴본 바와 같이 1인당 GDP와 상품수출을 제외하고 모든 매크로 경제지표에서 미국은 세계 1위를 나타내고 있다. 그런데 미국의 정치외교 전문 격월간지 포린 어페어스(Foreign Affairs)는 미국의 파워에 대하여 이러한 매크로 경제지표 외에 소프트 파워(Soft Power)의 탁월함을 지적하고 있다.

소프트 파워는 정보과학이나 문화·예술 등이 행사하는 영향력을 의미한다. 소프트 파워는 군사력이나 경제력 등의 물리적 힘으로 표현되는 하드 파워(hard power)에 대응하는 개념이다. 하버드대 케네디스쿨의 조지프 나이(Joseph S. Nye) 교수가 1990년에 처음으로 사용한 용어이다.

미국의 소프트 파워는 어떤 것이 있는가? 세계를 리드하는 음악 및 영화산업, 세계가 열광하는 미국 프로스포츠 산업, 미국의 우수한 대학경쟁력(아이비 리그 대학 등), 독보적인 과학기술수준(가장 많은 노벨상 수상자), 젊은 인구(2050년 65세 이상 인구비율이 선진국중 최저인 20% 예상) 등을 열거할 수 있다.

3. 미국경제와 세계경제의 관계

미국경제는 세계경제에 커다란 영향을 미친다. 미국경제 변화로 세계경제가 받는 영향력을 의미하는 용어로 커플링, 디커플링, 리커플링 등이 있다. 미국경제의 세계경제에 대한 영향력은 글로벌 경제 환경, 미국경제의 성장동력, 미국의 교역 및 자본거래 현황, 중국 등 이머징 마켓(Emerging Market)의 경제력 확대 등에 따라 다르게 나타난다.

(1) 커플링

커플링(coupling, 同調化)은 미국경제 변화에 따라 세계경제가 미국경제와 같은 방향으로 영향을 받는 현상을 의미한다. 생산, 무역, 고용 등 미국경제지표가 변동을 하면 한국, 중국, 일본 등 세계 다른 나라 경제도 미국경제의 동향과 비슷하거나 동일한 방향으로 움직인다는 의미이다.

(2) 디커플링

디커플링(decoupling, 脫同調化)은 미국경제 변화에도 불구하고 세계경제가 영향을 받지 않는 현상을 의미한다. 디커플링은 BRICs 등 이머징 마켓(Emerging Market)의 자체 성장능력 및 경제규모 확대, 유로지역과 아시아지역간 교역 및 투자 증가 등으로 말미암아 세계경제의 미국 경제의존도가 감소되고 있기 때문에 나타나는 현상이다.

(3) 리커플링

리커플링(recoupling, 再同調化)은 미국경제 변화에 따라 세계경제가 다시 미국경제와 같은 방향으로 영향을 받는 현상을 의미한다. 2008년에 미국에서 촉발된 글로벌 금융위기(Global Financial Crisis)로 인하여 세계경제에 대한 미국의 영향력이 다시 증대되었음을 반영한다. 이러한 리커플링 현상은 미국경제가 세계에서 차지하는 비중이 다소 하락한 것은 사실이나 여전히 미국경제의 영향력이 크다는 것을 나타내고 있다.

02 미국무역개관

1. 수출입 총괄

(1) 수출

미국의 수출규모는 중국에 이어 세계 2위이다. 중국의 수출은 2012년 이후 2조 달러를 돌파하였으나 미국은 아직 2조 달러에 미치지 못하고 있다. 과거 수십년간 세계 수출시장 1위를 기록하였던 미국의 수출규모는 현재 중국에 추월당하였으며 그 격차는 점차 벌어지고 있는 상황이다.

미국수출의 상대적 퇴조는 과거 세계시장을 석권하였던 미국 제조업의 수출경쟁력이 점차적으로 약화되고 있음을 나타내고 있다. 최근 동향을 보면 2015년, 2016년 2년에 걸쳐 전년대비 감소추세를 보였으나 2017년에 6.4%의 증가율을 나타내었다.

(2) 수입

미국의 상품수입은 세계 1위이며 2위 중국, 3위 독일에 비해 월등하게 큰 규모이다. 미국만이 수입규모 2조 달러를 상회하고 있으며 세계 시장(World Market)으로서의 역할을 하고 있다. 한국, 중국, 일본 등 아시아 주요국과 EU의 가장 중요한 수출시장이며 세계경제의 활력을 제공하는 받침대 역할을 하고 있다고 해도 과언이 아니다.

(3) 무역수지

미국수입의 지속적인 확대와 수출부진으로 말미암아 미국의 무역수지는 큰 폭의 적자를 기록하고 있다. 2006년과 2008년에 8,000억 달러를 상회하는 대규모 무역적자를 기록하였고 그 이후 다소 감소추세를 보였으나 최근 들어 다시 증가하여 2017년에는 8,000억 달러에 육박하는 적자규모를 나타내었다. 미국의 대규모 무역적자는 중국의 무역흑자와 함께 글로벌 불균형의 가장 중요한 원인으로 지적되고 있으며 이를 해소하기 위한 국제환율조정이 주요 이슈가 되고 있다.

표 17-2	미국의 수출입추이				(단위: 백만 달러, %)
연도	수출		수입		무역수지
	금액	증가율	금액	증가율	금액
2000	780,419	12.6	1,216,888	18.7	-436,469
2001	731,026	-6.3	1,141,959	-6.2	-410,933
2002	693,257	-5.2	1,163,549	1.9	-470,291
2003	723,743	4.4	1,259,396	8.2	-535,652
2004	816,548	12.8	1,469,671	16.7	-653,123
2005	904,380	10.8	1,670,940	13.7	-766,561
2006	1,037,143	14.7	1,855,119	11.0	-817,976
2007	1,162,708	12.1	1,953,699	5.3	-790,991
2008	1,300,136	11.8	2,100,141	7.5	-800,006
2009	1,056,932	-18.7	1,557,876	-25.8	-500,944
2010	1,278,495	21	1,913,857	22.9	-635,362
2011	1,480,290	15.8	2,208,055	15.4	-727,765
2012	1,545,709	4.4	2,275,320	3	-729,611
2013	1,578,851	2.1	2,266,855	-0.4	-688,004
2014	1,623,443	2.8	2,345,187	3.5	-721,744
2015	1,504,597	-7.3	2,241,664	-4.4	-737,066
2016	1,453,721	-3.4	2,189,183	-2.3	-735,462
2017	1,546,733	6.4	2,342,905	7.0	-796,172

자료: 한국무역협회 미국무역통계 / www.kita.net

2. 국별 수출입

(1) 국별수출

2017년 미국의 국별 수출순위는 캐나다 1위, 멕시코 2위, 중국 3위, 일본 4위, 한국 7위 순이다. 1994년 미국 캐나다 멕시코 간 NAFTA(North American Free Trade Agreements) 체결의 영향으로 인접국인 캐나다와 멕시코에 대한 수출이 압도적인 비중을 차지한다.

2010년 이후 추세를 보면 중국, 멕시코 등에 대한 수출비중이 증가한 반면 캐나다, 일본, 독일 등에 대한 수출비중이 감소한 것으로 나타났다. 특히 한국에 대한 수출비중은 한미 FTA의 영향 등으로 2010년 3.0%에서 2017년 3.1%로 소폭 증가하였다.

표 17-3 미국의 국별수출 변화(10대 수출국) (단위: 백만 달러, %)

순위	2010			2017		
	국명	금액	비중	국명	금액	비중
	총계	1,278,495	100	총계	1,546,733	100
1	캐나다	249,256	19.5	캐나다	282,472	18.3%
2	멕시코	163,665	12.8	멕시코	242,989	15.7%
3	중국	91,911	7.2	중국	130,370	8.4%
4	일본	60,472	4.7	일본	67,696	4.4%
5	영국	48,410	3.8	영국	56,329	3.6%
6	독일	48,155	3.8	독일	53,493	3.5%
7	한국	38,821	3.0	한국	48,277	3.1%
8	브라질	35,418	2.8	네덜란드	42,230	2.7%
9	네덜란드	34,740	2.7	홍콩	40,024	2.6%
10	싱가포르	29,009	2.3	브라질	37,077	2.4%

자료: 한국무역협회 미국무역통계 / www.kita.net

(2) 국별수입

2017년 미국의 국별 수입순위는 중국 1위, 멕시코 2위, 캐나다 3위, 일본 4위, 한국 6위 순이다. 중국으로부터의 수입비중이 20%를 상회하는 높은 비중을 차지하고 있으며 NAFTA 회원국인 캐나다, 멕시코로부터의 수입 비중도 두 자릿수의 높은 비중을 차지하고 있다.

2010년 이후 추세를 보면 중국, 멕시코, 독일 등으로부터의 수입비중이 증가한 반면 캐나다, 일본 등으로부터의 수입비중은 감소한 것으로 나타났다. 특히 한국으로부터의 수입비중은 한미 FTA의 영향 등으로 2010년 2.6%에서 2017년 3.0%로 증가하였다.

표 17-4	미국의 국별수입 변화(10대 수입국)				(단위: 백만 달러, %)	
순위	**2010**			**2017**		
	국명	금액	비중	국명	금액	비중
	총계	1,913,857	100	총계	2,342,905	100
1	중국	364,953	19.1	중국	505,597	21.6%
2	캐나다	277,637	14.5	멕시코	314,045	13.4%
3	멕시코	229,986	12.0	캐나다	299,975	12.8%
4	일본	120,552	6.3	일본	136,544	5.8%
5	독일	82,450	4.3	독일	117,745	5.0%
6	영국	49,805	2.6	한국	71,164	3.0%
7	한국	48,875	2.6	영국	53,075	2.3%
8	프랑스	38,355	2.0	이탈리아	49,963	2.1%
9	대만	35,847	1.9	프랑스	48,888	2.1%
10	아일랜드	33,848	1.8	아일랜드	48,844	2.1%

자료: 한국무역협회 미국무역통계 / www.kita.net

(3) 국별무역수지

미국의 국별 무역수지는 전체적으로 대규모 무역적자인 것을 반영하여 많은 국가와의 무역에서 무역적자를 시현하고 있다. 특히 중국, 일본, 멕시코, 캐나다, 한국 등과의 무역에서 대규모 무역적자가 발생하고 있다.

2000년 이후 추세를 보면 대중국, 대일본, 대멕시코, 대한국 무역적자는 증가하였으나 대캐나다 무역적자는 감소한 것으로 나타났다. 특히 대중국 무역적자는 2010년 2,730억 달러에서 2017년 3,752억 달러로 크게 증가하였다.

표 17-5	미국의 국별 무역수지 변화					(단위: 백만 달러)
국 명	**2010**			**2017**		
	수출	수입	무역수지	수출	수입	무역수지
총 계	1,278,495	1,913,857	-635,362	1,546,733	2,342,905	-796,172
캐나다	249,256	277,637	-28,381	282,472	299,975	-17,503
멕시코	163,665	229,986	-66,321	242,989	314,045	-71,056
중 국	91,911	364,953	-273,042	130,370	505,597	-375,227
일 본	60,472	120,552	-60,080	67,696	136,544	-68,848
한 국	38,821	48,875	-10,054	48,277	71,164	-22,887

자료: 한국무역협회 미국무역통계 / www.kita.net

3. 품목별 수출입

(1) 품목별 수출

미국의 HS기준 2단위 10대 수출품목은 〈표 17-6〉에서 제시하는 바와 같다. 2017년에 HS 84(기계류) 수출비중이 전체의 13.0%로 가장 많고 이어서 HS 85(전기전자), HS 27(광물성연료), HS 88(항공기/부품), HS 87(자동차) 등이 각각 2~5위를 기록하고 있다.

2010년 이후 장기적 추세를 보면 광물성연료, 항공기/부품, 자동차 등의 수출비중이 증가한 반면 기계류, 전기전자 등의 감소한 것으로 나타났다. 광물성연료 수출증가는 미국의 셰일가스(shale gas) 생산과 수출이 증가하고 있음을 반영하고 있다.

표 17-6 미국의 10대 수출품목 변화 (단위: 백만 달러, %)

순위	2010			2017		
	HS(품목)	금액	비중	HS(품목)	금액	비중
	총계	1,278,495	100	총계	1,546,733	100
1	84(기계류)	182,903	14.3	84(기계류)	201,654	13.0%
2	85(전기전자)	151,777	11.9	85(전기전자)	174,246	11.3%
3	87(자동차)	99,149	7.8	27(광물성연료)	138,014	8.9%
4	27(광물성연료)	81,692	6.4	88(항공기/부품)	131,169	8.5%
5	88(항공기/부품)	79,618	6.2	87(자동차)	130,097	8.4%
6	90(광학기기)	73,960	5.8	90(광학기기)	83,555	5.4%
7	39(플라스틱제품)	53,625	4.2	39(플라스틱제품)	61,503	4.0%
8	71(귀금속류)	52,138	4.1	71(귀금속류)	60,410	3.9%
9	29(유기화학품)	40,928	3.2	30(의료용품)	45,053	2.9%
10	30(의료용품)	40,788	3.2	98(특수분류)	44,655	2.9%

자료: 한국무역협회 미국무역통계 / www.kita.net

(2) 품목별 수입

미국의 HS기준 2단위 10대 수입품목은 〈표 17-7〉에서 제시하는 바와 같다. 2017년에 HS 85(전기전자)의 수입비중이 전체의 15.0%로 가장 많고 이어서 HS

84(기계류), HS 87(자동차), HS 27(광물성연료), HS 30(의료용품)순으로 나타났다.

2010년 이후 장기적 추세를 보면 전기전자, 기계류, 자동차, 의료용품 등의 수입비중이 증가한 반면 광물성연료의 수입비중이 감소한 것으로 나타났다. 광물성연료 수입증가는 증가는 미국의 셰일가스(shale gas) 생산으로 연료 수입 필요성이 줄어들고 있음을 의미한다.

표 17-7 미국의 10대 수입품목 변화 (단위: 백만 달러, %)

순위	2010 HS(품목)	금액	비중	2017 HS(품목)	금액	비중
	총계	1,913,857	100	총계	2,342,905	100
1	27(광물성연료)	355,071	18.6	85(전기전자)	351,400	15.0%
2	85(전기전자)	258,236	13.5	84(기계류)	341,768	14.6%
3	84(기계류)	249,797	13.1	87(자동차)	289,934	12.4%
4	87(자동차)	182,789	9.6	27(광물성연료)	195,030	8.3%
5	30(의료용품)	61,629	3.2	30(의료용품)	95,899	4.1%
6	90(광학기기)	58,876	3.1	90(광학기기)	85,046	3.6%
7	71(귀금속류)	54,220	2.8	98(특수분류)	73,152	3.1%
8	29(유기화학품)	47,936	2.5	94(가구류)	62,710	2.7%
9	98(특수분류)	41,900	2.2	71(귀금속류)	59,121	2.5%
10	61(메리야스·편물)	38,316	2.0	39(플라스틱제품)	52,328	2.2%

자료: 한국무역협회 미국무역통계 / www.kita.net

03 미국통상정책

1. 통상정책기조

제2차 세계대전 종전 이후 미국의 통상정책 기조는 전후~1960년대의 자유무역주의 기조, 1970~1980년대의 신보호무역주의 기조, 1990년대 이후의 지역주의·자유무역주의·쌍무주의 기조 등으로 변화되어 왔다. 세계경제를 리드하는 미국 통상정책의 변화는 곧 세계 통상정책의 변화라고 할 수 있다.

(1) 전후~1960년대: 자유무역주의

2차세계대전 종전이후 1960년대까지 미국의 통상정책 기조는 자유무역주의를 주도적으로 추진하는 것이었다. 미국은 전후 독보적인 생산대국으로서 막대한 무역흑자를 시현하였으며 세계 최고의 경제대국으로 성장하였다. 팍스 아메리카나(Pax Americana)시대를 열었고 압도적인 경제력 우위를 바탕으로 자유무역질서를 주도하였다.

브레튼우즈 협정(Bretton Woods Agreement)에 의한 GATT(General Agreement on Tariffs and Trade) 창설을 이끌었으며 GATT 창설 이후 다자간협상(Round)에서 관세인하 등 무역자유화를 적극적으로 추진하였다.

(2) 1970~1980년대: 신보호무역주의

1970~1980년대 미국의 통상정책 기조는 신보호무역주의로 변화되었다. 이는 미국경제의 상대적 지위 약화에 기인한다. 1971년 닉슨조치(Nixon Shock)로 미달러화를 기축통화로 한 금환본위제도가 사실상 붕괴되었으며 같은 해부터 미국의 무역수지가 처음으로 적자를 기록하기 시작하였다. 동시에 재정수지도 적자를 기록하기 시작하였으며 1970년대 두 차례에 걸친 석유파동(1973년, 1979년)으로 인하여 스태그플레이션(Stagflation)이 나타났다.

이러한 미국경제의 침체와 유럽통합의 가속화, 일본경제의 부상 등으로 미국경제의 위상은 상대적으로 약화되었고 미국의 통상정책이 신보호주의로 전환되는 계기가 되었다. 신보호주의 특징은 다음과 같다.

첫째, 상호주의(reciprocity)로 미국은 무역 상대국에 대하여 동등한 권리 및 의무 수행을 주장하며 수입개방압력 및 수입제조치를 취하였다. 둘째, 불공정무역(unfair trade) 등에 대한 과도한 규제이다. 불공정 무역은 덤핑행위, 생산 및 수출보조금 지원, 기타 공정하지 못한 수단으로 이루어지는 무역에 대한 규제조치이다. 셋째, 회색지대조치(灰色地帶措置, grey area measures) 시행이다. 이는 선진국의 개도국에 대한 반강제적 보호무역조치이며 GATT 테두리 밖에서 취해지는 수입제한조치이다. 다자간섬유협정(MFA), 수출자율규제(VER) 등이 대표적인 예이다.

(3) 1990년대 이후: 다자주의·지역주의·쌍무주의

1990년대 이후 미국의 통상정책 기조는 다자주의, 지역주의, 쌍무주의를 함께 추진하는 것이다. 첫째, 다자간협상 추진이다. 미국 통상정책의 기본입장은 다자간 협상을 통한 미국의 이익 추구이다. GATT체제하에서의 8차례 다자간협상과 WTO체제하에서의 DDA(Doha Development Agenda) 협상에서 주도적인 역할을 수행하였다. 미국의 경쟁력이 높은 산업(농산물, 서비스, 지식재산권)에서 미국의 이익을 주장하였다.

둘째, 지역주의(Regionalism)를 적극적으로 추진하는 것이다. 다자간 무역협상의 지연과 타결의 어려움 등으로 말미암아 미국은 국가간 FTA 체결을 통한 미국의 이익을 추구하기 시작하였다. 1994년 미국, 캐나다, 멕시코와의 3국간 NAFTA가 발효되었고 아시아 태평양 경제협력체인 APEC에 적극적으로 참여하였다. 2012년에 한미 FTA가 발효되었다. 한편 2018년에는 한미 FTA협정이 재협상과정을 거쳐 개정되었으며, NAFTA도 USMCA(US-Mexico-Canada Agreement)라는 이름으로 재탄생되었다.

셋째, 쌍무협상의 중시이다. 미국은 다자주의 방식은 구속력이 약하다는 인식으로 쌍무주의를 선호하고 있으며 미국의 정치, 경제우위를 바탕으로 상대국들과 개별적인 쌍무협상을 전개하고 있다. 미국의 수입에 상응하는 상대방의 수입을 요구(상호주의)하며 상대국의 불공정무역에 대하여 보복조치를 규정하는 조치(super 301조, special 301조)을 시행하였다.

2. 통상정책수단

(1) 관세장벽

미국 평균관세율은 3%대 수준으로 일본 등과 마찬가지로 선진국 중에서 아주 낮은 수준이다. 공산품의 평균관세율은 일본에 비해 다소 높은 수준이지만 농산품의 평균관세율은 미국 농산품의 비교우위를 반영하여 다른 선진국에 비해 아주 낮은 수준이다.

WTO 양허관세율(Simple average final bound)은 각국이 스스로 관세를 어느

정도 이상 올리지 않겠다고 WTO에 약속한 관세율을 의미하며, MFN 실행관세율(Simple average MFN applied)은 실제로 적용된 관세율을 의미한다. 미국의 MFN 실행관세율을 보면 비농산품은 3.1%, 농산품은 5.3%이며, 전체는 3.4%를 기록하였다.

구 분	전체 (Total)	비농산품 (Non-Ag)	농산품 (Ag)
WTO 양허 관세율 (Simple average final bound)	3.4	3.2	4.9
MFN 실행관세율 (Simple average MFN applied)	3.4	3.1	5.3

표 17-8 미국의 WTO 양허관세율 및 MFN 실행관세율(%)

자료: WTO, Tariff Profiles / www.wto.org

(2) 미국 통상법 체계

미국 통상법은 미국의 통상정책과 통상조치에 관한 법률의 총칭이다. 미국의 통상법 체계는 단일통상법 체계가 아니라 대외통상과 관련된 일련의 법들로 구성되어 있는 것이 특징이다. 미 헌법상 대외통상에 관한 모든 권한과 규제는 입법부인 의회가 관장한다. 그러나 국제 교역이 점차 전문화 복잡화됨에 따라 의회는 대외통상과 관련된 권한을 일정한 조건하에 한시적으로 대통령에게 위임해 오고 있다. 이에 근거하여 대통령은 대외무역협상권을 가지며, 의회의 위임 범위에서 외국과 쌍무협정 또는 UR과 같은 다자간 협정을 체결할 수 있다.

미국통상정책기조의 변화에 따라 제2차 세계대전 종전 후 1970년대 초까지는 자유무역주의 색채가 강하였지만, 1970년대 중반 이후 이후에는 보호무역주의적인 경향이 강해졌다고 할 수 있다. 미국의 대표적인 통상법으로는 1962 통상확대법(Trade Expansion Act), 1974 통상법(Trade Act), 1984 통상관세법(Trade and Tariff Act), 1988 종합무역법(Omnibus Trade and Competitiveness Act), 1994년 UR 협정법(Uruguay Round Agreements) 등이 있다.

(3) USTR 국별 무역장벽보고서

미국의 국별무역장벽보고서(National Trade Estimate Report on Foreign Trade

Barriers)는 NTE 보고서라고도 하는데 1974 무역법(Trade Act), 1988 종합무역법 (Omnibus Trade and Competitiveness Act) 등에 의거, 미국 무역대표부(USTR: United States Trade Representative)가 외국의 무역장벽과 관행을 조사하고 업계의 의견 등을 기초로 하여 매년 3월 말 의회에 제출하는 연례보고서이다.

이 보고서에는 주요 교역상대국의 무역투자 관련 장벽들에 관한 포괄적 조사 분석 보고가 제시되고 있다. 조사대상국은 60여 개국이며 조사범위는 수입정책, 정부조달, 수출보조금, 지식재산권 보호, 서비스장벽, 투자장벽, 반경쟁관행(독점, 과점), 전자상거래, 교역장애 무역장벽, 기타장벽 등이다.

(4) 슈퍼(super) 301조

슈퍼 301조는 1988년 종합무역법에 근거한 것으로 상품 무역에 관한 통상 정책수단이다. 불공정 무역상대국에 대한 보복조치를 의무화한 것이다. 앞에서 설명한 것처럼 미국의 USTR은 외국의 무역장벽과 관행을 조사한 국별무역장벽 보고서(NTE 보고서)를 매년 의회에 제출한다.

동 보고서에서 USTR은 불공정 무역관행 우선협상대상국(PFC: Priority Foreign Country)과 우선협상대상관행(PFP: Priority Foreign Practice)을 지정하고 지정 후 이들 국가와의 협상(3년 이내)을 통하여 불공정 무역관행을 제거하기 위한 노력을 한다. 그리고 동 관행이 제거되거나 완화되지 않을 경우(협상결렬) 보복조치를 의무화한 것이다. 보복조치 내용은 상대국에 대한 관세율을 인상하거나 수입 쿼터를 실시하거나 무역협정을 철회하는 식이다.

한국은 1989년 2월 통신관련 분야에서 우선협상대상국으로 지정된 바 있으며 이후 한국은 우선협상대상국 지정을 우려하여 농산물시장개방, 외국인 투자 개방조치를 취하였다. 일본도 우선협상대상국에 지정된 바 있으며 결국 미국의 미일구조협의에 응하였다. 슈퍼 301조는 미국경제가 악화된 1989~1991년에 한시적으로 운용되었으며 1990년대 들어 클린턴 행정부 시절 행정명령 형식으로 슈퍼 301조를 세 번 발동한 바 있다.

(5) 스페셜(special) 301조

스페셜 301조 역시 1988년 종합무역법에 근거하고 있으며 지식재산권 분야에만 적용하는 통상법조항이다. 이 조치 역시 보복조치를 의무화한 것이다.

미국의 USTR은 1989년 이후 미국과 교역을 하는 주요국의 지식재산권 보호 내용을 평가한 "스페셜 301조 보고서(Special 301 Report)"를 발표한다.

USTR은 동보고서에서 지식재산권 보호 정도에 따라 각국을 우선협상대상국(PFC: Priority Foreign Country), 우선감시대상국(PWL: Priority Watch List), 감시대상국(WL: Watch List), 관찰대상국(OO: Other Observation)으로 분류한다. 스페셜 301조에 의해 불공정 국가로 지정되면 미국은 해당 국가와 해당 분야에 대해 협상을 개시하고 협상이 제대로 진전되지 않을 경우 해당 분야 및 다른 어떤 분야에 대한 수입 제한, 고관세율 적용 등 보복조치를 시행한다.

USTR은 1989~2008년 기간중 한국에 대하여 우선감시대상국에 9차례, 감시대상국에 11차례 지정하였다. 그러나 한국은 2009년에 처음으로 감시대상국에서 제외된 데 이어 2010, 2011년에도 USTR의 불공정 대상국에서 제외되었다.

3. 통상관련기관

(1) 상무부

미국의 상무부(DOC: United States Department of Commerce)는 한국의 산업통상자원부(MOTIE)에 해당하는 통상관련 정부부처이다. 상무부에서 하는 주요 업무는 경제의 지속적 발전, 미국의 국제경쟁력 촉진, 미국인들의 고용 창출 등 경제에 관한 업무이다. 특히 통상관련업무로는 미국의 수출 증대를 위한 지원시책 수립, 수입상품으로부터 국내 산업 보호 업무 등을 수행한다. 미식축구의 수비수 역할이라 볼 수 있다.

(2) 무역대표부

미국의 무역대표부(USTR: United States Trade Representative)는 한국 산업통상자원부(MOTIE)의 대외통상관련 기능에 해당한다. 미국의 무역정책을 총괄적으로 수립, 집행하며 대외교섭 창구로서의 역할을 수행하고 있다. 특히 USTR은 해마다 국별무역장벽보고서(NTE)를 발행하고 동 보고서를 기초로 하여 종합무역법 301조(슈퍼 301조, 스페셜 301조)에 의한 불공정무역행위에 관한 조사와 관련 상대국과의 협상, 보복조치를 집행하고 있다. 미식축구의 공격수 역할이라 볼 수 있다.

(3) 미국 국제무역위원회

미국의 국제무역위원회(ITC: United States International Trade Commission)는 한국의 무역위원회(Korea Trade Commission)에 해당하는 기관이다. 대외무역이 국내의 생산, 고용, 소비에 미치는 영향에 관한 모든 요인을 조사하는 미국의 대통령 직속의 준사법적 독립기관이다. 구체적으로 ITC는 수입급증으로 인한 국내 산업피해 여부의 조사(Import Injury Investigations), 그리고 이에 따른 관세인상 등의 피해구제 조치를 대통령에게 권고하며, 무역과 관세에 관한 연구 및 수입 수준에 대한 감시등의 업무를 수행한다.

(4) 미국 국제개발처

미국의 국제개발처(USAID: United States Agency for International Development) 는 미국의 대외원조를 총괄하는 기관이다. 한국의 국제협력단(KOICA: Korea International Cooperation Agency)에 해당한다. 세계최대의 ODA(Official Development Assistance) 공여국가인 미국의 ODA 정책은 세계의 국제통상정책에서 중요한 변수 중의 하나이다. 매년 300억 달러 내외의 규모로 아프리카, 아시아, 남미 등 저개발국에 대한 원조를 실시한다.

04 미국시장특성

1. 세계최대의 소비시장

미국의 명목 GDP는 세계 1위이며 수입규모도 세계에서 유일하게 2조 달러를 상회하는 세계 1위이다. 미국의 GDP 구성항목에서 민간소비지출이 차지하는 비중이 약 70%를 차지한다. 다시 말하면 외국으로부터의 수입 등 소비지출 동향이 미국 GDP에 가장 중요한 영향을 미치는 변수이다. 우리나라를 비롯하여 중국, 일본 등의 최대수출시장이며 이들 나라들은 미국에 대한 수출을 통하여 빠른 경제성장을 하였다고 해도 과언은 아니다.

이와 같이 미국시장은 세계최대인 점을 반영하여 테스트베드 시장(Test Bed Market) 성격을 가지고 있다. 미국시장에서의 성패여부가 궁극적으로 다른 시장에서의 성공여부를 판가름하는 척도 역할을 한다는 의미이다. 세계에서 경쟁이 가장 치열한 표준화된 시장이며 세계에서 가장 자유롭고 공정한 시장이다.

2. 인종전시장

미국은 잘 알려져 있는 바와 같이 이민으로 이루어진 나라이며 미국을 흔히 인종전시장, 또는 인종의 용광로라 한다. 미국인구조사국(U.S. Census Bureau)의 2018년 인구센서스(population census)에 따르면 미국의 총인구는 약 3억 2천 7백만명으로 중국, 인도에 이어 세계 3위이다.

인종(race)구성을 보면 백인(white) 60.7%, 히스패닉/라티노(Hispanic/Latino) 18.1%, 흑인/아프리카계 미국인(Black/African American) 13.4%, 아시아인(Asian) 5.8%, 혼혈인(Two or More Races) 2.7%, 아메리칸 인디언/알래스카 원주민(American Indian/Alaska Native) 1.3%를 각각 차지하고 있다.

미국사회는 백인이 주류이나 히스패닉, 흑인, 아시안 등 소수인종(minority)이 총인구의 약 1/3(1억명 이상)을 차지하고 있으며 이들 인구가 급증하고 있다. 2050년에 백인과 소수인종 비율 50:50이 될 것이라는 전망이 나오고 있다. 인종별 수득수준을 보면 백인계가 높은 것이 사실이나 아시안계, 히스패닉계 등의 소득수준도 높아지고 있어 인종별로 차별화된 마케팅 전략이 필요하다. 지역별로는 백인 북동부, 흑인 남동부, 아시아계 남서부, 히스패닉 남부 지역으로 분포되어 있다.

3. 미국의 소비자 구분

미국의 소비자는 소득수준에 따라 하위그룹(Budget Group), 중간그룹(Moderate Group), 상위그룹(Better Group), 최상위그룹(Bridge Group) 등 4개 그룹으로 분류된다.

(1) 하위그룹

하위그룹(Budget Group)은 연간소득 35,000달러 이하인 하류 또는 서민계층에 해당되는데 미국 전체 소비자의 약 20%에 달한다. 브랜드 선호도가 비교적 낮은 계층이며 베이직 디자인(Basic Dsign) 및 중저가품을 선호하는 그룹이다. 과거 한국산 제품의 주된 고객이었으나, 최근 동남아 등 후발개도국 저가제품의 주요 대상으로 전환되는 추세이다.

(2) 중간그룹

중간그룹(Moderate Group)은 연간소득이 35,000~75,000달러에 이르는 중산층으로 미국 전체 소비자의 약 70%에 달한다. 중간그룹은 미국인 소비특성답게 합리적이고 검소한 구매를 하는 편이지만, 디자인, 패션 등 품질에 대해서 비교적 까다로운 조건을 요구한다. 브랜드 선호도가 매우 다양하고 높다. 최근 한국의 대미수출상품 대부분이 이 그룹을 표적으로 하고 있다.

(3) 상위그룹

상위그룹(Better Group)은 연간소득이 75,000~100,000달러에 이르는 상류층이다. 비교적 여유를 즐길 수 있는 상류계층으로 전문직종 종사자, 기업의 중견책임자 등이 이에 해당한다. 3,000CC 이상의 대형 승용차, 대형 TV 등 고급제품을 선호한다. 현대자동차 고급차종과 삼성, LG의 프리미엄 전자제품 등의 주요 타깃이 되고 있는 계층이다.

(4) 최상위그룹

최상위그룹(Bridge Group)은 연간소득이 10만 달러 이상인 최상류계층이다. 벤츠, 렉서스 등 고급승용차와 요트, 귀금속 등 사치품 등에 대한 주력 소비계층이다. 세계의 최상위 브랜드 제품에 대한 선호도가 높으며 전통과 명예를 중시한다.

4. 미국의 주요 지역별 시장특성

- New York 지역
  - 주요산업: IT 산업, 세계금융, 패션, 언론, 예술, 광고 중심지
  - 최근동향: 정보통신기지(New York Teleport Plan) 개발 추진
  - 특징: 세계최고의 도시, Global 인재 확보가능/고 비용(주거비, 고물가, 고임금)

- Washington 지역
  - 주요산업: 법률, 교육, 통신 등 서비스 분야, 생명공학
  - 최근동향: 교외지역 중심으로 서비스업종의 큰 폭 신장세 지속
  - 특징: 고등교육을 받은 전문직 종사자 유입, 국내 다른 지방에서의 젊은 층 이주

- LA 지역
  - 주요산업: 항공산업, 물류산업, 군수산업, 영화산업, 엔터테인먼트산업
  - 최근동향: LA Longbeach 항구 → ALB(American Land Bridge)의 주요 항구 역할

그림 17-1　　미국의 지도

- 특징: San Gabriel Valley(창고 및 유통 중심지), Silicon Valley 위치

- Houston 지역
  - 주요산업: 에너지 산업, 보건서비스, 법률서비스
  - 최근동향: EXXON, SHELL OIL 등 대형석유회사의 본사가 위치
  - 특징: NAFTA 발효에 따른 미국 멕시코 무역 중심지 역할

- Boston 지역
  - 주요산업: R&D 산업, 첨단 산업
  - 최근동향: 다수의 IT 기업(DIGITAL EQUIPMENT CO. PRIME COMPUTER) 소재
  - 특징: 하버드, MIT 등 유명대학이 밀집되어 있는 교육중심지

- Detroit 지역
  - 주요산업: 미 자동차산업의 중심지
  - 최근동향: 미국 빅3 자동차 중 GM(디트로이트), FORD(디어본) 본사 위치
  - 특징: 미시간주는 캐나다 관련 비즈니스가 많음

- Atlanta 지역
  - 주요산업: 정보서비스, 금융, 교육 서비스
  - 최근동향: 육상, 항공 교통요지(2시간 비행거리 내 미국 인구의 80% 거주)
  - 특징: 많은 다국적기업의 현지법인 위치

5. 최근의 내수시장 트렌드

(1) 다양하고 복합적인 시장

지역별로 문화, 역사, 산업구조, 소득수준 등이 각각 상이하다. 보스턴, 뉴욕 등 동북부지역은 전통이 깊고 오래된 도시, 상업화된 도시들이 있는 지역이다. 소득수준 및 학력수준 높은 지역(아이비 리그 대학)으로 진보적인 구매 패턴을 보인다.

LA, 샌프란시스코 등 서부지역은 다양한 인종과 직업의 소비자 거주지역으

로 유행에 민감한 특성을 나타낸다. Silicon Valley의 첨단산업, LA의 우주항공 및 물류산업, Las Vegas의 엔터테인먼트 산업 등으로 각각 지역 고유의 특성을 지니고 있다.

댈러스, 뉴올리언즈 등 남부지역은 대체적으로 전통을 중시하고 개인간의 관계를 중요시하며 보수적 구매패턴을 보인다. 소위 Sun Belt지역으로 온화한 기후, 풍부한 석유, 저렴한 노동력, 세금 혜택 등을 특징으로 하고 있다.

(2) 합리적인 소비성향

실용주의(Pragmatism)와 청교도정신의 영향으로 전통적으로 실리 위주의 구매성향을 보인다. 기존 상품보다 좋은 품질(Better), 저렴한 가격(Cheaper), 그리고 색다른 상품(Different)을 구입하려는 성향이 있다. 이것을 모두 갖춘 상품이 존재하지 않겠지만 어쨌든 미국소비자의 소비성향을 BCD(Better, Cheaper, Different)로 요약할 수 있다.

일반적으로 구매의사 결정에 중요한 5가지 요소는 품질, 가격, 특색, 서비스 보증, 원산지(제조국가) 등이다. 미국 소비자들은 수입 상품과 미국 상품을 구별하지 않는다. 즉, 미국인들은 5가지 요소 중 원산지의 중요성을 가장 낮게 보기 때문에 실제 품질, 가격 등이 중요하다.

(3) 전시회의 중요성

마이스(MICE) 산업이라 함은 기업회의(Meeting), 포상관광(Incentives), 컨벤션(Convention), 전시회(Exhibition) 등을 말하는데 21세기 굴뚝없는 고부가가치 산업으로 각광받는 산업이다. 미국은 마이스산업의 메카라 할 정도로 활성화되어 있다.

특히 미국의 전시산업은 독일과 함께 세계를 리드하고 있다. 연간 약 5,000회 전시회가 개최되며 이중 순수 트레이드쇼(Trade Show) 성격의 전시회가 연간 약 1,000회 개최된다. 주요 개최지역은 뉴욕, 시카고, 샌프란시스코, 라스베가스, 댈러스, 아틀란타 등이다. 라스베가스에서 개최되는 CES(Consumer Electronics Show, 소비자가전전시회)는 우리나라의 삼성, LG 등이 매년 참가한다.

(4) 세대별 소비성향

미국의 베이비붐(Baby boom) 세대는 1946~1964년 사이에 태어난 세대를 말한다. 현재 약 8,000만 명에 달한다. 전후 미국의 황금시대(Pax Americana)를 이끌었던 세대이다. 이들의 소비지출 규모는 미국 전체 소비지출의 약 50%를 차지할 정도로 비중이 크다. 일본 베이비붐 세대(1947~1949년생), 한국 베이비붐 세대(1955~1963년생)와 비교된다.

미국의 X세대는 1965~1980년생으로 약 6,000만명에 달한다. 미국사회의 중추적 역할하는 세대이며 왕성한 소비계층이다. 여기서 "X"의 의미는 베이비붐 세대 이후 한마디로 정의할 용어가 없다는 뜻에서 유래되었다.

밀레니얼(Millennial) 세대는 1981~1996년생으로 약 7,100만명에 달한다. 독립심 높은 신세대이며 새로운 패션 등 유행을 선도한다. 베이비붐 세대가 낳았다고 해서 echo세대(메아리세대)라고도 한다.

05 미국시장 마케팅전략

1. 한국제품의 미국시장 경쟁력

미국시장 6위인 우리나라 제품 시장점유율은 2010년 2.6%, 2017년 3.0%로 다소 상승하였다. 반면에 미국시장 1위인 중국제품의 미국 시장점유율은 2010년 19.1%, 2017년 21.6%로 지속적으로 압도적인 비중을 차지하고 있다. 미국시장 4위인 일본제품의 경우 2010년 6.3%, 2017년 5.8%로 시장점유율이 다소 낮아졌다.

- 한중일 3국의 미국 시장점유율 변화
  - 한국: 2010년 2.6% → 2017년 3.0%
  - 중국: 2010년 19.1% → 2017년 21.6%
  - 일본: 2010년 6.3% → 2017년 5.8%

한미FTA 발효로 인하여 한국제품의 경쟁력이 향상된 것은 사실이나 미국 시장에서 크게 약진하지 못하는 상황이다. 이는 한국의 주종품목인 자동차, 휴대폰 등은 선전하고 있지만 경공업제품 및 중공업제품을 막론하고 중국제품과 비교하여 가격경쟁력이 상실되었기 때문이다. 그러나 중국 등에 투자한 한국 해외투자기업의 최종 수출목적지가 결국 미국이 대부분인 점을 감안하면 미국시장의 중요성은 아무리 강조해도 지나치지 않는다.

2. 미국시장 마케팅 Check Point

(1) 무역계약시 기본적 유의사항

미국 바이어들의 상품 오더패턴(oder pattern)을 숙지하는 것이 필요하다. 시즌오더(season oder)와 비시즌오더(non-season oder)가 있다. 시즌오더는 봄/여름 오더와 가을/겨울 오더가 있으며 비시즌오더는 크리스마스 오더, 독립기념일(7월 4일) 오더, 추수감사절(11월 넷째 목요일) 오더 등이 있다.

무역계약시 미국인의 실용주의적 사고를 숙지하는 것이 중요하다. 가격조건(FOB, CIF 등), 제품의 정확한 스펙, 효능, 제품 구입 시 얻는 이익 등을 미국 바이어에게 명확히 설명해야 한다. 특히 우리나라는 미국 농산물을 많이 수입하는데, 오렌지 등 신선도가 요구되는 제품의 인도조건 및 수량조건을 명확히 하는 것이 중요하다.

(2) 문화 차이에 따른 유의사항

미국은 다인종 다종교 국가이다. 따라서 종교, 소수민족, 인종, 여성 등에 대한 차별적 발언은 금기사항이다. 특히 New York, LA, Boston, Chicago, San Francisco 등 대도시에서는 여러 인종들이 살고 있기 때문에 무역계약시 이러한 금기사항을 숙지하는 것이 필요하다.

한국과는 달리 남녀평등 사상이 높기 때문에 무역상담시 여성 존중 에티켓(Lady First)이 절대적으로 필요하다. 한국에서의 습성대로 하면 좋지 못하다. 특히 여성 외모, 나이, 결혼 여부 등에 대한 이야기는 꺼내지 말아야 한다. 또한 미국인들은 자신의 문화적인 테두리 안에서는 상대방에게 우호적이기 때문에 상대방의 학문적 및 직업적 배경, 취미, 특기 등을 사전에 파악할 필요가 있다.

(3) 처음 미팅시

먼저 옷차림의 경우 미국에서는 한국에 비해 형식을 중시하지 않고 간편한 옷차림을 좋아한다. 그러나 공식적인 비즈니스 미팅 시에는 정장을 입는 것이 바람직하다. 그리고 처음 만나 악수를 나누거나 대화를 할 경우 상대방과 눈을 마주치고 웃는 것이 중요하며 명함 교환시 상대방이 보는 위치를 기준으로 글자를 가리지 않고 바르게 보이도록 건넨다.

다음으로 호칭의 경우 미국에서는 처음 만나는 사람에게 바로 이름(First name)을 부르는 것은 실례이다. Mr. Mrs. Ms. 등이나 직업 명칭(President, Chairman, Director, Manager, Dr, Professor)을 성(姓)과 같이 호칭하는 것이 좋다.

(4) 식사

식사비용을 지불하는 것은 대부분의 선진국처럼 Dutch Pay가 일반적이다. 그러나 초대받은 경우라면 초대한 쪽에서 비용을 부담하기도 한다. 미국에서 풀 코스 식사는 보통 2시간 정도 소요되는데, 무역상담 외 화젯거리로서 미국에 관한 이야기 거리(미국 문화, 스포츠)를 준비하는 것이 필요하다.

식사시 한국에서 처럼 웨이터를 큰 소리로 부르거나 재촉하지 않도록 해야 한다. 또한 미국에는 팁 문화가 있다는 것을 숙지하여야 한다. 일반적으로 10% 이지만, 고급 레스토랑의 경우 20% 정도이다.

▍Keyword

팍스아메리카나(Pax Americana)

소프트파워(Soft Power)

커플링(coupling)

신보호무역주의

상호주의(reciprocity)

회색지대조치(grey area measures)

미국 국별무역장벽보고서(NTE 보고서)

슈퍼(super) 301조

스페셜(special) 301조

우선협상대상국(Priority Foreign Country)

미국 상무부(DOC)

미국 무역대표부(USTR)

미국 국제무역위원회(ITC)

미국의 국제개발처(USAID)

테스트베드시장(Test Bed Market)

인종전시장

미국의 소비자 구분

미국의 주요 지역별 시장특성

마이스(MICE) 산업

미국시장 마케팅 Check Point

▍Exercise

01 미국경제의 위상에 대하여 설명하시오.

02 미국경제와 세계경제의 관계에 대하여 토론하시오.

03 미국의 무역을 개괄적으로 설명하시오.

04 미국통상정책 기조에 대하여 토론하시오.

05 미국의 통상정책수단에 대하여 설명하시오.

06 미국의 통상관련기관은 무엇이 있는가?

07 미국의 글로벌기업과 미국내 지역별 기업환경에 대하여 설명하시오.

08 미국시장 특성에 대하여 토론하시오.

09 미국시장 마케팅 전략에 대하여 토론하시오.

CHAPTER 18

일본경제 무역 및 시장특성

01 일본경제개관

1. 일본경제의 이해

(1) 경제규모 및 1인당 GDP

일본은 미국에 이어 세계 제2위의 경제대국의 위치를 유지하여 왔지만 2010년에 제2위 경제대국의 위치를 중국에 넘겨주고 제3위로 밀려났다. 특히 1990년대 이후 버블경제 붕괴, 즉 자산가격(부동산 가격 및 주식 가격) 하락으로 장기적인 경기침체에 빠져 소위 "잃어버린 20년"을 경험하였다. 그 이후 일본경제는 21세기 초까지 좀처럼 활력있는 모습을 보여주지 못하였다. 그러나 고이즈미 정부와 아베정부를 거치면서 경제는 서서히 살아나고 있다.

일본경제는 세계경제를 리드하는 거대경제국가임에 틀림이 없으며 한국경제에 있어서는 항상 벤치마킹의 대상이 되는 국가이다. 2017년 일본의 명목 GDP는 4조 9천억 달러로 세계 3위이며 제2위인 중국과 격차가 벌어지고 있는 상황이다. 한편 일본의 1인당 GDP(per capita GDP)는 2017년 38,449달러로 세계 24위를 기록하였다.

(2) 무역 및 외환보유고

상품수출(Merchandise Export)은 2017년 6,980억 달러로 중국, 미국, 독일에 이어 세계 4위이며 상품수입(Merchandise Import)도 6,720억 달러로 미국, 중국, 독일에 이어 세계 4위를 기록하고 있다. 일본은 전통적인 제조업 강국으로 무역수지 흑자국이며 특히 한국에 대한 흑자규모가 크다.

일본의 서비스수출(Commercial Service Export)은 2017년 1,800억 달러로 세계 9위, 서비스수입(Commercial Service Import)은 1,890억 달러로 세계 8위를 각각 기록하였다. 서비스부문에서 적자를 보이고 있는데 일본의 서비스 경쟁력이 미국 등 여타 선진국에 비해 취약하다는 것을 반영하고 있다.

한편 일본의 외환보유고(Foreign Exchange Reserve)는 무역수지 흑자와 해외직접투자 증가에 따른 해외투자수익 증가 등을 배경으로 2017년 말 현재 1조 2천 6백억 달러를 기록하였다. 중국에 이어 세계 2위이다.

(3) FDI 및 글로벌기업

2017년 일본의 해외직접투자 유입(FDI intflow)은 1,040억 달러, 해외직접투자 유출(FDI Outflow)은 1,600억 달러이다. 해외직접투자 유출(FDI Outflow)은 미국에 이어 세계 2위의 해외직접투자 규모로서 세계최대 채권국가로서의 모습을 지속적으로 보여주고 있다.

2017년 매출액기준 포춘 500대 기업(Fortune Global 500)에 일본기업이 52개를 차지하여 미국, 중국에 이어 세 번째로 많은 글로벌기업을 보유하고 있다. 인터브랜드(Interbrand)에서 발표하는 2017년 세계 100대 브랜드(Best Global Brand 100)에는 일본 브랜드가 8개 포함되어 미국, 독일, 프랑스에 이어 세계 4위를 기록하였다.

표 18-1   일본의 주요경제지표(2017)

구 분	단 위	수 치	비 고
명목 GDP(Nominal GDP)	10억 달러	4,873	세계 3위
실질GDP 성장률	%	1.7	-
1인당 GDP(per capita GDP)	달러	38,449	세계 24위
상품수출(Merchandise Export)	10억 달러	698	세계 4위
상품수입(Merchandise Import)	10억 달러	672	세계 4위
서비스수출(Commercial Service Export)	10억 달러	180	세계 9위
서비스수입(Commercial Service Import)	10억 달러	189	세계 8위
외환보유고(Foreign Exchange Reserve)	10억 달러	1,264	세계 2위
FDI(Inflow)	10억 달러	104	세계 20위
FDI(Outflow)	10억 달러	160	세계 2위
Fortune Global 500	개	52	세계 3위
Best Global Brand 100	개	8	세계 4위

자료: IMF, World Economic Outlook Database, 2018 / www.imf.org
   WTO, International Trade Statistics 2018 / www.wto.org
   UNCTAD, World Investment Report 2018 / www.unctad.org
   Fortune, 2018 Fortune Global 500 / www.fortune.com
   Interbrand, 2018 Best Global Brand 100 / www.interbrand.com

2. 일본경제 발전과정

일본경제는 2010년에 세계 제2경제대국의 지위를 중국에 넘겨주고 제3위로 밀려났으나 전후 2009년까지 미국에 이어 세계경제 강국의 위치를 계속하여 유지하여 왔다. 일본경제의 발전과정은 제2차 세계대전이후 1950~1970년대, 1980년대, 1990년대, 2000년대 이후, 아베의 경제정책 등으로 나누어 분석할 수 있다.

(1) 1950~1970년대

1950~1970년대는 고도성장기이다. 일본경제는 한국전쟁에 따른 전쟁 특수와 미국의 강력한 지원에 힘입어 10% 내외의 경제성장을 지속하게 된다. 그러한 경제발전을 배경으로 일본은 1964년 동경올림픽을 개최하여 선진국으로 발돋움하는데 중요한 전환점을 마련했다.

1964년 IMF 8조국으로 이행(외환거래의 자유화 의미), GATT 11조국으로 이행(무역의 자유화 의미)조치를 취하게 되고 같은 해에 선진국의 클럽인 OECD에 가입하였다. 1968년에는 세계 2위 경제대국으로 부상하였다. 그리고 1970년대 이후 일본기업은 막대한 무역흑자와 강력한 기업경쟁력을 배경으로 본격적인 해외투자를 실시하여 다국적기업이 탄생하기 시작하였다.

(2) 1980년대

1980년대는 강력한 경제대국으로 부상한 시기이다. 미국의 무역적자 확대와 일본의 무역흑자 확대에 따른 세계경제 불균형으로 말미암아 1985년 플라자합의(Plaza Agreement)가 이루어졌고 이후 일본은 급격한 엔고현상에 직면하게 된다.

일본기업은 이러한 위기상황에 대하여 구조조정, 원가절감, 품질향상 등으로 극복하고 세계적 글로벌기업으로 성장하는 계기가 되었다. 또한 대규모 무역흑자와 이를 배경으로 한 해외 직접투자로 일본은 세계 최고의 채권국가 되었다. 일본은 스위스 IMD(국제경영개발원)의 국가경쟁력 평가에서 1989~1993기간 (5년 연속)에 세계 1위를 기록하게 된다. 또한 당시 미국 예일대학교의 폴 케네디(Paul Kennedy) 교수는 "강대국의 흥망"에서 21세기는 일본의 세기가 될 것이라는 전망을 하였다.

(3) 1990년대

1990년대는 소위 "잃어버린 10년"이라고 일컬어진다. 일본경제는 1980년대 후반 이후 경기상승, 물가상승, 부동산 가격 앙등 등에 따라 이른바 버블(거품)이 형성된다. 이러한 버블경제현상이 한꺼번에 꺼지게 되면서 그 영향으로 일본경제는 "잃어버린 10년", 혹은 "잃어버린 20년"의 경제침체기를 맞이하게 되었다.

천정부지로 치솟았던 부동산 가격이 급격하게 하락하고 주가지수인 니케이(Nikkei)지수가 최고 정점의 1/4수준으로 폭락하였다. 일본기업의 파산이 확산되고 실업률이 상승하고 내수경기가 침체되었다. 일본정부는 이러한 경기침체를 타개하기 위하여 지속적으로 공공투자 정책 등 재정확대정책을 시행하였으나 경제는 회복되지 못하고 재정적자만 확대되는 결과를 초래하였다.

(4) 2000년대 이후

2000년대는 고이즈미 수상의 개혁에 의해 일시적으로 경기가 회복된 시기이다. 고이즈미 준이치로(小泉純一郎) 수상의 재임기간(2001년 4월-2006년 9월)은 전후 사또(佐藤), 요시다(吉田) 수상에 이어서 3번째로 길게 유지되었다. 고이즈미 수상의 개혁의 핵심은 사유화, 탈규제, 경쟁체제 도입 등이었다. 이러한 개혁 정책은 그동안의 패러다임을 타파하는 조치로서 일본경제는 완만하나마 회복되는 조짐을 보였다. 영국 경제지 이코노미스트(Economist)는 "해가 다시 뜨고 있다(The sun also rises)"며 일본경제(sun) 회복을 예상했다.

그러나 일본경제의 회복세는 오래 지속되지 못하였다. 일본경제신문은 2000년대(2000~2009년) 10년 동안 전체적으로 오그라든 10년(연평균 실질 GDP 성장률: 0.7%)이라고 평가하였다. 최근 일본경제의 문제점은 생산연령인구가 감소하는 인구 오너스(demographic onus) 시기에 진입했다는 점, 세계최고의 경쟁력을 보였던 일본기업의 활력이 되살아나지 못하고 있다는 점 등을 지적할 수 있다.

(5) 아베의 경제정책

아베노믹스(Abenomocs)는 아베 신조(安倍晋三) 일본 총리(2012년 12월 취임)의 경제정책을 말한다. 아베는 총리가 된 이후 약 20년간 계속된 경기침체를 해소하기 위하여 연간 물가상승률 상한선 제한, 과감한 금융 완화(통화공급 확대), 엔화의 평가절하, 인프라 투자 확대 재정 정책, 적극적인 경제성장 정책 등으로 추진하고 있다.

2017년말 현재 아베노믹스의 성과를 보면 엑화 약세정책 등에 따라 일본기업의 대외무역 증가, 고용 확대, 해외관광개 급증 증 긍정적인 효과가 나타나고 있다. 이러한 아베정부의 성공은 아베의 강력한 리더십, 정책 계승(Cool Japan, 도시재개발 등), 국민공감정책 등으로 분석된다.

1. 수출입 총괄

일본의 상품무역이 GDP에서 차지하는 비중은 한국 및 중국에 비해 낮은 편이다. 제1장 3절에서 분석한 바와 같이 대체적으로 한국의 무역의존도(수출입 합계/GDP규모)는 70% 내외, 중국의 무역의존도는 30%대인 반면, 일본의 무역의 존도는 20%대를 나타내고 있다. 그러나 절대 규모면에서 일본의 수출은 세계 4위, 수입도 세계 4위로 세계무역의 중심국가이다.

(1) 수출

일본관세협회가 발표하는 일본 무역통계(한국무역협회 제공)는 공식적으로 달러기준이 아니라 엔화 기준이다. WTO, IMF 등에서는 이를 달러기준으로 환산하여 발표한다. 2017년 일본의 수출은 엔화기준으로 78.3조엔을 기록하였다. WTO 달러기준으로는 6,980억 달러로 세계4위이다.

2008년 글로벌 금융위기(Global Finacial Crisis)를 극복하고 2010년에 일본의 수출이 반등에 성공하였으며, 최근에는 일본경제 재건을 위한 아베노믹스(Abenomics)의 엔화약세 영향 등으로 수출호조세를 보이고 있다. 그러나 2007년, 2008년의 80조엔 이상의 수출에는 아직 도달하지 못하고 있다.

(2) 수입

2017년 일본의 수입은 엔화기준으로 75.3조엔을 기록하였다. WTO 달러기준으로는 6,720억 달러로 역시 세계 4위이다. 그동안 미국, EU, 한국 등으로부터 유통구조 및 상관습 측면에서 일본시장접근(Japan Market Access)이 어렵다는 비판을 받아왔으나, 최근 일본경제의 회복과 함께 이러한 요인을 극복하고 일본의 수입이 점차적으로 증가추세를 보이고 있다. 그러나 2013년, 2014년의 80조엔 이상에는 도달하지 못하고 있다.

(3) 무역수지

일본의 무역수지는 2010년까지 수입보다 큰 수출규모로 인하여 항상 대규모 무역흑자 기조를 유지하였다. 일본의 무역흑자는 중국의 무역흑자와 마찬가지로 글로벌 불균형의 원인으로 지적되었다. 특히 전통적으로 미국 및 EU에 대하여 큰 폭의 무역흑자를 나타내고 있으며 이러한 불균형 해소를 위해 플라자합의(1985년) 등의 국제적 환율조정 공조가 이루어진 바가 있다.

그런데 2011년 이후 2015년까지 5년간 일본의 무역수지가 처음으로 적자기조로 반전되었다. 수출보다 수입이 상대적으로 호조를 보였기 때문이다. 그러나 2016년, 2017년에는 다시 무역수지가 흑자기조로 전환되었다. 2017년에 아베노믹스(Abenomics)에 따른 수출호조에 기인하는 바가 크다.

표 18-2   일본의 수출입추이   (단위: 백만 엔, %)

연도	수출		수입		무역수지
	금액	증가율	금액	금액	금액
2000	51,654,198	8.6	40,938,423	16.1	10,715,775
2001	48,979,244	-5.2	42,415,533	3.6	6,563,711
2002	52,108,956	6.4	42,227,506	-0.4	9,881,450
2003	54,548,350	4.7	44,362,023	5.1	10,186,327
2004	61,169,979	12.1	49,216,636	10.9	11,953,343
2005	65,656,544	7.3	56,949,392	15.7	8,707,152
2006	75,246,173	14.6	67,344,293	18.3	7,901,880
2007	83,931,438	11.5	73,135,920	8.6	10,795,517
2008	81,018,088	-3.5	78,954,750	8	2,063,338
2009	54,170,614	-33.1	51,499,378	-34.8	2,671,236
2010	67,399,627	24.4	60,764,957	18	6,634,670
2011	65,546,475	-2.7	68,111,187	12.1	-2,564,712
2012	63,747,572	-2.7	70,688,632	3.8	-6,941,060
2013	69,774,193	9.5	81,242,545	14.9	-11,468,352
2014	73,101,850	4.8	85,889,269	5.7	-12,787,419
2015	75,632,239	3.5	78,467,563	-8.6	-2,835,324
2016	70,039,535	-7.4	65,969,288	-15.9	4,070,247
2017	78,290,717	11.8	75,304,995	14.2	2,985,723

자료: 한국무역협회 일본무역통계 / www.kita.net

2. 국별 수출입

(1) 국별수출

일본의 국별 수출순위는 2017년 미국 1위, 중국 2위, 한국 3위, 대만 4위 순이다. 미국에 대한 수출비중은 2010년에 15.4%(2위)로 하락하였으나 2017년에 19.3%로 상승하였다. 미국시장 수출이 증가한 것은 미국경제 호조, 엔화 약세에 따른 가격경쟁력 향상에 기인하는 것으로 분석된다.

중국에 대해서는 2010년 일본의 제1수출시장에서 미국에 이어 제2수출시장으로 밀려났으나 수출비중은 2017년 19.0%로 미국과 비슷하다. 일본의 한국에 대한 수출비중은 한국경제 둔화 등의 영향으로 2010년 8.1%(3위), 2017년 7.6%(3위)로 하락하였다.

표 18-3 일본의 국별수출 변화(10대 수출국) (단위: 백만 엔, %)

순위	2010			2017		
	국명	금액	비중	국명	금액	비중
	총계	67,399,627	100	총계	78,290,717	100
1	중국	13,085,565	19.4	미국	15,111,104	19.3%
2	미국	10,373,980	15.4	중국	14,891,729	19.0%
3	한국	5,460,193	8.1	한국	5,978,397	7.6%
4	대만	4,594,238	6.8	대만	4,558,150	5.8%
5	홍콩	3,704,778	5.5	홍콩	3,974,226	5.1%
6	태국	2,993,721	4.4	태국	3,300,976	4.2%
7	싱가포르	2,209,100	3.3	싱가포르	2,540,610	3.2%
8	독일	1,776,553	2.6	독일	2,124,699	2.7%
9	말레이시아	1,544,630	2.3	호주	1,795,595	2.3%
10	네덜란드	1,430,545	2.1	베트남	1,688,280	2.2%

자료: 한국무역협회 일본무역통계 / www.kita.net

(2) 국별수입

일본의 국별 수입순위는 2017년 중국 1위, 미국 2위, 호주 3위, 한국 4위,

사우디 5위 순이다. 일본의 중국으로부터의 수입비중은 2010년 22.1%에서 2017년 24.5%로 상승하였으며, 미국으로로부터의 수입비중도 2010년 9.7%에서 2017년 10.7로 약간 상승하였다.

세계의 공장으로 성장한 중국 제품의 경쟁력이 일본시장에서도 위력을 발휘하고 있다. 한국으로부터의 수입비중은 2010년 4.1%(6위), 2017년 4.2%(4위)를 기록하여 점유율면에서 거의 변화가 없다. 세계시장에서 경쟁력을 인정받고 있는 한국의 자동차, 휴대폰, 평판디스플레이(TV) 등이 일본시장에서는 잘 팔리지 않고 있다.

표 18-4	일본의 국별수입 변화(10대 수출국)				(단위: 백만 엔, %)	
순위	2010			2017		
	국명	금액	비중	국명	금액	비중
	총계	60,764,957	100	총계	75,304,995	100
1	중국	13,412,960	22.1	중국	18,446,076	24.5%
2	미국	5,911,421	9.7	미국	8,075,930	10.7%
3	호주	3,948,220	6.5	호주	4,370,226	5.8%
4	사우디	3,149,353	5.2	한국	3,154,400	4.2%
5	UAE	2,568,811	4.2	사우디	3,114,806	4.1%
6	한국	2,503,979	4.1	대만	2,846,908	3.8%
7	인도네시아	2,476,179	4.1	독일	2,626,660	3.5%
8	대만	2,024,607	3.3	태국	2,549,373	3.4%
9	말레이시아	1,987,447	3.3	UAE	2,326,188	3.1%
10	카타르	1,904,014	3.1	인도네시아	2,223,436	3.0%

자료: 한국무역협회 일본무역통계 / www.kita.net

(3) 국별무역수지

일본의 국별 무역수지는 중국에 대해서는 무역수지 적자이지만 미국과 한국에 대해서는 큰 폭의 무역수지 흑자를 나타내고 있다. 2010년 이후 장기적 추세를 보면 중국에 대한 무역수지 적자는 크게 증가하였고, 미국에 대한 무역수지 흑자도 크게 확대되었다. 일본의 한국에 대한 무역수지 흑자도 지속적으로 높은 수준을 유지하고 있다.

표 18-5　　일본의 국별 무역수지 변화

(단위: 백만 엔)

국명	2010			2017		
	수출	수입	무역수지	수출	수입	무역수지
총계	67,399,627	60,764,957	6,634,670	78,290,717	75,304,995	2,985,722
중국	13,085,565	13,412,960	-327,395	14,891,729	18,446,076	-3,554,347
미국	10,373,980	5,911,421	4,462,559	15,111,104	8,075,930	7,035,174
한국	5,460,193	2,503,979	2,956,214	5,978,397	3,154,400	2,823,997

자료: 한국무역협회 일본무역통계 / www.kita.net

3. 품목별 수출입

(1) 품목별 수출

일본의 HS기준 2단위 10대 수출품목은 〈표 18-6〉에서 제시하는 바와 같다. 2017년에 HS 87(자동차) 수출이 전체의 20.9%로 가장 많고 이어서 HS 84(기계류) 19.8%, HS 85(전기전자) 15.1% 비중으로 각각 2위, 3위를 기록하고 있다.

표 18-6　　일본의 10대 수출품목 변화

(단위: 백만 엔, %)

순위	2010			2017		
	HS(품목)	금액	비중	HS(품목)	금액	비중
	총계	67,399,627	100	총계	78,290,717	100
1	84(기계류)	13,132,224	19.5	87(자동차)	16,399,037	20.9%
2	87(자동차)	12,849,283	19.1	84(기계류)	15,522,929	19.8%
3	85(전기전자)	11,504,584	17.1	85(전기전자)	11,838,030	15.1%
4	00(특수분류)	3,505,694	5.2	00(특수분류)	4,939,320	6.3%
5	90(광학기기)	3,468,047	5.1	90(광학기기)	4,465,114	5.7%
6	72(철강)	3,402,809	5.0	72(철강)	3,138,860	4.0%
7	39(플라스틱제품)	2,562,676	3.8	39(플라스틱제품)	2,819,525	3.6%
8	89(선박)	2,279,731	3.4	29(유기화학품)	2,005,657	2.6%
9	29(유기화학품)	1,935,163	2.9	71(귀금속류)	1,704,459	2.2%
10	27(광물성연료)	1,142,475	1.7	89(선박)	1,376,781	1.8%

자료: 한국무역협회 일본무역통계 / www.kita.net

2010년 이후 장기적 추세를 보면 자동차 및 기계류 수출비중이 증가한 반면 그동안 일본수출을 주도하였던 전기전자 수출비중은 감소하였다. 특히 전기전자의 수출비중 감소는 휴대폰, 평판디스플레이(TV) 등 한국제품의 우수한 경쟁력과 중국제품의 추격에 기인하는 것으로 분석된다.

(2) 품목별 수입

일본의 HS기준 2단위 10대 수입품목은 〈표 18-7〉에서 제시하는 바와 같다. HS 27(광물성연료) 수입이 2017년 전체의 21.1%로 압도적인 비중으로 가장 많고 이어서 HS 85(전기전자) 14.5% 비중, HS 84(기계류) 9.7% 비중으로 각각 2위, 3위를 기록하고 있다.

2010년 이후 장기적 추세를 보면 국제원유가 안정 등의 영향으로 광물성연료의 수입비중이 낮아진 것으로 나타났다. 반면에 전기전자와 기계류의 수입비중은 상대적으로 증가하였다. 특히 일본제품의 세계적인 경쟁력을 자랑하는 광학기기, 자동차 등의 외국산 수입비중도 늘어났다.

표 18-7 일본의 10대 수입품목 변화 (단위: 백만 엔, %)

순위	2010			2017		
	HS(품목)	금액	비중	HS(품목)	금액	비중
	총계	60,764,957	100	총계	75,304,995	100
1	27(광물성연료)	17,434,608	28.7	27(광물성연료)	15,865,253	21.1%
2	85(전기전자)	7,566,137	12.5	85(전기전자)	10,949,483	14.5%
3	84(기계류)	4,896,587	8.1	84(기계류)	7,318,493	9.7%
4	26(광·슬랙·회)	2,807,327	4.6	90(광학기기)	2,862,023	3.8%
5	90(광학기기)	1,969,921	3.2	87(자동차)	2,514,005	3.3%
6	29(유기화학품)	1,422,161	2.3	30(의료용품)	2,511,403	3.3%
7	30(의료용품)	1,418,826	2.3	26(광·슬랙·회)	2,291,217	3.0%
8	87(자동차)	1,273,105	2.1	29(유기화학품)	1,780,855	2.4%
9	39(플라스틱제품)	1,110,759	1.8	39(플라스틱제품)	1,688,223	2.2%
10	61(메리야스)	1,107,030	1.8	62(의류)	1,520,416	2.0%

자료: 한국무역협회 일본무역통계 / www.kita.net

┌─ 03   일본통상정책

1. 통상정책기조

일본의 통상정책기조는 시대별로 1950~1960년대 수출드라이브 정책, 1970~1980년대 자유무역주의 중시정책, 1990년대 후반 이후 다자주의 및 지역주의 중시정책 등으로 변화되어 왔다.

(1) 1950~1960년대

1950~1960년대 일본의 통상정책은 유치산업(Infant Industry) 육성정책과 수출드라이브 정책을 기본으로 하였다. 전후 폐허가 된 일본의 유치산업을 육성하기 위한 산업정책을 적극적으로 추진하였다.

한편으로 경제자립기반 확립을 최우선의 정책 목표로 하고 강력한 수출드라이브 정책을 추진하였다. 금융, 세제상의 수출지원제도를 도입하였다. 이러한 통상정책을 통하여 일본은 강력한 수출대국의 기반을 구축하는 계기를 마련하였다.

(2) 1970~1980년대

1970~1980년대의 통상정책은 GATT의 자유무역주의를 중시하는 정책이다. 1950~1960년대 보호무역주의를 점차적으로 완화하는 조치를 취하였다. GATT의 다자간협상(Round)에 따라 수입관세를 점차적으로 완화하였고 농산물시장 및 서비스시장 개방을 실시하였다.

그리고 무역자유화 및 외환자유화를 단계적으로 추진하였다. 또한 통상산업성(현재 경제산업성), 대장성(현재 재무성) 등 전문관료 중심의 대외통상정책을 추진하였다. 이러한 경제성과를 바탕으로 하여 일본은 세계 제1위의 채권국가, 세계 제2위 수출대국, 세계 제2위 경제대국으로 성장하였다.

(3) 1990년대 이후

1990년대 이후 통상정책기조는 다자주의 및 지역주의 적극 추진이다. 1995

년 WTO가 출범하였고 일본은 WTO의 다자간 무역체제를 중시하는 것을 기본적인 통상정책기조로 삼았다. 그러나 2001년 시작된 WTO체제하의 다자간협상인 DDA(도하개발어젠다)가 지지부진하게 되자 경제통합(지역주의)을 적극적으로 추진하게 된다.

일본의 입장에서 경제통합은 다자간 무역체제를 보완하고 더 나아가 세계경제 발전의 원동력이라는 인식을 갖게 되었다. 일본은 아세안 등 여러 나라들과 FTA를 체결하였고 한국, 중국 등과도 FTA 협상을 추진중에 있다. 특히 다자간 FTA 협상인 TPP(Trans Pacific Partnership) 협상을 주도적으로 추진하였다. 일본, 미국이 창설에 앞장선 TPP는 2016년 캐나다, 호주, 뉴질랜드, 멕시코, 말레이시아, 페루, 칠레, 베트남, 브루나이, 싱가포르 등 12개국이 참가한 가운데 협정이 체결됐다. 그러나 트럼프 미국 대통령이 2017년 1월 탈퇴를 선언하면서 나머지 11개국은 일본을 중심으로 다시 논의한 끝에 2018년 3월 협정을 맺었는데 기존의 TPP와는 달리 현재는 CPTPP(Comprehensive and Progressive Trans Pacific Partnership: 포괄적·점진적 환태평양경제동반자협정)로 명칭이 변경되었다.

2. 통상정책수단

(1) 관세장벽

일본의 평균관세율은 선진국중에서도 아주 낮은 수준이다. 특히 자동차, 전자전기 분야의 관세율은 0% 수준에 가깝다. 일본이 그동안 GATT 다자간협상에 적극적으로 참여하여 관세율을 지속적으로 인하하였으며 선진국으로서의 개방의무를 충실하게 이행하고 있음을 보여주고 있다.

WTO 양허관세율(Simple average final bound)은 각국이 스스로 관세를 어느 정도 이상 올리지 않겠다고 WTO에 약속한 관세율을 의미하며, MFN 실행관세율(Simple average MFN applied)은 실제로 적용된 관세율을 의미한다. 일본의 MFN 실행관세율은 비농산품 2.5%, 농산품 13.3%, 전체 평균은 4.0%이다. 공산품 관세율은 아주 낮지만 농산품의 경우 일본의 농업보호를 위해 아주 높은 것으로 나타났다.

표 18-8	일본의 WTO 양허관세율 및 MFN 실행관세율(%)		
구 분	전체 (Total)	비농산품 (Non-Ag)	농산품 (Ag)
WTO 양허 관세율 (Simple average final bound)	4.5	2.5	18.0
MFN 실행관세율 (Simple average MFN applied)	4.0	2.5	13.3

자료: WTO, Tariff Profiles / www.wto.org

한편 일본은 한국으로부터 수입하는 일부 품목에 대하여 높은 관세율을 부과하고 있다. 예를 들면 조제식료품인 라면류·김치 등에 10% 이상의 고관세를 부과하고 있으며, 위스키는 무세이나 위스키와 대체관계에 있는 한국산 소주에 대해서는 16%의 높은 관세율을 부과하고 있다. 이러한 제품들은 주로 한국이 수출하는 품목들이기 때문에 한일간의 통상협상에서 항상 쟁점이 되고 있는 부분이다.

(2) 비관세 장벽

일본의 관세장벽이 선진국 중에서도 낮은 수준을 나타내고 있는 것과는 달리 비관세장벽(Non Tariff Barriers)은 여타 선진국에 비해 까다롭고 불투명한 것으로 평가되고 있다. 일본의 비관세장벽은 전통적으로 일본시장 접근을 어렵게 만드는 요인이며 또한 이것이 일본의 막대한 경상수지 흑자의 요인이라는 것이 미국, 한국 등 주요 무역상대국의 평가이다.

일본의 비관세장벽은 일본 특유의 상관행 및 유통장벽이 높은 비중을 차지하고 있는 것이 특징이다. 이는 일본의 비관세장벽이 법 등 정부 차원의 제도에 의해서 발생하는 장벽 이외에 민간차원의 오래된 관행에서 기인된 비제도적인 장벽이 많이 존재하기 때문이다. 즉, 일본의 비관세장벽은 역사적 배경이나 산업 구조적인 측면, 거래관행 등에 기인하는 바가 크다는 것이 일반적인 평가이다.

특히, 미국 및 유럽 국가들이 반덤핑관세(Anti Dumping Duties), 상계관세 (Countervailing Duties), 긴급수입제한조치(Safeguard) 등 가격 메커니즘을 이용한 수입규제를 실시하는 데 비하여 일본의 비관세장벽은 수입할당, 관세할당 등 직접적인 수량규제 채택경향이 강한 것으로 평가되고 있다.

3. 통상관련기관

(1) 경제산업성

일본의 경제산업성(METI: Ministry of Economy, Trade and Industry)은 한국의 산업통상자원부(MOTIE)에 해당하는 일본의 통상관련 정부 부처이다. 산업·통상 정책, 산업기술, 무역 등의 통상업무와 광물자원 및 에너지의 안정적이고 효율적인 공급 등의 업무를 담당하고 있다.

경제산업성의 전신인 통상산업성(MITI: Ministry of International Trade and Industry)은 일본의 고도성장시기 "일본주식회사"의 총사령탑으로 일본경제성장의 견인차 역할을 수행하였다. 해외에서도 "mighty MITI"라고 불리울 정도로 우수한 일본 관료의 대명사로 넓게 알려져 있다. 흔히 "일본 정치는 2~3류, 일본관료는 1류"라고 하는데 이는 바로 일본 공무원의 우수성 및 깨끗함을 의미하는 말이다.

(2) 외무성

일본의 외무성(MOFA: Ministry of Foreign Affairs)은 통상정책의 대외창구역할을 수행한다. 한국의 외교부(MOFA), 산업통상자원부(MOTIE)의 통상기능에 해당하며, 미국의 무역대표부(USTR: United States Trade Representative)에 해당하는 정부조직이다.

외교 정책·외교 사절·통상 항해·조약에 관한 사무 등을 담당하고 있다. 1885년에 일본이 정부형태로서 내각제도를 창설한 이후, 경제산업성 등 다른 부처들은 명칭이 수시로 변경되었으나 외교부는 한번도 명칭을 변경하지 않은 유일한 부처이기도 하다.

(3) 일본무역진흥기구

일본무역진흥기구(JETRO: Japan External Trade Organization)는 일본의 대외무역 진흥과 무역관련 정보제공을 위해 1951년 2월에 설립된 정부조직이다. 1962년 설립된 한국의 대한무역투자진흥공사(KOTRA)와 유사한 조직이다. 실제로 한국의 KOTRA는 JETRO를 벤치마킹하여 설립되었다.

세계 여러 나라에 걸쳐 방대한 네트워크(해외사무소)를 운영하고 있으며, 일본내 각 지역에 도 국내사무소를 두고 있다. JETRO는 전세계에 걸친 방대한 조직망을 이용하여 가장 **빠르고** 정확한 경제 및 무역관련 정보를 수집하는 체제를 가지고 있다는 평가를 받고 있다.

┌ 04 일본시장특성

1. 일본기업 분석

(1) 일본의 글로벌기업

제1절에서 설명한 것처럼 매출액(Revenues) 기준으로 본 포춘 500대 기업 (Fortune Global 500)에서 2018년에 일본기업은 52개를 차지하여 미국, 중국에 이어 세 번째로 많은 글로벌기업을 보유하고 있다.

또한 인터브랜드(Interbrand)의 2018 세계 100대 브랜드(Best Global Brand 100)에는 일본기업이 8개가 포함되어 있다. 도요타(Toyota), 혼다(Honda), 닛산 (Nissan), 캐논(Canon), 소니(Sony), 파나소닉(Panasonic), 닌텐도(Nintendo)(new), 스바루(Subaru) 등 8개 브랜드이다. 100대 브랜드의 수는 미국, 독일, 프랑스에 이어 세계에서 네 번째로 많다.

(2) 일본기업의 장점

첫째, 일본기업의 지속적인 R&D 투자이다. 일본경제는 1990년대 이후 잃어버린 20년 동안 계속 부진을 면치 못하고 있지만 기업의 R&D 투자는 지속적으로 증가하여 일본기업의 경쟁력을 뒷받침하고 있다. "글로벌 R&D 1,000대 기업" 조사를 보면 1,000대 기업에 미국이 가장 많고 이어서 일본이 두 번째로 많은 것으로 나타났다.

둘째, 부품소재의 독보적 기술력이다. 현장 기술자의 노하우, 기술력을 우대하며 이를 활용한다. 한국, 중국 등 주요 제조업 생산국가의 일본 부품소재 의존도가 대단히 높다. 이로 인하여 2011년 3월 일본대지진으로 한국 등 세계 여러나라의 생산활동에 차질이 발생한 바 있다. 일본의 기술력은 일본의 노벨상(Nobel Prize) 수상에서 나타난다. 일본의 노벨상 수상자는 2018년 현재 27명인데 이 중 기초과학분야에서 23명을 배출하였다.

셋째, 일본특유의 장인정신이 있다는 점이다. 일본기업은 생산 현장의 모노즈쿠리(ものつくり: 혼이 담긴 고도의 제조 능력)를 중시한다. 세계시장에서 독보적 경쟁우위 제품을 생산하는 것은 바로 이러한 장인정신에 기인한다. 자동차(하이브리드 자동차, 전기자동차), 카메라, 게임기, 평판 TV, 태양전지, 비메모리 반도체 등에서 세계 최고의 기술력을 자랑한다.

넷째, 중소기업의 다품종 소량생산 체제이다. 일본은 글로벌기업 수가 미국에 이어 세계 3위이지만 중소기업도 이에 못지않게 잘 발달되어 있다. 특히 다품종 소량생산 체제를 갖추고 대기업과의 협력관계가 잘 구축되어 있다.

(3) 일본기업의 단점

첫째, 현장은 강하지만 전략이 약하다는 점이다. 제품은 잘 만들지만 효과적인 비즈니스모델을 구축해 기술적 강점의 부가가치를 제고시키는 전략과 기획이 미국과 유럽의 선진 기업에 비해 부족하다는 점이다.

둘째, 글로벌 마인드가 부족하다는 점이다. 일본의 미국유학생이 지속적으로 줄어들고 있다는 점, 국제화 시대에 뒤떨어진 제도(연호 헤이세이 사용, 관공서 도장사용 등), 영어 구사능력이 뒤떨어진다는 점 등이 지적된다.

셋째, 기술자 출신의 CEO가 너무 많다는 점이다. 이는 한국과 상반되는 점으로 장단점이 있을 수 있으나 일본의 경우 경영을 잘 모르는 "기술 오타쿠(한 분야에 깊게 파고드는 마니아)"가 기업을 운영하여 조직의 효율성이 떨어진다는 것이다.

2. 일본의 유통구조 및 상관행

(1) 유통구조

일반적으로 일본의 유통구조는 미국 및 유럽의 선진국에 비하여 복잡하며 상관행이 특수하여 일본시장 접근을 어렵게 한다는 비판을 받고 있다. 즉, 미국과 유럽이 일본에 대하여 무역수지 적자를 기록하고 있는 원인으로 지적받고 있다.

일본의 유통구조의 특징은 다음과 같다. 첫째, 소규모 소매업 중심이다. 일본은 중소규모의 도매상과 소매점이 많은 반면 미국과 영국은 대형 소매업자가 많다. 이는 기본적으로 일본이 구미에 비하여 자동차 도입이 늦었기 때문이다. 즉, 전통적으로 일본은 양품점, 건어물점, 채소점, 약국 등 작은 상점에서 물건을 사는 경향이 강하다.

둘째, 유통경로가 길다. 제조기업으로부터 소비자까지 상품이 공급되는 사이에 많은 유통업자(도매상)가 관련되어 유통경로가 길다. 긴 유통경로는 일본 유통의 비효율성을 상징하는 것처럼 지적된다. 그러나 중간에 여러 중개업자가 개입되었다고 해서 그 시장이 반드시 비효율적이라고 볼 수 없다는 것이 일본의 주장이다. 세계에서 가장 효율적이라는 유로시장의 경우 자금 공급자에서 자금 수요자까지 경로가 매우 길며 유통경로가 긴 일본 세븐일레븐의 경영은 매우 효율적이라는 것이 일본의 평가이다.

(2) 상관행

일본의 특수한 상관행도 일본시장 접근의 애로사항으로 지적된다. 일본의 특수한 상관행은 返品제도(소매상에서 팔리지 않아도 도매상에 반품이 가능한 관행), 1상점 1장부제(제조기업이 소매상에게 도매상을 지정해 줌), 리베이트 제도(상품을 많이 팔면 제조회사가 소매상에게 인센티브를 주는 제도) 등이 있다.

일본의 주요 유통기업을 보면 대형슈퍼마켓(GMS: General Merchandise Store)으로 이온그룹(쟈스코의 새로운 이름), 이토요카도, 한큐(阪急)백화점 등이 있으며 편의점(convenience store)으로는 로손(Lawson), 에이엠피엠(ampm), 세븐일레븐(Seven 11) 등이 있다.

3. 최근의 내수시장 트렌드

(1) 인구도 많고 면적도 작지 않은 나라

일본에 대하여 흔히 작은 섬나라라고 하는데 사실은 인구도 많고 사는 면적도 작은 나라가 아니다. 일본의 인구는 2014년 말 현재 1억 2천 7백만명(미국

CIA 기준)으로 세계에서 10번째로 많다. 일본보다 인구가 많은 나라는 중국, 인도, 미국, 인도네시아, 브라질, 파키스탄, 나이지리아, 방글라데시, 러시아 등이다.

　　일본의 국토 면적은 377,915㎢(미국 CIA 기준)로 세계 62위에 불과하지만 세계의 주요나라와 비교하면 다른 측면이 있다. 일본의 면적은 유럽의 선진국이며 강대국들인 독일, 이탈리아, 영국 등의 면적보다 크다. 한반도 면적에 비해서도 1.7배나 크다.

　　일본의 국토는 크게 혼슈(本州), 홋카이도(北海道), 규슈(九州), 시코쿠(四国) 등 4개 섬으로 구성되어 있는데 도쿄, 오사카 등이 위치하는 혼슈의 면적은 한반도, 영국의 잉글랜드의 면적과 비슷하다. 홋카이도는 혼슈의 약 1/3, 규슈는 홋카이도의 약 1/2, 시코쿠는 규슈의 약 1/2 수준이다.

그림 18-1 　일본의 지도

(2) 초일류 제품 및 부품 경쟁력을 갖춘 거대한 내수 시장

일본은 미국, 중국에 이어 세계 3위의 경제대국이며 세계 4위의 수입대국이다. 한국으로서는 제3위 수출시장이다. 그리고 자동차, 정밀기계, 전자전기 등의 제품에서 초일류 경쟁력을 갖추고 있고 초정밀 고기능 부품 소재 기업은 압도적인 경쟁력으로 세계의 제조업을 리드하고 있다.

이에 따라 일본시장에서는 재팬 프리미엄(Japan Premium)이 작용하는 것으로 알려져 있다. 즉 일본소비자들이 일본제품의 우수성으로 인하여 외국 제품을 잘 선호하지 않는다는 것이다. 한국의 글로벌기업인 삼성전자와 현대자동차가 일본에서만은 성공하지 못하는 이유이다.

(3) 초고령사회

일본은 이탈리아와 함께 세계에서 가장 먼저 초고령사회에 진입하였다. 고령화사회(aging society)는 총 인구에서 65세 이상의 인구 비중이 7% 이상이고 고령사회(aged society)는 총 인구에서 65세 이상의 인구 비중이 14% 이상이며 초고령사회(post aged society)는 총 인구에서 65세 이상의 인구 비중이 20% 이상인 사회이다. 노년층을 대상으로 한 실버산업 마케팅이 대단히 중요한 시장이다.

참고로 한국은 2000년 고령화사회에서 2017년 고령사회에 진입한 데 이어 2026년에는 초고령사회에 들어설 것으로 보인다. 고령화 → 초고령사회로 진입하는 데 26년밖에 걸리지 않는다. 프랑스 154년, 스웨덴 127년, 미국 94년, 일본도 36년과 비교하면 그 속도가 매우 빠르다.

(4) 베이비붐 세대의 퇴직과 이들의 왕성한 구매력

일본의 베이비붐 세대는 1947년에서 1949년 사이에 태어난 세대로 약 680만명에 달한다. 이들은 인구구조에서 단괴(덩어리)처럼 되어 있다고 해서 단카이세대(団塊の世代)라고 한다. 일본의 베이비붐 세대는 수년 전부터 이미 은퇴를 맞이하고 있으나 일본 전체의 개인금융자산을 절반 이상 소유하여 왕성한 구매력을 보유하고 있다.

(5) 저가시장과 고가시장의 존재

일본은 저가시장과 고가시장 모두 활성화되어 있다. 이는 일본시장 마케팅에서 가격대에 따라 차별적 마케팅이 필요함을 의미한다. 저가시장은 한국의 남대문시장과 유사한 아메요코시장(도쿄 우에노 소재)과 전자제품 판매의 아키하바라 시장(도쿄 아키하바라 소재)이 있다. 저가 할인매장으로는 저가 의류백화점인 유니클로(uniqlo)와 100엔숍, 그리고 각종 마트가 있다.

한편 일본인은 세계적으로 명품 소비가 높다. 이에 따라 고가시장이 활성화되어 있는데 도쿄의 아오야마(靑山) 거리, 긴자(銀座) 거리가 명품시장으로 유명하다.

05 일본시장 마케팅전략

1. 한국제품의 일본시장 경쟁력

한국제품의 일본시장 점유율은 2010년 4.1%, 2017년 4.2%를 기록하였다. 일본수입시장 4위에 머물고 있다. 중국의 일본시장 점유율은 2010년 22.1%, 2017년 24.5%로 압도적인 1위를 나타내고 있다. 미국의 일본시장 점유율은 동 기간중 9.7%에서 10.7%로 상승하였다.

- 한중미 3국의 일본시장 점유율 변화
  - 한국: 2010년   4.1% → 2017년   4.2%
  - 중국: 2010년 22.1% → 2017년 24.5%
  - 미국: 2010년   9.7% → 2017년 10.7%

일본의 중국제품 및 미국제품에 대한 수입수요는 꾸준한 증가 추세를 유지하고 있는 반면에 한국제품에 대한 수입 수요는 정체되어 있는 모습이다. 시장점유율 차이도 대단히 크다. 중국 제품의 1/6 수준, 미국 제품의 절반 이하 수준에 불과하다. 국제무역이론 중의 하나인 중력모형(Gravity Model)에 따르면 양국간 무역규모는 양국간의 거리에 반비례하는데 한일간 무역에서는 그러하지 못하다.

2. 일본시장 마케팅 Check Point

(1) 대일수출유망품목 육성

우리나라 전체의 무역수지는 흑자기조를 유지하고 있지만 일본과의 무역에서는 지속적으로 무역적자를 기록하고 있다. 이러한 대일무역적자 추세는 좀처럼 개선되지 않고 있다. 한국의 대일무역적자를 가마우지 이야기에 비유하기도 한다. 가마우지는 강에서 물고기를 잡지만 먹지 못하고 결국 모두 어부에게 토해 내야 하는데, 한국무역 전체가 무역흑자이긴 하지만 그 무역흑자를 결국 일본에 토해 낸다는 이야기이다.

그 원인으로서 한국의 대일의존적 수출구조, 일본시장접근(Japan Market Access)의 어려움 등이 지적되고 있다. 최근 한국이 많이 추격하고 있지만 한일간에는 엄연하게 기술격차가 존재한다. 특히 부품 소재분야 및 첨단산업 분야에서의 기술격차가 뚜렷하다. 따라서 기계류, 철강, 석유화학 등 한일 기술격차가 크지 않은 분야에 대하여 수출유망품목을 중점적으로 육성하는 것이 중요하다.

(2) 기존 수출품목의 품질 고급화

앞 절에서 설명한 것처럼 일본 소비자에게는 재팬 프리미엄(Japan Premium)이 작용하여 일본제품을 선호하는 성향이 있어 외국제품의 일본시장 접근이 어려운 것으로 지적된다. 대표적으로 현대자동차는 세계를 누비고 있지만 일본시장에서만은 일본자동차의 견고한 아성을 뚫지 못하고 있다.

따라서 일본소비자를 품질 및 디자인 측면에서 만족시키는 것이 중요하다. 원론적인 이야기이지만 우리 주력수출품목의 품질고급화 및 디자인 개발 등이 일본제품의 우수성을 일본시장에서 이길 수 있는 가장 효과적인 방법일 것이다. 우리나라의 일본시장 수출주력품목은 석유제품, 반도체, 철강판, 무선통신기기, 플라스틱제품, 평판디스플레이, 합성수지, 정밀화학연료, 컴퓨터, 자동차부품 등이다.

(3) 한일 FTA 추진

한국의 FTA 체결동향을 살펴보면, 거대경제권 중에서 한·EU FTA, 한·미 FTA, 한·중 FTA가 차례로 체결되었다. 그런데, 일본과의 FTA는 일본의 농산물 개방 문제, 한일간 정치적 문제 등으로 좀처럼 진전되지 못하고 있다.

Made in Japan의 강점은 높은 브랜드가치 및 품질 경쟁력, 원천기술부문 의 독보적 기술력 등이 지적된다. 이러한 일본기업의 강점을 활용하는 방법은 무엇일까? 한일 FTA 체결이 중요한 방안이 될 것이다. 한일 FTA를 통하여 일본 의 첨단산업 및 부품소재산업을 한국에 투자 유치하는 것이 중요하다. 또한 한 일 FTA는 우리나라 제품의 일본시장접근을 용이하게 할 것이다.

(4) 일본의 관세 및 비관세 장벽 완화

한일 FTA 체결이 단시일내에 이루어지지 않는다면 관세 및 비관세 장벽 측 면에서의 한일간의 통상현안을 해결하는 것이 중요하다. 한국의 대일무역수지 적자가 항상적이고 지속적인 측면이 있기 때문에 일본의 이해가 중요하다. 이러 한 현안은 일본 도쿄의 한국기업 연합체인 주일한국기업연합회(한국무역협회 도쿄 지부)에 접수되고 있다.

일본은 전체적으로 관세율이 낮은 편이지만 우리나라만이 일본에 수출하는 품목의 경우 관세율이 높아 한일간의 통상마찰이 되고 있다. 김치, 김, 라면류, 소주 등이 대표적이다. 특히 소주의 경우 위스키와 대체관계에 있는데 위스키의 일본의 수입관세는 무세(0%)이지만 소주의 수입 관세는 16%로 대단히 높다. 기 타 비관세장벽에서의 한일간의 통상마찰이 다수 존재한다.

▍Keyword

폴 케네디(Paul Kennedy)
잃어버린 10년
니케이(Nikkei)지수
고이즈미 수상
아베노믹스(Abenomics)
인구 오너스(demographic onus)
일본 통상정책
일본의 상관행 및 유통구조
CPTPP(Comprehensive and Progressive
  Trans Pacific Partnership)
일본주식회사
경제산업성

일본무역진흥기구(JETRO: Japan External
  Trade Organization)
일본의 글로벌기업
도요타(Toyota)
일본기업의 장단점
모노즈쿠리(ものつくり)
초고령사회
재팬 프리미엄(Japan Premium)
단카이 세대(団塊の世代)
유니클로(Uniqlo)
일본시장 마케팅 Check Point

▍Exercise

01 일본경제의 발전과정을 설명하시오.

02 일본의 "잃어버린 10년"에 대하여 토론하시오.

03 일본의 무역을 개괄적으로 설명하시오.

04 일본통상정책 기조에 대하여 토론하시오.

05 일본의 관세 및 비관세 장벽에 대하여 설명하시오.

06 일본의 통상관련기관은 무엇이 있는가?

07 일본기업의 장단점에 대하여 설명하시오.

08 일본시장 특성에 대하여 토론하시오.

09 일본시장 마케팅 전략에 대하여 토론하시오.

01 유럽통합과 유로화

1. 유럽통합의 마인드

역사학자들은 유럽의 역사 시계를 거꾸로 돌리면 유럽통합의 마인드를 찾을 수 있다고 말한다. 팍스 로마나(Pax Romana)의 강력한 로마제국은 4세기 후반 게르만족의 대이동을 계기로 하여 476년에 서로마 제국이 멸망하였다. 그리고 7세기 후반에 오늘날 서유럽의 기원이 되는 통일국가 프랑크 왕국이 출현하였다. 프랑크왕국은 게르만족이 세운 수많은 나라 중의 하나로 가장 강성하였으며 카롤루스 대제(Charles the Great)가 다스린 8세기 후반은 프랑크 왕국의 전성기였다.

강성한 프랑크 왕국은 카롤루스 대제 사후 베르뎅 조약(843), 메르센 조약(870) 등으로 동프랑크, 서프랑크, 중프랑크로 분리되는데 이 세 나라가 바로 독일, 프랑스, 이탈리아 등이다. 프랑크 왕국은 오늘날 서유럽의 근간이 되는 세 가지 요소를 확립하였다. 즉, 그리스에서 로마로 이어지는 고대 라틴 전통, 그리스도교 신앙 그리고 게르만 문화 등이다. EU의 출현은 프랑크 왕국이라는 공동의 역사적 경험에서 비롯되며, 결국 프랑크 왕국의 재건(유럽의 통일)이라는 측면에서 이해될 수 있다.

유럽통합을 경제적인 측면에서 보면 유럽경제의 부활을 위한 움직임이다. 산업혁명(Industrial Revolution)은 18세기 후반 영국에서 시작되었고 18~19세기에 유럽각국으로 파급되어 팍스 브리태니카(Pax Britanica), 팍스 유로피나(Pax Europina)시대가 열렸다. 그러나 20세기 들어 세계경제의 패권이 미국으로 넘어가 팍스 아메리카나(Pax Americana)시대가 시작되었다.

제2차 세계대전이 끝난 후 1946년 윈스턴 처칠(Winston Churchill)은 스위스 취리히 대학에서 행한 연설에서 "독일과 프랑스가 다시 화합하여 유럽합중국과 유럽평의회를 창설하자"라고 말했다. 이 연설은 유럽을 통합하여 세계경제의 중심지 역할을 재창조하겠다는 강력한 의지를 반영한 것이었고 이를 계기로 유럽 통합의 움직임이 본격화되었다.

2. 유럽통합 과정

(1) EC의 출범

1967년에 합병조약(Merger Treaty)으로 EEC(European Economic Community), ECSC(European Coal and Steel Community), Euratom(European Atomic Energy Community) 등 3개 조직이 통합하여 유럽공동체(EC: European Community)가 출범하였다. 당시 회원국은 프랑스·서독·이탈리아·벨기에·네덜란드·룩셈부르크 등 6개국으로 유럽의 주요 핵심국가였다.

이후 EC는 확대, 심화되는 과정을 거친다. 1973년 덴마크·아일랜드·영국 가입, 1981년 그리스 가입, 1986년 포르투갈·스페인 가입, 1995년 오스트리아·핀란드·스웨덴 가입으로 회원국은 15개국으로 늘어났다. 그리고 1985년 유럽통합백서(White Paper on Completing the Internal Market)가 채택되고 1987년 단일유럽의정서(SEA, EC 헌법)가 발효되면서 유럽 통합은 한층 진전되었다.

그림 19-1   EU 지도

(2) EU의 성립

1990년대 들어 유럽통합은 더욱 가속화되어 마스트리히트 조약(Maastricht Treaty)을 통하여 1993년에 유럽연합(EU: European Union)이 출범하였다. EU는 EC보다 역내 결속도가 한층 진전된 경제통합체이며 유럽의 정치, 경제, 통화 통합을 지향한다. 15개국에서 출발한 EU는 이후 회원국이 계속 증가하였다. 2004년에 폴란드·헝가리·체코 등 동유럽 10개국이 새로이 가입하여 25개국이 되었다. 그리고 2007년 불가리아·루마니아 가입, 2013년 크로아티아가 가입하여 EU의 전체 회원국수는 28개국으로 늘어났다.

유럽통합의 최종목표는 미국과 같은 연합국가를 지향하는 것이다. 리스본 조약(Treaty of Lisbon)은 유럽 정치공동체로 나아가기 위한 유럽의 미니헌법이다. 2005년 프랑스와 네덜란드의 국민투표에서 부결되어 무산된 유럽헌법조약을 대체하는 조약으로 2009년 12월 1일 발효되었다. 주요내용은 EU 대통령직(상임의장) 신설, EU 외무장관 신설, 의사결정 방식을 종전의 만장일치 제도에서 이중다수결 제도로 변경하는 것 등이다.

유럽통합으로 정치적으로는 유럽에서 갈등의 역사를 극복하고 유럽의 평화가 실현되었다. 그리고 경제적으로는 단일통화(EORO화) 탄생, 공동경제정책 시행 등으로 통합의 시너지 효과가 나타났으며, 세계최강 미국과 경쟁하는 힘을 갖추게 되었다고 평가할 수 있다. 그러나 유럽주요국의 재정적자와 EURO화의 위기, 동유럽에서 서유럽으로의 이민자 급증 문제, 브렉시트(Brexit) 등 EU탈퇴 움직임, 통합 결속도 강화에 따른 주권상실의 문제, 이슬람문명권 터키의 가입 문제 등 많은 과제에 직면하고 있다.

3. EU경제의 이해

(1) 경제규모 및 경제성장률

EU(28개국)의 명목 GDP 규모는 2017년 17조 3천억 달러를 기록하여 세계 제1경제대국인 미국에 이어 세계 2위다. 또한 EU(28개국)의 구매력평가(PPP: Purchasing-Power-Parity) 기준 1인당 GDP(per capita GDP)는 2017년 41,339달러로 매우 높은 수준이다. 우리나라의 1인당 GDP 29,938보다 약 11,000달러 높다. EU의 경제성장률은 독일, 프랑스 경제의 호조를 배경으로 2017년 2.7%를 기록, 비교적 높은 성장률을 나타내고 있다.

(2) 무역

역내무역중심의 교역패턴을 보이고 있는 EU 무역 규모는 세계무역을 리드하는 중국, 미국과 비교하여 2배 이상의 높은 수준을 보이고 있다. EU의 상품수출(Merchandise Export)은 2017년 5조 2천억 유로에 달하여 세계 1위 수출국가인 중국의 2조 2천억 달러에 비교하여 월등히 높은 수준이다. 한편 EU의 상품수입(Merchandise Import)도 2017년 5조 1천억 유로에 달하여 세계 1위 수입국가인 미국의 2조 4천억 달러에 비하여 역시 월등히 높은 수준이다.

표 19-1   EU의 주요경제지표(2017년)

구 분	단 위	수 치	비 고
명목 GDP(Nominal GDP)	10억 달러	17,325	세계 2위
실질GDP 성장률	%	2.7	-
1인당 GDP(per capita GDP)	달러	41,339	-
상품수출(Merchandise Export)	10억 유로	5,226	세계 1위
상품수입(Merchandise Import)	10억 유로	5,131	세계 1위
경상수지	10억 달러	433	

주: 1인당 GDP는 구매력평가(PPP: Purchasing-Power-Parity) 기준
자료: IMF, World Economic Outlook Database, 2018 / www.imf.org
     WTO, International Trade Statistics 2018 / www.wto.org

4. EURO화 도입과 전망

(1) EURO화 도입

유럽의 경제통합에서 가장 획기적인 성과 중의 하나는 유럽 단일통화의 탄생이다. 유로화(EURO)는 1999년 EU 15개 회원국들이 스페인 마드리드 정상회의에서 합의하여 탄생한 단일통화의 명칭이다. 1999~2001년 과도기를 거쳐 2002년 1월 1일부터 본격적으로 도입되었다.

출범당시 유로화 사용국은 당시 EU 회원국 15개국중 12개국이었으나 이후 7개국이 새롭게 가입하여 2018년 현재 유로화 사용국(Eurozone)은 19개국으로 늘어났다. 19개국은 오스트리아·벨기에·키프로스·핀란드·프랑스·독일·그리

스·슬로바키아·아일랜드·이탈리아·룩셈부르크·몰타·네덜란드·포르투갈·슬로베니아·스페인·라트비아·리투아니아·에스토니아 등이다.

유로화의 탄생 과정과 전개를 묘사하고 있는 T.R 리드의 "유럽합중국(the United States of Europe)"은 기존 15개 회원국중 영국·스웨덴·덴마크의 미가입에 대하여 설명하고 있다. 이 저서에 따르면 영국은 "파운드화에 새겨진 여왕을 지키는 것이 중요하다"고 생각하였으며, 덴마크와 스웨덴은 "유로화 도입으로 소중한 복지제도에 위협이 될 것"이라는 판단으로 유로화를 도입하지 않았다는 것이다.

(2) EURO화 도입의 경제적 효과

유로화 탄생에 따른 경제적 효과를 보면, 먼저 환전비용 절감으로 전체적으로 매년 약 100억 달러의 절약 효과가 발생한 것으로 분석된다. 또한 유로화는 달러화에 이어 제2의 국제기축통화로 부상하였다. 그러나 통화통합으로 인하여 환율조정을 통한 국별 경상수지 조정이 불가능하여 중국 등의 저가 공산품 수입 급증에 대한 대처가 불가능하게 되었다.

유로화 도입으로 역사적인 유럽 주요 화폐가 영원히 퇴장하였다. 없어진 통화의 면면을 보면 그리스의 드라크마화(세계에서 가장 오래된 화폐), 독일의 마르크화(전후 독일의 경제기적을 상징이며 유럽의 중심통화), 프랑스의 프랑화(프랑스 국왕 장2세의 몸값을 지불하기 위해 1830년 주조), 이탈리아 리라화(미켈란젤로 시대부터 사용), 네덜란드의 길더화, 스페인의 페소화 등이다.

(3) 향후 전망

그러나 현재 유로화의 상황은 불안전하며 전망은 불투명하다. 원래 유로화 가입조건은 국가부채 조건(GDP의 60% 이하), 재정적자 조건(GDP의 3% 이하)을 충족하여여야 한다. 그러나 소위 PIIGS(Portugal, Italy, Ireland, Greece, Spain) 국가의 국가부채가 급격하게 확대되면서 EU의 재정위기가 발생하였고 EU 통화체제가 흔들리고 있다. 이미 그리스, 아일랜드, 포르투갈 등이 IMF 구제금융을 받았으며 스페인, 이탈리아 등도 위험한 상태에 놓여 있다.

향후 유로화에 대하여 많은 학자들은 비관적 전망을 내놓고 있다. 노벨상 경제학자 밀턴 프리드만(Milton Friedman)은 "미국을 잡겠다는 EURO의 의지는 유럽의 멋진 꿈에 불과하다. 5~15년 내에 붕괴될 것이다"라고 전망하였고, 미국의 금융인 짐 로저스(Jim Rogers)도 "과거에도 통화동맹이 있었지만 살아남은 것은 없다. EURO는 15~20년 후에 사멸할 것이다"라고 말했다.

02 EU무역개관

1. 수출입 총괄

(1) 수출

한국무역협회 EU 무역통계에 따르면 총 28개국으로 구성되어 있는 EU의 총수출은 2017년에 5조 2천억 유로를 기록하였다. 독일(세계수출 3위), 네덜란드(세계수출 5위), 프랑스(세계수출 8위), 이탈리아(세계수출 9위), 영국(세계수출 10위) 등 5개국이 세계수출 랭킹 10위 이내에 포함되어 있다.

최근 동향을 보면 2009년 글로벌 금융위기를 벗어나 2010년, 2011년에 두 자릿수의 높은 증가세를 기록하였으나 그 이후 다시 세계경제 둔화의 영향으로 부진을 보였다. 그리고 2016년 0.1% 감소한 후 2017년에 7.6% 증가로 반등하였다.

(2) 수입

EU가 주로 선진국 그룹인 OECD 회원국으로 구성되어 있기 때문에 다른 지역에 비하여 수입수요가 월등히 크다. EU의 총수입 규모는 세계최대 수입국인 미국의 2~3배 수준에 달한다. 그리고 28개국 EU의 총수입 규모는 2012년까지 계속해서 총수출 규모를 상회하였다.

그러나 2013년 이후에는 EU 28개국 수입 둔화의 영향으로 총수입 구모가 총수출 규모를 하회하는 반대현상이 나타났다. 이러한 현상은 그동안 EU 경제 침체의 영향으로 수입수요가 부진하였기 때문이다.

(3) 무역수지

EU 수출규모보다 수입규모가 커서 28개국 EU의 무역수지는 2012년까지 지속적으로 적자상태를 면치 못하였다. 2008년에는 1,900억 유로에 달하는 대규모 무역적자를 기록한 바 있다. 그러나 2013년 이후 EU 수입 둔화의 영향으로 무역수지가 흑자로 반전되었다. 그리고 2017년까지 5년간 지속적으로 EU의 무역수지는 흑자 기조를 유지하고 있다.

표 19-2	EU의 수출입추이				(단위: 백만 유로, %)
연도	수출		수입		무역수지
	금액	증가율	금액	증가율	금액
2005	3,243,117	10.5	3,285,128	12.9	-42,011
2006	3,622,578	11.7	3,728,186	13.5	-105,608
2007	3,906,376	7.8	4,044,035	8.5	-137,659
2008	4,039,155	3.4	4,229,258	4.6	-190,103
2009	3,300,164	-18.3	3,367,767	-20.4	-67,603
2010	3,901,431	18.2	4,001,770	18.8	-100,339
2011	4,368,260	12	4,466,575	11.6	-98,315
2012	4,514,905	3.4	4,547,452	1.8	-32,548
2013	4,571,273	1.2	4,436,235	-2.4	135,038
2014	4,636,439	1.4	4,528,750	2.1	107,690
2015	4,860,956	4.8	4,706,640	3.9	154,316
2016	4,857,100	-0.1	4,742,374	0.8	114,726
2017	5,226,059	7.6	5,131,463	8.2	94,596

자료: 한국무역협회 EU무역통계 / www.kita.net

2. 국별 수출입

(1) 국별수출

EU의 국별 수출순위는 2017년 독일 1위, 프랑스 2위, 미국 3위, 영국 4위, 이탈리아 5위 순이다. EU는 경제통합체로 회원국간 무역장벽이 철폐됨에 따라 28개 회원국간 역내무역(Intra Regional Trade) 비중이 2017년 63.1%에 달한다. NAFTA 및 동아시아 지역의 역내무역비중이 약 50% 수준인 점을 감안하면 대단히 높은 수준이다.

　EU의 한중일 3국에 대한 수출은 다른 유럽 및 미국에 비해 낮은 수준이다. 2017년 대 중국수출 9위, 대 일본수출 19위, 대 한국수출 24위이다. 2010년에 비해 EU의 중국에 대한 수출비중은 2.9%에서 3.8%로 늘어났다. EU의 일본, 한국에 대한 수출 비중은 동기간 동안 비슷한 것으로 나타났다.

표 19-3　EU의 국별수출 변화　　　　　(단위: 백만 유로, %)

		2010				2017	
순위	국명	금액	비중	순위	국명	금액	비중
	총계	3,901,431	100		총계	5,226,059	100
	역내	2,500,663	64.1%		역내	3,296,869	63.1%
	역외	1,400,768	35.9%		역외	1,929,191	36.9%
1	독일	502,288	12.9%	1	독일	673,087	12.9%
2	프랑스	326,440	8.4%	2	프랑스	397,849	7.6%
3	미국	236,858	6.1%	3	미국	370,107	7.1%
4	영국	225,906	5.8%	4	영국	317,599	6.1%
5	이탈리아	199,460	5.1%	5	이탈리아	242,346	4.6%
6	벨기에	189,590	4.9%	6	네덜란드	238,407	4.6%
7	네덜란드	188,458	4.8%	7	벨기에	218,600	4.2%
9	중국	112,795	2.9%	9	중국	196,073	3.8%
20	일본	43,225	1.1%	19	일본	59,215	1.1%
30	한국	27,616	0.7%	24	한국	49,252	0.9%

자료: 한국무역협회 EU무역통계 / www.kita.net

(2) 국별수입

　EU의 국별 수입순위는 2017년 독일 1위, 네덜란드 2위, 중국 3위, 프랑스 4위, 벨기에 5위 순이다. 수입에 있어서도 역시 28개 회원국간 역내무역 비중이 2017년 63.3%로 NAFTA 및 동아시아 지역에 비하여 높은 수준이다.

　EU의 한중일 3국으로부터의 수입의 경우 2017년 중국으로부터의 수입 3위, 일본으로부터의 수입 19위, 한국으로부터의 수입 23위이다. 2010년에 비해 중국으로부터의 수입순위는 같은 3위이지만 한국 및 일본으로부터의 수입순위는 하락하였다. 한국으로부터의 수입비중은 1% 수준으로 아주 낮다. 이를 다시 말하면, EU 시장은 한국제품의 수출시장개척 가능성 및 잠재력이 높은 지역이라고 할 수 있다.

표 19-4 EU의 국별수입 변화 (단위: 백만 유로, %)

	2010				2017		
순위	국명	금액	비중	순위	국명	금액	비중
	총계	4,001,770	100		총계	5,131,463	100
	역내	2,445,550	61.1%		역내	3,250,019	63.3%
	역외	1,556,221	38.9%		역외	1,881,444	36.7%
1	독일	555,256	13.9%	1	독일	733,000	14.3%
2	네덜란드	305,948	7.6%	2	네덜란드	401,792	7.8%
3	중국	282,098	7.0%	3	중국	373,892	7.3%
4	프랑스	237,629	5.9%	4	프랑스	283,229	5.5%
5	벨기에	208,566	5.2%	5	벨기에	260,483	5.1%
6	이탈리아	181,423	4.5%	6	미국	254,054	5.0%
7	미국	169,038	4.2%	7	이탈리아	237,846	4.6%
8	영국	165,741	4.1%	8	영국	193,466	3.8%
16	일본	66,921	1.7%	19	일본	68,283	1.3%
22	한국	39,353	1.0%	23	한국	49,909	1.0%

자료: 한국무역협회 EU무역통계 / www.kita.net

(3) 국별무역수지

무역수지 흑자기조인 가운데 2017년에도 역내 및 역외 무역수지 모두 흑자를 기록하였다. 역외국에 대한 무역수지를 보면 2017년 미국에 대하여는 흑자인 반면 중국, 일본, 한국에 대해서는 적자를 기록하고 있다. 특히 중국에 대한 무역수지 적자규모가 매우 크다.

표 19-5 EU의 국별 무역수지 변화 (단위: 백만 유로)

국 명	2010			2017		
	수출	수입	무역수지	수출	수입	무역수지
총 계	3,901,431	4,001,770	-100,339	5,226,059	5,131,463	94,596
역내	2,500,663	2,445,550	55,113	3,296,869	3,250,019	46,850
역외	1,400,768	1,556,221	-155,453	1,929,191	1,881,444	47,747
미 국	236,858	169,038	67,820	370,107	254,054	116,053
중 국	112,795	282,098	-169,303	196,073	373,892	-177,819
일 본	43,225	66,921	-23,696	59,215	68,283	-9,068
한 국	27,616	39,353	-11,737	49,252	49,909	-657

자료: 한국무역협회 EU무역통계 / www.kita.net

3. 품목별 수출입

(1) 품목별 수출

EU의 HS기준 2단위 10대 수출품목은 〈표 19-6〉에서 제시하는 바와 같다. HS 84(기계류) 수출비중이 2017년 전체의 14.1%로 1위 품목이고 이어서 HS 87(자동차) 12.4% 비중, HS 85(전기전자) 9.5% 비중으로 각각 2위, 3위를 기록하고 있다.

2017년 수출을 2010년과 비교하여 보면 자동차, 의료용품 등의 수출비중이 증가한 반면 기계류, 전기전자, 광물성연료 등의 수출비중이 감소한 것으로 나타났다. 기계류 및 전기전자의 수출비중이 감소한 이유는 BRICs와 일본, 한국 등의 당해제품 경쟁력 향상에 기인하는 것으로 분석된다.

표 19-6 EU의 10대 수출품목 변화   (단위: 백만 유로, %)

순위	2010			2017		
	HS(품목)	금액	비중	HS(품목)	금액	비중
	총계	3,901,431	100	총계	5,226,059	100
1	84(기계류)	554,559	14.2	84(기계류)	738,280	14.1
2	87(자동차)	408,692	10.5	87(자동차)	647,865	12.4
3	85(전기전자)	394,148	10.1	85(전기전자)	496,369	9.5
4	27(광물성연료)	252,691	6.5	30(의료용품)	314,426	6.0
5	30(의료용품)	231,571	5.9	27광물성연료)	274,737	5.3
6	39(플라스틱제품)	163,020	4.2	39(플라스틱제품)	219,179	4.2
7	90(광학기기)	127,793	3.3	90(광학기기)	191,938	3.7
8	29(유기화학품)	123,365	3.2	29(유기화학품)	133,055	2.5
9	72(철강)	117,780	3.0	72(철강)	128,089	2.5
10	73(철강제품)	85,482	2.2	88(항공기와 부품)	127,491	2.4

자료: 한국무역협회 EU무역통계 / www.kita.net

(2) 품목별 수입

EU의 HS기준 2단위 10대 수입품목은 〈표 19-7〉에서 제시하는 바와 같다. HS 84(기계류) 수입이 2017년 전체의 12.0%로 가장 많고 이어서 HS 85(전기전자) 10.8% 비중, HS 87(자동차) 10.4% 비중으로 각각 2위, 3위를 기록하고 있다.

2017년 수입을 2010년과 비교하여 보면 자동차, 플라스틱제품 등의 수입비중이 증가한 반면 광물성연료, 기계류, 전기전자 등의 수입비중이 감소한 것으로 나타났다. 광물성연료의 감소는 국제원유가의 안정 등에 기인한다.

표 19-7 EU의 10대 수입품목 변화 　(단위: 백만 유로, %)

순위	2010			2017		
	HS(품목)	금액	비중	HS(품목)	금액	비중
	총계	4,001,770	100	총계	5,131,463	100
1	84(기계류)	559,372	14.0	84(기계류)	617,801	12.0
2	27(광물성연료)	457,395	11.4	85(전기전자)	555,363	10.8
3	85(전기전자)	435,585	10.9	87(자동차)	534,455	10.4
4	87(자동차)	328,906	8.2	27(광물성연료)	518,716	10.1
5	30(의료용품)	182,197	4.6	30(의료용품)	236,363	4.6
6	39(플라스틱제품)	144,366	3.6	39(플라스틱제품)	202,917	4.0
7	29(유기화학품)	117,756	2.9	90(광학기기)	153,236	3.0
8	72(철강)	112,800	2.8	29(유기화학품)	140,929	2.7
9	90(광학기기)	109,034	2.7	72(철강)	132,636	2.6
10	88(항공기와 부품)	82,183	2.1	71(귀금속류)	99,680	1.9

자료: 한국무역협회 EU무역통계 / www.kita.net

03　EU통상정책

1. 통상정책기조

(1) 아시아지역과의 협력강화

아시아 지역과는 아셈(ASEM: Asia-Europe Meeting)을 통하여 협력을 강화하고 있다. 아셈은 아시아와 유럽의 동반자 관계 구축을 목적으로 창설되어 1996

년 태국에서 1차 회의가 개최되었고 2000년에 서울에서 3차 회의가 개최된 바 있다. 회원국은 한중일 3국, 아세안 10개국, EU 28개국, 그리고 호주, 뉴질랜드, 러시아, 노르웨이, 스위스 등이다. 아셈의 목적은 아시아와 유럽의 동반자 관계 구축 및 정치, 경제, 사회, 문화 분야 상호협력이다.

세계경제는 아시아, 북미, 유럽 등 3개 지역을 축으로 국제 질서가 형성되어 있는데 유럽과 북미는 전통적으로 긴밀한 관계이고 아시아와 북미도 APEC를 중심으로 협력관계가 진전되고 있는 상황이었다. 이에 아시아와 유럽의 관계 긴밀화 필요성이 제기되어 창설된 것이 아셈이다.

(2) 미주지역과의 협력강화

기본적으로 뿌리가 같은 유럽과 미국은 전통적으로 경제협력관계가 깊다. 미국의 유럽 지원프로그램인 Marshall Plan(1947~1951)에 의해 유럽 경제성장이 촉진되었고, 공산주의 확대가 저지되었다. 정치 안보적으로 미국이 참여하는 NATO(North Atlantic Treaty Organization: 북대서양조약기구)에 의해 유럽집단안전보장체제가 구축되어 있다.

2013부터 본격적으로 논의가 시작된 미국과 EU와의 FTA인 TTIP(범대서양무역투자동반자협정: Transatlantic Trade and Investment Partnership)는 세계최대 경제권간에 이루어지는 FTA라는 측면에서 세계 통상질서의 변화 및 규범에 커다란 영향을 줄 것으로 보인다. 그러나 양대 경제권 결합(2017년 미국 GDP 19.5조 달러, EU GDP 17.3조 달러)에 따른 대규모 무역전환 가능성에 대한 우려도 상존한다.

(3) WTO의 다자주의에 입각한 통상정책 추진

WTO 다자간 협상인 DDA(Doha Development Agenda)가 교착상태에 빠져 있으나 다시 재개되어 무역장벽 제거와 자유무역 증진을 위한 활동을 계속하여야 한다는 입장이다. DDA 협상의 핵심 쟁점은 미국의 농업 보조금 감축, EU의 농산물 수입관세 인하, 개도국의 공산품 관세감축 등이다. 이들 세 가지 쟁점은 DDA협상을 이끌고 있는 3대 세력(미국, EU, 개도국)의 이해관계와 밀접히 연관되어 있다. EU는 EU의 핵심 농산물인 낙농품, 밀, 포도주 등의 추가적인 관세감축에 부정적인 입장이다.

그리고 EU와 세계 각국간의 통상현안 및 통상마찰은 WTO 체제의 틀 안에서 해결하여야 한다는 입장이다. 즉, 쌍무간 또는 양자간 협상이 아닌 WTO의 분쟁해결기구 DSB(Dispute Settlement Body)를 통한 해결을 선호한다.

2. 통상정책수단

(1) 관세장벽

EU(28개국)는 관세동맹(Customs Union)이므로 대외공동관세정책(CET: Common External Tarrif)을 시행하고 있다. 28개국의 역외 수입관세가 동일하다는 의미이다. EU의 평균관세율은 5% 내외 수준으로 미국(3% 내외수준)보다는 높지만 일본(5% 내외수준)과 비슷한 수준이다.

EU의 MFN 실행관세율(average MFN applied)을 보면 공산품은 4.2%, 농산품은 11.1%이며, 전체는 5.2%를 기록하였다. 공산품의 평균관세율은 낮은 수준이지만 농산품의 평균관세율은 EU의 농업보호 차원에서 높게 유지되고 있다. WTO의 다자간협상 DDA의 쟁점 중의 하나가 EU 농업관세문제이다. EU는 농산물 수입관세 인하에 대하여 소극적이며 이것이 협상타결의 걸림돌 중의 하나가 되고 있다.

표 19-8 EU의 WTO 양허관세율 및 MFN 실행관세율(%)

구 분	전체 (Total)	비농산품 (Non-Ag)	농산품 (Ag)
WTO 양허 관세율 (Simple average final bound)	5.0	3.9	11.9
MFN 실행관세율 (Simple average MFN applied)	5.2	4.2	11.1

자료: WTO, Tariff Profiles / www.wto.org

(2) 신통상정책수단(NCPI) 및 무역장벽규정(TBR)

EU도 미국처럼 국제수지 방어를 위해 공격적 통상정책을 추진하고 있다. 교역상대국의 불공정 무역(unfair trade) 등 무역장벽에 대한 정기적인 보고서를 작성하여 상대국과의 주요협상시 활용한다. 그리고 법규 제정을 통하여 역외국의 불공정무역에 대한 규제를 강화하고 EU의 무역이익을 보호하는 정책을 추진하고 있다.

1984년에 미국의 통상법 301조를 모델로 하여 신통상정책수단(NCPI: New Commercial Policy Instrument)을 제정하였고 1994년에 종전의 신통상정책 조치 규제내용보다 강화된 무역장벽규정(TBR: Trade Barrier Regulation)을 제정하였다. 신통상정책수단(NCPI)은 불법적인 관행에만 제소할 수 있었으나, 무역장벽규정(TBR)은 제3국의 무역관행이 국제협정과 일치하더라도 역내산업에 피해를 주거나 수출에 부정적인 영향을 미치는 모든 장애요인을 제소대상의 범위로 확대하였다.

04 EU시장특성

1. 세계최대의 경제권

팍스 브리태니카(Pax Britanica), 팍스 유로피나(Pax Europina) 재건의 마인드를 가지고 유럽은 경제통합을 이룩하였고 통합된 28개국 EU는 세계최대의 경제권으로 부상하였다. EU는 독일, 프랑스, 영국, 이탈리아 등 경제대국이 포함되어 있으며 이들 국가는 세계경제를 좌우하는 서방 선진 7개국 G7의 멤버이다. 28개국 EU의 명목 GDP 규모는 2017년 17조 3천억 달러(세계전체의 21.6%)이다.

유럽은 면적에서 오세아니아에 이어 두 번째로 작은 대륙이지만 아시아 대륙에 이어 두 번째로 많은 인구가 거주하는 대륙이다. 즉, 인구밀도가 가장 높은 지역이다. 현재의 국제 관계에서 유럽 여러 나라들의 정치적·경제적 비중은 제2차 세계대전 이전에 비해 떨어졌으나, 문화적으로는 아직 다른 어느 대륙보다 앞섰다고 할 수 있다. 시장 진출 잠재력이 다른 대륙에 비해 상대적으로 높은 지역이다.

28개국 EU의 무역규모는 타의 추종을 불허한다. 미국, 중국의 무역규모를 월등히 상회하는 수출, 수입 규모를 나타내고 있다. 세계 각국의 주요 타깃시장이 되고 있으며 세계에서 가장 경쟁적인 시장이다. EU시장에 대한 상품수출에서 한국은 미국, 중국, 일본 등에 비해 매우 뒤쳐져 있는 상황이며 이러한 점 때문에 오히려 우리 제품의 시장진출 잠재력과 가능성이 높은 시장이라고 할 수 있다.

표 19-9		EU의 매크로 경제지표 비교(2017년)	(단위: 10억 달러)
구 분		금액	비 고
명목 GDP (Nominal GDP)	EU	17,325	-
	미국	19,485	국별 세계 1위
	중국	12,015	국별 세계 2위
	일본	4,873	국별 세계 3위
	한국	1,540	국별 세계 12위
상품수출 (Merchandise Export)	EU	5,226	-
	중국	2,263	국별 세계 1위
	미국	1,547	국별 세계 2위
	일본	698	국별 세계 4위
	한국	574	국별 세계 6위
상품수입 (Merchandise Import)	EU	5,131	-
	미국	2,410	국별 세계 1위
	중국	1,842	국별 세계 2위
	일본	672	국별 세계 4위
	한국	478	국별 세계 9위

주: EU 상품수출 및 상품수입 단위는 10억유로 기준
자료: IMF, World Economic Outlook Database / www.imf.org
　　 WTO, International Trade Statistics 2018 / www.wto.org

2. 복지중심형 경제모델

EU 경제는 독일 등의 경제성장 호조에도 불구하고 장기적으로 볼 때 미국 등 여타 선진국과 비교하여 낮은 성장률을 나타내고 있다. 마스트리히트 조약으로 유럽이 통합되었으나 EU 경제와 미국의 경제력 격차는 여전히 존재하고 있으며 스위스 IMD의 국제경쟁력 평가에 따르면 EU의 종합 경쟁력은 20위권을 하회하는 것으로 나타났다.

EU는 경제성장 확충을 위해 그동안 리스본 전략(Lisbon Strategy), 신리스본 전략(New Lisbon Strategy) 등을 추진하였으나 그 결과는 만족스럽지 못했다. 그러면 EU 경제가 이와 같이 저성장기조를 나타내는 기본적인 요인은 무엇인가? 다음 세 가지를 지적할 수 있다.

첫째, 유럽식 복지모델(라인란트 모델)의 한계이다. 서구 선진국의 경제성장 모델에는 라이란트 모델(Rheinland Model)과 앵글로색슨 모델(Anglo-Saxon Model)이 있다. 전자는 서유럽 라인강 유역 국가의 경제정책으로 복지중심의 성장모델을 의미한다. 정부의 시장개입과 규제를 통한 분배중심형 모델이다. 후자는 영국, 미국이 채택한 정책으로 분배보다는 성장을 중시하는 경제모델이다. 정부규제를 최소화하고 신자유주의적 정책을 중시한다. 긴 휴가, 조기 은퇴 후 넉넉한 연금, 미국과 비교되는 잘 갖춰진 건강보험 시스템 등 라인란트 모델(Rheinland Model)은 유럽경제의 발목을 잡고 있다.

둘째, BRICs(Brazil, Russia, India, China) 등 새로운 세계경제 중심축의 등장이다. 세계경제권력의 이동(shift of world economic power)이 현실화되고 있다. 유럽국가 중심의 G7의 위상이 약화된 반면에 G20 정상회담의 중요성이 더욱 확대되고 있다. 특히 중국, 인도, 러시아, 브라질 등 BRICs 국가의 영향력이 점차적으로 확대되고 있다.

셋째, 유로지역의 탈공업화 현상이다. 유로지역의 해외직접투자(FDI Outflow)가 신흥개도국으로 이동하고 있다. 서유럽의 주요기업들이 유로지역 내 투자환경 악화로 생산시설을 해외로 이전하고 있어 서유럽의 탈공업화가 가속화되고 있다. 이에 따라 유로지역의 저성장 및 고실업이 고착화되고 있다.

표 19-10 EU의 실질 GDP 성장률 비교 (단위: %)

지역별	2013	2017
E U	0.2	2.7
미 국	2.2	2.2
중 국	7.7	6.9
일 본	1.5	1.7
한 국	3.0	3.1

자료: IMF, World Economic Outlook Database 2018 / www.imf.org

3. 역내 교역중심의 무역 패턴

교역은 역내교역(Intra Regional Trade)과 역외교역(Inter Regional Trade)으로 구분할 수 있다. WTO 통계에 따르면 아시아지역, 북미지역의 역내교역 비중은 각각 50% 내외를 기록하고 있다. 나머지 절반 정도는 역외국과 교역이 이루어진다는 것이다.

그러나 유럽지역의 역내교역 비중은 제2절 EU무역개관에서 설명한 것처럼 2017년 수출은 63.1%, 수입은 63.3%를 기록하여 아주 높은 것으로 나타났다. 이는 유럽 각국이 지리적으로 근접하여 있고 경제통합의 결속도가 높아 무역장벽이 거의 없기 때문이다. 역외국에 대한 교역비중은 30% 정도에 불과하다. 이에 따라 한중일 3국, 미국 등이 EU 시장에 진출하기가 대단히 어려운 상황이다.

4. 다양성이 큰 시장

첫째, 상호 애증의 역사를 가지고 있다. 일반적으로 한 나라의 지폐에는 그 나라의 위대한 역사적 인물이 새겨져 있다. 그런데 유로화 지폐에는 인물이 없다. 왜 그럴까? 이는 역사적으로 어느 나라의 위대한 위인은 다른 나라 입장에서는 역적이기 때문이다. 프랑스의 나폴레옹과 영국의 넬슨제독을 상대방 입장에서 생각해 보면 알 수 있다.

둘째, 지역별로 소득수준 및 소비패턴이 다르다. 유럽을 지리적 위치와 문화에 의해 세분하여 보면 서부 유럽(영국·프랑스·베네룩스 3국), 북부 유럽(아이슬란드·스칸디나비아 3국), 중부 유럽(독일·오스트리아·스위스), 남부 유럽(지중해 연안국가), 동부 유럽(헝가리·폴란드·체코·불가리아 등) 등으로 구분할 수 있다. 대체로 북부지역이 잘 살고 남부지역이 좀 뒤떨어진다고 할 수 있다. 북부를 개미, 남부를 베짱이로 분류하기도 한다. 각각의 특성에 맞는 마케팅 전략이 요구된다.

셋째, 언어, 민족, 종교가 다양하다. EU website 언어는 영어, 독어, 불어, 이탈리아어, 스페인어, 포르투갈어 등 23개 언어로 선택할 수 있도록 되어 있다. 또한 유럽에는 게르만족, 바이킹족, 라틴족, 슬라브족 등 다양한 민족이 존재하며 종교측면에서 구교(가톨릭), 신교(프로테스탄트), 정교회(그리스, 러시아) 등 여러 종파가 있다.

5. 명품 브랜드 생산 및 소비 지역

제14장에서 분석한 것처럼 유럽은 명품 브랜드 생산지역이다. 2018년 글로벌 100대 브랜드의 국별 현황을 보면 미국 브랜드가 50개로 1위이며 이어서 독일 9개, 프랑스 9개, 영국 5개, 이탈리아 3개, 네덜란드 3개, 스웨덴 3개, 스위스 2개, 스페인 2개, 덴마크 1개 등 유럽브랜드가 많다. 특히 독일 자동차, 프랑스 및 이탈리아의 사치성 소비재 명품 브랜드가 많다.

또한 유럽은 명품 브랜드의 소비 지역이기도 하다. 유럽은 선진국 그룹인 OECD 회원국이 가장 많은 지역이다. OECD 34개 회원국중 서유럽국가는 18개국, 동유럽국가 6개국으로 유럽지역이 24개국이다. 따라서 소득수준이 세계에서 가장 높은 지역으로 구매력이 높기 때문에 명품 브랜드 소비성향이 높은 시장이다. 100대 브랜드에 속하는 우리나라 삼성, 현대자동차, 기아자동차의 유럽시장 진출 확대가 기대된다.

---

05 EU시장 마케팅전략

1. 한국제품의 EU시장 경쟁력

EU시장에서 한국제품의 시장점유율은 2010년 1.0%(순위 22위), 2017년 1.0%(순위 23위)로 정체상태를 나타내었다. 일본제품의 EU시장 점유율도 동기간중 1.7%에서 1.3%로 하락하였다. 반면에 중국제품의 EU시장 점유율은 동기간중 7.0%에서 7.3%로 상승하였다. 미국제품의 EU시장 점유율도 동기간중 4.2%에서 5.0%로 상승하였다.

- 한중일미 4국의 EU 시장 점유율 변화
  - 한국: 2010년 1.0% ➔ 2017년 1.0%
  - 일본: 2010년 1.7% ➔ 2017년 1.3%
  - 중국: 2010년 7.0% ➔ 2017년 7.3%
  - 미국: 2010년 4.2% ➔ 2017년 5.0%

EU시장에서 한국제품의 시장점유율이 정체 상태를 보여 EU 시장점유율 1%를 돌파하지 못하는 이유는 무엇인가? 첫째는 EU시장이 세계 최대시장임에도 불구하고 다른 지역과는 달리 28개 회원국간 역내무역(Intra Regional Trade) 비중이 약 63%로 대단히 높다는 점이다. 역외국 제품의 EU역내 수출이 상대적으로 어려운 측면이 있다. 둘째는 한국의 주력 수출시장이 중국, 일본, 동남아 등 인접국가에 집중되어 있다는 점이다. 상대적으로 EU 시장 수출이 부진한 것이다.

2011년 한－EU FTA가 발효되어 우리나라의 EU 수출이 증가 추세를 보이고 있는 것이 사실이다. 자동차·전기전자·섬유 등 우리나라의 주요 수출품에 있어서의 EU측 시장규모가 미국을 상회한다. 관세율 측면에서도 EU의 평균관세율이 미국보다 높아 관세철폐의 경제적 효과가 미국보다 클 것으로 기대된다. 그러나 EU로부터의 수입도 증가하여 대 EU 무역수지는 흑자에서 적자로 반전되었다.

2. 독일시장 마케팅 Check Point

(1) 세계에서 네 번째로 큰 시장

독일의 명목 GDP규모는 미국, 중국, 일본에 이어 세계 4위이다. 독일의 1인당 GDP(per capita GDP)는 2017년 44,769달러로 세계 16위이다. 지리적으로도 EU의 중심부에 위치한 독일은 유럽 경제의 요충지이며 한국의 유럽시장 진출의 교두보 역할을 한다. 우리나라의 EU수출 전체에서 독일에 대한 수출비중이 가장 크다.

2017년 독일의 상품수출(Merchandise Export)은 1조 4천 5백억 달러를 기록하여 세계 3위, 상품수입(Merchandise Import)은 1조 1천 7백억 달러를 기록하여 세계 3위이다. 2017년 독일의 서비스수출(Commercial Service Export)과 서비스수입(Commercial Service Import)은 각각 세계 3위를 기록하였다. 상품무역에서는 무역흑자이나 서비스 무역에서는 무역적자를 기록하고 있다.

독일에 대한 외국인직접투자(FDI Inflow)는 2017년 350억 달러를 기록하였다. 독일의 해외직접투자(FDI Outflow)는 2017년 820억 달러로 세계 6위이다. 해외직접투자 증가는 독일기업의 해외생산 이전이 지속되고 있음을 나타낸다.

2018년 포춘 500대 기업(Fortune Global 500)에서 독일기업이 27개를 차지하여 세계에서 네 번째로 많은 글로벌기업을 보유하고 있다. 인터브랜드(Interbrand)의 세계 100대 브랜드(Best Global Brand 100)에는 독일브랜드가 9개 포함되어 있다. 이 중 메르세데스 벤츠(Mercedes-Benz), BMW, 폭스바겐(Volkswagen), 아우디 (Audi), 포르쉐(Porche) 등 자동차 브랜드가 5개이다.

표 19-11 독일의 주요경제지표(2017년)

구 분	단 위	수 치	비 고
명목 GDP(Nomial GDP)	10억 달러	3,701	세계 4위
1인당 GDP(per capita GDP)	달러	44,769	세계 16위
상품수출(Merchandise Export)	10억 달러	1,448	세계 3위
상품수입(Merchandise Import)	10억 달러	1,167	세계 3위
서비스수출(Commercial Service Export)	10억 달러	300	세계 3위
서비스수입(Commercial Service Import)	10억 달러	322	세계 3위
FDI(Inflow)	10억 달러	35	세계 11위
FDI(Outflow)	10억 달러	82	세계 6위
Fortune Global 500	개	27	세계 4위
Best Global Brand 100	개	9	세계 2위

자료: IMF, World Economic Outlook Database, 2018 / www.imf.org
　　　WTO, International Trade Statistics 2018 / www.wto.org
　　　UNCTAD, World Investment Report 2018 / www.unctad.org
　　　Fortune, 2018 Fortune Global 500 / www.fortune.com
　　　Interbrand, 2018 Best Global Brand 100 / www.interbrand.com

(2) 독일인 소비 특성

독일인은 "Made in Germany"에 대한 강한 자부심을 가지고 있다. 이러한 자부심은 독일의 자동차, 전자제품 등 제조업의 세계적인 경쟁력을 바탕으로 하고 있다. 이것이 독일의 무역흑자를 유지하는 중요한 요인으로 작용한다.

독일인의 검소함과 실용주의는 널리 알려져 있다. 이러한 독일인의 특성으로 인하여 독일인은 제품의 품질과 실용성 등을 중요시한다. 그리고 독일은 최선진국이지만 고가 명품 시장이 그리 활성화되어 있지 않다. 화려한 카탈로그보다는 제품의 기술적 측면을 강조한 제품 소개에 신뢰감을 부여한다.

(3) 세계에서 전시산업이 가장 발달한 국가

독일은 미국과 함께 전시산업(Exhibition Industry)이 가장 발달한 국가이다. 세계 Top 10 전시장(면적 기준) 중에서 5개가 독일에 위치하고 있다. 하노버 메세(Hannover Messe), 프랑크푸르트 메세(Frankfurt Messe)가 대표적이다.

또한 세계 10대 전시회 가운데 5개 전시회가 독일 전시장에서 개최된다. CeBIT 전시회, 프랑크푸르트 모터쇼(Frankfurt motor show), Medica 등이 대표적이다. 독일시장 진출시 이러한 독일의 무역전시회(Trade Show)를 적극적으로 활용하는 것이 필요하다.

(4) 메르켈 정부의 개혁

독일은 복지중심 성장모델인 라인란트 모델(Rheinland Model)을 채택한 대표적인 국가이다. 이에 따라 세금 등 사회 보장 비용이 대단히 높다. 또한 주요 제조업의 생산기지 해외이전이 활발해 제조업 경쟁력이 약화 추세에 있다. 노동시장의 비유연성과 신규 사업시 과도한 규제 등이 독일시장 진출의 어려움으로 지적된다.

이에 대하여 독일의 메르켈(2005년 이후 수상) 정부는 적극적인 개혁정책을 추진하여 성공적이라는 평가를 받고 있다. 그 주요내용을 보면 세제개혁(부가세 인상, 부유세 도입), 노동시장개혁과 실업대책, 연금 및 건강보험 제도 개혁, 저출산 고령화 대비 유자녀 가정지원 및 출산장려책 강화, 경제성장과 일자리 창출 프로그램 시행 등이다.

3. 영국시장 마케팅 Check Point

(1) 국명 및 국민

영국의 영어 국명은 The United Kingdom of Great Britain & Northern Ireland, 약자로 UK라 표기한다. 그런데 그레이트 브리튼(Great Britain)은 영국을 이루는 큰 섬을 말하는데 잉글랜드(England), 스코틀랜드(Scotland), 웨일즈(Wales)가 여기에 포함된다. 그러니까 UK는 Great Britain과 북아일랜드(Northern Ireland)

를 합친 것이다.

영국 국민을 지칭할 때 잉글랜드인(English), 스코틀랜드인(Scotish), 웨일즈인(Welsh), 북아일랜드인(Irish)으로 구분하는데 이들간에는 역사적으로 뿌리깊은 애증관계가 존재한다. 따라서 비즈니스 상담시 Scotish, Welsh, Irish에게 "Are you English?"라고 말하는 것은 결례이다. 잘 모르는 경우 포괄적인 개념으로 "Are you British?"는 가능하다.

(2) 전통적인 경제강국

영국의 명목 GDP규모는 미국, 중국, 일본, 독일에 이어 세계 6위이다. 영국의 1인당 GDP(per capita GDP)는 2017년 39,800달러로 세계 20위를 기록하였다. 2017년 영국의 상품수출(Merchandise Export)은 세계 10위, 상품수입(Merchandise Import)은 세계 5위이다. 2017년 영국의 서비스수출(Commercial Service Export)은 세계 2위, 서비스수입(Commercial Service Import)은 세계 6위를 기록하였다. 상품무역에서는 무역적자이나 서비스 무역에서는 무역흑자를 기록하고 있다.

영국에 대한 외국인직접투자(FDI Inflow)는 2017년 150달러로 세계 22위이

표 19-12 영국의 주요경제지표(2017년)

구 분	단 위	수 치	비 고
명목 GDP(Nominal GDP)	10억 달러	2,628	세계 5위
1인당 GDP(per capita GDP)	달러	39,800	세계 20위
상품수출(Merchandise Export)	10억 달러	445	세계 10위
상품수입(Merchandise Import)	10억 달러	644	세계 5위
서비스수출(Commercial Service Export)	10억 달러	347	세계 2위
서비스수입(Commercial Service Import)	10억 달러	210	세계 6위
FDI(Inflow)	10억 달러	15	세계 22위
FDI(Outflow)	10억 달러	100	세계 4위
Fortune Global 500	개	26	세계 5위
Best Global Brand 100	개	5	세계 4위

자료: IMF, World Economic Outlook Database, 2018 / www.imf.org
WTO, International Trade Statistics 2018 / www.wto.org
UNCTAD, World Investment Report 2018 / www.unctad.org
Fortune, 2018 Fortune Global 500 / www.fortune.com
Interbrand, 2018 Best Global Brand 100 / www.interbrand.com

며 영국의 해외직접투자(FDI Outflow)는 2017년 1,000억 달러로 세계 4위이다. 포춘 500대 기업(Fortune Global 500)에는 영국기업이 26개를 차지하여 세계에서 다섯 번째로 많은 글로벌기업을 보유하고 있다. 인터브랜드(Interbrand)의 세계 100대 브랜드(Best Global Brand 100)에는 영국브랜드가 5개 포함되어 있다.

(3) 영국인 소비 특성

영국인은 상품거래시 상품의 질과 내용을 중시한다. 특정지역의 제품을 선호한다든지 또는 자국 상품을 특별히 소비한다든지 하는 등의 배타적 감정이 없다. 영국에서도 인터넷 쇼핑 및 홈쇼핑이 증가하는 추세를 보이고 있다.

한편 영국인은 보수적인 거래관행을 가지고 있다. 기존 거래선과 특별한 문제가 없는 한 수입선을 바꾸지 않는다. 이러한 보수적 거래관행으로 인하여 최종 계약까지 시일이 많이 소요되어 인내가 요구된다.

(4) 유통구조의 변화

전통적으로 고마진(High Margin) 유통구조를 가지고 있다. 영국은 2011년 부가가치세율을 17.5%에서 20%로 상향조정하였다. 이러한 높은 부가가치세로 말미암아 영국의 상품가격이 높게 형성되어 있다.

대형 유통체인에 의한 시장지배력이 크다. 특히 영국의 테스코(Tesco)는 미국의 월마트(Warlmart), 프랑스의 까르푸(Carrefour), 독일의 메트로(Metro)와 함께 세계적인 유통업체로 알려져 있는데 영국의 의류, 식품, 가정용 소비재 분야의 유통에서 시장지배력이 크다. 이러한 유통구조 변화에 대응하는 마케팅 전략이 요구된다.

(5) 영국 연방국과의 교역관계

영국 연방(Commonwealth of Nations)은 인도, 캐나다, 오스트레일리아, 뉴질랜드, 말레이시아, 싱가포르 등 과거 영국의 식민지였던 나라로 구성되어 있다. 아시아, 아프리카, 오세아니아 등 전세계에 걸쳐 53개국가가 포함되어 있다. 이들 영연방국가들과 영국간에는 애증관계가 교차하지만 전통적으로 교역관계가 상당히 진전되어 있다. 주요 교역상품은 원자재, 의류, 신발, 자동차, 전자제품, 건설자재 등이 포함되어 있다.

■ Keyword

■ Exercise

01 유럽통합의 과정을 설명하시오.
02 EURO화 도입의 경제적 효과에 대하여 토론하시오.
03 EU의 무역을 개괄적으로 설명하시오.
04 EU 통상정책 기조에 대하여 토론하시오.
05 EU의 통상정책수단에 대하여 설명하시오.
06 경제성장 모델로서 라이란트모델과 앵글로색슨 모델의 특징은 무엇인가?
07 EU시장 특성에 대하여 토론하시오.
08 EU시장 마케팅 전략에 대하여 토론하시오.
09 독일시장 및 영국시장 마케팅 check Point는 무엇인가?

─ 01   아세안경제개관

1. 아세안 개요

정식 명칭은 동남아시아국가연합(ASEAN: Association of Southeast Asian Nations)이며 아세안(www.asean.org)이라고도 부른다. 아세안의 설립목적은 동남아시아 지역의 평화와 안정 및 경제성장을 추구하고 사회·문화 발전을 도모하는 것이며 1967년 8월 8일 설립되었다.

설립 당시 회원국은 필리핀·말레이시아·싱가포르·인도네시아·타이 등 5개국이었으나, 그 이후 브루나이·베트남·라오스·미얀마·캄보디아 등이 차례로 가입하여 아세안은 현재 10개국으로 늘어났다. 옵서버(observers)로 동티모르와 파푸아뉴기니가 참여하고 있다. 아세안의 사무국은 현재 인도네시아 자카르타에 위치하고 있다.

아세안 10개국 전체의 인구는 약 6억 5천만 명으로 중국, 인도에 이어 세계 3위이다. 약 5억의 EU와 약 3억 2천만명의 미국보다 훨씬 많다. 인구를 국별로 보면 인도네시아는 2억 7천만명에 육박하는 거대시장이다. 필리핀의 인구는 1억명을 상회하고, 베트남의 인구는 약 9천만명을 상회하며, 타이 인구는 약

7천만명에 달한다. 아세안은 경제발전단계에서 한국보다 뒤쳐지지만 인구규모가 커 잠재력이 큰 시장이다.

아세안 10개국 전체의 면적은 444만㎢에 달한다. 러시아, 캐나다, 미국, 중국, 브라질, 호주에 이어 세계 7위 면적에 해당한다. 인도네시아 면적이 아세안

표 20-1	아세안 개요(2017년)			
구분(인구순)	인구(천명)	비중	면적(천㎢)	비중
인도네시아	266,795	40.8%	1,860	41.9%
필리핀	106,512	16.3%	300	6.8%
베트남	96,491	14.7%	331	7.5%
타이	69,183	10.6%	513	11.6%
미얀마	53,856	8.2%	677	15.3%
말레이시아	32,042	4.9%	330	7.4%
캄보디아	16,246	2.5%	181	4.1%
라오스	6,961	1.1%	237	5.3%
싱가포르	5,792	0.9%	1	0.0%
브루나이	434	0.1%	6	0.1%
아세안 합계	654,312	100%	4,436	100%

자료: 아세안 웹사이트 / (www.asean.org)

그림 20-1	아세안 지도

전체의 41.9%의 비중을 차지하며 이어서 미얀마 15.3% 비중, 타이 11.6% 비중을 차지하고 있다.

2. 아세안의 국제협력관계

아세안은 한중일 3국, 미국, 인도, 오세아니아 국가들과 경제, 정치 현안을 논의하는 국제협력 채널을 형성하고 이에 주도적으로 참여하고 있다. 특히 이러한 협력채널은 동아시아 지역의 경제통합, 파트너십구축 등 국제통상관계에 중요한 역할을 하고 있다. 네 가지 협력채널을 좀 더 자세하게 살펴보면 다음과 같다.

첫째, ASEAN+3이다. 아세안 10개국과 한국, 중국, 일본 등 동아시아 3국이 참여하는 국제협력기구이다. 아세안과 한중일간의 경제협력관계를 논의한다. 주로 금융·경제 문제에 대한 역내국간 상호협력 강화 방안에 대해 논의한다. 1997년 아세안은 창설 30주년 기념 정상회의에 한중일 등 3개국 정상을 동시 초청하였는데 이것이 계기가 되어 ASEAN+3 체제가 발족되었다.

둘째, 아시아태평양경제협력체(APEC: Asia-Pacific Economic Cooperation)이다. APEC 회원국은 21개국이며 타이·말레이시아·인도네시아·싱가포르·필리핀·브루나이·베트남 등 아세안 7개국, 한중일 3개국, 미국·캐나다·멕시코 등 미주 5개국, 오세아니아 3개국 등이 참여하고 있다. APEC은 환태평양지역 21개 국가들의 경제협력을 목적으로 한다. APEC은 개방적 지역주의(Open Regionalism)를 표방한다.

셋째, 동아시아정상회의(EAS: East Asia Summit)이다. ASEAN+3에 오스트레일리아·뉴질랜드·인도가 추가된 국제협력기구이다. 2005년 12월 정상회의로 공식 출범하였는데 아시아 주요국가 및 오세아니아국가가 참여하는 국제협력메커니즘이다. EAS는 유럽지역의 EU와 같이 최종적으로 아시아지역의 경제공동체를 창설하는 것을 목표로 하고 있다.

넷째, 아세안지역안보포럼(ARF: ASEAN Regional Forum)이다. 아태 지역의 평화와 안정 추구를 목적으로 하는 정부 간 안전보장협의체이다. 회원국은 27개국이며 UN 안보리 상임이사국 5개국(미국·영국·프랑스·러시아·중국), ASEAN 10개국, ASEAN 대화상대국(한국·일본·호주·캐나다·뉴질랜드·인도·EU 의장국 등), 기타 3개국(몽골·파푸아뉴기니·북한) 등으로 구성되어 있다.

그림 20-2   아세안 협력채널

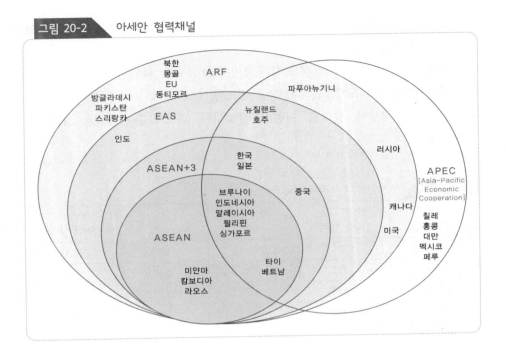

3. 아세안경제의 이해

　IMF의 세계경제통계(World Economic Outlook Database)에 따르면 아세안 10개국 전체의 명목 GDP규모는 2017년 2조 7천억 달러로 전세계 총 GDP(2017년 80조 달러)의 3.4%를 차지하고 있다. 미국, 중국, 일본, 독일에 이어 세계 5위 GDP 규모이다. 아세안 10개국 전체의 경상수지는 2017년 1,021억 달러의 흑자를 기록하고 있다. 국별로 좀 더 자세히 살펴보면 다음과 같다.

　명목 GDP 규모에서는 2017년 인도네시아가 아세안 국가로서는 처음으로 1조 달러를 돌파하였다. 인도네시아는 거대경제권으로 부상하고 있고, 아세안 10개국 중 1위의 GDP 규모이다. 이어서 타이, 싱가포르, 필리핀, 말레이시아, 베트남 등의 순으로 나타났다. 참고로 한국의 명목GDP 규모는 2017년 1조 5천억 달러이다.

　1인당 GDP에서는 싱가포르가 2017년 57,713달러로 아세안 10개국 중 1위, 브루나이가 28,278달러로 2위, 말레이시아가 9,755달러로 3위, 타이가 6,591달러로 4위, 인도네시아가 3,876달러로 5위이다. 그리고 필리핀, 베트남, 미얀마,

캄보디아, 라오스 등은 3,000달러 미만의 낮은 수준이다. 한국의 1인당 GDP는 2017년 25,975달러이다.

아세안 경상수지는 전체적으로 흑자이지만 국별로 확연한 차이를 보인다. 2017년에 타이, 싱가포르, 말레이시아, 베트남, 브루나이 등 5개국은 경상수지 흑자이며, 인도네시아, 필리핀, 미얀마, 캄보디아, 라오스 등 5개국은 경상수지 적자이다.

표 20-2 아세안의 주요경제지표(2017년)

국별 (명목GDP순)	명목GDP (10억 달러)	GDP성장률 (%)	1인당GDP (달러)	경상수지 (백만 달러)
인도네시아	1,015	5.1	3,876	-17,328
타이	455	3.9	6,591	51,078
싱가포르	324	3.6	57,713	60,989
필리핀	314	6.7	2,989	-2,518
말레이시아	312	5.9	9,755	9,296
베트남	220	6.8	2,353	5,401
미얀마	67	6.8	1,278	-2,900
캄보디아	22	6.9	1,379	-1,871
라오스	17	6.9	2,541	-2,057
브루나이	12	1.3	28,278	2,021
아세안 합계	2,760	-	-	102,111

자료: IMF, World Economic Outlook Database, 2018 / www.imf.org

02 아세안무역개관

1. 수출입 총괄

(1) 수출

아세안 10개국 전체의 상품수출(Merchandise Export)규모는 2017년 1조 2천억 달러이다. 연간수출규모 1조 달러를 상회하는 세 나라인 중국, 미국, 독일에 이어 네 번째의 수출규모이다. 아세안이 세계의 중요한 상품공급지역(World Factory)으로 부상하였음을 확인시켜주고 있다.

아세안 10개국 중 싱가포르 수출이 2017년 3,734억 달러로 1위이며 이어서 타이 2,360억 달러로 2위, 말레이시아 2,052억 달러로 3위, 인도네시아 1,688억 달러로 4위, 베트남 1,620억 달러로 5위를 각각 기록하고 있다.

(2) 수입

아세안 10개국 전체의 상품수입(Merchandise Import)규모는 2017년 1조 2천억 달러이다. 역시 연간수입규모 1조 달러를 상회하는 두 나라인 미국, 중국에 이어 세계 3위로 아세안은 이제 세계의 시장(World Market)으로 떠오른 것이다. 우리나라로서도 아세안은 중국에 이어 두 번째로 수출을 많이 하는 시장으로 미국시장, 일본시장보다 중요해졌다.

아세안 10개국 중 싱가포르 수입이 2017년 3,277억 달러로 1위이며 이어서 타이 2,218억 달러로 2위, 말레이시아 1,952억 달러로 3위, 베트남 1,658억 달러로 4위, 인도네시아 1,569억 달러로 5위를 각각 기록하고 있다.

(3) 무역수지

아세안 10개국 전체의 무역수지는 2017년 356억 달러의 흑자를 기록하였다. 싱가포르, 타이, 말레이시아, 인도네시아, 브루나이 등 5개국은 무역수지 흑자인 반면에 베트남, 필리핀, 미얀마, 캄보디아, 라오스 등 5개국은 무역수지 적자이다.

표 20-3	아세안의 국별 무역통계(2017년)		(단위: 백만 달러)
국별(수출금액순)	수 출	수 입	무역수지
싱가포르	373,355	327,707	45,648
타이	235,978	221,795	14,184
말레이시아	205,188	195,163	10,025
인도네시아	168,804	156,895	11,909
베트남	162,017	165,776	-3,759
필리핀	63,301	98,484	-35,183
미얀마	12,197	16,906	-4,709
캄보디아	8,542	10,624	-2,082
브루나이	4,704	2,663	2,041
라오스	4,049	6,570	-2,521
아세안 합계	1,238,135	1,202,583	35,553

주: 브루나이는 2016년, 베트남·미얀마·캄보디아·라오스는 2015년통계
자료: 한국무역협회 아세안무역통계 / www.kita.net

2. 싱가포르의 국별 수출입

싱가포르의 국별수출 순위는 2017년 1위 중국, 2위 홍콩, 3위 말레이시아, 4위 인도네시아, 5위 미국, 6위 일본, 7위 한국 순이다. 중국, 홍콩, 말레이시아에 대한 수출비중이 두 자릿수를 나타내고 있다. 한국에 대한 수출비중은 4.5%이다.

싱가포르의 국별수입 순위는 2017년 1위 중국, 2위 말레이시아, 3위 미국, 4위 대만, 5위 일본, 6위 한국 순으로 나타났다. 상위 3개국의 시장점유율이 두 자릿수를 기록하였고 한국제품의 싱가포르 시장점유율은 4.9%에 달한다. 싱가포르 시장에서 일본보다 우리나라의 시장점유율이 낮다.

표 20-4 싱가포르의 국별수출입(2017년)   (단위: 백만 달러)

순위	수출			수입		
	국명	금액	비중	국명	금액	비중
	총계	373,355	100	총계	327,707	100
1	중국	54,035	14.5%	중국	45,365	13.8%
2	홍콩	46,056	12.3%	말레이시아	38,847	11.9%
3	말레이시아	39,617	10.6%	미국	34,614	10.6%
4	인도네시아	27,951	7.5%	대만	27,157	8.3%
5	미국	24,198	6.5%	일본	20,470	6.2%
6	일본	17,102	4.6%	한국	16,166	4.9%
7	한국	16,793	4.5%	인도네시아	15,133	4.6%
8	대만	16,587	4.4%	독일	9,491	2.9%
9	타이	14,678	3.9%	사우디	9,156	2.8%
10	베트남	12,287	3.3%	스위스	9,144	2.8%

자료: 한국무역협회 아세안무역통계 / www.kita.net

3. 타이의 국별 수출입

　　타이의 국별수출 순위는 2017년 1위 중국, 2위 미국, 3위 일본, 4위 홍콩, 5위 베트남, 6위 호주, 12위 한국 순이다. 중국, 미국에 대한 수출비중이 두 자릿수를 나타내고 있다. 한국에 대한 수출비중은 2.0%로 낮은 수준이다.

　　타이의 국별수입 순위는 2017년 1위 중국, 2위 일본, 3위 미국, 4위 말레이시아, 5위 대만 6위 한국 순으로 나타났다. 중국, 일본의 타이 시장점유율이 두 자릿수이고 한국의 타이 시장점유율은 3.7%로 낮은 수준이다. 타이시장에서는 중국 및 일본 제품의 경쟁력이 한국제품에 비해 아주 높은 것으로 나타났다.

표 20-5	타이의 국별수출입(2017년)					(단위: 백만 달러)

순위	수출			수입		
	국명	금액	비중	국명	금액	비중
	총계	235,978	100	총계	221,795	100
1	중국	29,365	12.4%	중국	44,707	20.2%
2	미국	26,546	11.2%	일본	32,376	14.6%
3	일본	22,254	9.4%	미국	15,126	6.8%
4	홍콩	12,279	5.2%	말레이시아	11,879	5.4%
5	베트남	11,600	4.9%	대만	8,216	3.7%
6	호주	10,486	4.4%	한국	8,142	3.7%
7	말레이시아	10,315	4.4%	싱가포르	8,013	3.6%
8	인도네시아	8,784	3.7%	UAE	7,857	3.5%
9	싱가포르	8,167	3.5%	인도네시아	7,442	3.4%
10	인도	6,925	2.9%	스위스	7,275	3.3%
11	필리핀	4,974	2.2%	대만	7,592	3.1%
12	한국	4,527	2.0%	독일	6,113	2.5%

자료: 한국무역협회 아세안무역통계 / www.kita.net

4. 말레이시아의 국별 수출입

　　말레이시아의 국별수출 순위는 2017년 1위 중국, 2위 싱가포르, 3위 미국, 4위 일본, 5위 태국, 6위 홍콩, 9위 한국 순이다. 중국, 싱가포르, 미국에 대한 수출비중이 두 자릿수를 나타내고 있다. 한국에 대한 수출비중은 3.3%이다.

　　말레이시아의 국별수입 순위는 2017년 1위 중국, 2위 싱가포르, 3위 미국, 4위 일본, 5위 대만, 6위 타이, 8위 한국 순으로 나타났다. 중국, 싱가포르의 시장점유율이 두 자릿수를 기록하였고 한국의 말레이시아 시장점유율은 4.3%이다. 말레이시아 시장에서도 중국, 일본보다 우리나라의 시장점유율이 낮다.

표 20-6 말레이시아의 국별수출입(2017년)   (단위: 백만 달러)

순위	수출			수입		
	국명	금액	비중	국명	금액	비중
	총계	205,188	100	총계	195,163	100
1	중국	29,410	14.3%	중국	38,323	19.6%
2	싱가포르	23,246	11.3%	싱가포르	21,628	11.1%
3	미국	20,669	10.1%	미국	16,113	8.3%
4	일본	17,413	8.5%	일본	14,807	7.6%
5	타이	11,763	5.7%	대만	12,762	6.5%
6	홍콩	11,158	5.4%	타이	11,214	5.7%
7	인도네시아	8,097	3.9%	인도네시아	8,797	4.5%
8	인도	8,038	3.9%	한국	8,481	4.3%
9	한국	6,681	3.3%	인도	6,265	3.2%
10	베트남	6,437	3.1%	독일	6,120	3.1%

자료: 한국무역협회 아세안무역통계 / www.kita.net

5. 인도네시아의 국별 수출입

인도네시아의 국별수출 순위는 2017년 1위 중국, 2위 일본, 3위 미국, 4위 싱가포르, 5위 인도, 6위 말레이시아, 7위 한국 순이다. 중국, 일본, 미국에 대한 수출비중이 두 자릿수이며 한국에 대한 수출비중은 4.9%에 달한다.

인도네시아의 국별수입 순위는 2017년 1위 중국, 2위 싱가포르, 3위 일본, 4위 타이, 5위 미국, 6위 한국 순으로 나타났다. 중국, 싱가포르의 인도네시아 시장점유율이 두 자릿수이고 한국의 인도네시아 시장점유율은 5.2%이다. 인도네시아에서 한국제품의 시장점유율이 앞서 분석한 싱가포르, 타이, 말레이시아 등에서의 시장점유율보다 높다.

표 20-7	인도네시아의 국별수출입(2017년)						(단위: 백만 달러)
순위	수출			수입			
	국명	금액	비중	국명	금액	비중	
	총계	168,804	100	총계	156,895	100	
1	중국	23,049	13.7%	중국	35,767	22.8%	
2	일본	17,791	10.5%	싱가포르	16,888	10.8%	
3	미국	17,810	10.6%	일본	15,241	9.7%	
4	싱가포르	12,767	7.6%	타이	9,279	5.9%	
5	인도	14,083	8.3%	미국	8,149	5.2%	
6	말레이시아	8,467	5.0%	한국	8,122	5.2%	
7	한국	8,187	4.9%	말레이시아	8,796	5.6%	
8	타이	6,462	3.8%	호주	6,010	3.8%	
9	필리핀	6,627	3.9%	인도	4,048	2.6%	
10	네덜란드	4,038	2.4%	사우디	3,167	2.0%	

자료: 한국무역협회 아세안무역통계 / www.kita.net

6. 베트남의 국별 수출입

베트남의 국별수출 순위는 1위 미국, 2위 중국, 3위 일본, 4위 한국, 5위 홍콩, 6위 독일 순이다. 미국, 중국에 대한 수출비중이 두 자릿수이며 한국에 대한 수출비중은 5.5%로 높은 편이다.

베트남의 국별수입 순위는 1위 중국, 2위 한국, 3위 일본, 4위 대만, 5위 타이, 6위 미국 순으로 나타났다. 중국의 베트남 시장점유율 29.8%에 이어 한국의 시장점유율 16.6%로 아주 높은 수준이다. 베트남은 아세안 10개 국가 중에서 우리나라 제품의 시장점유율이 가장 높은 시장이다.

| 표 20-8 | 베트남의 국별수출입(2015년) | | | | | (단위: 백만 달러) |

순위	수출			수입		
	국명	금액	비중	국명	금액	비중
	총계	162,017	100	총계	165,776	100
1	미국	33,475	20.7%	중국	49,441	29.8%
2	중국	16,568	10.2%	한국	27,579	16.6%
3	일본	14,100	8.7%	일본	14,182	8.6%
4	한국	8,915	5.5%	대만	10,943	6.6%
5	홍콩	6,959	4.3%	타이	8,270	5.0%
6	독일	5,707	3.5%	미국	7,792	4.7%
7	UAE	5,691	3.5%	싱가포르	6,031	3.6%
8	네덜란드	4,760	2.9%	말레이시아	4,185	2.5%
9	영국	4,645	2.9%	독일	3,203	1.9%
10	말레이시아	3,577	2.2%	인도네시아	2,739	1.7%

자료: 한국무역협회 아세안무역통계 / www.kita.net

03 아세안통상정책

1. 아세안의 FTA 정책

아세안 10개국은 경제영토 확장을 통한 무역 활성화를 위해 여러 나라들과 FTA를 체결하고 있다. 현재 아세안의 발효중인 FTA는 한국－ASEAN FTA, 중국－ASEAN FTA, 일본－ASEAN EPA(Economic Partnership Agreement), 인도－ASEAN FTA, 호주·뉴질랜드－ASEAN FTA 등이다. 동아시아 한중일 3국과 모두 FTA를 체결하였다. FTA 경제영토는 세계 전체 GDP에서 차지하는 FTA 체결 국가 GDP 합계가 얼마나 되는가(비중)를 계산한 것인데 아세안의 FTA경제영토는 약 60%에 달하고 있다.

아시아 역내 지역경제통합인 RCEP(Regional Comprehensive Economic Partnership), 즉, 역내 포괄적 경제동반자 협정에도 주도적으로 참여하고 있다. 현재 RCEP 논의에 참가하고 있는 나라는 16개국으로 ASEAN 10, 동북아시아 3(China, Japan,

Korea), 오세아니아 2(Australia, New Zealand), 그리고 인도이다.

아세안은 EU, 미국 등과의 FTA도 추진하였으나 아세안 10개국 내의 경제력 격차 문제, EU측의 아세안 인권문제 제기 등으로 아세안 전체 차원의 협상은 잠정 중단되고 개별국 차원의 FTA를 추진하는 방향으로 전환하였다.

한편 아세안 개별국가 차원에서 FTA 체결을 위해 노력하고 있다. 싱가포르, 말레이시아, 인도네시아, 타이, 베트남 등이 개별 FTA를 활발히 추진하고 있다. 싱가포르의 경우 2013년 12월에 EU와의 FTA를 체결하였는데 이로써 싱가포르는 한국에 이어 두 번째로 EU와 FTA를 체결한 국가가 되었다.

표 20-9	아세안의 FTA 추진현황
구 분	FTA 현황
발효된 FTA	한국-ASEAN FTA / 중국-ASEAN FTA / 일본-ASEAN EPA 인도-ASEAN FTA / 호주 · 뉴질랜드-ASEAN FTA
협상중	RCEP(Regional Comprehensive Economic Partnership, 역내 포괄적 경제동반자 협정)
검토중	캐나다-ASEAN FTA, EAEU(Eurasian Economic Union)-ASEAN FTA

자료: WTO Regional Trade Agreements Database / www.wto.org
　　　한국무역협회, FTA종합지원센터 / www.kita.net

2. AEC 결성

아세안 경제공동체 AEC(ASEAN Economic Community)는 싱가포르, 말레이시아, 인도네시아, 베트남, 타이, 필리핀, 미얀마, 캄보디아, 라오스, 브루나이 등 아세안 10개 회원국이 결성, 2015년 12월 31일 출범한 경제 공동체이다. AEC는 동남아시아의 EU(유럽연합)를 최종 목표로 하고 있다.

AEC는 제품, 서비스, 투자, 자본, 인력 등의 자유 이동(5대 원칙)을 토대로 인구 6억 5천만, 명목 GDP 2조 7천억 달러의 아세안을 하나의 시장, 하나의 생산거점으로 묶겠다는 목표를 가지고 있다. AEC 회원국은 2015년 말 기준으로 96%의 품목에서 관세를 철폐했으며, 역내 인프라 연계성 확대, 역내 무역 원활화를 함께 도모하고 있다.

1967년 정치 · 안보적 요인에서 결성된 아세안은 냉전(Cold War) 체제 해체 이후 아세안 경제협력과 경제통합에 집중하여 왔다. 1992년 역내 자유무역협정

AFTA(ASEAN Free Trade Area) 체결로 "경제 협력"을 추구했고, 2015년 말에 AEC를 출범시키며 "경제 통합"의 길로 들어섰다.

AEC의 4대 목표는 ① 단일 시장과 생산기지 건설, ② 경쟁력을 갖춘 경제 지역 결성, ③ 균등한 경제발전, ④ 세계 경제로의 통합 등이다. 이 가운데 가장 중요한 목표는 상품, 서비스, 투자, 자본, 숙련노동의 자유로운 이동을 포함하는 "단일 시장과 단일 생산기지" 건설이다.

AEC는 2030년 GDP 5조 달러를 달성하여 미국, 중국, 일본에 이어 세계 4위의 경제 규모를 이룩한다는 청사진을 제시하고 있다.

3. 아세안의 관세율

WTO의 통계데이터베이스(Statistics Database)인 관세프로파일(Tariff Profiles)에서 세계각국의 WTO 양허평균관세율(Simple average final bound)을 확인할 수 있다. WTO 양허관세율은 각국이 스스로 관세를 어느 정도 이상 올리지 않겠다고 WTO에 약속한 관세율을 의미한다.

개발도상국으로 구성되어 있는 아세안의 WTO 양허관세율은 상당히 높은 편이다. 싱가포르를 제외하고 두 자릿수의 높은 관세율이다. 〈표 20 – 10〉에서는 아세안 10개국이 WTO에 약속한 전체(Total) 평균관세율, 농산물(Ag) 평균관세율, 비농산물(Non-Ag) 평균관세율을 각각 제시하고 있다.

표 20-10　아세안 10개국의 WTO 양허평균관세율　(단위: %)

국별(수출금액순)	전체(Total)	비농산품(Non-Ag)	농산품(Ag)
싱가포르	9.4	6.2	22.0
말레이시아	21.3	14.9	55.8
타이	28.0	25.6	39.5
인도네시아	37.1	35.5	47.1
베트남	11.5	10.4	19.1
필리핀	25.7	23.4	35.0
브루나이	25.5	24.4	32.0
미얀마	83.3	21.3	102.9
캄보디아	19.5	18.0	27.9
라오스	19.0	18.9	19.6

자료: WTO, Tariff Profiles / www.wto.org

04 아세안시장특성

1. 이머징 마켓

아세안은 옛날부터 태평양(Pacific Ocean)과 인도양(Indian Ocean)을 연결하는 전략적 요충지이다. 이 전략적 요충지에 말라카 해협(Malacca Strait)이 있으며 전 세계 해상운송 물동량의 3분의 1이 이곳을 지난다.

아세안은 이머징 마켓(Emerging Market)이다. Post BRICs 또는 Post China라고 일컬어지며, VIP(Vietnam, Indonesia, Philippines), VIM(Vietnam, Indonesia, Myanmar), BIICs(Brazil, Indonesia, India, China) 등의 용어에서 알 수 있는 바와 같이 경제 활력이 넘치는 국가들이 포함되어 있다.

아세안은 자원(석유, 가스, 목재, 고무 등)이 풍부하고 6억 5천만의 거대 인구가 살고 있다. 1인당 GDP(Per capita GDP)가 4천 달러 정도이고 사시사철 온화한 날씨에 먹거리(열대과일, 곡식 등)가 풍부한 지역이다. 한중일 3국의 경제협력 대상 지역인 동시에 한중일 3국 상품의 경쟁시장이기도 하다.

2. 다양성

첫째, 아세안 10개국은 다양한 종교 국가로 구성되어 있다. 불교국가 6개국(타이, 싱가포르, 미얀마, 베트남, 캄보디아, 라오스 등 인도차이나반도 국가), 이슬람국가 3개국(말레이시아, 인도네시아, 브루나이) 그리고 가톨릭국가 1개국(필리핀) 등 다양하다.

둘째, 아세안 10개국의 정치체제가 매우 다양하다. 대통령제 2개국(인도네시아, 베트남), 내각책임제 3개국(싱가포르, 말레이시아, 미얀마), 입헌군주제 3개국(타이, 말레이시아, 캄보디아), 절대군주제 1개국(브루나이), 사회주의 공화제 1개국(라오스) 등 다양하다.

셋째, 아세안 10개국의 경제수준 격차가 존재한다. 앞에서 분석한 바와 같이 1인당 GDP에서 싱가포르가 아세안 10개국 중 1위, 브루나이가 2위, 말레이시아가 3위로서 아세안 중에서 복지후생수준이 높은 나라들이다. 이어서 타이와

인도네시아가 아세안중에서 중간정도의 수준이다. 나머지 필리핀, 베트남, 미얀마, 캄보디아, 라오스 등은 3,000달러 미만의 낮은 수준이다.

3. 한국의 중요한 경제 파트너

아세안은 중국에 이어 한국의 제2위 교역대상지역이며, 역시 중국에 이어 한국의 제2위 해외직접투자(FDI outflow) 대상지역이다. 2017년 우리나라의 대아세안수출은 952억 달러로 전체수출의 16.6%를 차지하였다. 또한 아세안 지역은 활발한 경제개발 동향으로 인하여 우리나라 해외건설의 블루오션(blue ocean)으로 일컬어진다.

또한 KOICA(국제협력단)에 따르면 아세안은 한국의 최대 ODA(Official Development Assistance) 대상지역으로 우리나라의 무상지원이 많이 이루어지는 지역이다. 특히 베트남, 라오스 등에 대한 ODA 지원 규모가 크다. 그 밖에 우리나라의 "K-pop, K-Beauty, K-food" 등 한류 영향이 큰 지역이다.

4. 산적한 과제

첫째, 소득불평등으로 빈부격차 심하다. 먼저 아세안 국별로 국민소득의 차이가 크다. 앞에서 설명한 것처럼 싱가포르, 브루나이, 말레이시아 등은 아세안 국가 중 비교적 국민소득이 높지만 필리핀, 베트남, 미얀마, 캄보디아, 라오스 등은 아직 가난한 나라에 속한다. 또한 아세안 각국의 지니계수(Gini's coefficient)가 높아 개별 국가 내에서의 빈부격차도 크다.

둘째, 산업기반(infrastructure)이 취약하다. 아세안은 경제발전이 빠르게 이루어지고 있지만 도로, 항만, 항공, 통신, 철도, 발전시설, 에너지 그리고 정부서비스 등 산업기반의 정비가 상대적으로 이를 따라가지 못하고 있다. 이는 아세안에 대한 외국인직접투자(FDI inflow)의 걸림돌로 작용할 수 있다.

셋째, 부정부패가 만연되어 있다. 독일 베를린에 본부를 둔 국제투명성기구(Transparency International)는 매년 부패인식지수 CPI(Corruption Perceptions Index)를 발표한다. CPI는 0~100점 구간에서 부정부패가 심할수록 점수가 낮다. 100점에 가까울수록 부정부패가 없는 깨끗한 나라라는 사실을 말해준다. 그런데 태국, 인도네시아, 필리핀 등 아세안 대부분의 국가는 CPI 점수가 낮다.

넷째, 중국 화교의 경제권 장악이다. 전 세계 화교인구 약 5,000만명 중 약 90%가 아세안에 거주하고 있는 것으로 추정된다. 타이의 경우 10% 인구의 타이 화교(Sino-Thai)가 타이 전체 상업 및 제조업의 90%를 차지하고 있으며, 인도네시아의 경우도 4% 인구의 화교가 인도네시아 경제권의 80%을 장악하고 있는 것으로 파악되고 있다. 이에 따라 아세안 각국 원주민의 중국화교에 대한 불만이 잦아지고 있다.

▌Keyword

아세안(ASEAN)
아세안의 국제협력관계
싱가포르의 국별 수출입
타이의 국별 수출입
말레이시아의 국별 수출입
인도네시아의 국별 수출입
베트남의 국별 수출입
ASEAN+3
아시아태평양경제협력체(APEC: Asia-Pacific
  Economic Cooperation)

동아시아정상회의(EAS: East Asia Summit)
아세안지역안보포럼(ARF: ASEAN Regional
  Forum)
RCEP(Regional Comprehensive Economic
  Partnership)
AEC(ASEAN Economic Community)
아세안시장특성
아세안의 다양성

▌Exercise

01 아세안의 인구 및 면적에 대해 설명하시오.
02 아세안의 국제협력관계에 대하여 토론하시오.
03 아세안 10개국의 경제를 개괄적으로 설명하시오.
04 아세안 10개국의 무역을 개괄적으로 설명하시오.
05 싱가포르, 타이, 말레이시아, 인도네시아, 베트남의 국별 수출입에 대하여 논의하시오.
06 아세안의 FTA 정책에 대하여 토론하시오.
07 아세안의 관세율에 대하여 토론하시오.
08 아세안의 AEC 결성에 대하여 설명하시오.
09 아세안시장 특성에 대하여 토론하시오.

INDEX 영문

Inward Looking Development Strategy
   30
ITC   319

【 J 】
Japan Market Access   348
JETRO(Japan External Trade Organization)
   343
Joint Venture   231

【 K 】
key currency   261
Kingston System   266
KITA   160
KITA Trade Korea   122
KOTRA   160
KTNET   122

【 L 】
LDC(Least Developed Country)   58
lead-lag analysis   229
Letter of Credit(L/C)   110
Licensing   224

【 M 】
M&A(Merger and Acquisition)   233
Maastricht Treaty   355
marine transport   7
market research   57
market segmentation   57
Mediterranean Sea   80
mercantile risk   6
mercantilism   244
merchandise trade   4, 65
MFN(Most Favored Nation)   190
MICE   324
MNC(Multi-National Corporation)   249
MNE(Multi-National Enterprise)   249
monetary approach   142

MTI(Ministry of Trade and Industry)
   165
multimodal transport   7

【 N 】
NAMA(Non-Agricultural Market Access)
   196
National Treatment   191
NCPI   366
NICs(Newly Industrializing Countries)
   32
North Pole Route   86
Number Marketing   300

【 O 】
OECD DAC   130
one belt one road   18, 293
open economy   9
Outward Looking Development
   Strategy   29

【 P 】
Panama Canal   79
Paul Kennedy   33, 332
Paul Krugman   27
Pax Americana   304
Pax Britanica   354
Pax Europina   354
Pearl River Delta   283
PIIGS(Portugal, Italy, Ireland, Greece,
   Spain)   358
Plaza Agreement   134
portfolio approach   143
PPA(Protocol of Provisional Application)
   189
PPP(Purchasing Power Parity)   62
Priority Foreign Country   318
product life cycle theory   229
PSA(Partial Scope Agreement)   209

저자약력

박진성
고려대학교 경제학과(경제학 학사)
University of Wisconsin-Madison(경제학 석사)
Georgetown University(경제학 박사)
한국은행 조사부
고려대학교 경상대학장/경영정보대학원장
태국 아시아공대(AIT) 경영대학원 Visiting Professor(KOICA 전문가 파견)
현) 고려대학교 글로벌비즈니스대학 글로벌경영전공 교수

박종찬
고려대학교 경제학과(경제학 학사)
University of California, Santa Barbara(경제학 석사/박사)
University of California, Santa Barbara(정치학 석사)
공주대학교 조교수
산업통상자원부 무역위원회 무역위원
관세청 관세심사위원
충청남도, 세종특별자치시 투자유치위원
고려대학교 학술정보원장, 입학홍보처장
KOICA(한국국제협력단) 전문가 파견(태국, 페루, 파라과이)
"무역의날" 근정포장 수상(2010년)
현) 고려대학교 글로벌비즈니스대학 글로벌경영전공 교수

박상길
연세대학교 경제학과(경제학 석사)
충남대학교 무역학과(경제학 학사/경영학 박사)
일본경제연구센터(도쿄) 연구원
한국무역협회 무역조사부, 도쿄지부
KOICA(한국국제협력단) 전문가 파견(이집트, 모로코)
고려대학교 경상대학 연구교수
충남대학교 경상대학 무역학과 초빙교수

제3판
한국무역론

초판발행	2012년 1월 15일
제2판발행	2015년 1월 30일
제3판발행	2019년 1월 30일
중판발행	2022년 2월 21일
지은이	박진성·박종찬·박상길
펴낸이	안종만
편 집	전채린
기획/마케팅	정연환
표지디자인	권효진
제 작	고철민·조영환
펴낸곳	(주) **박영사**
	서울특별시 금천구 가산디지털2로 53, 210호(가산동, 한라시그마밸리)
	등록 1959. 3. 11. 제300-1959-1호(倫)
전 화	02)733-6771
f a x	02)736-4818
e-mail	pys@pybook.co.kr
homepage	www.pybook.co.kr
ISBN	979-11-303-0705-3 93320

정 가   25,000원